AS NAÇÕES UNIDAS
E A
MANUTENÇÃO DA PAZ

MARIA DO CÉU DE PINHO FERREIRA PINTO
Professora na Universidade do Minho

AS NAÇÕES UNIDAS E A MANUTENÇÃO DA PAZ

(E AS ACTIVIDADES DE *PEACEKEEPING*
DOUTRAS ORGANIZAÇÕES INTERNACIONAIS)

AS NAÇÕES UNIDAS
E A
MANUTENÇÃO DA PAZ

AUTOR
MARIA DO CÉU DE PINHO FERREIRA PINTO

EDITOR
EDIÇÕES ALMEDINA, SA
Rua da Estrela, n.º 6
3000-161 Coimbra
Tel: 239 851 904
Fax: 239 851 901
www.almedina.net
editora@almedina.net

PRÉ-IMPRESSÃO • IMPRESSÃO • ACABAMENTO
G.C. GRÁFICA DE COIMBRA, LDA.
Palheira – Assafarge
3001-453 Coimbra
producao@graficadecoimbra.pt

Fevereiro, 2007

DEPÓSITO LEGAL
253606/07

Os dados e as opiniões inseridos na presente publicação
são da exclusiva responsabilidade do(s) seu(s) autor(es).

Toda a reprodução desta obra, por fotocópia ou outro qualquer processo,
sem prévia autorização escrita do Editor,
é ilícita e passível de procedimento judicial contra o infractor.

Ao Angelo

PREFÁCIO

Operações de Paz

Em Janeiro de 2006, a Operação de Paz das Nações Unidas na Costa do Marfim (UNOCI) viu-se confrontada com manifestações de rua promovidas por milícias armadas, genericamente conhecidas como "jeunes patriotes". A situação alastrou rapidamente das ruas de Abidjan para outros pontos do país, numa espécie de "revolta popular" de apoio a uma das facções no conflito que divide o país e contra uma alegada intromissão abusiva da Comunidade Internacional nos seus assuntos internos. A ONUCI, dispondo apenas de forças militares de interposição entre os dois beligerantes, foi incapaz de fazer face à situação e de controlar os motins que culminaram em pilhagens às suas próprias instalações. Só depois destes acontecimentos, a ONUCI foi dotada de forças de "polícia anti-motim".

2. Recentemente, a gravíssima crise do Líbano provocada pelo conflito entre Israel e o Hezbollah, só conheceu tréguas quando o Conselho de Segurança das Nações Unidas aprovou a criação urgente de uma nova Operação de Paz. A França, que fora uma das principais impulsionadoras da intervenção das Nações Unidas, surpreendeu, contudo, alguns observadores quando não se predispôs de imediato a assegurar uma participação militar em consonância com o empenho político que havia demonstrado. Na realidade, Paris fez depender a sua decisão final de uma clarificação das regras de empenhamento da FINUL, fixando com maior clareza os termos do seu mandato, a consequente dimensão e a necessária cadeia de comando.

3. Cito estes dois exemplos, entre as sessenta operações de paz lançadas pela ONU desde 1948, para ilustrar a importância da prepa-

ração dessas operações – antes de serem aprovadas pelo Conselho de Segurança – não perder de vista um elemento fundamental: a capacidade de porem em prática no terreno os objectivos que se propõem atingir. Isso passa naturalmente pela definição tão precisa quanto possivel das regras e dimensão do mandato, bem como da necessária cadeia de comando.

A evolução das operações de paz, que nos últimos vinte anos cresceram em número e complexidade, impõe, de facto, ao Departamento das Nações Unidas que as superintende e ao Conselho de Segurança, rigor na adopção de mandatos. Para que sejam eficazes, têm que ser adequados aos fins prosseguidos e ajustados ao carácter multidimensional que actualmente caracteriza essas operações.

4. Os países membros das Nações Unidas tomaram consciência que uma qualquer operação de paz, em vez de cumprir a sua missão, corre o risco de contribuir para o agravamento da instabilidade da região ou do país em causa se não dispuser da orientação e dos meios necessários para o desempenho das suas funções. A inacção das forças internacionais num local de conflito pode inclusivamente chegar ao ponto de favorecer, mesmo que involuntariamente, uma das partes do diferendo em causa, contribuindo assim para o desprestígio do sistema das Nações Unidas.

5. É também essencial, por outro lado, que o mandato da Força Internacional seja adaptável à medida em que as circunstâncias no terreno forem evoluindo – para melhor ou para pior – moldando-se às situações enfrentadas. Tudo isto, como é evidente, sob o olhar atento do Conselho de Segurança, mas sem se cair na tentação de fazer "micro-management" a partir de Nova Iorque. Nunca se deve excluir a imprevisibilidade do que se passa no terreno, podendo a rigidez de um mandato colocar as forças internacionais num "colete-de-forças" que as torne em grande parte inoperacionais, mesmo dispondo dos meios necessários.

6. A experiência no terreno moderou a fase da euforia que caracterizou o período pós-queda do Muro de Berlim, quando se constituíram operações de grande envergadura, sem que estivessem garantidos todos os requisitos prévios. Essa falta de ponderação aca-

Prefácio 9

bou por resultar em erros trágicos, como os ocorridos na Somália, Bósnia ou Ruanda. A verdade é que existe hoje uma percepção muito mais nítida das limitações das Nações Unidas. Embora lentamente, a lição foi aprendida, havendo agora um maior realismo sobre como enfrentar e dar resposta a estas situações de crise.

7. Para além das acções puramente de **"peacekeeping"**, de cariz essencialmente militar, são fundamentais os esforços complementares de apoio às estruturas de ajuda à consolidação da paz em períodos de pós conflito. A UNTAG na Namíbia (1989) foi a primeira operação de paz que contou com as componentes política, militar, de polícia e humanitária, permitindo, assim, à ONU ir para além do mero cumprimento de um cessar-fogo.

Este conceito mais abrangente de **"peacebuilding"** tem exactamente como objectivo evitar o reaparecimento de conflitos armados, mediante o apoio à construção e consolidação de sectores considerados cruciais para a estabilização de sociedades afectadas por conflitos. Procura-se, assim, identificar e ajudar a resolver causas profundas desses conflitos, promovendo, nomeadamente a desmobilização e o desarmamento das partes beligerantes, a reintegração social de ex-combatentes, a transformação de movimentos armados em partidos políticos, a reforma do sistema judiciário, a reforma das instituições políticas e da lei eleitoral, a promoção do respeito pelos Direitos Humanos e a repatriação de refugiados.

Como a Professora Maria do Céu Pinto justamente realça, a publicação em 1992 do relatório do Secretário-geral Boutros Boutros-Ghali, conhecido como **"Agenda para a Paz"**, estabeleceu uma doutrina global das Nações Unidas relativamente a operações de paz e ao papel da Organização na prevenção, contenção, resolução e termo dos conflitos.

8. É hoje pacífica a **ligação entre segurança e desenvolvimento e o papel do Conselho de Segurança nessa matéria.** Nem sempre foi assim. Há quase dez anos, foi a necessidade de se definir uma estreita ligação entre as actividades de "peacekeeping" e as de "peacebuilding" que levou Portugal a defender, enquanto membro não permanente do Conselho de Segurança das Nações Unidas no biénio 97/98, a formalização desse conceito de interacção. O nosso

país apresentou várias propostas e iniciativas com vista a fortalecer as garantias de continuidade dos processos de consolidação da paz, com vista a evitar que possíveis ganhos obtidos em resultado da constituição das operações de paz pudessem ser posteriormente desperdiçados. E conseguimos que a dois dias do final do nosso mandato no Conselho de Segurança, fosse aprovada uma declaração contendo várias recomendações sobre como incorporar os vários elementos de "peacebuilding" nos mandatos das operações de paz.

Mais tarde, Portugal esteve na primeira linha dos que preconizaram a necessidade da ONU se dotar de estruturas especificamente vocacionadas para gerir períodos de pós-conflito. Foi, aliás, o governo português quem propôs formalmente na Assembleia Geral de 2002 a iniciativa que se veio a traduzir na criação da "**Peacebuilding Commission**". Dela se espera uma abordagem mais coerente, oportuna e sustentável dos problemas enfrentados pelos países emergentes de situações de crise.

Nesta história que se vai construindo a nível da ONU, a participação de **Portugal** tem sido activa e criadora. O nosso país tem também figurado na vanguarda dos contribuintes para as operações de paz. Nelas os militares portugueses vêm assegurando funções de grande importância – incluindo cargos de chefia – fazendo a diferença em algumas missões, particularmente nos casos evidentes de Angola e de Timor-Leste.

9. Para agir, as Nações Unidas **necessitam em permanência de financiamento adequado e de pessoal militar qualificado, bem como de parceiros fortes**. A organização não dispõe de Forças Armadas próprias e os seus orçamentos dependem das contribuições dos Estados membros. As primeiras vivem maioritariamente da participação de países em desenvolvimento, como o Bangladesh à cabeça; os segundos, contam esmagadoramente com os recursos dos países ricos, cabendo o primeiro lugar aos Estados Unidos, individualmente, e à União Europeia, em conjunto. Daí facilmente se concluirá, portanto, que o problema não tem sido tanto o financiamento das operações de paz, mas antes o facto de não serem os países mais qualificados, com os adequados meios militares, que participam nessas mesmas operações. O seu êxito depende da existência ou não de uma forte

vontade política, desde logo dos cinco membros permanentes do Conselho, que garanta o "músculo necessário".

Num outro registo, tem vindo a impor-se a conveniência das Nações Unidas desenvolverem relações de proximidade com as organizações regionais como a UE, a UA, a NATO ou a OSCE. A cooperação com a UA, por exemplo, permitiu que as duas organizações tivessem desenvolvido um plano consolidado para a actual missão da União Africana no Sudão (AMIS), preparando recomendações para a sua reconversão numa operação de paz das Nações Unidas. O caso do Sudão é aliás elucidativo: as Nações Unidas só podem construir a paz e a estabilidade onde contarem com um forte apoio político local. Dele depende em grande medida a ultrapassagem de questões delicadas, como as relacionadas com o conceito de soberania.

10. Este trabalho da Professora Maria do Céu Pinto tem o mérito de constituir uma reflexão sobre os aspectos operacionais e conceptuais das missões de "peacekeeping", desde a sua criação até aos dias de hoje. Analisa os seus vários contornos e algumas das suas limitações, transmitindo uma ideia muito precisa sobre todas as actividades da ONU no campo da manutenção da paz e da segurança. Avalia com particular interesse as acções complementares que acompanham as acções de "peacekeeping", explicando como essas missões de paz *não podem ser um fim em si*, fazendo parte de um conjunto muito mais vasto sem o qual a construção ou reconstrução das sociedades (e a vida dos seus cidadãos), vítimas de conflito, não pode ser garantido. É um livro que vale a pena ler e guardar para consulta. Poderá também ser um incentivo para estudos complementares nesta matéria que ajudem a melhor compreender e a estimular o interesse numa área em que a conjugação de esforços a nível planetário se impõe. Só uma cooperação efectiva a nível universal – tendo por palco estas Nações Unidas ou outras que inevitavelmente lhe sucederiam caso fossem extintas – tornará possível alcançar o grau de segurança individual e colectiva a que "nós, os povos" aspiramos.

António Monteiro
Embaixador

INTRODUÇÃO

Julho de 1995: as forças sérvias, comandadas pelo General Ratko Mladic, tomam de assalto os postos de controlo dos capacetes azuis em redor de Srebrenica, uma pequena cidade mineira no leste da Bósnia, e avançam sobre a cidade. Srebrenica era uma das seis "áreas seguras" instituídas pelas forças da ONU e era defendida por soldados holandeses. À chegada dos Sérvios, os capacetes azuis holandeses não opuseram resistência. Os Holandeses assistiram passivamente enquanto os Sérvios perseguiam e aprisionavam a população na cidade e a do campo de refugiados da ONU em Potocari, bem como a que fugia para os montes, numa tentativa desesperada de chegar a Tuzla. Os Sérvios separaram os homens das mulheres e crianças e ordenaram aos capacetes azuis que elaborassem uma lista dos homens que deveriam permanecer no campo, na maioria, idosos e doentes. Mesmo esses não sobreviveram. As mulheres e as crianças foram enviadas para Tuzla em autocarros. Os homens foram executados em massa, após terem sido obrigados a cavar as suas próprias sepulturas. A Cruz Vermelha estima que, pelo menos, 7.500 pessoas tenham morrido ou desaparecido no massacre.

O episódio acima narrado é um dos episódios mais brutais do século XX, que conheceu os piores genocídios de que há memória. O massacre de Srebrenica ilustra a incapacidade das Nações Unidas e das forças de manutenção da paz de defender as populações apanhadas no meio de conflitos violentos. No entanto, naqueles anos, a ONU, teve um sucesso assinalável noutro cenário de conflito, curiosamente o cenário do maior genocídio do século XX: o Cambodja. Em 1991, as quatro facções que lutavam pelo controlo do país, com particular relevo para os temíveis Khmers Vermelhos, que com Pol Pot, nos anos 70, tinham mergulhado o país num autêntica orgia de sangue, assinaram em Paris um acordo de paz. A ONU ficou encarre-

14 *As Nações Unidas e a Manutenção da Paz*

gada de implementar o acordo e de supervisionar a transição do país para um regime democrático. Durante os 18 meses que se seguiram, o Cambodja foi literalmente governado pela *United Nations Transitional Authority in Cambodia* (UNTAC). Apesar da oposição determinada dos Khmers Vermelhos, os Cambodjanos compareceram em massa às eleições organizadas pela ONU em Maio de 1993. Apesar das limitações da UNTAC e das tarefas que ficaram por completar, as NU deixaram o país com um governo legitimamente formado.

Este livro debruça-se sobre as actividades de manutenção de paz das Nações Unidas e, em particular, do *peacekeeping*. O *peacekeeping* integra-se na panóplia dos instrumentos e métodos que o Conselho de Segurança e, as Nações Unidas, em geral, podem usar para defender a "segurança colectiva" e para o objectivo de manutenção da paz no mundo. O *peacekeeping* é, porventura, o elemento mais original e inovador da panóplia dos mecanismos de resolução de conflitos e, desde a sua criação, está em constante definição e refinamento, tanto conceptual como operacional.

Durante a Guerra Fria, o Conselho de Segurança não conseguiu chegar a acordo quanto a mecanismos colectivos de imposição da paz, nomeadamente a activação do artigo 43.º da Carta, que prevê o uso da força contra os estados agressores, e a constituição de um corpo de forças armadas ao serviço das Nações Unidas. Para colmatar essa falha, a ONU desenvolveu um instrumento menor. O *peacekeeping* foi, na altura, um expediente de um Conselho de Segurança dividido ao qual faltava o consenso para a acção colectiva, mas que se contentava em usar um instrumento menos comprometedor que não interferisse com os interesses das superpotências.

O *peacekeeping* foi uma obra-prima conceptual num campo totalmente novo: o emprego de forças militares em operações não-violentas para controlar conflitos iniciados por outros estados. O *peacekeeping* consiste no uso das forças militares por parte da ONU para de-escalar ou pacificar situações de conflito internacional. São forças desprovidas, no seu exercício, do uso normal da força militar e da prerrogativa de aplicação da violência. O *peacekeeping* é uma actividade neutral de militares que não podem usar a força, não lutam contra ninguém, nem pretendem alterar o equilíbrio de forças criado pelos beligerantes. A verdadeira autoridade de um destacamento de *peacekeeping* reside, não na sua capacidade de usar a força, mas precisamente no facto de *não* usar a força e, dessa forma, permanecer acima do conflito e preservar a sua posição de imparcialidade.

A *Agenda para a Paz* do ex-Secretário-Geral, Boutros Boutros--Ghali, foi um documento fundamental ao fazer do *peacekeeping* um tema central das Nações Unidas. Publicado em 1992, aquele documento inicia, no pós-Guerra Fria, um profundo debate sobre a importância do *peacekeeping* enquanto instrumento do processo de resolução dos conflitos. Na *Agenda*, Boutros-Ghali estabelece os chamados instrumentos para a paz e segurança: Diplomacia Preventiva, *Peacemaking, Peacekeeping, Post-conflict Peacebuilding*, Desarmamento, Sanções e Imposição da Paz. O *peacekeeping* surge aí como parte de uma gama de instrumentos usados para gerir uma crise da sua fase latente (pré-conflito), à fase da escalada (conflito) e à fase pós-conflito (*peacebuilding*). Aí se prevê o uso de tropas, não só durante uma fase restrita do conflito (como o estende à etapa anterior e ao estádio pós-violência, isto é, através do *preventive deployment* e *peacebuilding*).

O *Relatório Brahimi*, lançado por Kofi Annan em 2000, é o trabalho que continua a reflexão sobre o *peacekeeping*, avançando com novos conceitos críticos. As conclusões do *Relatório Brahimi* são o fruto da evolução do *peacekeeping* nos anos 90, evolução particularmente rápida e frutuosa em lições.

Efectivamente, as operações de paz dos anos 90 demonstraram as limitações dos princípios do *peacekeeping* tradicional nas chamadas "operações complexas". As intervenções da ONU no pós-Guerra Fria (Cambodja, Somália, Bósnia-Herzegovina e Ruanda) ocorreram em ambientes voláteis, de alto risco e incerteza, principalmente em guerras civis. As operações de segunda geração são o resultado das inovações que as Nações Unidas foram obrigadas a introduzir no *peacekeeping* tradicional, a partir de meados dos anos 80, como resultado da explosão da conflitualidade em algumas regiões do globo. Elas incluem novas tarefas que vão da ajuda humanitária às populações, à reconstrução dos países devastados pela guerra e ao estabelecimento de governos democráticos nos países que sofreram conflitos prolongados. Trata-se de um *peacekeeping* mais exigente, não só porque inclui o desempenho de mais tarefas, mas porque é direccionado para a resolução dos conflitos.

O peacekeeping das operações da segunda geração é diferente porque a intervenção dos capacetes azuis em contextos máxime de descalabro dos estados apresenta novos requisitos. Nesta, o *peacekeeping* não se limita a separar os beligerantes. Além disso, as noções de neutralidade, imparcialidade e consentimento são relativizadas uma vez que as novas operações abarcam actividades que tradicionalmente estão separadas: *peacekeeping*, *peace-building*, incluindo a conduta de operações militares hostis.

Este livro pretende constituir uma reflexão sobre alguns dos aspectos conceptuais e operacionais mais relevantes do *peacekeeping*. Em primeiro lugar, o livro enquadra as origens do *peacekeeping* no âmbito da Liga das Nações. Explica-se de seguida as várias valências do conceito para depois se analisar a evolução do fenómeno do pós- -II Guerra até aos dias de hoje. O livro explora depois as característi- cas do *peacekeeping* de segunda geração, em particular a questão do uso da força. Segue-se uma reflexão sobre outros aspectos críticos do *peacekeeping*. O livro conclui-se com uma digressão sobre as experiên- cias de *peacekeeping* de outras organizações internacionais.

Optou-se aqui pela adopção da terminologia especializada na sua versão anglo-saxónica, não por puro gosto pela terminologia estrangeira, mas pela clareza e imediatismo da terminologia. Efecti- vamente, parece-nos mais acessível utilizar *peacekeeping*, *peacemaking*, *peace-building* e *peace enforcement* do que os termos equivalentes em português (respectivamente "manutenção da paz", "restabeleci- mento da paz", "consolidação da paz" e "imposição da paz").

I.

PEACEKEEPING, SEGURANÇA COLECTIVA E A SOLUÇÃO PACÍFICA DE CONFLITOS

I.1. Antecedentes Históricos da Diplomacia Colectiva

O *peacekeeping*, como afirma, Boutros-Ghali é uma "invenção" das Nações Unidas (NU) porque "não foi especificamente definido na Carta, mas evoluíu como um instrumento não coercivo de controlo dos conflitos numa altura em que a Guerra Fria impedia o Conselho de Segurança de tomar as medidas de força previstas na Carta."[1] O *peacekeeping* é um elemento original e inovador a que as Nações Unidas deitaram mão quando as soluções tradicionais não eram suficientes e nomeadamente para afastar a hipótese da intervenção das superpotências nos conflitos regionais. Simon Chesterman diz que "nesta, como noutras áreas de actividade do Conselho de Segurança, a prática tem guiado a teoria e a Carta tem-se mostrado um instrumento flexível – alguns diriam maleável."[2]

Mas, como afirma Adam Roberts, "as operações de *peacekeeping* são apenas parte da resposta da comunidade internacional a situações de conflito interno e internacional".[3] Efectivamente, o *peacekeeping* integra-se na panóplia dos instrumentos e métodos que o Conselho de Segurança (CS) e, as NU, em geral podem usar para a prossecução da "segurança colectiva" e da manutenção da paz.

---

[1] Boutros Boutros-Ghali, "Empowering the United Nations", *Foreign Affairs*, vol. 71, nº 5, Inverno de 1992-93, p. 89.

[2] Simon Chesterman, "Virtual Trusteeship", in David Malone (ed.), *The UN Security Council*, Boulder, CO, Lynne Rienner Publishers, 2004, p. 219.

[3] Adam Roberts, "The Crisis in UN Peacekeeping", *Nação e Defesa*, nº 11, Julho-Setembro de 1994, p. 131.

O *peacekeeping* é uma técnica multidimensional e complexa de prevenção, gestão e resolução de conflitos,[4] herdeira de uma tradição que tem as suas raízes no séc. XIX com as conferências diplomáticas internacionais. Estas conferências têm uma dupla importância: lançam os primeiros mecanismos diplomáticos e jurisdicionais de resolução dos conflitos; são as precursoras das modernas organizações internacionais, enquanto fóruns multilaterais de discussão dos problemas internacionais.

A "diplomacia por conferência",[5] como lhe chama Inis Claude, veio alterar radicalmente a forma dos estados se relacionarem na arena internacional. A primeira iniciativa deste género foi o Congresso de Viena de 1815, reunido no final das Guerras Napoleónicas na Europa para estabelecer o novo mapa geopolítico europeu. Era já costume os estados europeus reunirem-se em conferência internacional no final das guerras para chegar a acordo relativamente a alterações territoriais e ajustamentos políticos resultantes da guerra e para formalizar a nova situação através de um tratado de paz.

Para além da conclusão da paz, o tratado que saiu daquele Congresso criou um sistema de consulta regular,[6] denominado "Concerto Europeu", entre as grandes potências europeias sempre que o sistema europeu estivesse em crise. É neste sistema cooperativo nascido no período pós-Napoleónico que se localizam os primeiros esboços da "...acção colectiva para preservar a paz entre os estados".[7]

Tratava-se, é certo, de um sistema elitista e aristocrático que consagrava a preeminência de algumas potências, outorgando-se o papel de guardiãs da Europa. Elas estavam interessadas em manter um *status quo* na Europa que lhes fosse favorável e em salvaguardar os seus interesses, leia-se prevenir o revanchismo francês e suprimir os movimentos nacionalistas e irredentistas. Contudo, esse sistema

---

[4] Trevor Findlay, *The Use of Force in UN Peace Operations*, Estocolmo, SIPRI/ Oxford University Press, 2002.

[5] Inis L. Claude, *Swords into Plowshares: The Progress and Problems of International Organization*, 3ª ed., NY, Random House, 1964, p. 4.

[6] O sistema de reuniões a intervalos regulares vigorou de 1815 a 1914 com as seguintes conferências: Conferência de Paris de 1856, Conferências de Londres de 1871 e 1912-13, Congressos de Berlim de 1878 e 1884-85, Conferência de Algeciras de 1906.

[7] Alex J. Bellamy et al., *Understanding Peacekeeping*, Cambridge, Polity Press, 2004, p. 59.

continha em si as sementes da organização internacional, enquanto processo, tal como nos diz Inis Claude.[8] Ele denota o despoletar de "hábitos de organização internacional",[9] o nascimento de práticas cooperativas entre estados num mundo de "anarquia", isto é, onde não existe um governo mundial.[10] No contexto da época, ele criava um sistema de gestão de conflitos entre as grandes potências.[11]

Com o "Concerto Europeu", a Europa dispunha de algo seme-lhante a um conselho europeu que arbitrava as lutas de poder entre as potências e resolvia numerosos problemas da vida europeia: desde a regulação do tráfico internacional nos grandes rios europeus, à divisão dos Balcãs e à distribuição dos territórios de África. Este sistema de concertação introduziu importantes inovações na forma dos Estados se relacionarem: o princípio da consulta recíproca e o tratamento colectivo de importantes questões da vida internacional. Ele criou, acima de tudo, "...os pré-requisitos psicológicos para ne-gociações multilaterais bem-sucedidas."[12] A principal inovação do "Concerto Europeu" foi o de "...tentar lidar com o problema de estados agressivos e das rivalidades estratégicas, ligando os estados através de tratados e um processo de consulta gerido em conjunto."[13]

As conferências do "Concerto Europeu" adoptaram uma agenda política alargada: preocuparam-se com "a manutenção da paz na

---

[8] Inis L. Claude, Jr., Swords into Plowshares: The Progress and Problems of International Organization, 3ª ed., NY, Random House, 1964, p. 5. Claude salienta a neces-sidade de fazer a "distinção entre organizações internacionais e a organização internacional. Certas organizações podem não ser mais do que do que joguetes da política de poder e escravas das ambições nacionais. Mas, a organização internacional, considerada enquanto processo histórico, representa uma tendência secular no sentido do desenvolvimento siste-mático de uma pesquisa determinada dos meios políticos para fazer o mundo mais seguro para os homens."; *id.*, p. 405 (sublinhado do autor).

[9] J. Martin Rochester, "The United Nations in a New World Order: Reviving the Theory and Practice of International Organization", in Charles W. Kegley, Jr., *Controversies in International Relations Theory: Realism and the Neoliberal Challenge*, NY, St. Martin´s Press, 1995, p. 207.

[10] V. Robert Axelrod e Robert O. Keohane, "Achieving Cooperation Under Anarchy: Strategies and Institutions", *World Politics*, vol. 38, Outubro de 1985.

[11] Bellamy et al., *op. cit.*, p. 59.

[12] Claude, *op. cit.*, p. 23.

[13] G. J. Ikenberry, *After Victory: Institutions, Strategic Restraint, and the Rebuilding of Order after Major Wars*, Princeton, NJ, Princeton University Press, 2001, p. 114.

Europa, a substituição de métodos violentos pelos pacíficos na manipulação da distribuição do poder, o acordo quanto a regras básicas para participar no jogo competitivo do imperialismo e a formulação de legislação internacional geral aplicável às relações entre os estados."[14] O "Concerto" é o precursor das instituições internacionais que viriam a ser criados enquanto instrumentos da paz mundial.

De referir ainda, dentro do modelo de sistemas de conferências diplomáticas, as Conferências da Haia de 1899 e 1907. As Conferências foram convocadas pelo Czar Nicolau II da Rússia para discutir as tensões que marcavam o ambiente internacional europeu e a corrida aos armamentos por parte das grandes potências. O objectivo da reunião era pensar quais as técnicas que os estados deveriam usar para evitar a guerra e em que condições deveriam recorrer a meios legais, a negociações ou à arbitragem judicial para prosseguir aquele propósito. O facto de debater essas questões na ausência de um conflito era já uma novidade assinalável para os hábitos da altura.

As Conferências tiveram uma dimensão verdadeiramente internacional,[15] ao envolver países extra-europeus, em particular a maioria dos estados da América Latina. Tiveram o mérito de discutir, em abstracto e numa perspectiva antecipatória, mecanismos institucionalizados para a solução dos conflitos. Dela saíram a Convenção para a Solução Pacífica de Disputas, as Comissões Internacionais de Inquérito, as Convenções sobre Leis e Costumes da Guerra e um tribunal: o Tribunal Permanente de Arbitragem da Haia.[16]

I.2. A Segurança Colectiva na Liga das Nações

O *peacekeeping* contemporâneo tem as suas raízes na Liga das Nações (LN ou Sociedade das Nações, SDN).[17] A Liga constituiu a

---

[14] *Id.*, p. 22.

[15] Na primeira conferência, participaram 26 estados; na segunda, 44 estados.

[16] Sobre esta temática ver Frederic Kirgis, *International Organizations in Their Legal Setting. Documents, Comments and Questions*, West Publishing Co., St. Paul, Minn., 1977, pp. 1-4.

[17] Também designada Sociedade das Nações. O texto do Pacto aqui utilizado provém de Manuel A. Ribeiro e António V. Saldanha, *Textos de Direito Internacional Público: organizações internacionais*, Lisboa, ISCP-UTL, 1995.

primeira experiência de uma organização política multilateral com ambições de relegar o fenómeno da guerra para as margens da História.

A LN constituía um fenómeno novo e sem precedentes na história porque foi projectada para criar uma ordem internacional mais pacífica, radicalmente diferente. O projecto que a viabilizou constituía uma ruptura face ao sistema anterior. A paternidade do projecto é do Presidente norte-americano, Woodrow Wilson, que ambicionava substituir o sistema europeu baseado na diplomacia secreta e na balança de poderes por um sistema transparente, logo, fiável. Nos anos anteriores à guerra, tinham surgido associações nos EUA, França e Inglaterra que defendiam a criação de uma organização internacional que arbitrasse os conflitos entre as nações.

A SDN deveria terminar com o ciclo de guerras pois estabeleceria regras que os estados, fossem poderosos ou fracos, deveriam respeitar. A organização era, pois, vital para a regulamentação dos conflitos e para a preservação da paz. Os princípios-cardinais da organização eram a segurança colectiva e a auto-determinação. Esses princípios tinham sido enunciados por Wilson, antes do final da guerra, no famoso documento "14 pontos de Wilson". De acordo com este documento, a organização deveria fornecer garantias recíprocas de independência política e de integridade territorial.

O projecto de Wilson foi aceite pelos seus parceiros: Lloyd George e Clemenceau. O Pacto da LN foi negociado durante a Conferência de Paz de Versalhes, tendo o documento sido incorporado no Tratado de Versalhes. A LN era constituída por vários órgãos: o Conselho, responsável máximo pela manutenção da paz; a Assembleia, órgão plenário; o Secretariado, órgão administrativo e de apoio e um tribunal, o Tribunal Permanente de Justiça Internacional.

O Pacto da Liga das Nações estabelecia um sistema ambicioso de segurança colectiva. O artigo 11.º condensa o espírito deste sistema ao dizer que "qualquer ameaça de guerra que afecte, directamente ou não, alguns dos Membros da Sociedade interessa a toda a Sociedade e que esta deve tomar as medidas próprias para salvaguardar eficazmente a paz das Nações." A Liga detinha um mecanismo sofisticado de resolução das disputas: a organização exigia a aplicação dos mecanismos de resolução pacífica dos conflitos e tentava banir o recurso à guerra.

O sistema de segurança colectiva da Liga assentava em alguns princípios cardinais: os estados comprometiam-se a respeitar o direito internacional e a resolver as contendas legais por meio de recurso à arbitragem, ao Tribunal Permanente de Justiça Internacional ou ao Conselho da Liga (artigo 12.º). As disputas políticas deveriam ser remetidas ao órgão supremo, responsável pela manutenção da paz, o Conselho, que tinha como membros permanentes o Reino Unido, França, Itália e Japão.[18]

Outros dos traços marcantes do sistema eram:

"2.º – O compromisso dos Estados de agirem conjuntamente contra os que, dentro e fora da Sociedade, violassem o direito.

3.º – A limitação, na fase inicial da participação na sociedade, aos 'Estados amantes da paz', ou seja, a exclusão, no período inicial, dos vencidos da Guerra de 1914/1918.

4.º – A exclusão futura dos membros que atentassem contra a Paz.

5.º – A limitação dos armamentos, como forma de evitar a 'paz armada'."[19]

O artigo 10.º garantia aos estados-membros a independência política e integridade territorial, sendo o Conselho a instância responsável pela tomada de medidas necessárias para assegurar o cumprimento dessa obrigação. O artigo 11.º assegurava que a guerra ou a ameaça do uso da força não passaria impune: teria necessariamente uma resposta por parte da Liga. De acordo com o artigo 16.º, "se um membro da Sociedade recorrer à guerra em contrário dos compromissos assumidos... ficará ipso facto considerado como tendo cometido um acto de guerra contra todos os outros Membros da Sociedade." O artigo 16.º previa uma série de sanções a aplicar aos estados violadores da paz: a obrigação para os estados-membros de cessarem as relações comerciais ou financeiras com o estado infractor.

A maior novidade do Pacto era o facto do Conselho poder recomendar o uso da força de forma "a fazer respeitar compromissos da

---

[18] Se tivessem feito parte da organização, também os EUA teriam feito parte deste órgão.

[19] V. João Mota de Campos et al., *Organizações internacionais*, Lisboa, Fundação Calouste Gulbenkian, 1999, p. 218

Sociedade" (artigo 16, §2). Contudo, os estados não eram obrigados a aplicar as sanções militares que o Conselho da Liga considerasse adequadas. Além disso, a recomendação desse tipo de sanções requeria o voto unânime do Conselho.[20] Em resumo, era uma medida cuja aplicação dependia da vontade dos estados-membros: o que nunca aconteceu.

O principal objectivo da Liga era "promover a cooperação entre as Nações e... garantir paz e segurança..."[21] Contudo, se a missão da organização era evitar a guerra, paradoxalmente, o Pacto não excluía o uso da força, como resulta de alguns articulados do mesmo. A guerra era, em princípio, condenada, mas era explicitamente admitida se ocorresse dentro de certos parâmetros definidos no Pacto.[22]

O artigo 12.º expressa esta contradição, nos termos ao admitir o recurso à guerra, embora condicionasse o início da mesma ao respeito de uma moratória: os estados-membros acordam que "em caso algum, devem recorrer à guerra antes de expirado o prazo de três meses depois da decisão arbitral ou judicial ou do relatório do Conselho." Assim, a Liga assumia uma pretensão minimalista: não vetava a guerra, apenas exigia que os estados recorressem aos meios pacíficos antes de optarem pela via militar.

A guerra era aceite nos seguintes casos: (1) numa situação de auto-defesa; (2) se o relatório do Conselho da Liga, exprimindo a decisão em relação a uma desavença internacional, não fosse aprovado por unanimidade (nesse caso, "os Membros reservam-se o direito de agir como julgarem necessário para a manutenção do direito e da justiça");[23] (3) se o diferendo fosse respeitante a um assunto que o Direito Internacional definisse como da competência exclusiva dos estados envolvidos.[24] Diz Jane Boulden, que "o axioma fundamental de que a guerra desempenhava um papel legítimo nas relações internacionais, permanecia inalterado. O que tinha mudado era o

---

[20] Ao contrário do Conselho de Segurança das Nações Unidas onde só os cinco membros permanentes usufruem do direito de veto.

[21] Citação do preâmbulo do Pacto.

[22] "Era, assim, um sistema de limitação do recurso à força sem eliminação total dessa possibilidade", in Mota Campos, *op. cit.*, p. 220.

[23] Artigo 15.º § 7.

[24] Artigo 15.º § 8.

princípio que havia certas circunstâncias em que a guerra passaria a ser 'ilegal'."[25]

A Liga mostrou-se incapaz de resolver as grandes querelas entre os estados. Na década de 20, a Liga tinha desenvolvido uma série de técnicas que usou, com diferentes graus de sucesso, em vários conflitos: a investigação de conflitos, a conciliação das partes e a manutenção da paz após um confronto armado. A Liga teve uma intervenção bem-sucedida em casos envolvendo pequenos estados e litígios de menor importância: resolveu uma disputa fronteiriça entre a Finlândia e a Suécia; defendeu a soberania da recém-criada Albânia quando ela foi ameaçada por forças gregas e jugoslavas; assegurou a retirada das forças gregas da Bulgária em 1925 e o pagamento de uma compensação pela Grécia após um incidente entre os dois países; resolveu uma disputa territorial entre a Turquia e o Iraque acerca da província de Mossul. Em 1934, enviou uma pequena força de *peacekeeping* para ocupar uma área disputada entre a Colômbia e o Peru.

Contudo, na década seguinte, a Liga demostrou ser irrelevante na resolução dos conflitos: "A 'nova diplomacia', entendida como a arbitragem, desarmamento e segurança colectiva através da Liga, falhou perante métodos mais resistentes baseados na força, rearmamento e na 'velha diplomacia'."[26] Nos anos 30 sucederam-se a ritmo regular as agressões perpetradas pelas grandes potências: conquista da Etiópia pela Itália de Mussolini em 1935, invasão japonesa da Manchúria em 1931 e 1937; agressões da Alemanha contra a Áustria, a Checoslováquia e a Polónia; invasão russa da Finlândia em 1939.[27]

A Liga nunca fez uso dos seus poderes de *enforcement* militar. A única vez que aplicou sanções com alguma eficácia foi quando a Itália invadiu a Etiópia. A Liga decretou um embargo de exportações de materiais militares, e proibiu a concessão de empréstimos à Itália.

---

[25] Jane Boulden, *The United Nations and Mandate Enforcement*, Kingston, Ontário, Centre for International Relations/ Institut Quebécois des Hautes Études Internationales, 1999, p. 10.

[26] Peter Beck, "The League of Nations and the Great Powers, 1936-1940", *World Affairs*, vol. 157, nº 4, Primavera de 1995, p. 175

[27] V. Evan Luard, *A History of the United Nations*, vol. 1, MacMillan Press, Londres, 1982, p. 3.

Decretou ainda um embargo às exportações italianas. Apesar dos efeitos gravosos do embargo sobre a economia italiana, cedo de tornou aparente que a Itália não cederia se não fossem adoptadas medidas mais drásticas. Foi então decidido impor um embargo de produtos petrolíferos. O embargo nunca chegou a entrar em efeito devido a uma série de circunstâncias. Destaca-se o receio da Inglaterra que esta medida empurrasse Mussolini para um acto desvairado, como uma declaração de guerra contra as potências ocidentais. A Inglaterra temia a guerra num momento em que a França estava a passar por um momento difícil e onde a opinião pública não era favorável a uma guerra com a Itália. A Inglaterra não estava sequer preparada para uma confrontação na Europa. Se esta fosse desencadeada, a vantagem estaria do lado das potências inimigas.[28]

I.3. A Manutenção da Paz nas Nações Unidas

As Nações Unidas foram criadas em 1945, antes mesmo do fim da guerra com a Alemanha e o Japão. A organização foi preparada durante o conflito mundial, o que permitiu que os estados-fundadores se reunissem em S. Francisco, entre Abril e Junho de 1945, para lançar as bases da nova organização. Em Novembro de 1943, os EUA, Grã-Bretanha e a URSS assinaram a Declaração de Moscovo, na qual exprimiam o seu interesse em criar uma organização internacional logo que terminasse a guerra. Em 1944 e 1945, as principais potências reuniram-se para esboçar as linhas da organização. Na Conferência de Ialta de Fevereiro de 1945, as potências vencedoras acordaram os últimos pormenores, incluindo o seu lugar permanente no CS e o direito de veto. À semelhança da LN, as NU nasceram com a preocupação de evitar novas guerras.

A Carta das Nações Unidas configura uma complexa arquitectura de resolução de conflitos O preâmbulo da Carta[29] é muito claro ao, elencar, em primeiro lugar, como objectivo supremo das Nações

---

[28] V. David Armonstrong et al., *From Versailles to Maastricht: International Organisation in the Twentieth Century*, NY, St. Martin´s Press, 1996, pp. 44-6.

[29] O texto aqui usado provém de António J. Fernandes, *Organizações políticas internacionais*, Lisboa, Ed. Presença, s. d.

Unidas, "manter a paz e a segurança internacionais" (artigo 1.º, §1). O preâmbulo da Carta declara, de forma solene e até emotiva, que a organização foi criada para "...preservar as gerações futuras do flagelo da guerra, que, por duas vezes, no espaço de uma vida humana, infligiu à humanidade inexplicáveis sofrimentos." A ONU não proíbe o recurso à força, mas adopta uma terminologia mais cautelosa: "Todos os membros deverão evitar nas suas relações internacionais a ameaça ou o uso da força contra a integridade territorial ou a independência política de qualquer Estado..." (artigo 2.º, §4). Efectivamente, a ONU autoriza os estados-membros a usarem a força em diversos casos. O primeiro é o da auto-defesa individual ou colectiva (artigo 51.º). No que se refere à auto-defesa individual, trata-se de um direito "inerente": assim, o "...efeito do artigo [51.º] não é o de criar o direito mas, explicitamente o de reconhecer a sua existência."[30]

Contudo, é de notar a limitação ao exercício da legítima defesa que este mesmo artigo comporta ao estabelecer que aquele direito durará até que o Conselho de Segurança intervenha: "Nada na presente Carta prejudicará o direito natural de legítima defesa individual ou colectiva, no caso de ocorrer um ataque armado contra um membro das Nações Unidas, até que o Conselho de Segurança tenha tomado as medidas necessárias para a manutenção da paz e da segurança internacionais." É interessante que o articulado preveja a eventualidade de uma resposta tardia do Conselho de Segurança (resposta essa que possivelmente seria também desadequada) em defesa do estado ou dos estados agredidos. Ela corresponde à situação provável, antevista pelos fundadores da organização, do CS não se conseguir entender devido a divergências entre os cinco membros permanentes.[31]

O artigo vai mais longe (restringindo a liberdade de resposta do estado agredido), ao estipular que "[A]s medidas tomadas pelos Membros no exercício desse direito de legítima defesa serão comunicadas imediatamente ao Conselho de Segurança e não deverão, de modo algum, prejudicar a autoridade e a responsabilidade que a presente Carta atribui ao Conselho para levar a efeito, em qualquer

---

[30] Goodrich et al., *op. cit.*, p. 344.
[31] *Id.*, p. 349 e 352.

tempo, a acção que julgar necessária à manutenção ou ao restabelecimento da paz e da segurança internacionais." Como afirma Frank
Berman, "...de acordo com a última frase do artigo 51.º, o Conselho
de Segurança tem o direito absoluto de assumir o controlo."[32]

Uma segunda possibilidade prevê o uso da força a convite de
um estado agredido e serve para a defesa deste (uso da força por
convite no quadro da auto-defesa colectiva).[33] Trata-se potencialmente de dois tipos de situações onde a operação militar de resposta
à agressão é organizada de modo colectivo. Na primeira, o uso da
força é legitimado em nome da capacidade que cada Estado tem de
se defender a si próprio, mas a resposta materializa-se sob a égide da
ONU. A intervenção processa-se a convite do estado agredido, que
solicita às forças estrangeiras que ocorram em sua defesa. Diz
Goodrich que "...é claro, com base nas discussões em S. Franscisco
e a prática dos estados-membros desde essa altura, que o direito de
auto-defesa colectiva é interpretado como justificando medidas colectivas adoptadas por alguns estados em apoio de outro estado, que
seja vítima de um ataque armado."[34]

É o caso da Resolução 83 do Conselho de Segurança (27 de
Junho de 1950) relativa à invasão da Coreia do Sul por parte da sua
congénere do norte. Nela é referido o pedido de ajuda solicitado pela
Coreia do Sul para a tomada de "medidas imediatas e efectivas para
assegurar a paz e a segurança". O Conselho de Segurança não organizou a operação militar para libertar a Coreia do Sul: limitou-se a
recomendar "que os Estados-membros das Nações Unidas forneçam
a assistência à República da Coreia que for necessária para repelir o
ataque armado e para restaurar a paz e a segurança internacional na
área". Os EUA ofereceram-se para liderar a coligação multinacional
ao abrigo de um Comando Unificado.

É igualmente o caso da resolução 678 de 29 de Novembro de
1990 relativa à invasão do Kuwait por parte do Iraque: adoptada ao

---

[32] V. Berman, "The Authorization Model: Resolution 678 and Its Effects", in David
Malone (ed.), *op. cit.*, p. 155.

[33] V. Jerzy Ciechanski, "Enforcement Measures under Chapter VII of the UN
Charter: UN Practice after the Cold War", in Michael Pugh (ed.), *The UN, Peace and
Force*, Londres, Frank Cass, 1997, p. 86.

[34] Goodrich et al., *op. cit.*, p. 348.

abrigo do capítulo VII, nela se "autoriza os Estados-membros a cooperarem com o Governo do Kuwait...a usar todos os meios necessários para aplicar e implementar a resolução 660..." A resolução 660 de 2 de Agosto de 1990 (o dia a seguir à invasão) tinha qualificado a invasão iraquiana como uma "ruptura da paz e segurança internacionais". A resolução que desta forma define a invasão como um acto grave, com uma resposta enquadrável no Capítulo VII, *"exige* que o Iraque se retire de forma imediata e incondicional..."[35] O CS autorizou assim a coligação de 35 nações, dirigida novamente pelos EUA, a libertar o Kuwait. A acção da coligação poderia qualificar-se como uso da força a convite do estado agredido ou auto-defesa colectiva.[36] Segundo alguns autores, o uso da força em auto-defesa dispensaria mesmo uma resolução *ad hoc* do CS, adoptada ao abrigo do capítulo VII da Carta, uma vez que o uso da força para auto-defesa é legal à luz do direito internacional.[37]

Existem ainda outras modalidades de intervenções pela força autorizadas pela ONU, mas levadas a cabo por organizações regionais ou por coligações de estados a pedido da organização. A partir de Março de 1993, as forças da NATO foram solicitadas a fazer observar a proibição dos voos militares no espaço aéreo da Bósnia-Herzegovina e a dar cobertura aérea às operações da UNPROFOR naquele província[38] e, mais tarde, na Croácia. Tanto o governo bósnio como o croata solicitaram o apoio da NATO.[39] A NATO também foi autorizada a usar do poder aéreo em apoio da UNCRO (*UN Confidence Restoration Operation)* na Croácia, a pedido do governo croata.[40]

Após a assinatura dos Acordos de Paz de Dayton para a Bósnia-Herzegovina, a IFOR (*Implementation Force*) foi autorizada pelo CS a usar a força, se necessária, no cumprimento do seu mandato: um

---

[35] Sublinhados nos originais.

[36] Ciechanski, *op. cit.*, p. 86.

[37] *Id.*, p. 87.

[38] Autorização para implementar o bloqueio contra a Jugoslávia (Sérvia-Montenegro) pela Resolução 787 de 16 de Novembro de 1992: autorização para implementar a zona de exclusão aérea no espaço da Bósnia-Herzegovina pela Resolução 816 de 31 de Março de 1993.

[39] Resolução 958 de 19 de Novembro de 1994.

[40] A UNCRO surge como uma divisão da UNPROFOR para a Croácia: Resolução 981 de 31 de Março de 1995.

aspecto da missão que foi concordada por todas as partes que assinaram os Acordos de Dayton (o mesmo acontecendo com a *Stabilization Force* – SFOR, sucessora da IFOR). No Haiti, os EUA lideraram uma operação da ONU para substituir o governo ilegítimo dos militares: operação essa consentida pelo governo legítimo (mas deposto) de Jean-Bertrand Aristide.[41]

As operações referidas foram levadas a cabo pela NATO, a pedido da ONU, e por uma força americana, legitimada pelo CS. São operações legais porque foram desencadeadas a pedido do governo dos países onde a intervenção se efectuou.[42]

A segunda modalidade de resposta no quadro da auto-defesa colectiva desenvolve-se no quadro de acordos internacionais ou de organizações regionais: como o Tratado Inter-americano de Assistência Recíproca, 1947 (no âmbito da Organização dos Estados Americanos – OEA); a Organização da Europa Ocidental – UEO (1947/ 1954); a NATO (1949) ou o Tratado de Segurança entre os EUA e o Japão de 1951/1960. Alguns destes tratados contêm elementos que potencialmente os fazem entrar na categoria de arranjos regionais cobertos pelas provisões do Capítulo VIII da Carta das Nações Unidas. Todos, explícita ou implicitamente, se reportam ao artigo 51.º para justificar o uso de medidas colectivas para fazer frente a um ataque armado contra um ou mais dos seus signatários.[43] Trata-se de uma possibilidade que até à actualidade nunca se concretizou.

O uso da força também pode ser usado no quadro de uma intervenção humanitária.[44] Entre Dezembro de 1992 e Maio de 1993, a UNITAF, uma força de *peacekeeping* exclusivamente americana, recebeu a tarefa de criar um ambiente seguro para a distribuição da ajuda humanitária na Somália.[45] Também a França, entre 23 de Junho

---

[41] Resolução 940 de 31 de Julho de 1994.

[42] V. Ciechanski in Pugh (ed.), *op. cit.*, p. 10.

[43] Goodrich et al., *op. cit.*, p. 350.

[44] V. Ciechanski, *op. cit.*, pp. 86-8. V. Rosalyn Higgins, *The Development of International Law through the Political Organs of the United Nations*, Londres, Oxford University Press, 1963, p. 198, 212; Quincy Wright, "Non-Military Intervention", in Karl Deutsch e Stanley Hoffman (eds.), *The Relevance of International Law*, Garden City, Doubleday, 1971. Sobre as intervenções humanitárias, ver Louis Henkin, "Use of Force: Law and US Policy", in Louis Henkin et al., *Right v. Might: International Law and the Use of Force*, NY, Council on Foreign Relations Press, 1989.

[45] Resolução 794 de 3 de Dezembro de 1992.

e 22 de Agosto de 1994, liderou uma operação de *enforcement* no Ruanda. Após o massacre da minoria Tutsi e dos Hutus moderados, o CS autorizou uma missão para criar uma zona segura no sudoeste do país para acolher os refugiados.[46] Henkin afirma, a este propósito, que "os estados têm sido relutantes em adoptar formalmente esta excepção ao artigo 2 (4) mas, a comunidade jurídica tem amplamente aceite que a Carta não proíbe a intervenção humanitária através do uso da força, estritamente limitada ao necessário para salvar vidas."[47]

Ao mesmo tempo que autoriza o uso da força em algumas circunstâncias, a Carta das NU impõe aos membros o dever de "...resolver as suas controvérsias internacionais por meios pacíficos, de modo que não sejam ameaçadas a paz, a segurança e a justiça internacionais." (artigo 2.º, §3). O artigo 33.º reafirma aquele princípio: as partes envolvidas numa disputa que se possa configurar como "uma ameaça à paz e à segurança internacionais" deverão procurar "antes de tudo", explorar toda a panóplia de soluções pacíficas que nele se propõe. Se os estados não conseguirem resolver as disputas recorrendo aos meios propostos no artigo 33.º, devem remeter a questão para a apreciação do CS.

A Carta das Nações Unidas não é parca no sugerir instrumentos, de natureza diplomática ou jurisdicional, para solucionar os conflitos. O Conselho de Segurança tem um papel especial na resolução dos conflitos porque os estados-membros lhe conferem "...a principal responsabilidade na manutenção da paz e da segurança internacionais..." (artigo 24.º, §1). Esses membros concordam em transferir as competências nessa área sensível para o CS: "...concordam em que, no cumprimento dos deveres impostos por essa responsabilidade, o Conselho de Segurança actue em nome deles" (idem). Aliás, qualquer estado, membro ou não das Nações Unidas, pode "...solicitar a atenção do Conselho de Segurança... para qualquer conflito..." (artigo 35.º, §1 e 2).

O Conselho de Segurança, como órgão garante da paz mundial, deverá manter uma vigilância permanente sobre situações que a possam fazer perigar. Consequentemente, "...poderá investigar sobre

---

[46] Resolução 929 de 22 de Junho de 1994.
[47] Henkin, *op. cit.*, p. 41.

qualquer conflito ou situação susceptível de provocar atritos entre as nações ou dar origem a um conflito" (artigo 34.°); "...determinará a existência de qualquer ameaça à paz, ruptura de paz ou acto de agressão..." (artigo 39.°).[48] Ao abrigo do Capítulo VI, o CS "...poderá, em qualquer fase de um conflito... recomendar procedimentos ou métodos de solução apropriados." (artigo 36.° §1). De acordo com o Capítulo VII, o CS "...fará recomendações ou decidirá que medidas deverão ser tomadas...a fim de manter ou restabelecer a paz e a segurança internacionais" (artigo 39.°).[49]

As disposições relativas à manutenção da paz e segurança internacionais estão contidas no Capítulo VI da Carta ("Solução pacífica das disputas" e Capítulo VII ("Acção relativas a ameaças à paz, rupturas da paz e actos de agressão"). Todo o Capítulo VI é uma reflexão elaborada sobre procedimentos e mecanismos que permitem ao CS, à Assembleia Geral (AG) e ao Tribunal Internacional de Justiça intervir de forma prematura e construtiva para debelar as ameaças à paz internacional. Atente-se por exemplo ao artigo 33.° que recomenda uma série de medidas: "...negociação,[50] inquérito,[51] mediação,[52]

---

[48] Nem a Carta da ONU, nem a organização definiram o que entendem por ameaça à paz, ruptura de paz ou acto de agressão. Na Conferência de S. Francisco não foi aceite nenhuma definição. As tentativas ulteriores de definição daqueles termos também não surtiram efeito.

[49] V. ainda artigos 37.° e 38.°

[50] Método de resolução dos conflitos que põe as partes numa disputa frente-a-frente. Método caracterizado por grande flexibilidade, uma vez que as partes podem escolher a duração, modalidade e âmbito das negociações (bilaterais, multilaterais ou negociações colectivas) e monitorar as fases do processo, desde o início à sua conclusão. V. United Nations, *Handbook on the Peaceful Settlement of Disputes between States*, NY, 1992, pp. 9-24.

[51] Método usado numa disputa internacional quando se registam diferenças de opinião entre os estados quanto a factos nela implicados. Estes podem concordar em iniciar um inquérito para investigar factos disputados, para determinar a existência de violações de tratados ou outros compromissos internacionais e para sugerir remédios apropriados para a solução do conflito. Como método imparcial que pressupõe a existência de um terceiro (por regra, uma comissão de inquérito), trata-se de um procedimento que pode ajudar a reduzir as tensões ou mesmo, contribuir para evitar a eclosão do conflito (se for conduzido numa fase preliminar): *id.*, pp. 24-33.

[52] A mediação pressupõe a existência de um terceiro que intervém no conflito para reconciliar os litigantes e fazer propostas tendentes a encontrar uma solução satisfatória para aqueles. A mediação pode, se exercida numa fase precoce do conflito, prevenir a ruptura das relações pacíficas. A tarefa da mediação pode ser desempenhada por: um estado ou um

conciliação,[53] arbitragem,[54] solução judicial, recurso a entidades ou acordos regionais ou a qualquer outro meio pacífico à sua escolha." Trata-se das medidas de *peacemaking* ("restabelecimento da paz") que "...procura alcançar um acordo entre as partes, nomeadamente através dos meios pacíficos..."[55] O princípio do desarmamento e da segurança colectiva são outras abordagens para preservar a paz.[56]

Se os estados não conseguirem resolver as disputas recorrendo aos meios propostos no artigo 33.º, devem remeter a questão para a apreciação do CS. Cabe a este determinar se a situação requer uma resposta e em que termos. Este deverá decidir se recomendar outros procedimentos ou métodos ou recomendar os termos de uma resolução da disputa em apreço.

O Capítulo VII reforça a intervenção da ONU na prevenção e gestão dos conflitos e evidencia os poderes do CS. Ao abrigo do artigo 25.º, os "Membros das Nações Unidas concordam em aceitar e executar as decisões do Conselho de Segurança..." As "decisões" são medidas que o CS aplica quando os mecanismos do Capítulo VI não funcionaram ou não foram voluntariamente aplicados pelos estados parte numa disputa.[57] Do Capítulo VI ao Capítulo VII, há um

---

grupo de estados; uma organização internacional, como a ONU, as suas agências especializadas e outras organizações internacionais e por personalidades internacionais, agindo sob a orientação de um comité. No âmbito das NU, o SG e o CS têm desempenhado com maior frequência este papel. A proposta de mediação deve ser aceita pelos litigantes. Por regra, a solução não é vinculativa para as partes: *id.*, pp. 40-5.

[53] Método de resolução dos conflitos com a intervenção de um terceiro. A função de uma comissão de conciliação (3-5 pessoas) é elucidar as questões em disputa, coligir todas as informações necessárias (por meio de inquérito ou outros meios) e tentar concluir um acordo com as partes. A comissão pode propor os termos da solução para a disputa: *id.*, pp. 45-55.

[54] Trata-se de um método judicial de resolução das disputas. As partes recorrem, por sua livre e espontânea vontade, a um tribunal arbitral cuja decisão é obrigatória. Ao contrário de outros métodos de resolução judicial através de tribunais internacionais (como o Tribunal Internacional de Justiça), as partes detêm considerável controlo do processo pois têm a capacidade de escolher parte do painel de juízes (um para cada parte, se o tribunal for composto por três membros; dois para cada parte, se o tribunal for constituído por cinco membros): *id.*, pp. 55-65.

[55] V. Boutros Boutros-Ghali, *Agenda para a Paz*, NY, Nações Unidas, 1992 (a partir de agora, referida como *Agenda*), parágr. 20.

[56] Claude, *op. cit.*, p. 285.

[57] Goodrich afirma que em S. Francisco os poderes do CS na tomada de decisões seriam limitados às medidas dos artigos 41.º e 42.º: *op. cit.*, p. 300.

upgrading das medidas, isto é, um agravamento da posição do CS em relação aos beligerantes, especialmente aqueles tidos como agressores.

O CS pode adoptar medidas provisórias para "evitar a agravar da situação", dispondo de várias opções que não envolvem o uso da força. Trata-se de várias sanções, como: "...a interrupção completa ou parcial das relações económicas, dos meios de comunicação ferroviários, marítimos, aéreos, postais, telegráficos, radiofónicos, ou de qualquer outra espécie, e o rompimento das relações diplomáticas" (artigo 41.°; trata-se do *enforcement* não-militar). Em último caso, e se todas as medidas anteriormente mencionadas não tiverem surtido efeito, o CS "...poderá levar a efeito, por meio de forças aéreas, navais ou terrestres, a acção que julgar necessária... Tal acção poderá compreender demonstrações, bloqueios e outras operações, por parte das forças aéreas, navais ou terrestres dos Membros das Nações Unidas" (artigo 42.°).

O *enforcement* militar na Carta da ONU, previsto no artigo 42.°, deriva da necessidade de sustentar o princípio da segurança colectiva. A ideia central do sistema de segurança colectiva é a defesa de certos valores (e da paz acima de todos eles). Contudo se os meios pacíficos não forem suficientes para assegurarem a paz, então a organização poderá recorrer à ameaça e ao uso efectivo da força.[58] Na *Agenda para a Paz*, o ex-Secretário-Geral, Boutros Boutros-Ghali, afirma: "é a essência do conceito de segurança colectiva, tal como contida na Carta que, se as medidas pacíficas falharem, as medidas previstas no Capítulo VII devem ser usadas, por decisão do Conselho de Segurança, para manter ou restaurar a paz e a segurança internacional, se se estiver em face a uma 'ameaça à paz, ruptura de paz ou acto de agressão'."[59]

A possibilidade do CS tomar medidas militares foi considerado um progresso notável em relação ao sistema da Liga das Nações. Contudo, a importância destes medidas não residia na expectativa ou probabilidade de se recorrer a elas. Efectivamente, "pensava-se que a ameaça de acção militar seria um incentivo de monta para fazer com

---

[58] Bellamy et al., *op. cit.*, p. 147.
[59] *Agenda*, parágr. 42.

que os estados implementassem as medidas que o Conselho considerasse necessárias para manter ou restaurar a paz e segurança internacionais. Também serviria para deter os actos agressivos dos estados, constituindo um incentivo adicional para resolver as disputas entre os estados."[60]

Na prática, o CS tem decretado o uso da força militar para: restaurar ou manter a paz e a segurança internacional; aplicar as sanções; defender o pessoal das operações de *peacekeeping*; proteger os civis nas áreas de conflito; dar cobertura às actividades humanitárias e intervir nos conflitos intra-estados.[61]

Os artigos 43.º-47.º estabelecem o processo da resposta. Para este efeito, os Estados-membros concordam em "...proporcionar ao Conselho de Segurança, a seu pedido e de conformidade com o acordo ou acordos especiais, forças armadas, assistência, facilidades, inclusive direitos de passagem..." (artigo 43.º). O CS deveria criar uma Comissão de Estado-Maior para orientar e dar assistência ao Conselho de Segurança na utilização e comando dessas forças (artigo 47.º §1).[62] A referida Comissão seria composta pelos Chefes de Estado-Maior dos membros permanentes do CS[63] ou seus representantes (artigo 47.º §2). A Comissão de Estado-Maior deveria decidir sobre o emprego e comando das forças militares colocadas à disposição da organização, assegurando e concretizando o objectivo da segurança colectiva. Porém, os desentendimentos entre os membros permanentes do CS inviabilizaram este projecto.

---

[60] Goodrich et al., *op. cit.*, p. 291.

[61] Bellamy et al., *op. cit.*, p. 147.

[62] Concretamente, as suas funções seriam aconselhar e auxiliar o CS em: (1) todas as questões atinentes às necessidade militares daquele órgão no âmbito da manutenção da paz e da segurança internacional; (2) o emprego e comando das forças colocadas à disposição do CS e (3) sobre questões relacionadas com a regulamentação dos armamentos e possível desarmamento. V. Goodrich et al., *op. cit.*, p. 332.

[63] Na prática, estes delegam a sua autoridade em oficiais Generais de duas estrelas, os quais, por sua vez subdelegam, para assuntos do dia-a-dia, nos Conselheiros Militares das Missões Permanentes junto da organização. A Comissão de Estado-Maior reúne, pelo menos, uma vez de duas em duas semanas e as suas reuniões decorrem à porta fechada. Cor. Carlos Martins Branco, "As operações de paz: o passado, o presente e o futuro", documento cedido pelo autor, p. 5.

De referir que a ONU atribui às organizações (ou acordos) regionais um papel importante na manutenção da paz nas suas respectivas áreas de influência (artigo 52.º). Essas organizações deverão empenhar-se, sobretudo, na procura de soluções pacíficas para os conflitos. Podem também, sob autorização do CS, levar a efeitos acções "coercitivas" (artigo 53.º).

I.4. O *Peacekeeping* e a Carta das Nações Unidas: Actores e Competências

Embora não previsto na Carta, o *peacekeeping* encontra o seu fundamento legal genérico numa série de artigos da Carta. O artigo 1.º §1 diz que o objectivo principal da ONU é "manter a paz e a segurança internacionais e, para isso: tomar colectivamente, medidas efectivas para evitar ameaças à paz e reprimir os actos de agressão, ou qualquer outra ruptura de paz e chegar, por meios pacíficos, e em conformidade com os princípios da justiça e do direito internacional, a um ajuste ou solução das controvérsias ou situações que possam levar a uma perturbação da paz". O artigo 55.º §1 diz que as NU têm como fim "...criar as condições de estabilidade e bem-estar necessárias às relações pacíficas e amistosas entre as Nações..." A Carta reconhece ainda capacidade aos órgãos das NU para criar órgãos subsidiários necessários ao exercício das suas funções.[64]

Na interpretação da Carta, a prática das Nações Unidas nestes 60 anos de actividade tem sido o de interpretar de forma ampla e generosa os poderes dos seus órgãos. Assim, no que se refere ao CS, aceitou-se a necessidade daquele usufruir de poderes discricionários de forma a cumprir os princípios e os fins da Carta (e desde que esta não o impeça).[65] A organização tem criado novas atribuições, organismos ou áreas de actuação quando tal deriva "de uma interpretação

---

[64] Para a AG: artigo 7.º §2, artigo 14.º, 22.º e 24.º §1. Para o CS: artigo 24.º §1, 36.º §1 e artigos 39.º, 40.º e 42.º

[65] Derek W. Bowett, *United Nations Forces: A Legal Study*, NY, Praeger, 1964 e Dan Ciobanu, "The Power of the Security Council to Organize Peace-Keeping Operations", in A. Cassese (ed.), *United Nations Peace-Keeping: Legal Essays*, Alphen aan den Rijn, Sijthoff & Noordhoff, 1978, p. 15 e 23-41.

36   *As Nações Unidas e a Manutenção da Paz*

necessária da Carta" e quando se revela "essencial ao cumprimento dos seus deveres".[66] Trata-se da doutrina dos "poderes implícitos" dos órgãos das NU.

Em 1949, o Tribunal Internacional de Justiça afirmou que "ao abrigo da lei internacional, a Organização deve ser entendida como tendo aqueles poderes que, embora não explicitamente previstos na Carta, lhe são conferidos *por implicação necessária como sendo essenciais ao cumprimento dos seus deveres.*"[67] O processo de interpretação da Carta produziu uma expansão dos limites e alcance da autoridade daqueles órgãos. Assim, é autorizado aquilo que não é explicitamente proibido, desde que se enquadre nos princípios e fins da Carta das NU.[68]

Em concreto, e no que se refere ao CS, o artigo 36.º diz que "o Conselho de Segurança poderá, em qualquer fase de um conflito... recomendar procedimentos ou métodos de solução apropriados" para a resolução desse mesmo conflito. O artigo 38.º afirma que o CS "...poderá, se todas as partes num conflito assim o solicitarem, fazer recomendações às partes tendo em vista uma solução pacífica do conflito." O artigo 33.º enumera as medidas de carácter pacífico que o CS pode recomendar às partes em conflito para porem fim ao mesmo.

No passado, o Conselho adoptou numerosas resoluções que propõem aos contendentes a resolução do conflito de acordo com alguns princípios básicos. Dentre os casos mais conhecidos, salienta-se a resolução 47 sobre o Kashmir (1948); as Resoluções 242 (1967) e 338 (1973) sobre a questão israelo-palestiniana e a resolução 598 (1987) sobre o conflito Irão-Iraque (1987).

Tem sido prática assumir que as operações de *peacekeeping* são criadas ao abrigo do Capítulo VI da Carta, uma vez que este se especializa na "resolução pacífica de disputas". Contudo, as resoluções que criam uma operação de *peacekeeping* raramente mencionam o capítulo específico da Carta ao abrigo do qual aquelas operações são criadas. De acordo com a natureza do Capítulo VI, as decisões do CS

---

[66] Bowett, *op. cit.*, p. 308.

[67] Cit. in *ibid*.

[68] Steven Ratner, *The New UN Peacekeeping*, NY, St. Martin´s Press, 1998, p. 58 e Bowett, *op. cit.*, p. 309.

são recomendações e não têm carácter vinculativo: alguns autores assumem que, por essa razão, a intervenção dos capacetes azuis numa dada situação de conflito deve ser autorizada pelo país que lhes dá acolhimento.

Alguns autores interpretam o artigo 40.º como a raiz do *peacekeeping* na CNU. Este diz que o CS pode "...convidar as partes interessadas a aceitarem as medidas provisórias que lhe pareçam necessárias ou aconselháveis." Trata-se de medidas que o CS pode tomar para evitar que uma ameaça à paz evolua para uma ruptura de paz.[69] Na realidade, a Carta não indica concretamente de que tipo são essas "medidas provisórias". O CS tem assim total liberdade para as definir, desde que, ao fazê-lo, não afecte de forma adversa os interesses substantivos das partes.[70] Tais medidas provisórias não "prejudicarão os direitos ou pretensões das partes interessadas."

À luz deste artigo, alguns autores afirmam que o *peacekeeping* poderia ser considerado uma 'medida provisória': "...a força de *peacekeeping* seria o mecanismo criado pelo Conselho para verificar o cumprimento das 'medidas provisórias' que o Conselho exigir, neste caso, o cessar-fogo e a retirada das tropas."[71]

A análise da Carta das NU permite-nos vislumbrar a admissibilidade do *peacekeeping* em fragmentos de alguns dos seus artigos (como o 36.º e o 40.º). O *peacekeeping* encontra-se a cavalo do Capítulo VI e do Capítulo VII, o que parece fazer jus à afirmação de Dag Hammarskjöld para quem as novas missões de *peacekeeping* tinham sido criadas ao abrigo do "Capítulo VI e meio". Para todos os efeitos, uma leitura da Carta que permita encontrar uma base legal para o *peacekeeping*, fornece a imagem de um instrumento essencialmente pacífico e não-impositivo. Efectivamente, o artigo 36.º (a possibilidade do CS "recomendar procedimentos ou métodos de solução apropriados") remete-nos para uma solução não-coerciva, como o poderia ser uma missão de *peacekeeping*.[72] O artigo 40.º,

---

[69] Goodrich et al., *op. cit.*, p. 303.

[70] *Id.*, p. 308. Estas medidas provisórias têm revestido diversas configurações: as comissões de inquérito, os bons-ofícios ou a mediação do SG, seus representantes (na pessoa dos seus vice-secretários gerais ou dos seus representantes especiais), os observadores e as forças de *peacekeeping*.

[71] Ratner, *op. cit.*, p. 56.

[72] *Ibid.*

que se situa já no Capítulo VII, poderia sugerir uma acção não consensual e/ou uma missão de força. Todavia, o *peacekeeping* é uma "medida provisória" não-coerciva (em rigor, o cerne do *enforcement* situa-se nos artigos 41.º-50.º, principalmente os artigos 41.º e 42.º sobre sanções e medidas militares).

A ideia do *peacekeeping* como uma actividade consensual e não-imposta é sustentada pelo: (1) artigo 36.º que sugere que a intervenção das NU se destina a ajudar as partes na resolução do conflito e o (2) artigo 40.º que determina que a acção do CS não deve prejudicar o interesse das partes. Esta interpretação é reforçada pelo artigo 2.º §7 que afirma que "[N]ada na presente Carta autorizará as Nações Unidas a intervirem em assuntos que dependam essencialmente da jurisdição de qualquer Estado, ou obrigará os membros a submeterem tais assuntos a uma solução, nos termos da presente Carta..."[73]

Quando as partes chegam a acordo quanto à introdução na área de conflito de uma força de *peacekeeping*, o papel do CS desenvolve-se em duas fases: na primeira, cria a operação através de um voto formal. Tal requer a aprovação da mesma por uma maioria de dois terços (isto é, nove votos afirmativos num total dos 15 membros do CS), incluindo, entre estes nove, o voto concordante dos cinco membros permanentes (ou como mínimo, a sua não-oposição, como seria o caso da abstenção). Tradicionalmente estas resoluções aprovam, ao mesmo tempo, um relatório detalhado, preparado pelo SG, que prevê o mandato da operação e a sua duração. Por regra, o documento apela aos beligerantes e a outras partes envolvidas que adoptem as acções necessárias para que a operação funcione e solicita ao SG que implemente a decisão e que mantenha o CS informado dos desenvolvimentos relativos à operação.

O Conselho de Segurança é responsável pelo acompanhamento do processo de execução. Cabe ao SG fornecer-lhe informação sobre o que se passa no terreno, dever que cumpre através de dois relatórios periódicos que submete ao CS sobre o progresso da operação. Nas operações de primeira geração, o CS envolvia-se pouco no funcionamento da operação: limitava-se a renovar a operação (quando ela

---

[73] À excepção, naturalmente, das medidas coercivas do Capítulo VII.

expirava) ou a dá-la por terminada. Nas operações de segunda geração, o CS tem intervido com maior frequência durante o desenrolar da operação: para admoestar as partes no sentido de uma maior cooperação com a ONU; para demonstrar a determinação da comunidade internacional na resolução do conflito; para ajustar o mandato da operação às novas circunstâncias ou para conceder ao SG novas tarefas e atribuições. Em casos mais extremos, o CS pode mesmo transformar a natureza da operação: impondo sanções ou concedendo poderes de *enforcement*[74] (mais ou menos alargados, temporários ou permanentes) à força de *peacekeeping* de forma reforçar as capacidades de intervenção da mesma.

A Carta também prevê um poder difuso da AG nas matérias que dizem respeito à manutenção da paz e ao controle da conflitualidade. A sua responsabilidade nestas áreas é claramente "secundária" ou "residual",[75] uma vez que o artigo 24.º estipula que é o CS que detém a "principal responsabilidade" nestas matérias. Os artigos 10.º, 11.º §2, 14.º e 22.º, juntamente com a teoria dos "poderes implícitos", têm sido interpretados como fornecendo à AG competência legal para criar operações de *peacekeeping*.

O artigo 10.º confere à AG poder para discutir qualquer assunto que esteja dentro dos fins da Carta e das suas atribuições e de fazer recomendações aos estados-membros ou ao CS (exceptuando os casos em que o CS "...estiver exercendo, em relação a qualquer controvérsia ou situação, as funções que lhe são atribuídas na... Carta" (artigo 12.º). O artigo 11.º §2 especifica que a AG "...poderá discutir quaisquer questões relativas à manutenção da paz e da segurança internacionais..." e que "...poderá fazer recomendações relativas a quaisquer destas questões ao Estado ou Estados interessados ou ao Conselho de Segurança..." O mesmo artigo afirma que "qualquer destas questões, para cuja solução for necessária uma *acção*, será submetida ao Conselho de Segurança pela Assembleia Geral, antes ou depois da discussão."[76]

É importante sublinhar que, no entender do Tribunal Internacional de Justiça, a definição de "acção" é "acção coerciva" ou "*enforcement*"

---

[74] No sentido de autorização para usar a força.
[75] Bowett, *op. cit.*, p. 291.
[76] Meu sublinhado.

e que esta é um domínio exclusivo do CS.[77] Contudo, o Tribunal entendeu que o artigo 11.º §2 pode ser interpretando como autorizando a AG a criar forças, desde que as mesmas não tenham fins "coercivos" ou de *"enforcement"*.

Na mesma linha, o artigo 14.º afirma que a AG "...poderá recomendar medidas para a solução pacífica de qualquer situação, qualquer que seja a sua origem, que lhe pareça prejudicial ao bem-estar geral ou às relações amistosas entre as nações...".

O artigo 13.º estende o poder de intervenção da AG ao recomendar um papel alargado da AG que se estende aos assuntos económicos, sociais, culturais, de direitos humanos e outros. O artigo 22.º autoriza a AG a criar os órgãos subsidiários que julgar necessários ao desempenho das suas funções. De acordo com Derek Bowett, as forças de *peacekeeping* podem constituir órgãos subsidiários da AG.[78] Aliás a UNEF (*UN Emergency Force I*) foi considerada um "órgão subsidiário da AG".[79]

Na realidade, durante o período da Guerra Fria, a AG viu-se excluída da gestão das tensões e conflitos internacionais. A Carta da ONU, ao abrigo do artigo 24.º, conferiu ao CS uma posição preponderante na gestão dos conflitos internacionais. Também previa que tomada de medidas colectivas só tivesse lugar com o assentimento dos membros permanentes e, em caso algum, contra o seu consentimento.

No clima da Guerra Fria, o entendimento que tinha marcado o relacionamento entre as potências na altura da criação da organização, dissipou-se rapidamente. A desunião dos membros permanentes do CS dificultou o funcionamento daquele órgão e impossibilitou o uso das medidas colectivas previstas nos artigos 41.º e 42.º. A primeira operação militar de *enforcement* da ONU (contra a invasão da Coreia do Sul por parte do regime comunista da Coreia do Norte) foi aprovada devido à ausência da URSS da reunião do CS. Essa ausência era uma atitude de protesto contra o facto das NU recusaram conferir o assento da China, no Conselho de Segurança, ao novo governo comunista que tinha tomado o poder em Pequim.

---

[77] Bowett, *op. cit.*, pp. 288-9 e 291.
[78] Bowett, *op. cit.*, p. 289.
[79] *Id.*, p. 287.

A resolução *"Uniting for Peace"*[80] foi uma importante inovação à Carta que alargou os poderes da AG em relação às questões da paz internacional. A resolução foi adoptada, com base no artigo 10.º, que confere à AG o direito de discutir qualquer assunto que se prenda com os interesses da organização ("competência genérica").[81] A *"Uniting for Peace"* foi uma iniciativa dos EUA para contornar o veto russo a uma intervenção militar contra a Coreia do Norte. Dessa forma, transferiu o dossiê das Coreias para a AG, onde Washington, à época, dispunha de uma maioria de apoio.

A resolução, de Novembro de 1950, estabelece, na sua parte A, que a AG pode tomar medidas se o CS, face a uma ameaça contra a paz, ruptura de paz ou acto de agressão, não for capaz de tomar uma decisão, em virtude da falta de unanimidade entre os cinco membros permanentes. Nesse caso, a AG tem competência para examinar ime-diatamente a questão a fim de fazer recomendações sobre as medidas a tomar, o que inclui, se se tratar de uma ruptura de paz ou de um acto de agressão,[82] o emprego da força armada. Para este efeito, a AG poderá reunir-se de urgência em sessão extraordinária no prazo de 24 horas após a sua convocatória.[83] A *"Uniting for Peace"* permi-

---

[80] Resolução 377 (V), "Uniting for Peace", de 3 de Novembro de 1950.

[81] No que se refere a assuntos que tenham a ver com disputas ou conflitos em gestação, a Carta estabelece uma limitação importante à interferência da AG: "Enquanto o Conselho de Segurança estiver exercendo, em relação a qualquer controvérsia ou situação, as funções que lhe são atribuídas na presente Carta, a Assembleia Geral não fará nenhuma recomendação a respeito dessa controvérsia ou situação, a menos que o Conselho de Segurança a solicite" (artigo 12.º §1). Na prática, esta disposição tem vindo a cair em desuso, mesmo quando o CS está a discutir medidas de *enforcement*. V. Ratner, *op. cit.*, p. 64. Em rigor, a referida disposição não impede que a AG discuta a questão.

[82] A resolução reserva o uso da força armada para as situações de ruptura de paz ou de actos de agressão. Em vez disso, o CS pode empregar forças militares (artigo 42.º) na sequência da determinação da existência de qualquer ameaça à paz, ruptura de paz ou acto de agressão (artigo 39.º).

[83] Usada no caso da Coreia em 1950: a AG tentou lidar com a ingerência da China, que apoiava a invasão norte-coreana – resolução 498 (V) de 1 de Fevereiro de 1951 – recomendando, inicialmente, um cessar-fogo – resolução 384 (V) de 14 de Dezembro de 1950. A AG decretou sanções – resolução 500 (V) de 18 de Maio de 1951 – que complementassem a acção militar colectiva em curso. A *"Uniting for Peace"* foi usada em numerosas ocasiões. Destaca-se a sua utilização na: crise do Suez e da Hungria de 1956; crise do Médio Oriente de 1958; crise do Congo, em 1960; invasão soviética do Afeganistão, em 1980; invasão israelita do Líbano de 1982; impasse sobre o estatuto da

tiu à AG organizar a operação militar contra a Coreia do Norte quando a URSS voltou a ocupar o seu lugar no CS.

Os estados comunistas negaram sempre esta possibilidade, insistindo que o uso da força está reservado exclusivamente ao CS. O Tribunal Internacional de Justiça, no *Expenses Case*, exprime-se, ainda que de forma indirecta, sobre a capacidade da AG decidir sobre a aplicação da força. A opinião do Tribunal parece negar esse poder à AG, embora ela não comente explicitamente a *"Uniting for Peace"*. O acórdão do Tribunal fala da autoridade da AG tomar "acções" ao abrigo do artigo 11.º §2 apenas se por tal se entender a organização de operações de *peacekeeping* a pedido ou com o consentimento dos estados envolvidos. O Tribunal não apoia o direito da AG recomendar medidas de *enforcement*, quer ao abrigo da Carta, quer ao abrigo da *"Uniting for Peace"*.[84]

As partes C e D daquela resolução davam corpo às medidas de *enforcement* colectivas previstas na parte A. Na parte C, os membros das Nações Unidas são convidados a avaliar os seus meios e capacidades militares de forma a determinar o tipo de assistência a prestar à AG na eventualidade desta recomendar medidas militares. A ideia era identificar e treinar contingentes nacionais a serem postos à disposição das NU mediante recomendação da AG ou do CS. A secção D da resolução cria o *Collective Measures Committee*, composto por 14 membros. A tarefa do Comité era consultar o SG e os estados-membros com vista à formação de uma força militar das Nações Unidas.[85]

Foi com base na *"Uniting for Peace"* que a AG criou, em 1956, a primeira operação militar de *peacekeeping*: a UNEF I (*UN Emergency Force I*), para o Egipto/Israel. Após a França e a Inglaterra terem vetado dois projectos de resolução que condenavam a sua acção militar contra o Egipto, o CS transferiu o assunto para a Assembleia Geral. Depois desta incursão inicial na área do *peacekeeping*, a AG criou cinco missões: a UNTEA (*UN Temporary Executive*

Namíbia em 1981. Entre 1997 e 2003, a resolução tem sido sistematicamente aplicada para ultrapassar o veto americano no CS relativo a questões que se prendem com a questão israelo-palestiniana.

[84] V. Bowett, *op. cit.*, p. 291.

[85] *Id.*, pp. 293-4.

Authority) para a Nova Guiné Ocidental (actual Indonésia); as missões eleitorais e civis para o Haiti (ONUVEH – *UN Observer Group for the Verification of Elections in Haiti* – e MICIVIH – *International Civilian Mission in Haiti*); a missão eleitoral para o Eritreia (UNOVER, *UN Observer Mission to Verify the Referendum in Eritrea*) e a missão de Direitos Humanos na Guatemala (MINUGUA, *UN Human Rights Verification Mission in Guatemala*). A maior parte destas missões tinha uma natureza marcadamente civil (isto é, foram operações não tipicamente de *peacekeeping* militar).

Ratner diz que "a preeminência histórica do Conselho de Segurança na aprovação das missões de *peacekeeping* tradicional não é inconsistente com um papel liderante da Assembleia nas áreas eleitorais, de direitos humanos e economia. Efectivamente, enquanto matéria legal, se o Conselho de Segurança não estiver a lidar com uma crise com medidas de *enforcement* (e, na prática, ainda que fosse esse o caso), não há nada que impeça a Assembleia de colocar estes assuntos não-militares na sua agenda e aprovar missões, independentemente da opinião do Conselho de Segurança. A Assembleia defenderia as suas acções como um cumprimento do seu papel, definido na Carta, nas áreas económicas, sociais e dos direitos humanos."[86]

A AG também detém outro poder importante no que concerne o *peacekeeping* em geral: a aprovação do orçamento das Nações Unidas. As competências orçamentais da AG constituem uma importante fonte de influência sobre o SG e o CS, na medida em que pode limitar o *timing* do financiamento das missões e os meios financeiros de que estas dispõem.[87]

---

[86] Ratner, *op. cit.*, p. 66.

[87] É importante notar que cerca de ¾ do orçamento do *peacekeeping* é suportado pelos EUA, Rússia, Japão, Alemanha, França e Grã-Bretanha. O orçamento das NU é preparado pelo SG em colaboração com os elementos-chave do CS. Seguidamente, é revisto pelo *Advisory Committee on Administrative and Budgetary Questions*, um comité da AG composto por 16 peritos. A proposta de orçamento passa depois ao Quinto Comité da AG, responsável pelos assuntos orçamentais e administrativos. A decisão final cabe à AG. À parte o aspecto financeiro, a AG pode fiscalizar ou acompanhar as operações de *peacekeeping* de várias maneiras: através de relatórios que recebe do SG e outros órgãos acerca de questões, como os Direitos Humanos, eleições e desenvolvimento económico. Esta monitorização passa também pela análise dos relatórios anuais que a AG recebe de organizações do sistema das NU – como o Programa das NU para o Desenvolvimento (PNUD) e o Alto Comissariado das NU para os Refugiados (ACNUR) – e das suas atribuições no processo de nomeação de funcionários. V. Ratner, *op. cit.*, pp. 66-7.

O SG também detém uma margem de acção política e mesmo um certo intervencionismo nas questões relativas à manutenção da paz ao abrigo dos artigos 97.º, 98.º e 99.º[88] O SG detém basicamente dois tipos de poderes: os inerentes e os delegados. Na realidade, "muito do seu trabalho como executante das funções das NU tem origem em delegações dos órgãos políticos", isto é, do CS e da AG.[89] Um terceiro tipo de poder não vem especificado em lado nenhum: resulta da autoridade inerente do SG em base à importância das suas funções.[90] A autoridade política do SG extravasa as prescrições constitucionais da Carta. A prática do *peacekeeping*, actividade não prevista na Carta, demonstra que o CS, a AG e o SG souberam encontrar uma base legal para a sua acção que não se confina aos limites restritos impostos pela Carta. Também o SG soube "inventar-se"[91] em permanência ao longo dos 60 anos de vida da organização, aumentando assim a sua margem de autoridade e o prestígio das suas funções.

Como diz Paul Szasz, "é inútil tentar tentar localizar a natureza precisa de autoridade de todas as acções políticas do Secretário-General. O facto é que o Secretário-Geral pode, no campo político, alargar ao máximo a sua margem de actuação, isto é, fazer o que os órgãos competentes o encorajarem a fazer ou, no mínimo, tolerarem..." Trata-se de uma abordagem promovida por Dag Hammarskjöld ao ser reeleito para o cargo, em 1957. No seu entendimento, o SG, enquanto garante da paz internacional, deveria preencher o "vácuo" criado pela falta de directivas por parte dos órgãos políticos.[92] Para Hammarskjöld, cabia ao SG adoptar uma postura pró-activa e independente para suprir as falhas e as deficiências de actuação do CS.

O artigo 97.º consagra a posição de SG enquanto principal funcionário das NU. Bowett diz que o artigo 97.º pode ser interpretado

---

[88] V., em particular, o artigo 99.º, porque ele concentra e resume a carga política das funções do SG: "O Secretário-Geral poderá chamar a atenção do Conselho de Segurança para qualquer assunto que em sua opinião possa ameaçar a manutenção da paz e da segurança internacionais."

[89] Ratner, *op. cit.*, p. 69.

[90] *Ibid.*

[91] Thomas Franck cit. in Ratner, *op. cit.*, p. 69.

[92] Cit. in Ratner, *op. cit.*, p. 70.

Peacekeeping, Segurança Colectiva e a Solução Pacífica... 45

como permitindo a criação de uma força das NU no âmbito do Secretariado qunado afirma que o "...Secretariado será composto... do pessoal exigido pela Organização."[93] Contudo, à luz de uma leitura global da Carta, o mesmo autor afirma ser duvidoso que este artigo autorize tal força a desempenhar funções mais vastas, pelo menos sem a autorização do CS ou da AG. Esse artigo autoriza o SG, no mínimo, a "recrutar pessoal para o Secretariado, com treino e equipado com armas para a protecção de outros membros do Secretariado, missões no terreno, comissões de inquérito, conciliação ou mediação e para a guarda dos arquivos e propriedade das Nações Unidas."[94]

O artigo 98.º consagra a delegação de poderes no SG por parte dos órgãos políticos. Ela diz que o SG "...desempenhará outras funções que lhe forem atribuídas por estes órgãos". Trata-se de um poder importante, uma vez que, quando o CS cria uma missão de *peacekeeping*, atribui numerosas atribuições ao SG – geralmente detalhadas no mandato e que o próprio Secretário-Geral pode propor de *motu proprio*. O artigo estabelece, assim, a autoridade do Secretariado no planeamento e funcionamento das operações da ONU, lançadas, quer pelo CS, quer pela própria AG.

A Assembleia Geral delegou autoridade no SG para certas responsabilidades em relação à UNEF. No que se refere à ONUC (*Opération des Nations Unies au Congo*), a estrutura de comando era encabeçada pelo SG. As decisões do dia-a-dia na gestão da operação foram-lhe igualmente entregues.

Para Bowett, a autoridade do SG para estabelecer uma força de interposição ou uma força armada deve ser vista exclusivamente como uma autoridade delegada.[95] Pela resolução da AG de 13 de Fevereiro de 1946, sobre as condições de nomeação do SG, a Assembleia Geral solicita ao SG que crie uma "...organização administrativa que permita o cumprimento efectivo das suas funções administrativas e gerais no âmbito da Carta e a execução daquelas funções e serviços necessários às necessidades dos vários órgãos das Nações Unidas."

---

[93] Bowett, *op. cit.*, p. 299.
[94] *Ibid.*
[95] *Id.*, p. 300.

No âmbito do *peacekeeping*, o SG goza de uma margem ampla, fluida e indeterminada na concepção e gestão das operações. O mandato, preparado por ele e pelo seu *staff* conferem-lhe um poder discricionário sobre muitos aspectos da missão, quer eles sejam discriminados de forma explícita, quer derivem do seu papel como administrador da missão. O SG tem poderes para interpretar o mandato e para colmatar as omissões, quando o mandato for omisso ou quando não for suficientemente claro. Para além disso, a margem de autonomia do SG na gestão de uma missão dependerá de um conjunto de circunstâncias. O SG terá de ponderar a todo o momento o impacto das suas decisões na evolução da missão e terá de avaliar o cenário político na sede em Nova Iorque. A sua discricionaridade deve ter em conta a importância de que a missão se reveste para o Conselho de Segurança e a predisposição deste em relação à missão. O caso da ONUC no Congo demonstra que quando o CS, em particular os seus membros permanentes, contesta o juízo político do SG, não só ele, como a própria missão pagam um preço elevado.[96]

O perímetro fluido que delimita a actuação do SG tem, porém, os seus limites. O SG não pode agir ao arrepio da Carta, agindo em áreas reservadas a outros órgãos ou contrariando as instruções destes. Não poderia, por exemplo, lançar uma operação de *peacekeeping* de monta sem o consentimento do CS e sem a aprovação orçamental da parte da AG.

Nas primeiras três décadas do *peacekeeping*, as missões eram dirigidas pelo Sub Secretário-Geral para os Assuntos Políticos Especiais, uma posição cuja importância só era precedida pelo Secretário-Geral.[97] O Gabinete dos Assuntos Políticos Especiais tornou-se o órgão do Secretariado responsável pelo planeamento e pela direcção estratégica e operacional das operações de paz. Hammarskjöld designou dois Sub Secretários-Gerais para os Assuntos Políticos Especiais: um era responsável pelo funcionamento das operações de paz e os aspectos políticos a elas atinentes; o outro era o mediador e o "troubleshooter" do Secretário-Geral.[98] O cargo foi preenchido por

---

[96] Ratner, *op. cit.*, pp. 7-1.

[97] Em inglês, *Under Secretary-General for Special Political Affairs*.

[98] V. Carlos Martins Branco, "As Nações Unidas e as operações de paz: uma perspectiva organizacional", *Nação e Defesa*, nº 104, 2ª série, Primavera de 2003, p. 101.

figuras históricas da ONU, como Ralph Bunche e Brian Urquhart, personalidades que deixaram a sua marca na organização. O Sub--Secretário Geral supervisionava as operações e desempenhava funções no âmbito do *peacemaking* (esforços diplomáticos, como a mediação e as negociações com as partes em conflito), o que exigia versatilidade, talento e uma grande dose de empenho pessoal. O *peacekeeping* dos primeiros tempos era um exercício de improvisação, o que também exigia do Sub-Secretário Geral engenho e habilidade negocial. A concentração de todas estas tarefas só se explica pelo facto das actividades de *peacekeeping* neste período serem limitadas: doutra forma, seria humanamente impossível desempenhá-las.

Após a retirada de Urquhart, em 1986, o trabalho de *peacemaking* deslocou-se para o *Executive Office* do SG. Em 1992, em face das crescentes actividades de *peacekeeping*, Boutros-Ghali criou um departamento específico para o *peacekeeping*: o Departamento das Operações de *Peacekeeping*,[99] encabeçado pelo Sub Secretário-Geral para o *Peacekeeping*. Também criou um Departamento para os Assuntos Políticos, dirigido por dois Sub-Secretários Gerais (mais tarde, reduzido para um) direccionado para as actividades de *peacemaking*, diplomacia preventiva, prevenção de conflitos e *peace-building*.[100] Actualmente, o Sub Secretário-Geral para a Gestão encarrega-se dos contratos de aprovisionamento e dos assuntos de pessoal. No *peacekeeping*, há também a participação dos Sub-Secretários Gerais de outros departamentos, como o Departamentos de Assuntos Humanitários (também criado em 1992) e o Gabinete de Assuntos Jurídicos.

Nas missões de segunda geração, tem-se generalizado a criação da figura do Representante Especial do SG, na prática um representante pessoal da confiança do SG: por regra, é um civil, que encabeça as vertentes civis e militares das operações de *peacekeeping*. Nos anos 60, o SG nomeou os primeiros representantes especiais, os quais se concentravam nos processos de *peacemaking* que decorriam em paralelo com as operações de *peacekeeping*. Na operação do Congo, o SG nomeou o seu primeiro representante "especial", Ralph Bunche, para supervisionar a componente militar da missão.

---

[99] Conhecido como o DPKO, *Department of Peacekeeping Operations*.
[100] V. Martins Branco, *op. cit.*, pp. 106-107.

O Representante Especial tem o estatuto equivalente ao de um Sub-Secretário Geral. Cabe-lhe dirigir a missão e geri-la no dia-a-dia, tanto no que diz respeito aos aspectos administrativos, como no que diz respeito à sua articulação externa: com as partes e com os diversos intervenientes no conflito. Eles "...passaram a estabelecer a ligação entre a estratégia e a táctica, sendo-lhes atribuídas as responsabilidades operacionais. Representando a autoridade do Secretário-Geral no terreno... são responsáveis por traduzir os objectivos políticos definidos pelo Conselho de Segurança em objectivos militares da força."[101] Também coordenam os esforços militares com os diplomáticos, humanitários, económicos e políticos.

O Representante Especial responde perante o SG por intermédio do Sub-Secretário Geral para o *Peacekeeping*. Os Representantes Especiais dispõem de uma significativa margem de manobra no que se refere à implementação do mandato e aos aspectos administrativos e políticos da missão.[102]

A Carta das Nações Unidas também prevê que as organizações regionais desempenhem funções no âmbito da manutenção da paz. O artigo 33.º prevê o recurso a "entidades ou recursos regionais" como um dos vários meios que o CS pode recomendar para a solução pacífica de conflitos. O artigo 52.º contempla um papel para as organizações regionais na manutenção da paz e segurança internacionais, desde que este papel seja compatível com os fins e princípios das NU. O artigo 53.º autoriza as organizações regionais a levar a cabo uma acção coerciva, mas com a autorização do CS e sob a sua autoridade (artigo 54.º).[103] Na *Agenda para a Paz*, o ex-Secretário Geral, Boutros-Ghali, exortou as organizações regionais a desempenharem um papel mais activo, uma vez que "...a acção regional, promovendo a descentralização, a delegação de poderes e a coopera-

---

[101] V. Martins Branco, *op. cit.*, p. 122.

[102] Ratner, *op. cit.*, pp. 72-3.

[103] O uso das organizações regionais para acções de *enforcement* deve obedecer a vários requisitos: (1) uma autorização explícita do CS solicitando aos estados-membros e/ou organizações regionais a acção de *enforcement*; (2) a identificação do objectivo da missão por parte do CS; manter informado o CS de "toda a acção empreendida ou projectada" (artigo 54.º). V. Dick Leurdijk, "The UN and NATO: The Logic of Primacy", in Michael Pugh e Waheguru P. S. Sidhu (eds.), *The UN and Regional Security*, Boulder, CO, Lynne Rienner/IPA, 2003, p. 69.

ção com os esforços das Nações Unidas, poderia não só aliviar o trabalho do Conselho como também fomentar um maior grau de participação, consenso e de democratização nas questões internacionais."[104]

Durante a Guerra Fria, as organizações regionais participaram em 15 das 49 operações de paz.[105] As organizações regionais têm desempenhado um papel importante nas operações de segunda geração: a Organização dos Estados Americanos na América Central e Haiti; a Associação das Nações do Sudeste Asiático (ASEAN) no Cambodja e a Comunidade Económica dos Estados da África Ocidental (CEDEAO)[106] na Libéria e na Serra Leoa. As organizações podem intervir de forma autónoma ou, o que é mais frequente, juntar as suas forças às missões da ONU.

As operações das Nações Unidas na América Central (ONUCA, ONUVEN e ONUSAL) trabalharam lado a lado com contingentes da OEA na monitorização de eleições, desmobilização das guerrilhas e noutros aspectos de implementação dos acordos regionais de paz. A missão na Libéria (*UN Observer Mission in Liberia,* UNOMIL) foi posicionada após os acordos regionais de paz em cuja negociação a CEDEAO teve um papel bastante activo. A UNOMIL (1993-97) foi a primeira missão de *peacekeeping*[107] a ser criada para funcionar em

---

[104] *Agenda*, parágr. 63.

[105] UN, "Cooperation between the United Nations and Regional Organizations/ Arrangements in a Peacekeeping Environment: Suggested Principles and Mechanisms", Lessons Learned Unit/Department of Peacekeeping Operations, Março de 1999; v. anexo. Actualmente, são 16 as organizações e os acordos regionais que manifestaram interesse em cooperar com as NU nas actividades de *peacekeeping* ou outras actividades relativas à manutenção da paz. Três são regionais, oito são sub-regionais e cinco são inter-regionais: a Organização da Unidade Africana, a União Aduaneira e Económica Centro Africana, a Comunidade Económica dos Estados da África Ocidental, a Autoridade Intergovernamental para o Desenvolvimento, a Comunidade para o Desenvolvimento da África Austral, a Associação das Nações do Sudeste Asiático, a Organização para a Segurança e Cooperação na Europa, a União Europeia, a Comunidade de Estados Independentes, a Comunidade de Cooperação do Mar Negro, a Organização dos Estados Americanos, a Comunidade Caribenha, o Comité Consultivo Legal Asiático-Africano, o Secretariado da *Commonwealth*, a Liga dos Estados Árabes, a Organização do Atlântico Norte e a Organização da Conferência Islâmica: *id.*, p. 4.

[106] Em inglês, ECOWAS: *Economic Community of West African States*.

[107] Resolução 866 de 22 de Setembro de 1993.

sintonia com uma operação (*ECOWAS Monitoring Group*) lançada por uma organização africana: a CEDEAO. A função da UNOMIL era apoiar a ECOMOG na implementação do Acordo de Paz de Cotonou (1993).

À parte a CEDEAO na Libéria, as organizações regionais não têm liderado operações de segunda geração. Em primeiro lugar, estas organizações têm experiência e recursos limitados. Além disso, a posição dominante de certas potências regionais (estados-pivô) nestas zonas e em determinados conflitos, suscita suspeições quanto ao papel que desempenham e aos interesses que defendem. Por estas razões, os estados e as partes em conflito tendencialmente confiam mais nas NU, vista como organização mais competente e imparcial.

II.

OS ANTECEDENTES DO *PEACEKEEPING:* A EXPERIÊNCIA DA LIGA DAS NAÇÕES

As actividades a que *a posteriori* se vieram a denominar *peacekeeping* tiveram um primeiro (mas nem por isso menos relevante) esboço durante a curta existência da Liga das Nações. Se nas NU, o *peacekeeping* foi improvisado e só posteriormente racionalizado, também no caso da Liga "...a actividade antecede a sua conceptualização. O *peacekeeping* pode portanto ser incluído entre os papéis da Liga das Nações."[108] Além de tudo, o trabalho da Liga nesta área cobre quase todo o leque de actividades que hoje se associa ao *peacekeeping*. A Liga estreou-se nas novas técnicas de bons-ofícios, mediação, conciliação e comissões de inquérito, com diferentes graus de sucesso. A observação de conflitos também foi uma técnica usada pela Liga, bem como a supervisão de linhas de demarcação, a separação dos combatentes, a supervisão de cessar-fogos, tréguas e armistícios, as administrações provisórias (administrações *ad interim*) e a organização de eleições.[109]

As actividades de *peacekeeping* da Liga nem sempre foram bem-sucedidas: o contexto internacional foi determinante para o fracasso de várias iniciativas, principalmente nos anos 30, quando o ambiente piorou. Na resolução das disputas, foram igualmente determinantes as posições e os interesses dos grandes estados: como afirma Lorna Lloyd, "os principais factores que influenciaram a resolução

---

[108] Alan James, "The Peacekeeping Role of the League of Nations", *International Peacekeeping*, vol. 6, nº 1, Primavera de 1999, p. 154.

[109] V. Paul Diehl, *International Peacekeeping*, Baltimore, Md., Johns Hopkins University Press, 1994, pp. 17-21.

pacífica das disputas, não foram os mecanismos da Liga, mas as políticas dos estados envolvidos."[110] Contudo, foram exercícios e ensaios importantes numa área que as Nações Unidas iriam explorar.

II.1. A Resolução de Conflitos

A Liga criou uma comissão de inquérito em 1933 para investigar o conflito armado entre a Bolívia e o Paraguai que tinha, na sua raiz, a disputa pela província de Chaco, uma gigantesca zona charneira dos dois países. Além de investigar os factos, a comissão foi encarregue de dialogar com as partes de forma a negociar um armistício e a submeter a disputa a um processo judicial. A Liga também decretou um embargo de armas aos dois beligerantes que, todavia, não foi bem-sucedido, uma vez que os estados não o respeitaram e continuaram a fornecer-lhes armas. O problema foi resolvido quando as partes, exaustas pela guerra, concordaram em um armistício e, em 1938, assinaram um tratado de paz.[111]

Em 1920, a Liga interviu com mais sucesso numa disputa sobre as Ilhas Aaland. As ilhas estavam na posse da Finlândia, mas eram reclamadas pela Suécia, uma vez que, desde a Idade Média, a população era maioritariamente sueca. A população das ilhas exigiu o direito à sua-auto-determinação após a Finlândia se ter tornado independente em relação à Rússia em 1917. A disputa foi referida pela Inglaterra ao Conselho da Liga que julgou adequado obter um parecer legal. Como o Tribunal Internacional ainda não tinha sido criado, foi formada uma comissão composta por três juristas. O caso foi resolvido no ano seguinte quando a comissão julgou a favor da integração das ilhas na Finlândia.[112] A Finlândia concordou em respeitar a especificidade cultural e preservar o modo de vida da população, o que satisfez as reivindicações dos ilhéus suecos.

---

[110] Lorna Lloyd, "The League of Nations and the Settlement of Disputes", *World Affairs*, vol. 157, nº 4, Primavera de 1995, p. 170.

[111] Lloyd, *op. cit.*, pp. 167-8.

[112] *Id.*, pp. 162-3.

A mesma abordagem foi usada em 1923-24 com vista a resolver uma velha disputa sobre Memel. A cidade estava nas mãos da Lituânia, mas era alemã, devido à composição étnica da população. Memel também era disputada pela Polónia devido à sua posição de importante entreposto comercial. A recomendação da comissão de inquérito favoreceu as pretensões da Lituânia, apesar da resistência dos outros estados. Em 1939, a Alemanha anexou a cidade.

A organização também interviu na disputa sobre a província de Mossul. Mossul fazia parte do Império Otomano (Turquia) até ao final da I Guerra Mundial. No pós-guerra, a província foi atribuída ao novo estado do Iraque que, na altura, era um mandato da Grã--Bretanha. Tratava-se de uma zona na fronteira entre os dois países cuja importância era proporcional à sua riqueza em petróleo. Com base na auscultação da população daquela província, a Liga recomendou que Mossul fosse integrada no Iraque. Esta decisão, relutantemente aceite pela Turquia, fez com que ela cancelasse os seus planos de pedir a adesão à Liga das Nações (só o vindo a fazer em 1932).[113]

II.2. A Separação dos Combatentes

A primeira intervenção da Liga teve lugar em Vilnius. Vilnius era a capital histórica da Lituânia e um centro de comércio importante na Rússia ocidental, mas, por razões étnicas, era disputada pela Polónia. O Tratado de Versalhes não definiu o estatuto da cidade e zonas adjacentes, o que deixou a Polónia no controle da área. No Outono de 1920, após confrontos entre as forças polacas e lituanas, a Polónia levou o caso ao Conselho da Liga. O Conselho da Liga criou uma comissão militar para vigiar a linha de fronteira provisória que incluía Vilnius na Lituânia. A comissão, composta por oficiais da Grã-Bretanha, França, Itália, Japão e Espanha, conseguiu persuadir as partes a retirar as suas tropas para uma zona a quatro milhas da linha de demarcação. As tropas polacas acabariam por violar a fron-

---

[113] Alan James, *The Politics of Peacekeeping*, Londres, Chatto & Windus/IISS, 1969, p. 16.

54   *As Nações Unidas e a Manutenção da Paz*

teira e tomar a cidade de assalto. A comissão negociou a criação de uma zona neutral. A disputa arrastou-se, tendo a comissão permanecido na zona até 1922 a tentar separar os contendentes.[114] Em 1923, a Conferência dos Embaixadores[115] reconheceu a soberania da Polónia sobre Vilnius.

Em Outubro de 1925, verificaram-se recontros entre os guardas na fronteira greco-búlgara. O incidente escalou, levando a que tropas gregas invadissem a Bulgária, acção que provocou a morte de quase uma centena de pessoas. O Conselho da Liga ordenou às partes que cessassem as hostilidades e retirassem as tropas nas 24 horas seguintes. Os Adidos Militares da Inglaterra, França e Itália foram enviados para o local para investigar o incidente e reportar os factos à comissão de inquérito criada pela Liga. A comissão recomendou que a Grécia pagasse uma indemnização à Bulgária. Outra das recomendações foi o estacionamento de dois oficiais, provenientes de dois países neutros durante um período de dois anos. Os oficiais, fornecidos pela Suécia, foram enviados para a zona para patrulhar a fronteira, supervisionar a reorganização dos sistemas de polícia em ambos os lados da fronteira e manter a paz entre os dois países.

Uma acção semelhante ocorreu na Albânia, em 1921. O território albanês era reivindicado pela Itália, Grécia e Jugoslávia. As fronteiras não tinham sido estabelecidas na altura da independência do país pelo que, no final da guerra, havia tropas estrangeiras presentes no território reclamado pela Albânia. A Itália retirou-se, mas as tropas gregas e jugoslavas permaneceram, ocasionando confrontos militares regulares. A Albânia apresentou queixa à Liga desta ocupação. A organização despachou uma comissão de inquérito, composta por oficiais da Noruega e Luxemburgo e um professor da Finlândia. A sua missão era a de tomar nota das escaramuças e supervisionar a execução da decisão a tomar em relação ao traçado das fronteiras. Quando a decisão foi tomada, a comissão permaneceu no país e viu alargados os seus poderes: auxiliar na evacuação das tropas estrangeiras da área, velar pela paz interna da Albânia e fazer recomendações às partes para evitar a recorrência dos distúrbios. A comissão

---

[114] James, "The Peacekeeping Role", p. 155.

[115] Composto pelos aliados da I Guerra: Grã-Bretanha, França, Itália e Japão.

Os Antecedentes do Peacekeeping 55

deixou o país em 1923, tendo dado um contributo fundamental para a estabilidade na zona.

II.3. As Administrações *Ad Interim*

O caso mais complexo e emblemático do *peacekeeing* desempenhado pela LN teve lugar numas das áreas mais disputadas da Europa depois da I Guerra Mundial.

O Tratado de Versalhes conferia à LN um papel determinante na gestão da paz entre os dois antagonistas que disputavam o Sarre: França e Alemanha. A Bacia do Sarre era uma pequena região de população alemã, embora fosse disputada pelos dois países devido à existência, no seu território de minas de carvão. Depois da guerra, a Alemanha cedeu à França todos os depósitos de carvão como forma de compensação pela destruição das minas do norte da França. A Liga não cedeu o território à França, mas ofereceu uma solução engenhosa: a região seria administrada, durante 15 anos, por uma comissão composta por cinco elementos e seleccionada pelo Conselho da Liga. Após esse período, a Liga organizaria um referendo sobre o estatuto do território, auscultando a vontade da população, nomeadamente sobre a incorporação do território na Alemanha.

O Tratado de Versalhes concedia à comissão todos os poderes governativos até aí exercidos pelos Alemães, incluindo a nomeação de funcionários e a criação de órgãos administrativos e representativos. Nos primeiros anos, a Liga criou órgãos civis para substituir a administração militar francesa; organizou eleições para reconstituir os órgãos locais; promulgou legislação em numerosas áreas; elaborou um orçamento e teve de resolver greves dos mineiros e funcionários. A comissão, pró-francesa, administrou o território exercendo toda a gama de poderes e consultando, embora pouco, a população local. Duzentas tropas francesas encarregavam-se da manutenção da lei e da ordem.[116]

É também de realçar os elementos inovadores no relatório do comandante da força, elaborado após a intervenção, fazendo uma

---

[116] V. Lloyd, *op. cit.*, pp. 164-5 e Ratner, *op. cit.*, pp. 91-4.

série de recomendações, que viriam a tornar-se procedimentos fundamentais para as futuras missões de observação e de manutenção de paz.[117] Destaca-se "...a necessidade das tropas que integrassem estas operações fossem levantadas com base em países que não tivessem um interesse directo na disputa, com a conveniência de não envolver as grandes potências."[118]

O referendo, que teve lugar a 13 de Janeiro de 1935, ocorreu num ambiente de forte propaganda nazi e de actos de intimidação sobre a população. Mais de 90% da população votou a favor da reunificação com a Alemanha. A 1 de Março, o Conselho devolveu o território à Alemanha.

Por virtude do Tratado de Versalhes, a Liga também assumiu responsabilidades substanciais na gestão da questão de Danzig (agora Gdansk), um enclave alemão na costa polaca do Báltico, mas que tinha sido parte da Prússia ocidental antes da guerra. O tratado converteu Danzig numa "Cidade Livre", retirando-a à soberania tanto da Alemanha, como da Polónia. O tratado reservava para a Polónia um estatuto especial sobre aquela cidade, nomeadamente no que diz respeito ao acesso à costa e à definição da sua política externa.

A cidade ficaria sob a protecção da Liga, através da supervisão do Conselho e da designação de um Alto-Comissário. Este último tinha duas amplas responsabilidades: elaborar a constituição e garantir a sua implementação; resolver as disputas entre Danzig e a Polónia. A função da Liga não era semelhante à situação do Sarre: tratava-se de uma administração do território limitada aos aspectos contemplados no Tratado de Versalhes o que, não obstante, não lhe retirava a função de garante da integridade territorial e da independência de Danzig. Em 1933, as eleições levaram ao poder um governo controlado pelos Nazis que intensificou a repressão da oposição. Como garante da Constituição, a Liga travou os excessos dos nazis em relação às minorias étnicas, mas foi gradualmente perdendo poder. Nos últimos anos, até 1938, data em que o território foi anexado por Hitler, o seu poder era meramente formal.[119]

---

[117] Cor. Martins Branco, *op. cit.*, p. 3.
[118] *Ibid.*
[119] V. Ratner, *op. cit.*, pp. 94-5.

Em 1932, os Peruanos expulsaram as autoridades colombianas de Letícia, uma faixa de território desabitada, porém, com acesso directo ao Amazonas. A zona tinha sido cedida à Colômbia em 1922. A mediação de dois países, o Brazil e dos EUA, não foi bem-sucedida, pelo que este último entregou o caso à Liga. No Conselho da Liga, a Colômbia invocou o artigo 15.º e aquele órgão decidiu unanimemente (com a excepção natural do Peru), exigir a retirada das tropas de Lima. Num contexto de grande exacerbação e próximo de uma guerra, o presidente do Peru, advogado de uma linha dura, foi assassinado. O seu sucessor, consciente das limitações do seu país na eventualidade de uma guerra, adoptou uma postura mais conciliadora.

Na Liga, a solução adoptada foi a criação de uma comissão para governar a zona durante um ano, em nome da Colômbia, após o qual a região seria devolvida às autoridades colombianas. A comissão era composta por três membros (um Americano, um Brasileiro e um Espanhol) e tinha uma força militar de apoio de 75 elementos, fornecidos e pagos pela Colômbia. As tropas, que usavam um distintivo com as letras LN nos seus uniformes colombianos, entraram na província em meados de 1933. Antes de terminar o prazo da sua actuação, as forças retiraram-se devido à conclusão de um acordo entre os litigantes que reconhecia à Colômbia a posse de Letícia.[120]

II.4. A Organização de Plebiscitos

Os vencedores estabeleceram em vários tratados de paz (e documentos subsequentes) que o destino de uma série de zonas contestadas seria decidido através de plebiscitos a realizar oportunamente. Esses plebiscitos seriam organizados por comissões inter-aliadas a quem caberia também velar pela administração dessas áreas durante o período de transição. Realizaram-se plebiscitos em Schleswig, Allenstein e Marienwerder, Klagenfurt, Alta Silésia e Sopron. As comissões de plebiscito tiveram às suas ordens forças internacionais para garantir a ordem pública e a realização de escrutínios livres e justos. No caso de Sopron, foi disponibilizado um contingente de oficiais oriundo de países neutros.

---

[120] Lloyd, *op. cit.*, p. 164 e James, *op. cit.*, p. 157.

A Liga das Nações organizou o plebiscito para determinar o destino do Sarre. Em 1934, o Conselho criou uma comissão de plebiscito, composta por peritos, inspectores e um tribunal para lidar com possíveis disputas. Também organizou o recenseamento da população. Quando as eleições se aproximavam, a Liga criou uma força militar internacional para assegurar a ordem no território. A força, composta por 2.000 elementos oriundos da Grã-Bretanha, Itália, Suécia e Holanda permaneceu no território durante 10 semanas. Oitocentas tropas da Bélgica, Grã-Bretanha e França foram colocadas no território para salvaguardar as importantes linhas do caminho-de--ferro. Embora não se pudesse considerar uma força neutral, ela veio a ser a primeira força multinacional ao serviço de uma organização e comandada por esta.

A Liga propôs a realização de um plebiscito para decidir se a cidade de Vilnius deveria ser integrada na Lituânia ou na Polónia: ideia que foi aceite pelos pretendentes no final dos anos 20. A organização começou a organizar uma força de 1.800 homens para supervisionar a realização do plebiscito. A Bélgica, França, Grã-Bretanha e a Espanha ofereceram-se para participar. A Liga solicitou forças a outros seis estados. Contudo a ideia foi abandonado porque a Lituânia reviu a sua posição, a URSS objectou contra a presença de uma força internacional na proximidade das suas fronteiras e alguns dos países participantes começaram a titubear.[121] As partes nunca chegaram a um acordo definitivo durante o período entre-guerras. Com o rebentar da II Guerra, a URSS apoderou-se de Vilnius. A cidade passou tornou-se a capital da república da Lituânia, anexada à URSS.

---

[121] James, *op. cit.*, p. 159.

III.

CONCEITOS E EVOLUÇÃO
DO *PEACEKEEPING* INTERNACIONAL

III.1. O Conceito de *Peacekeeping*

A definição do *peacekeeping* pelas Nações Unidas evoluíu lentamente. Shashi Tharoor diz mesmo que o Comité Especial relativo a Operações de *Peacekeeping*, criado no âmbito da Assembleia Geral, adiava sistematicamente a tarefa de esboçar uma definição porque "definir o *peacekeeping* era impor um colete de forças a um conceito cuja flexibilidade o tornava o instrumento mais pragmático à disposição da organização mundial."[122] A indefinição que rodeia o conceito de *peacekeeping* mantém-se até aos dias de hoje, mau-grado as tentativas das próprias Nações Unidas para definir o conceito em algumas obras de feitura própria.[123] Tal indefinição é tanto mais estranha quanto a esta actividade monopoliza grande parte dos recursos financeiros das NU e tornou-se numa das facetas mais desenvolvidas da organização.

Curiosamente, a prática do *peacekeeping* surgiu antes desta ter sido baptizada como tal. A teoria e a doutrina que guiam o *peacekeeping* são um corpus em construção, adaptável às circunstâncias e ao momento histórico. A improvisação tem pontualizado desde que o *peacekeeping* nasceu como tal.[124] Ao definir o *peacekeeping* é preciso

---

[122] Shashi Tharoor, "Should UN Peacekeeping Go 'Back to Basics'?", *Survival*, vol. 37, nº 4, Inverno 1995-96, p. 56.

[123] International Peace Academy, *Peacekeeper´s Handbook*, NY, IPA e Pergamon Press, 1984; United Nations, Department of Peacekeeping Operations, *General Guidelines for Peace-keeping Operations*, UN document 95-38145, United Nations, NY, 1995.

[124] Findlay, *op. cit.*, p. 4.

ter em conta que (1) o conceito de *peacekeeping* se aplica a uma variada gama de operações e tarefas; (2) as missões de *peacekeeping* têm assumidos funções muito diversas (*"à la carte"*), pelo que tentar marcar fronteiras rígidas entre elas pode ser contra-produtivo e que (3) as operações de *peacekeeping* têm conhecido uma metamorfose contínua ao longo do tempo. Embora seja difícil reunir um consenso em relação às actividades que constituem o *peacekeeping*, os seus princípios e objectivos básicos estão razoavelmente identificados.[125]

O *peacekeeping*, continua nos dias de hoje a ser, nas palavras de Paul Diehl, uma actividade incerta, desregulada e imprevisível.[126] Brian Urquhart, um alto funcionário da ONU com 40 anos de experiência nas actividades de *peacekeeping*,[127] diz que o *peacekeeping* da Guerra Fria foi geralmente do tipo "sheriff's posse"[128]: uma acção militar organizada apressadamente por um grupo de estados bem--intencionados para evitar o pior, isto é, a intervenção das superpotências e a escalada do conflito.[129]

O *peacekeeping* consiste no uso das forças militares, desprovidas, no seu exercício, do uso normal da força, para de-escalar ou pacificar situações de conflito. Igualmente importante, como sublinha Martins Branco, "[O] Peacekeeping é na sua concepção o apoio militar à diplomacia. É um meio de conter a situação enquanto outros diplomatas e mediadores procuram uma solução política."[130] É uma actividade temporária destinada a ganhar tempo: tempo para que os negociadores e os beligerantes cheguem a um acordo. É uma activi-

---

[125] Bellamy et al., *op. cit.*, p. 95.

[126] Diehl, *op. cit.*, p. 1.

[127] Urquhart esteve, de 1954 a 1973, no Gabinete de Assuntos Políticos Especiais tratando de assuntos como a gestão de conflitos e o *peacekeeping*. Foi ainda Sub-Secretário Geral para os Assuntos Políticos Especiais entre 1974 e 1986.

[128] Um grupo armado organizado de forma *ad hoc* pelo xerife para combater o banditismo.

[129] Brian Urquhart, "Beyond the 'Sheriff's Posse'", *Survival*, vol. XXXII, nº 3, Maio-Junho de 1990, p. 197. Paradoxalmente, o facto do *peacekeeping* ser organizado por regra, "em cima da hora", constituía também uma vantagem: "como o *peacekeeping* funcionou e, em alguns aspectos, floresceu durante a Guerra Fria porque era *ad hoc* e não estava inscrito na Carta, são levantadas profundas suspeitas quando alguém pretende colocar o *peacekeeping* numa base mais firme e permanente": A. B. Fetherston, *Towards a Theory of United Nations Peacekeeping*, Houndsmill–Basingstoke, Palgrave, 1994, p. 22.

[130] Cor Martins Branco, *op. cit.*, p. 13.

dade destinada a poupar os civis dos horrores da guerra e a salvar vidas humanas no período em que decorre a negociação. A actividade militar do *peacekeeping* é dirigida, a nível político, pelo CS e pelo Secretariado das NU.

Durante a Guerra Fria, o CS não conseguiu chegar a acordo quanto a mecanismos colectivos de *enforcement*, nomeadamente a activação do artigo 43.º, que prevê o uso da força contra os estados agressores, e seu corolário: a constituição de um corpo de forças armadas ao serviço das NU.[131] Para colmatar essa falha, foi desenvolvido um instrumento menor – o *peacekeeping* – sob os auspícios das NU. O *peacekeeping* foi um expediente de um CS dividido ao qual faltava o consenso para a acção colectiva, mas que se contentava em usar um instrumento menos potente que não tivesse implicações para o jogo maximalista das superpotências (o jogo de "soma nula").[132]

---

[131] Aquele artigo prevê a criação de forças armadas das NU a serem utilizadas de acordo com planos de acção determinados pelo CS com a assistência da Comissão de Estado-Maior, composta pelos Chefes de Estado-Maior dos membros permanentes do CS (ou respectivos representantes). O Comité reuniu-se entre 1946 e 1948 para estudar, do ponto de vista miltar, as implicações do artigo 43.º e avançar com propostas para dar corpo àquele artigo. Devido a desacordos insanáveis, o Comité suspendeu os seus trabalhos em 1948 (v. Bowett, *op. cit.*, pp. 12-8). O SG, Trygve Lie, propôs, em 1948, com base na experiência da *UN Truce Supervision Organization* (UNTSO), na Palestina, a criação de uma "Força de Polícia das NU" para operações de observação e *peacekeeping*. A força seria recrutada pelo SG e seria posta à disposição do CS e da AG. Uma segunda proposta surgiu no âmbito da resolução "*Uniting for Peace*" que recomendava que cada estado-membro "mantenha no seio das suas forças armadas nacionais elementos treinados, organizados e equipados para que possam prontamente ser postos à disposição... para serviço como unidade ou unidades das Nações Unidas." Trata-se de forças do tipo das que foram empregues na Coreia. Ao mesmo tempo, a AG por iniciativa da URSS, recomendava ao CS que "contemplasse medidas para a aplicação, no prazo mais curto possível, dos Artigos 43, 45, 46 e 47 da Carta." Na sequência desta proposta, foi criado, pela AG, o *Collective Measures Committee* que apresentou três relatórios sobre a questão. Nos relatórios, o Comité não foi para além de avançar com "princípios-guias" que deveriam nortear futuras iniciativas. Uma terceira proposta partiu do mesmo SG, em 1952, para a criação de uma "Reserva de Voluntários das NU" ao dispor da organização para acções ao abrigo do artigo 43.º. A força seria constituída por forças nacionais voluntariadas pelos estados-membros, mais indivíduos que se oferecessem para prestar serviço sob comando das NU (seriam recrutados e treinados nos estabelecimentos militares nacionais). Todas as iniciativas referidas foram boicotadas ou esbarraram na indiferença geral. V. Goodrich et al., *op. cit.*, pp. 324-6 e Bowett, *op. cit.*, pp. 18-28.

[132] John Mackinlay e Jarat Chopra, "Second Generation Multinational Operations", *The Washington Quarterly*, vol. 15, nº 3, Verão de 1992, p. 114.

De acordo com Sir Brian Urquhart, considerado "o pai do *peacekeeping*",[133] os requisitos políticos do *peacekeeping* são os seguintes:

- o consentimento das partes envolvidas no conflito quanto à criação da operação, isto é, em relação ao seu mandato, composição e comandante;
- o apoio da autoridade mandatária da operação, o Conselho de Segurança;
- um mandato claro e exequível;
- o não recurso à força, excepto em último recurso e para defesa própria, o que inclui a resistência a tentativas, pela força, de impedir os capacetes azuis de executarem o seu mandato;
- a vontade por parte dos países que voluntariam as tropas, de fornecer um número adequado de pessoal militar competente e de aceitar o grau de risco que a operação pode acarretar;
- a vontade dos estados-membros, e especialmente dos membros permanentes do CS, de providenciar o necessário apoio financeiro e logístico.[134]

Segundo Diehl, o *peacekeeping* é a imposição de forças neutrais e ligeiramente armadas na sequência da cessação das hostilidades, com a permissão do estado em cujo território essas forças são estacionadas, de forma a desencorajar o reacender do conflito militar e a promover um ambiente conducente à resolução da disputa. De acordo com o mesmo autor, as funções do *peacekeeping* incluem actividades como a observação, a interposição, a manutenção da lei e da ordem e a actividade humanitária.[135]

O funcionamento do *peacekeeping* pressupõe o consentimento das partes, requisito que articula dois dados prévios: o "...respeito pela soberania do estados e pela cooperação que é necessária obter da parte dos beligerantes."[136] É uma regra cardinal da ONU a de respeitar a soberania dos estados; por conseguinte, o *peacekeeping*

---

[133] Karen A. Mingst e Margaret P. Karns, *The United Nations in the Post-Cold War Era*, Boulder, CO, Westview Press, 1995, p. 69.

[134] Urquhart, *op. cit.*, p. 198.

[135] Diehl, *op. cit.*, p. 13.

[136] Branco, *op. cit.*, p. 8.

Conceitos e Evolução do Peacekeeping Internacional

não poderia ser uma excepção a este princípio. O consentimento à presença dos capacetes azuis deve ser expresso. Os beligerantes, por regra, deverão ter cessado as hostilidades antes da chegada dos capacetes azuis ou de-escalado o conflito de forma a não fazer perigar a vida dos soldados da ONU.

Steven Ratner define o *peacekeeping* tradicional como a situação em que um órgão político da ONU se decide pelo posicionamento de uma força militar entre dois ou mais exércitos, com o consentimento daqueles, na ausência de uma solução política definitiva para o conflito.[137]

Marrack Goulding, ex-Sub-Secretário Geral para as Operações de *Peacekeeping*,[138] diz que o *peacekeeping* consiste em "operações de campo criadas pelas Nações Unidas com o consentimento das partes em presença de forma ajudar a controlar e resolver os conflito entre elas. Operam sob o comando e controlo das Nações Unidas, sendo os custos suportados pelo conjunto dos estados-membros. O pessoal militar e de outra natureza, bem como o equipamento é fornecido voluntariamente por eles e as operações agem de forma imparcial, reduzindo o uso da força ao mínimo possível."[139]

Wolfgang Biermann e Martin Vadset dizem que os capacetes azuis " [S]ão convidados, não ocupantes. As suas actividades são abertas, não escondidas. As suas regras de empenhamento (ROE)[140] são transparentes, não secretas. Eles mostram onde se encontram posicionados e não tentam esconder a sua posição. Em situações de conflito, o seu papel é de-escalar, não escalar, para assim resolver o conflito. A sua abordagem é de cooperação, em vez de confrontação. Eles tratam as partes no conflito como parceiros, não como inimigos. Os *peacekeepers* não têm direito de matar e destruir, só em caso de auto-defesa."[141]

---

[137] Ratner, *op. cit.*, p. 17.

[138] Entre 1986-1993. De 1993 a 1997, foi Sub-Secretário Geral para os Assuntos Políticos, com responsabilidades nas áreas da diplomacia preventiva e do *peacemaking*.

[139] Marrack Goulding, "The Evolution of United Nations Peacekeeping", *International Affairs*, vol. 69, nº 3, Julho de 1993, p. 455.

[140] Em inglês, "*rules of engagement*".

[141] Wolfgang Biermann e Martin Vadset, "Setting the Scene", in Wolfgang Biermann e Martin Vadset (eds.), *UN Peacekeeping in Trouble: Lessons Learned from the Former Yugoslavia*, Aldershot, Ashgate, 1998, p. 17.

O *peacekeeping* é uma actividade neutral de militares que não podem usar a força, não lutam contra ninguém, nem pretendem alterar o equilíbrio de forças criado pelos beligerantes. A imparcialidade é, nas palavras de Tharoor, o "oxigénio" do *peacekeeping*: "A única forma de os capacetes azuis poderem trabalhar é ter a confiança dos dois lados, ser claros e transparentes na sua actuação e manter abertas as linhas de comunicação."[142] A perda, intencional ou inadvertida, do princípio da imparcialidade pode ter consequências trágicas: pôr em risco a vida dos capacetes azuis e retirar toda a credibilidade à missão.

Despidos do seu aparato militar, porque apenas ligeiramente armados, os soldados das NU têm mais garantias de ser bem aceites pelas partes uma vez que não interferem no conflito. O facto de serem "ligeiramente armados e imparcialmente predispostos", como refere Urquhart, é que permite aos capacetes azuis "mover-se livremente e negociar de forma desapaixonada".[143] Assim, "[A] verdadeira força de uma operação de *peacekeeping* reside não na sua capacidade de usar a força, mas precisamente no facto de *não* usar a força e, dessa forma, permanecer acima do conflito e preservar a sua posição única e o seu prestígio."[144]

John Ruggie sublinha que, "ironicamente, esta fraqueza militar pode ser uma vantagem pois assegura às partes que a força de *peacekeeping* não pode alterar a balança militar em sua desvantagem."[145] Trata-se de um mecanismo que preserva a transparência no processo de transição do conflito da fase aguda para a fase negocial. O *peacekeeping* tranquiliza as partes por dar garantias que cada uma está a cumprir as suas promessas.

William Durch identifica quatro tipos básicos de *peacekeeping*:

(1) *peacekeeping* tradicional: é o *peacekeeping* típico do período da Guerra Fria e que consiste essencialmente na interposição de forças entre os beligerantes para monitorizar cessar-fogos e armistícios;

---

[142] Tharoor, *op. cit.*, p. 56.

[143] Mackinlay e Chopra, *op. cit.*, p. 115.

[144] Sublinhado do autor: Brian Urquhart, *A Life in Peace and War*, NY, W. W. Norton & Co., 1987, pp. 178-9.

[145] John Gerard Ruggie, "The United Nations and the Collective Use of Force: Whither or Whether?", in Pugh (ed.), *op. cit.*, p. 5.

Conceitos e Evolução do Peacekeeping Internacional   65

(2) operações multidimensionais: surge nos anos 90 e corresponde às intervenções em conflitos de matriz interna. Caracterizam-se pela: implementação de acordos de paz após os conflitos; possível ausência do consentimento dos beligerantes quanto à presença e mandato da operação; uso provável da força e pela existência de uma componente civil importante no seio da operação;
(3) operações humanitárias: semelhante em termos do contexto de actuação a (2) mas com o objectivo de aliviar o sofrimento da população durante a guerra (caso das operações da ONU na Somália, Bósnia-Herzegovina e da Operação "Provide Comfort" no norte do Iraque, liderada pelos Estados Unidos após a intervenção militar de 1991);
(4) operações de *enforcement*: operações onde a força é usada para implementação das decisões do CS (exemplo da actuação da NATO na Bósnia-Herzegovina) ou que tem um mandato coercivo (a intervenção multilateral no Haiti para restaurar a democracia).[146]

Marrack Goulding identifica seis tipos de tarefas de *peacekeeping*:

(1) intervenção preventiva:[147] pela sua natureza atempada, tem como objectivo evitar o rebentar das hostilidades. A presença das tropas serve não só de mecanismo de "alerta precoce" (*early warning*), mas igualmente para aumentar a percepção junto dos beligerantes dos custos políticos em que incorrem se decidirem entrar em guerra;[148]
(2) *peacekeeping* tradicional: intervenção em apoio dos esforços diplomáticos (*peacemaking*) que tenta manter um ambiente pacífico que incentive os beligerantes a prosseguir as negociações. Tradicionalmente, caracteriza-se por actividades de manutenção dos cessar-fogos e controlo de zonas-tampão;

---

[146] V. William Durch, "Keeping the Peace: Politics and Lessons of the 1990s", in William Durch (ed.), *UN Peacekeeping, American Policy and the Uncivil Wars of the 1990s*, NY, St. Martin´s Press, 1996, pp. 3-7.

[147] Referida, no original, como "preventive deployment".

[148] Caso da *UN Preventive Deployment Force* (UNPREDEP) na Macedónia em 1995.

(3) operações em apoio da implementação de um acordo global previamente negociado entre as partes. Trata-se de tipo de *peacekeeping* que surge a partir de 1988, quando o novo clima no CS permitiu que as superpotências liquidassem os numerosos conflitos regionais em que se tinham envolvido indirectamente. Inclui actividades de variada natureza, militar, civil, política e humanitária;[149]

(4) operações com ênfase humanitária em territórios onde a autoridade estatal não funciona;[150]

(5) *peacekeeping* pós-conflito: ocorre por regra na fase terminal do conflito em países onde as instituições do Estado não funcionam. Tal como as operações em (3), revestem-se de uma diversificada gama de funções. Podem envolver medidas coercivas, isto é, o uso da força;[151]

(6) operações de imposição de acordos de cessar-fogo onde o uso da força é previsível. Trata-se de uma variante coerciva do *peacekeeping* tradicional. Difere deste – onde a presença dos capacetes azuis no terreno do conflito é inicialmente aceite pelas partes – porque a força pode ser usada para compelir as partes a respeitar os acordos de cessar-fogo ou de natureza similar.[152]

Karen Mingst e Margaret Karns afirmam que o *peacekeeping* tem uma série de vantagens em relação às operações de segurança colectiva (*peace-enforcement*): "Como o *peacekeeping* requer a aprovação das partes no conflito, há pelo menos o compromisso nominal de cooperar com o mandato das forças. As tropas são voluntariadas pelos Estados-membros, pelo que a contribuição desses membros é relativamente pequena. Não é necessário identificar um agressor, portanto, nenhuma das partes no conflito é tida como a agressora."[153] De acordo com aquelas autoras, as actividades de *peacekeeping* podem ser agrupadas em cinco categorias: observação,

---

[149] Caso da Namíbia (1989-90) e de Angola (particularmente mal-sucedido), Moçambique, Cambodja e de El Salvador nos anos 90.

[150] Caso da Somália e da Bósnia-Herzegovina.

[151] Caso do Congo, nos anos 60, e da Somália entre 1992-94.

[152] Sobre esta tipologia, v. Goulding, *op. cit.*, pp. 456-59.

[153] Mingst e Karns, op. cit., p. 70.

Conceitos e Evolução do Peacekeeping Internacional 67

separação de forças, lei e ordem, uso limitado da força e funções de ajuda humanitária:

1. *Observação*: inclui uma variedade de actividades tradicionais:
   (a) investigação dos conflitos: caso da *UN Special Committee on the Balkans* (UNSCOB), criada em 1946, para examinar a extensão do envolvimento da Albânia, Bulgária e Jugoslávia no apoio à guerrilha comunista que actuava no norte da Grécia;
   (b) supervisão dos armistícios: caso da *UN Truce Supervision Organization* (UNTSO), criada em 1948 para supervisionar o armistício entre Israel e os seus vizinhos árabes;
   (c) manutenção dos cessar-fogos: é o caso dos observadores militares da *UN Commission for India and Pakistan* para verificar a posições das tropas e monitorar as actividades proibidas nos termos do cessar-fogo aprovado;
   (d) cessação das hostilidades: o exemplo da *UN Iran-Iraq Military Observer Group* (UNIMOG), criado em 1988 para monitorar a cessação dos combates e a retirada das tropas;
   (e) verificação da retirada das tropas: caso do *UN Good Offices Mission in Afghanistan* (UNMOGAP), criado em 1988 para supervisionar a retirada das tropas soviéticas;
   (f) observação de eleições: caso da Namíbia (*UN Transition Assistance Group*, UNTAG), Nicarágua (*UN Observer Mission to Verify the Electoral Process in Nicaragua*, UNOVEN), El Salvador (*UN Observer Mission in El Salvador*, ONUSAL), Cambodja (*UN Advance Mission in Cambodia*, UNAMIC), Haiti (*UN Mission in Haiti*, UNMIH) e Timor-Leste (*UN Mission in East Timor*, UNAMET);
   (g) verificação dos acordos de controlo de armamento e desarmamento: caso do *UN Observer Group in Central America* (ONUCA) criada no âmbito do acordo de paz de 1987 – Acordo de Estipulas II – entre os países da América Central (Costa Rica, El Salvador, Guatemala, Honduras e Nicarágua);
   (h) observação do respeito pelos Direitos Humanos: caso da ONUSAL, de 1991, destinada a verificar, *inter alia*, o cumprimento de um acordo de direitos humanos assinado entre o governo e o movimento insurreccionista Frente Farabundo Martí;

(i) reconhecimento: caso das missões preliminares ao Cambodja e América Central.

2. *Separação de forças*: implica a colocação de uma terceira parte imparcial na zona tampão entre as partes em conflito. Ex.: UNEF I e II (*UN Emergency Force I e II*), entre Israel e o Egipto (1956-67, 1973-79); a *UN Disengagement Observer Force* (UNDOF) entre Israel e a Síria (desde 1973); a *UN Interim Force in Lebanon* (UNIFIL) entre Israel e a Síria (desde 1978).

3. *Manutenção da lei e ordem*: caso da *UN Operation in Congo* (ONUC), exemplo dramático da tentativa de manter a lei e a ordem e a unidade do país no contexto de uma guerra civil; caso ainda da *UN Transition Authority in Cambodja* (UNTAC), de Março de 1992 a Dezembro de 1993 e da UNTAET (*UN Transition Authority in East Timor*, Outubro de 1999 a Fevereiro de 2000) e da UNMISET (*UN Mission of Support in East Timor*), Maio de 2002 a Maio de 2005.

4. *Uso da força*: situação mais rara e problemática devido às implicações do uso da força por parte dos capacetes azuis, mas crescentemente usada desde o fim da Guerra Fria. É o caso da ONUC no Congo, onde o CS autorizou a força para impedir a guerra civil e para expulsar os mercenários estrangeiros do país. Caso ainda da guerra na ex-Jugoslávia, em particular na Bósnia-Herzegovina.

6. *Ajuda humanitária*: caso da UNOSOM I e II (*UN Operation in Somalia*).[154]

Indar Jit Rikhye, um militar indiano com larga experiência nas operações de paz da ONU,[155] diz que as operações de *peacekeeping* podem ser de índole militar, para-militar e não militar: "[A] sua natureza tem sido não-vinculativa e não-coerciva e elas requerem o con-

---

[154] Mingst e Karen, *op. cit.*, pp. 70-76.

[155] Foi Chefe de Estado-Maior da *UN Emergency Force* no Médio Oriente. Foi Conselheiro Militar do SG, Dag Hammarskjöld, para o Congo, tendo ainda participado em outras operações de *peacekeeping* (Nova Guiné Ocidental, Iémen e Chipre).

Conceitos e Evolução do Peacekeeping Internacional

vite ou consentimento das partes em conflito." Segundo Rikhye, as operações variam de acordo com o seu mandato e organização: "A presença militar tem sido usada para observar um cessar-fogo, separar as forças rivais, manter uma zona desmilitarizada neutra, investigar e apurar os factos e evitar a interferência externa. Elas variaram em tamanho, de meia dúzia de observadores a forças militares que vão dos 3.000 aos 20.000 homens". Rikhye acrescenta ainda que essas operações envolvem, por vezes, forças de combate para efeitos de manutenção da lei e da ordem, embora somente numa postura de auto-defesa.[156]

Para o Prof. Manuel de Almeida Ribeiro, a manutenção da paz corresponde a acções de pacificação interna: à "intervenção de uma organização internacional para, com o acordo das forças em conflito, apoiar e criar condições de segurança para a pacificação interna de um Estado..."[157]

De acordo com Boutros-Ghali, o *peacekeeping* define-se sinteticamente como o "uso não violento da força militar para preservar a paz."[158] A *Agenda para a Paz*, da autoria daquele SG, foi um documento fundamental ao fazer do *peacekeeping* um tema central das Nações Unidas. Publicado em 1992, aquele relatório inicia, no pós--Guerra Fria, um debate mais profundo sobre a importância do *peacekeeping* enquanto instrumento de um processo mais amplo: a resolução dos conflitos.[159] Na *Agenda*, e como sublinha Fetherston, desenvolve-se "um quadro conceptual para o *peacekeeping* que ultrapassa as intervenções improvisadas e que entra em linha de conta com a escala, profundidade e complexidade das situações em que os capacetes azuis intervêm."[160]

O *peacekeeping* é, talvez, o elemento mais original e inovador da panóplia de mecanismos de resolução de conflitos. Desde a sua

---

[156] Indar J. Rikhye, *The Theory and Practice of Peacekeeping*, Londres, C. Hurst & Company/The International Peace Academy, 1984, p. 2.

[157] Almeida Ribeiro, *op. cit.*, p. 139.

[158] United Nations, *The Blue Helmets: A Review of United Nations Peacekeeping*, NY, UNDPI, 1996, p. 4.

[159] Como diz o Prof. Adriano Moreira, na *Agenda* "...trata-se apenas de regressar ao espírito de São Francisco, de pôr a acção de acordo com o verbo...": *Notas do Tempo Perdido*, Lisboa, ISCSP, 2005, p. 211.

[160] Fetherston, *op. cit.*, p. 23.

criação, está em constante definição e refinamento, tanto conceptual como operacional. Na *Agenda*, o *peacekeeping* inclui quatro categorias. Faz parte do espectro das operações de paz, de um trajecto progressivo na actuação da ONU, que inclui: a prevenção dos conflitos, as tentativas de resolução diplomática (*peacemaking*), a reconstrução dos países e, por último, a promoção do desenvolvimento económico e social (*peacebuilding*).[161]

Na *Agenda*, o ex-SG define a manutenção da paz como o estabelecimento de "uma presença das Nações Unidas no terreno, até agora com o consentimento das partes interessadas e, como norma, com recurso a efectivos militares e/ou polícia das Nações Unidas bem como, em muitos casos, a pessoal civil. Esta técnica aumenta as possibilidades de prevenção dos conflitos e de restabelecimento da paz."[162] Esta definição liga o *peacekeeping* à prevenção dos conflitos (para evitar a eclosão do conflito ou o seu reacendimento), ao *peace-making* (esforços para levar as partes à conclusão de um acordo político)[163] e ao *peace-building* (esforços para consolidar a paz após a conclusão da fase violenta do conflito).[164]

---

[161] No *Suplemento à Agenda para a Paz*, de 1995, a estes quatro instrumentos para "controlar e resolver conflitos", Boutros-Ghali acrescenta o desarmamento, as sanções e o *peace enforcement*. Estes últimos três são definidos como medidas coercivas e que não requerem o consentimento das partes (parágr. 23): Secretary-General, Report of the Secretary-General on the Work of the Organization, *Supplement to an Agenda for Peace: Position Paper of the Secretary-General on the Occasion of the Fiftieth Anniversary of the United Nations*, A/50/60 –S/1995/1, 1 de Janeiro de 1995 (a partir daqui designada como *Suplemento à Agenda para a Paz*).

[162] *Agenda*, parágr. 20.

[163] O *peacemaking* prevê o uso de toda a gama de instrumentos político-diplomáticos para obter a cessação das hostilidades, quer numa perspectiva minimalista (com a obtenção de tréguas ou de um cessar-fogo, logo de natureza temporária ou volátil) ou numa perspectiva maximalista (com um acordo de paz definitivo e duradouro que ponha fim ao conflito). De notar que este conceito pacífico de *peacemaking*, tem um significado bastante divergente na definição das "missões de Petersberg", definidas primeiramente pela União da Europa Ocidental, e depois integradas no Tratado da União Europeia de 1992 (isto é, formalmente assumidas como missões que a UE pode executar). Tal como definido nas "missões de Petersberg", o *peacemaking* significa "restabelecimento da paz" (especificamente, "missões executadas por forças de combate para a gestão de crises, incluindo operações de restabelecimento da paz"). Trata-se de uma noção de *peacemaking* que é equivalente ao *peace-enforcement* onusiano. É interessante notar que a UE, na prática, "meteu esta noção de *peacemaking* na gaveta", porque as missões de gestão de crises que tem conduzido

Conceitos e Evolução do Peacekeeping Internacional 71

A *Ágenda* transmite a ideia que o *peacekeeping* tem um *timing* próprio numa trajectória mais lata e pré-determinada: ele pode ser usado na fase da prevenção do conflito (geralmente com o posicionamento de tropas); pode ser accionado em simultâneo com as diligências de *peace-making* enquanto o conflito está em curso e pode ser utilizado após o conflito, de forma a evitar que ele volte a reacender-se. O *peace-building*, contudo, aparece na recta final para consolidar a paz em zonas onde os capacetes azuis conseguiram estabelecer uma aparência credível de paz. Nesta definição, que introduz o importante elemento do *peace-building*, as missões de *peacekeeping* teriam o escopo de "congelar" o conflito em curso, de forma a dar espaço à diplomacia.[165]

No seu Relatório Anual de 1993, Boutros-Ghali retém a definição anterior, embora reconhecendo que as linhas de demarcação entre as *démarches* acima referidas se tornaram menos claras. Diz, aliás, que "o *peacekeeping* tem de ser re-inventado todos os dias... [e] que existem tantos tipos de operações de *peacekeeping* quanto os

---

(e que teoricamente admitiu conduzir) se assemelham mais a missões de *peacekeeping* (com o seu leque de especificidades: interposição, observação do cessar-fogo, missões humanitárias, treino de polícia, reforço do Estado de Direito). Dito de outra forma, a UE recusou executar operações de *peace-enforcement*: trata-se de um dos vários paradoxos da UE. V. Giovanna Bono, "The EU´s Military Doctrine: An Assessment", *International Peacekeeping*, vol. 11, nº 3, Outono de 2004, p. 442.

[164] O *peacebuilding* é uma actividade multifacetada e complexa, na qual o *peacekeeping* é um factor coadjuvante numa missão de contornos mais amplos, que se destina a trazer a paz e a alicerçar o desenvolvimento após um conflito. Por regra, obedece aos seguintes pressupostos: (1) ocorre após a conclusão de um tratado de paz entre os beligerantes e no pressuposto de que os beligerantes o respeitarão; (2) implica actividades de reconstrução do estado após o conflito nas suas vertentes políticas, económicas e sociais; (3) envolve por regra uma forte componente civil (ONGs, peritos em várias áreas, polícia civil - CIVPOL, organizações do sistema das NU ligadas às actividades humanitárias e de desenvolvimento) e (4) a componente do *peacekeeping* propriamente dito (a presença de soldados neutrais, imparciais e pacíficos) destina-se a criar um ambiente de segurança e estabilidade que permita o trabalho de reconstrução do país. V. Cor Martins Branco, *op. cit.*, p. 16. Os autores falam frequentemente de "*post-conflict peacebuilding*" (caso da *Agenda para a Paz*, parágr. 55-9). O *peacebuiding* pode considerar-se igualmente uma componente da "acção preventiva", uma vez que inclui medidas (pós-conflito) que visam evitar o reacender do conflito.

[165] Ratner, *op. cit.*, p. 16.

tipos de conflitos."[166] De facto, hoje em dias as NU empregam o termo *peacekeeping* para missões que fazem muito mais do que gerir e/ou conter os conflitos.[167]

O *peacekeeping* é também uma actividade política,[168] com tudo o que acarreta de imprevisilidade, errância e complexidade. A decisão de intervir ou não implica um julgamento de valores e oportunidade por parte do CS, um órgão político onde os membros exibem consideráveis divergências de interesse e ideológicas. A decisão de como intervir num dado contexto de guerra e com que recursos implica fazer opções políticas. Estas, por sua vez, têm subjacentes determinadas concepções do que é a comunidade internacional, do papel dos estados e, mais crucial ainda, do papel das organizações internacionais como instrumentos de regulação daquela ordem. A concepção westefaliana que vê o estado como o actor central na cena internacional, dotado de uma soberania incontestável, é por vezes, um travão à intervenção das organizações internacionaionais nos conflitos.[169]

III.2. O *Peacekeeping* de Primeira Geração

O *peacekeeping* surgiu como um instrumento improvisado que permitiu às NU lidar com algumas crises graves no período da Guerra Fria, afastando, simultaneamente, as superpotências do xadrez do conflito. A prática do *peacekeeping* tem a sua origem na sessão da Assembleia Geral de 4 de Novembro de 1956, convocada por aquele órgão na sequência da invasão do Canal do Suez pelas tropas da França, Grã-Bretanha e Israel. A URSS tinha sugerido auxiliar o Egipto através de uma sua intervenção militar em paralelo

---

[166] *Report of the Secretary-General on the Work of the Organization*, UN GAOR, 48' sessão, Supp. Nº 1, UN Doc. A/48/I, 1993, p. 59; Kofi Annan diz que "[É] quase impossível definir uma técnica que diferiu quase sempre de todas as vezes que foi aplicada." Kofi A. Annan, "UN Peacekeeping Operations and Cooperation with NATO", *NATO Review*, vol. 47, nº 5, Outubro de 1993 (em http://www.nato.int/docu/review/1993/9305-1.htm), p. 1.

[167] Ratner, *op. cit.*, p. 17.

[168] Alan James, *The Politics of Peacekeeping*, p. 424 e segs.

[169] Bellamy et al., *op cit.*, pp. 32-3.

Conceitos e Evolução do Peacekeeping Internacional 73

com as Nações Unidas.[170] A sugestão russa provocou alarme na sede da ONU.

A sessão decorreu ao abrigo da conhecida resolução *"Uniting for Peace"*,[171] o que permitiu à AG, pela primeira e única vez na sua história, criar e gerir uma operação de *peacekeeping*.[172] Os estados invasores, bem como o agredido, o Egipto, tinham acordado num cessar-fogo e na restauração do *status quo ante*. Além disso, a França e a Inglaterra tinham dado a entender, ainda em plena invasão, a sua disposição de aceitar uma força das Nações Unidas para manter a paz e assegurar uma solução satisfatória para o problema do Canal.

A ideia do *peacekeeping* partiu de uma iniciativa do Secretário de Estado canadiano para os Assuntos Externos, Lester B. Pearson. Pearson apercebeu-se que, naquele contexto, um cessar-fogo não seria suficiente para resolver os dois problemas que compunham o conflito: a retirada dos Ingleses, Franceses e Israelitas e a estabilização da situação entre o Egipto e Israel. Era necessário algo mais do que uma força de observação desarmada. No seu entender, deveria ser montada uma força de emergência como "uma verdadeira força de paz e de polícia internacional... suficientemente grande para manter as fronteiras em paz enquanto se trabalha numa solução política."[173] Em consonância, a AG decidiu estabelecer "...uma Força de Emergência Internacional das Nações Unidas para assegurar e supervisionar a cessação das hostilidades..."[174]

Os detalhes conceptuais foram elaborados na sede da ONU entre Pearson, o Secretário-Geral, Dag Hammarskjöld, o Assistente Executivo do SG, Andrew Cordier e o Sub-Secretário Geral, o mítico Ralph Bunche.[175] A AG solicitou ao SG que produzisse um plano para a UNEF no prazo de 48 horas. Entregando-se ao projecto com o seu habitual entusiasmo e eficácia, o SG finalizou o plano na madrugada

---

[170] Brian Urquhart, *Ralph Bunche: An American Odyssey*, NY, W. W. Norton & Company, 1993, p. 265.

[171] Resolução 997 (ES-I) de 2 de Novembro de 1956.

[172] Resolução 998 (ES-1) de 4 de Novembro de 1956, complementada, posteriormente, pela Resolução 999 (ES-I), do mesmo dia, e pela Resolução 1001 (ES-I) de 7 de Novembro.

[173] Urquhart, *op. cit.*, p. 265.

[174] Resolução 998 (ES-I).

[175] Findlay, *op. cit.*, p. 20.

74 As Nações Unidas e a Manutenção da Paz

do dia 6 de Novembro.[176] A AG deu a sua aprovação à proposta de Hammarskjöld. Conferiu um mandato ao SG para criar uma força de emergência internacional das Nações Unidas para implementar e assegurar um cessar-fogo entre o exército israelita e egípcio e criar o comando para a UNEF.[177] Tratando-se de uma situação de emergência, a escolha da AG para comandante da operação recaiu sobre uma figura já conhecida, o Chefe de Estado-Maior da UNTSO, o Major--Gen. (mais tarde, Ten.-Gen.) E. L. Burns. A AG conferiu-lhe o mandato de recrutar uma força militar, com base nos observadores da UNTSO, e recorrendo aos militares que os países da ONU quisessem disponibilizar.

Dois dias mais tarde, aquele órgão criou a *UN Emergency Force I*,[178] uma força multinacional que foi rapidamente estacionada na fronteira com Israel de forma a separar os dois contendedores. A UNEF tinha duas tarefas essenciais: entrar nas áreas ocupadas pelos Ingleses e Franceses e restabelecer a lei e a ordem antes da entrega destas zonas às autoridades egípcias; supervisionar e seguir a retirada das forças israelitas do Sinai e da Faixa de Gaza para dentro de Israel, permitindo a sua entrega aos Egípcios.

Durante a crise do Suez, Dag Hammarskjöld esboçou as linhas essenciais do *peacekeeping*: (1) o oficial comandante da força deveria ser nomeado pelas Nações Unidas e seria responsável perante a AG e/ou o CS. Deveria ser independente em relação a qualquer estado; (2) a força não deveria conter elementos oriundos dos cinco membros permanentes do Conselho de Segurança; (3) a operação deveria ter o consentimento das partes,[179] não constituindo uma im-

---

[176] Os aspectos preliminares relativos à força de emergência foram definidos pelo SG logo no mesmo dia, 4 de Novembro: United Nations, *Report of the Secretary-General on Basic Points for the Presence and Functioning in Egypt of the United Nations Emegency Force*, UN document A/3289, 4 de Novembro de 1956. A segunda parte do relatório, contendo a definição da força e as suas linhas de orientação e funcionamento, foi apresentado no dia 6: Second and Final Report of the Secretary-General on the Plan for an Emergency International United Nations Force Requested in Resolution 98 (ES-I), Adopted by the General Assembly on 4 November 1956, 6 de Novembro de 1956, UN document A/3302. V. ainda Urquhart, *op. cit.*, p. 267.

[177] Resolução 1001 (ES-I) de 7 de Novembro de 1956.

[178] A UNEF II funcionaria entre 1973-79.

[179] Aliás, a Resolução 998 (ES-I) de 4 de Novembro dizia que força internacional de emergência "...deveria ter o consentimento das nações em causa..."

Conceitos e Evolução do Peacekeeping Internacional 75

posição a nenhuma delas; (4) não deveria interferir com o equilíbrio político e militar do conflito e (5) deveria ser de duração breve.[180]

Subsequentemente, o SG, a pedido da AG, reforçou a condição que os países contribuintes das forças não fossem membros permanentes do Conselho de Segurança.[181] A experiência posterior da guerra de 1973 no Médio Oriente, fez que fossem adicionados dois novos requisitos: que os capacetes azuis só podem usar a força em legítima defesa; que os estados da região onde o conflito se localiza não devem participar na operação.[182] Estes princípios vieram a fornecer as bases políticas e legais das intervenções da ONU nas décadas que se seguiram.

Nas palavras de Urquhart, o plano de Hammarskjöld era "...uma obra-prima conceptual num campo totalmente novo, um programa para uma operação militar internacional não-violenta."[183] Urquhart põe em evidência que "o *modus operandi* do *peacekeeping*... era então a primeira experiência, uma completa inovação. Estávamos a pedir aos soldados que, contra toda a tradição e treino, tomassem parte em operações não-violentas em situações críticas – operações que, além disso, não dependiam do controlo dos seus governos. As novas operações de *peacekeeping* tinham implicações nas questões mais delicadas da psicologia militar, soberania nacional, política internacional e direito, nacional e internacional."[184]

Embora a UNEF I tivesse sido a primeira força a ser criada dentro dos moldes tradicionais do *peacekeeping*, as Nações Unidas tinham já feito uso de observadores militares em várias ocasiões prévias.[185] A função original do *peacekeeping* era monitorar as tré-

---

[180] *Second and Final Report of the Secretary-General*, annex, agenda item 5, p. 19, UN document A/3302.

[181] *Summary Study of the Experience Derived from the Establishment and Operation of the Force: Report of the Secretary-General*, 9 de Outubro de 1958, UN GAOR, 13th session, annex, agenda item 65, pp. 8, 27-32, UN Doc A/3943.

[182] *Report of the Secretary-General on the Implementation of Security Council Resolution 340 (1973)*, 27 de Outubro de 1973, UN SCOR, 28º ano, Supplement for October, November and December 1973, p. 91, UN Doc. S/11052/Ver. I.

[183] Brian Uquhart, *A Life in Peace and War*, NY, WW Norton & Company, 1987, p. 133.

[184] *Id.*, p. 137.

[185] A primeira comissão de observação criada pelo Conselho de Segurança (*Commission of Investigation*) foi lançada para investigar as alegações de incursões ilegais

guas e acordos de cessar-fogo com observadores militares da ONU, desarmados ou usando de armamento ligeiro, que vigiavam as linhas de fronteira e as zonas-tampão (*"buffer zones"*). As missões de observação (*"peace observation"*) "podem usar uma pessoa, uma pequena comissão de apuramento dos factos, ou uma presença substancial, incluindo um pequeno staff de forma a funcionar como os ouvidos e os olhos de uma organização regional ou internacional."[186]

Foi o caso, em 1948, da UNTSO, no Médio Oriente, para vigiar os armistícios concluídos entre Israel e os seus vizinhos árabes: Egipto, Jordânia e Líbano. A UNMOGIP (*UN Military Observer Group in India and Pakistan*), em Kashmir, também de 1948, foi criada para supervisionar o cessar-fogo entre a Índia e o Paquistão. Em tempos mais recentes, foi criada a *UN Aouzou Strip Observer Group* (UNASOG), que monitorizou a entrega, por parte da Líbia, de uma faixa de território do Chade que Tripoli lhe tinha retirado. A *UN*

---

da Albânia, Bulgária e Jugoslávia em território grego. Com a passagem do assunto para o foro da AG, esta criou, em 1946, o *UN Special Committee on the Balkans* (UNSCOB) (substituído, em 1951, pela *Balkan Sub-Commission of the Peace Observation Commission*). Em 1947, o CS criou a *Consular Commission* para verificar a cessação das hostilidades entre a Holanda e a Indonésia (substituída, em 1949, pela *UN Commision for Indonesia*). Em 1948, o CS lançou a *Truce Commission* para verificar as tréguas a que aquele órgão tinha apelado, a 1 de Abril, para a Palestina. Na sequência do primeiro acordo de armistício, de Fevereiro de 1949, o CS lançou a *UN Truce Supervision Organisation* (UNTSO). Em Kashmir, o CS criou, em 1948, a *UN Commission* e, em 1949, o *UN Military Observer Group* (UNMOGIP). No mesmo ano, a AG criou a *UN Commission on Korea* (UNCOK) para observar e verificar a retirada das forças ocupantes e usar dos seus bons-ofícios em favor da unificação da Coreia (foi substituída pela *UN Commission for the Unification and Rehabilitation of Korea* – UNCURK). Em 1958, o CS lançou o *UN Observer Group in the Lebanon* (UNOGIL) para verificar as queixas do Libano sobre a intervenção da República Árabe Unida (resultante da união entre o Egipto e a Síria) nos seus assuntos internos. Em 1962, o SG, sob autorização do CS, criou o *Observer Group* no âmbito da *UN Temporary Executive Authority* (UNTEA) da Nova Guiné Ocidental. O SG também lançou o *UN Observer Group in the Yemen* (UNYOM) para pôr fim a uma guerra civil que contava com a intervenção da Arábia Saudita e da República Árabe Unida: v. Bowett, *op. cit.*, pp. 61-6.

[186] Rikhye, *op. cit.*, p. 1. As missões de observação desempenham tarefas que consistem em "muito mais do que a simples observação" e que incluem: o controle das fronteiras; supervisão de cessar-fogos, tréguas e armistícios; supervisão da retirada das forças; supervisão do intercâmbio de prisioneiros de guerra e o desempenho de funções quase-judiciais; v. Bowett, *op. cit.*, p. 70 e pp. 71-9.

Mission of Observers in Prevlaka (UNMOP), lançada em 1996, tinha por missão supervisionar o cessar-fogo entre a Croácia e a República Federal da Jugoslávia na província de Prevlaka, no leste da Croácia.

O verdadeiro *peacekeeping* foi introduzido só durante a crise do Suez de 1956. Como afirma o Gen. Rikhye, o que distingue os capacetes azuis das anteriores missões de observação é o uso de "contingentes militares" envolvendo um número significativo de pessoal.[187]

A UNEF I era uma força de interposição para separar as partes no conflito e criar uma zona-tampão entre o Egipto e Israel de forma a evitar incursões armadas. A UNEF I assistiu na retirada das forças invasoras e foi encarregue de patrulhar a Península do Sinai e a Faixa de Gaza, situada na fronteira de Israel com o Egipto.[188] Outras operações de *peacekeeping* tradicional foram a UNDOF (*UN Disengagement Observer Force*) lançada em 1974 para monitorizar a área de separação entre Israel e a Síria.

O *peacekeeping* foi formalizado em Fevereiro de 1965 quando a AG criou um comité para lidar com as questões a ele atinentes: o Comité Especial relativo às Operações de *Peacekeeping*.[189] O *peacekeeping* de primeira geração inclui basicamente actividades tradicionais, como: a interposição de forças para observação de tréguas, para supervisionar a retirada de tropas, para fazer respeitar os cessar-fogos, para patrulhar zonas-tampão e para facilitar o acordo negociado de um conflito. Como referem Doyle e Sambanis, as operações de *peacekeeping* tradicional basicamente criavam e policiavam zonas-

---

[187] Rikhye, *op. cit.*, p. 1. A este propósito, Henry Wiseman esclarece que as missões de observação se destinam a "observar, investigar e relatar sobre o cumprimento das obrigações das partes relativamente a um cessar-fogo. O tamanho destas missões é geralmente reduzido, cerca de 100 pessoas e não mais de 1.000." Já os contingentes militares ("force-level missions") do *peacekeeping* funcionam como "interposição de forças militares entre os beligerantes para assegurar a manutenção de um cessar-fogo e de outros aspectos, tal como especificados no mandato. Os números empregues em tais operações geralmente variam entre os 3.000 e os 20.000, o que é uma indicação da magnitude das suas tarefas"; UNITAR, *The United Nations and the Maintenance of International Peace and Security*, Lancaster, Martinus Nijhoff, 1987, pp. 263-4

[188] Criada pela AG após um ataque conjunto anglo-francês (na sequência da nacionalização por Nasser da Companhia do Canal do Suez) e da invasão israelita (como resposta ao bloqueio egípcio do Golfo de Eilat e à interrupção da navegação israelita na zona do Canal). A UNEF I foi retirada a pedido do Egipto pouco antes da eclosão da Guerra de 1967.

[189] Resolução 2006 (XIX) de 18 de Fevereiro de 1965.

-tampão e davam assistência à desmobilização e desarmamento das unidades militares.[190]

As missões de observação dispunham de um número de efectivos reduzido e não tinham poderes de *enforcement*.[191] Já as missões de interposição (o *peacekeeping* tradicional em sentido estrito) envolviam unidades militares mais significativas, geralmente batalhões de infantaria, dispondo da possibilidade de usar a força ofensiva ou defensiva. Ambas as operações se baseavam no consentimento das partes, normalmente autorizado ao abrigo do Capítulo VI.

As exigências dos novos conflitos obrigaram as NU a desenvolver e alargar o seu leque de actividades na área da manutenção da paz: "[E]nquanto que as missões iniciais procuravam minimizar o conflito externo pela monitorização dos cessar-fogos, os esforços dos últimos tempos tentam implementar objectivos mais fundamentais: a ordem civil e a calma interna, os Direitos Humanos – dos mais básicos, relacionados com a dignidade humana, até aqueles que permitem aos povos escolherem o seu governo – e o desenvolvimento económico e social.[192]

---

[190] Michael Doyle e Nicholas Sambanis, "International Peacebuilding: A Theoretical and Quantitative Analysis", *American Political Science Review*, vol. 94, nº 4, Dezembro de 2000, p. 781.

[191] Paul Diehl, Daniel Druckman e James Wall, "International Peacekeeping and Conflict Resolution", *Journal of Conflict Resolution*, vol. 42, nº 1, Fevereiro de 1998, p. 35.

[192] Ratner, *op. cit.*, p. 1.

IV.

O *PEACEKEEPING* NO PÓS-GUERRA FRIA

IV.1. Anos 90: O Relançamento do *Peacekeeping*

O fim da Guerra Fria, em finais dos anos 80, veio proporcionar um segundo fôlego às Nações Unidas. Juntos, os antigos adversários – EUA e URSS – puseram fim ao braço de ferro que durante 40 anos tinha paralisado o Conselho de Segurança. Este órgão passou, enfim, a cumprir o papel que para ele tinham projectado os fundadores da organização na Conferência de S. Francisco no ano de 1945: uma grande aliança para a paz estabelecida numa base colectiva e multilateral.[193] Como afirma Peter Wallensteen e Patrik Johansson, "só durante a *détente* de finais dos anos 80 é que o Conselho de Segurança preencheu a sua função original: um órgão que funciona bem quando os principais poderes cooperam."[194] O Conselho de Segurança operava agora efectivamente como guardião mundial da paz e segurança mundiais.

Começando com a resolução 598,[195] que pôs fim à guerra de oito anos entre o Irão e o Iraque, os cinco membros permanentes do Conselho de Segurança começaram a cooperar activamente de forma a restaurar e manter a paz internacional, actuando não só de acordo

---

[193] Michael W. Doyle, "Discovering the Limits and Potential of Peacekeeping", in Olara A. Otunnu e Michael W. Doyle (eds.), *Peacemaking and Peacekeeeping for the New Century*, Rowman & Littlefield Publ., Lanham, MD, 1998, p. 4.

Cit. in Benjamin Rivlin, "U.N. Reform from the Standpoint of the United States", paper, 25 de Setembro de 1995, p. 9.

[194] Peter Wallensteen e Patrik Johansson, "Security Council Decisions in Perspective", in Malone (ed.), *op. cit.*, p. 17.

[195] De 20 de Julho de 1987.

com o espírito, se não sempre, com a letra da Carta das NU. Começaram a vislumbrar-se soluções para conflitos insolúveis até então – o Afeganistão, Angola, Cambodja, El Salvador, Eritreia, Namíbia e Nicarágua – à medida que as superpotências abandonavam a confrontação e exerciam pressão sobre os seus aliados regionais, obrigando-os a negociarem uma saída para as guerras. Como refere Jane Boulden, "aqueles sucessos, por sua vez, reforçaram a crença que a ONU poderia e deveria ser usada com mais frequência e eficácia."[196]

A crise do Kuwait de 1990 abriu uma nova fase na vida da organização. Pela segunda vez na sua história, o Conselho de Segurança, ao abrigo do Capítulo VII da Carta, utilizou a força armada para lidar com um caso clássico de agressão entre estados.[197] O presidente norte-americano, George Bush declarou que um dos objectivos desta operação de *peace-enforcement* era a criação "duma nova ordem mundial... Um mundo onde o primado da lei suplanta a lei da selva. Um mundo onde as nações reconhecem a responsabilidade partilhada pela liberdade e justiça. Um mundo onde o forte respeita os direitos do fraco". [198]

O lançamento desta série de iniciativas na área da paz e do *peace-enforcement*, em particular, é demonstrativo da profunda alteração que se verificou no ambiente político e legal internacional. Os estados-membros da organização subtilmente alargaram o âmbito de intervenção das NU alterando a definição do que era até então tido como assuntos do foro interno.[199] Assuntos tradicionalmente fora da jurisdição legal das NU, como os conflitos civis e as emergências humanitárias em estados soberanos, tornaram-se áreas de intervenção legítima das NU. As violações flagrantes dos Direitos Humanos passaram a ser entendidas como assuntos que, por ultrapassarem a competência dos estados, devem exigir a atenção da comunidade internacional.

---

[196] Boulden, *op. cit.*, p. 17.

[197] Nas palavras do Prof. Adriano Moreira, "[U]ma tarefa desafiante e gratificante, sobretudo porque se trata da única instituição vigente detentora de legitimidade para intervir em nome da segurança mundial um facto de que aproveitou a operação do Golfo...": Moreira, *op. cit.*, p. 211.

[198] Cit. in Edward Mortimer, "Under What Circumstances Should the UN Intervene Militarily in a «Domestic» Crisis?", in Otunnu e Doyle (eds.), *op. cit.*, p. 114.

[199] Sobre este assunto, v. Manuel A. Ribeiro, *A Organização das Nações Unidas*, Coimbra, Almedina, 1998, pp. 223-4.

Este "novo intervencionismo"[200] do CS no início da década de 90, mostrava sua disposição de "...interpretar conflitos internos armados, crises humanitárias e ainda os atentados contra as democracias como 'ameaças à paz e segurana internacionais' e, por conseguinte, justificarem uma resposta militar sob os seus auspícios."[201]

A intervenção armada contra o Iraque e a intervenção humanitária na Somália pareciam provar as vantagens da acção multilateral. Esta reconciliava certos princípios de ordem legal – a segurança colectiva, a universalidade dos Direitos Humanos e o humanitarismo solidário – com necessidades práticas e os meios existentes à disposição da organização. Durante um curto período, alimentou-se a esperança de se ter encontrado a fórmula ideal: o Conselho de Segurança decretava uma acção, os EUA lideravam a operação e os outros estados-membros suportavam os custos da mesma.[202]

A intervenção humanitária no norte do Iraque foi reveladora do novo contexto. A operação foi lançada logo a seguir ao conflito para proteger as populações curdas do norte do país. Estas populações, que o Presidente Bush tinha incitado à rebelião, foram alvo da repressão por parte do regime de Saddam Hussein. Centenas de milhares de Iraquianos curdos foram obrigados a fugir e a procurar refúgio no vizinho Irão e Turquia. Na resolução 688 de 5 de Abril de 1991, o CS descreveu o êxodo curdo como "uma ameaça à paz e segurança internacionais", implicitamente enquadrando esta crise interna no âmbito do Cap. VII da Carta. A Grã-Bretanha, França e EUA enviaram tropas para o norte do Iraque para proteger as populações do seu próprio regime, criando "áreas protegidas" e estancando o fluxo de refugiados.[203]

A 31 de Janeiro de 1992, o CS reuniu-se, pela primeira vez na sua história, a nível dos chefes de estado e de governo. Sentados à volta da mesa estavam John Major, Boris Yeltsin e George Bush, entre outros líderes mundiais. Boutros-Ghali descreve no seu livro de memórias o ambiente de cumplicidade e de convívio amistoso que

---

[200] V. Chesterman, *op. cit.*, p. 220.

[201] *Ibid.*

[202] Doyle, *op. cit.*, p. 5.

[203] Tonny Brems Knudsen, "Humanitarian Intervention Revisited: Post-Cold War Responses to Classical Problems", in Pugh (ed.), *op. cit.*, pp. 153-4.

pautou este encontro e o jantar formal que o precedeu. John Major abriu a sessão declarando: "A nossa presença aqui hoje marca um ponto de viragem na história do mundo e das Nações Unidas". O CS encarregou o SG de preparar um documento com propostas sobre o papel das NU na manutenção da estabilidade e da segurança internacional na nova era que se iniciava.[204] A resposta de Boutros-Ghali surgiria alguns meses depois: a *Agenda para a Paz*.

IV.2. A Reviravolta na Posição Americana

Durante os primeiros seis meses da sua presidência, a Administração Clinton debruçou-se sobre a possibilidade de reforçar o papel das forças americanas no *peacekeeping*. Um ambiente de neo--isolacionismo, adverso ao envolvimento americano na política internacional, tinha tomado conta do Congresso e de largos sectores da opinião pública. Neste Congresso dominado pelos Republicanos, as NU eram pouco estimadas e a sua actuação no campo da paz internacional asperamente criticada. A hostilidade para com as NU foi demonstrada logo no início da legislatura com a apresentação, na Câmara dos Representantes, de uma iniciativa legislativa propondo a retirada dos EUA da organização.[205] Já antes da eleição desta nova maioria, era visível a redução de despesas em áreas relacionadas com a política externa, como o corte unilateral das despesas do *peacekeeping* de 31 para 25%.

Em Junho de 1993, a administração iniciou a preparação de um conjunto de critérios que presidiriam ao maior envolvimento dos militares americanos em operações de manutenção de paz. As propostas em discussão iam, aliás, de encontro a algumas das ambiciosas propostas sugeridas pelo Secretário-Geral, Boutros Boutros--Ghali, na sua *Agenda para a Paz*. Uma delas, que constava do

---

[204] Foi-lhe solicitado que apresentasse "recomendações sobre maneiras de reforçar e tornar mais eficiente a capacidade das Nações Unidas na diplomacia preventiva, *peacemaking* e *peacekeeping*" e para potenciar os bons-ofícios e as funções do SG à luz da Carta; v. Boutros-Ghali, *op. cit.*, p. 25.

[205] "U. N. Withdrawal Act", H. R. 2535, 104th Congress, 1st Session, 25 de Outubro de 1995.

O Peacekeeping no Pós-Guerra Fria 83

programa eleitoral de Clinton, era a criação de uma força de intervenção rápida colocada ao dispor das NU para intervir em situações de emergência. Esta fase positiva de liderança americana nas NU que se iniciou com a Guerra do Golfo, em Janeiro de 1991, durou até ao desastre de 3 de Outubro de 1993 em Mogadíscio, na capital da Somália. A euforia inicial deu lugar à desilusão à medida que as operações na Somália, e depois, na Bósnia-Herzegovina e no Ruanda, davam lugar a falhanços rotundos: o temido factor *"mission creep"*.[206]

IV.3. A Nova Conflitualidade

Para entender esta reviravolta da política americana, é preciso ter em conta o ambiente de segurança internacional do pós-Guerra Fria, marcado pela consequências dramáticas de conflitos de cariz interno. O fim da Guerra Fria desencadeou uma onda de conflitos tribais e étnicos e que levaram à desagregação de alguns estados (caso da URSS, Jugoslávia e Etiópia) e noutros, à dilaceração do seu tecido social. Esta onda de "tribalismo pós-moderno"[207] data dos anos 60 com o fim do colonialismo. Contudo, após 1986, as superpotências – por falta de meios ou de vontade de continuar a apoiar os seus regimes-clientes – retiraram o apoio a regimes autoritários na Europa central e de leste, Ásia, África e América Latina.

Tal demarcação por parte das superpotências veio criar o ambiente em que ambições e rivalidades tribais e étnicas, contidas durante décadas, vieram à tona, lutando pela conquista do poder ou maior influência. Estas lutas tiveram um impacto devastador nos chamados *"failed states"* – os estados fracassados ou que não funcionam – que exibem certas características típicas: são estados que têm governos fracos, sociedades com pouca coesão, não conseguem competir na economia mundial e são vulneráveis a desordens internas.

Os conflitos em África são paradigmáticos porque exibem tendências que se fazem já sentir noutras partes do mundo, nomeada-

---

[206] Termo que designa uma situação que degenera e foge ao controle das forças da ONU.

[207] Thomas M. Franck, "A Holistic Approach to Building Peace", in Otunnu e Doyle (eds.), *op. cit.*, p. 277.

mente na ex-Jugoslávia e no Cáucaso. No seu conhecido artigo "The Coming Anarchy", Robert Kaplan, traça um retrato impressionante sobre a evolução do continente africano. Referindo-se à África ocidental, Kaplan utiliza o exemplo da Serra Leoa como microcosmos do que está a ocorrer em certas partes do continente e do mundo subdesenvolvido, em geral.

A ingovernabilidade instala-se, o Estado deixa de funcionar, as fronteiras torna-se porosas, uma ordem criminal e anárquica substitui-se à ordem legal. Diz ele: "não há nenhuma outra parte do mundo onde os mapas sejam tão ilusórios... como na África Ocidental. De acordo com o mapa, a Serra Leoa é um Estado-Nação com fronteiras definidas e com um governo que controla o seu território. Na prática, a Serra Leoa é governada por um capitão do exército com 27 anos, Valentine Strasser, que controla Freetown durante o dia e também partes do interior rural. O exército é um conjunto de desordeiros que ameaçam a vida dos passageiros e condutores nos vários *checkpoints* espalhados pelo território... Noutras partes do país, unidades de dois exércitos diferentes, anteriormente envolvidos na guerra da Libéria, assentaram praça, à semelhança de um exército de rebeldes da Serra Leoa. No campo de batalha predomina uma barbárie pré-moderna semelhante às guerras da Europa medieval antes de 1648 e do Tratado de Westephália".[208]

A Serra Leoa ilustra o caos em que mergulharam muitos países, resultado das pressões económicas, demográficas e ambientais. A África ocidental e central exibe uma preocupante concentração de estados falhados (ou em sério risco de assim se transformarem): além da Serra Leoa, a Libéria, a Costa do Marfim, a Guiné-Bissau, o vizinho Congo (ex-Zaire). A guerra que se iniciou em 1998 na agora República Democrática do Congo (RDC) é uma herança do genocídio de 1994 no Ruanda. Algumas das milícias responsáveis pela morte de 800.000 Tutsis e Hutus (moderados) refugiaram-se no Congo. Para impedir as incursões das milícias extremistas ruandesas Interahmwe, as autoridades do Ruanda lançaram duas ofensivas dentro do território congolês. Em 1997, grupos rebeldes apoiados pelo

---

[208] Robert Kaplan, "The Coming Anarchy", *The Atlantic Monthly*, Fevereiro de 1994 (www.theatlantic.com/ election/connection/foreign /anarchy .htm).

Ruanda depuseram Mobutu Sese Seko. Um ano mais tarde, tentaram derrubar o novo líder do Congo, Laurent Kabila, acusando-o de apoiar o que restava da milícia Interahmwe e das franjas extremistas Hutu. Nessa altura, foram impedidos de o fazer pelas tropas de Angola, Zimbabwe e Namíbia.

A guerra na RDC pode apropriadamente ser descrita como "uma rede de guerras da África Central".[209] Nela participam nove estados, uma dezena de grupos de guerrilha, bem como um número indefinido (mas muito vasto) de grupos armados e de milícias. No início, os governos do Ruanda, Uganda, Burundi, a UNITA de Angola e os movimentos rebeldes congoleses faziam frente: ao governo congolês, às tropas de Angola, Chade, Namíbia, Sudão, Zimbabwe e a movimentos de guerrilha do Ruanda, Uganda e Burundi. Subsequentemente, as forças do Ruanda e do Uganda apoderaram-se de largas porções do leste do país. Em 1998, quando Kabila se tentou distanciar dos seus antigos aliados, Ruanda e Uganda, eles transformaram a sua presença militar na ocupação de vastas áreas no leste do país.

O Uganda conseguiu estabelecer-se no nordeste do país, especialmente na província de Ituri. O Ruanda continua a manter uma presença importante no país, embora negada oficialmente, que passa pelo apoio de aliados locais. A presença das tropas ruandesas prende-se com o facto de ainda existirem no Congo 8.000-10.000 rebeldes Hutu (reagrupados nas Forças Democráticas de Libertação do Ruanda, FDLR) que têm ligações com o genocídio de 1994 (ou, na sua maior parte, trata-se de membros que foram recrutados, após os massacres, nos campos de refugiados do leste do Congo e da Tanzânia). Embora não tenham capacidade para montar uma ameaça ao Ruanda, as FDLR dão a Kigali a justificação para uma interferência continuada no Congo. A deslocação dos Ruandeses e seus aliados locais para o Kivu norte e sul promete complicar ainda mais o xadrez interno do conflito. [210]

---

[209] Ståle Ulriksen, *A Central African Web of Wars: The Conflicts in the DR Congo*, Training for Peace report, Oslo, NUPI, 2004.

[210] V. International Crisis Group (ICG), *The Congo: Solving the FDLR Problem Once and for All*, Africa Briefing nº 25, Nairobi/Bruxelas, 12 de Maio de 2005, pp. 1-4.

O esforço militar destes dois países no Congo tem vindo a ser financiado pela exploração dos recursos naturais do país, principalmente os diamantes. O leque de grupos envolvido no conflito do Ituri é caleidoscópico, com diferentes e cambiantes graus de ligações ao conflito regional. À parte os governos do Congo, Ruanda e Uganda, mais de uma dezena de milícias de base étnica disputam o controlo pelos recursos e poder em Ituri. O conflito tem aprofundado o fosso social entre os grupos étnicos dominantes em Ituri: os Lendu e os Hema. A competição entre estes grupos data dos tempos coloniais e foi explorada por Mobutu. As milícias não são unidades militares disciplinadas: são maioritariamente compostas por elementos jovens e por crianças. Os contingentes dos vários países envolvidos na RDC, estabelecem alternativamente alianças voláteis com as várias milícias locais, o que serve para exacerbar o panorama das rivalidades inter-étnicas. As atrocidades cometidas no âmbito deste conflito são inumeráveis e indescritíveis.[211]

A milícia hema, União dos Patriotas Congoleses (UPC), tomou o controlo de Bunia a partir de Agosto de 2002 com a ajuda do exército ugandês. Contudo, após a assinatura do Acordo de Luanda (Setembro de 2002), que previa a retirada das tropas ugandesas, Kampala foi obrigada a deixar cair o seu aliado na zona. Nessa altura, a UPC tomou a decisão de mudar de parceiro, escolhendo um rival do seu anterior protector: o Ruanda e os seus aliados congoleses (o movimento RCD-Goma). Em Março de 2003, o Uganda, ainda presente em Bunia, expulsou o UPC e deu o poder ao movimento Lendu: Frente Lendu para a Integração Regional.[212]

Em Abril de 2003, as forças ugandesas retiraram-se da província, em execução do Acordo de Luanda. A saída das tropas ugandesas criou um vazio de segurança que a MONUC (*UN Organization Mission in the Democratic Republic of Congo*) não conseguiu colmatar, apesar do reforço da operação com 700 tropas do Uruguai. Com a retirada dos soldados do Uganda, os Lendu desencadearam uma onda de violência contra os Hema. A MONUC tentou sem sucesso

---

[211] V. os relatórios do ICG em http://www.crisisgroup. org/home/index.cfm?id=1174&l=1.

[212] ICG, *Maintaining Momentum in the Congo: The Ituri Problem*, ICG Africa Report nº 84, Nairobi/Bruxelas, 26 de Agosto de 2004.

O Peacekeeping no Pós-Guerra Fria 87

retomar o controlo da cidade, acabando por abrir mão da sua tarefa de proteger "civis sob ameaça iminente de violência física."[213] Após uma semana de pilhagens esta acabou por se revoltar contra a MONUC, denunciando a sua incapacidade de manter a ordem e a irresponsabilidade da ONU ao não ter previsto um mecanismo de protecção alternativo após a retirada das forças ugandesas. O contingente urugaio da MONUC esteve na iminência de ser linchado pela população.[214]

Um traço característico da actual conflitualidade é o facto das guerras não serem já predominantemente entre Estados: desde 1945 que a maior parte dos conflitos são de natureza interna, do tipo guerras civis ou revoltas internas de grande escala. Entre 1989 e 1997, só seis em cada 103 conflitos armados foram internacionais. Em 1998, houve 27 conflitos armados de considerável dimensão: só 2 desses conflitos foram inter-estatais.[215] A parte dos civis entre as vítimas tem vindo a crescer: 40% no início do século;[216] 70% das baixas desde a II Guerra Mundial e 90% na década de 90.[217] Só no Ruanda, em 1994, aproximadamente 40% da população foi morta, tornou-se refugiada ou deslocada devido à guerra.[218]

O aumento da morte de civis é um sintoma de outra das características dos novos conflitos: "o recurso a tácticas de guerra suja".[219] Segundo Nordstrom, "as guerras sujas almejam a vitória, não através de tácticas militares e no campo de batalha, mas através do horror. Os civis, mais do que os militares, são os alvos tácticos e o medo,

---

[213] V. Human Rights Watch, "Congo; UN Must Protect Civilians Under Threat in Ituri", Press release, 8 de Maio de 2003. V. o mandato na Resolução 1417, 14 de Junho de 2002.

[214] ICG, *Congo Crisis: Military Intervention in Ituri*, ICG Africa Report n° 64, Nairobi/NY/Brussels, 13 de Junho de 2003, p. 12.

[215] Stockholm International Peace Research Institute, *SIPRI Yearbook 1999*, Londres, Oxford University Press, 1999, p. 15

[216] Carnegie Commission on Preventing Deadly Conflict "Against Complacency", in *Preventing Deadly Conflict, Final Report of the Carnegie Commission on Preventing Deadly Conflict, 1997* (wwwc.cc.columbia.edu).

[217] Michael Renner, *Ending Violent Conflict*, Worldwatch Institute, Worldwatch Paper 146, Abril de 1999, p. 18.

[218] Carnegie Commission, *op. cit.*

[219] Carolyn Nordstrom, "The Backyard Front", in C. Nordstrom e J. Martin (eds.), *The Paths to Domination, Resistance, and Terror*, Berkeley, CA, University of California Press, 1992, p. 261.

brutalidade e o assassínio são os alicerces sobre os quais este controlo é construído."[220] O abuso massivo dos Direitos Humanos e o aumento das violações de mulheres, como tácticas de terror e de controlo, são um indício da brutalidade dos actuais conflitos. Fetherston chama a atenção daqueles que trabalham na gestão de conflitos para a necessidade de ir para além da mera contagem dos mortos e tentar compreender as "...experiências de violência e culturas de violência que se enraízam nas estruturas sociais..."[221]

Os conflitos internos põem uma série de problemas. Um deles é que as partes envolvidas, desde facções do exército, a milícias, guerrilhas e grupos de bandidos são, por vezes, difíceis de identificar nestes conflitos. Frequentemente, têm mais incentivos (estratégicos, económicos, sociais e de prestígio pessoal) para continuar a guerra do que para se sentar à mesa das negociações. Nos conflitos do pós-Guerra Fria, a distinção entre combatentes e não-combatentes é frequentemente ténue e torna-se difícil discernir quem é a vítima ou o agressor.

O *Relatório Brahimi* é elucidativo da dificuldade em intervir em conflitos onde os intervenientes não são os beligerantes convencionais: "A evolução desses conflitos influencia e é afectada por actores externos: figuras políticas, vendedores de armas, compradores de exportações ilegais, potências regionais que enviam as suas forças para esses conflitos, e Estados vizinhos que albergam refugiados sistematicamente forçados a abandonar as suas casas. Com tais efeitos trans-fronteiriços, por actores estatais e não-estatais, estes conflitos são, efectivamente, 'transnacionais' por natureza."[222]

O caso do conflito da ex-Jugoslávia é ilustrativo da multiplicidade e natureza dos beligerantes envolvidos nestes conflitos. Na Bósnia-Herzegovina, actuavam as forças regulares dos Sérvios, Croatas e Muçulmanos da Bósnia-Herzegovina. As forças sérvias e croatas

---

[220] *Ibid.*

[221] A. Betts Fetherston, "Voices from Warzones: Implications for Training", in Edward Moxon-Brown (ed.), *A Future for Peacekeeping?*, Houndsmill-Basingstoke, Macmillan, 1998, p. 164.

[222] A/55/305 – S/2000/809, *Report of the Panel on United Nations Peace Operations*, 21 de Agosto de 2000 (a partir de aqui denominado no texto como *Relatório Brahimi*), p. 3.

eram constituídas, em parte, por facções dos exércitos da Sérvia e Croácia e deles recebiam equipamento e todo o tipo de apoio. Ao lado destas forças, operavam grupos para-militares constituídos por voluntários vindos de todas as partes da ex-Jugoslávia, inclusive criminosos e nacionalistas fanáticos. Estes grupos para-militares actuavam de forma independente ou em conjugação com as forças regulares. Seguiam-se-lhe os mercenários estrangeiros: os *mujahideen*, veteranos muçulmanos da guerra do Afeganistão, que vieram combater ao lado dos Muçulmanos da Bósnia-Herzegovina; Italianos que lutavam ao lado dos Croatas; Russos que combatiam ao lado dos Sérvios e mercenários da Dinamarca, Finlândia, Suécia, Grã-Bretanha e Estados Unidos. Por fim, as milícias e os grupos de defesa locais constituídos por polícias e civis armados.

Quase todos estes beligerantes eram dependentes de fontes de financiamento provenientes do exterior. A esses recursos, juntavam-se os proventos da extorsão, da pilhagem das populações e das taxas cobradas sobre a ajuda humanitária. Os conflitos criam o terreno ideal para o crime organizado e para a corrupção, principalmente porque destroem as estruturas políticas e cívicas. Quando o estado perde os seus mecanismos de controlo, como a polícia e as instituições fiscais, estão criadas as condições para que os gangs criminais criem as suas redes informais. Estes gangs, que continuam a proliferar na Bósnia-Herzegovina no período pós-Dayton, geralmente são compostos por antigos senhores da guerra e criminosos. Alguns, que conquistaram popularidade junto de alguns sectores da população durante o conflito, continuam a usufruir da protecção desta. São essas redes criminosas estabelecidas durante a guerra que fizeram da Bósnia-Herzegovina um território onde prospera o crime organizado e actividades ilícitas de todo o tipo.[223]

A União Europeia na "Estratégia Europeia em Matéria de Segurança" (Dezembro de 2003) define como ameaças os "failed states", os conflitos regionais e a criminalidade organizada. Todas estas ameaças estão interrelacionadas e alimentam-se mutuamente uma vez que as "...actividades criminosas estão muitas vezes associadas a Estados

---

[223] Espen B. Eide, "Conflict Entrepreneurship: On the 'Art' of Waging Civil War", in Anthony McDermott (ed.), *Humanitarian Force*, Oslo, PRIO report 4/97, 1997, pp. 41-70.

fracos ou enfraquecidos."[224] No caso de África, "os lucros obtidos com o comércio de pedras preciosas, madeiras e armas ligeiras servem para alimentar conflitos ... Todas estas actividades abalam o primado do Direito e a própria ordem social. Em casos extremos, a criminalidade organizada pode mesmo dominar o Estado."[225] Mais uma vez, caso dos Balcãs é ilustrativo: "90% da heroína presente na Europa provém do cultivo de papoila no Afeganistão... Na sua maior parte, a heroína é distribuída através de redes criminosas dos Balcãs, as quais são igualmente responsáveis por cerca de 200 000 dos 700 000 casos de tráfico sexual de mulheres em todo o mundo."[226]

IV.4. O *Boom* do *Peacekeeping*

As NU, dada a sua natureza universal, tornaram-se o fórum aceite para lidar com estas crises. As superpotências e outros estados com interesses globais que tinham apoiado regimes ditatoriais, mostravam-se relutantes em intervir após a queda dos seus clientes e impedir a descida ao inferno destes países. Coube às NU preencher este vazio e agarrando, ao mesmo tempo, esta oportunidade de demonstrar a sua eficácia como fórum para a resolução de conflitos. Mas, sendo difícil recusar desempenhar o papel de "bombeiro do mundo", a organização não tem, contudo, os meios para acudir a todos os conflitos. Está sobrecarregada com tarefas que ultrapassam os seus meios humanos e financeiros. Em 1995, nas vésperas da comemoração dos 50 anos, a organização via-se à beira da falência, com o seu próprio futuro em causa.

Entre 1987 e 1994, o CS quadruplicou o número de resoluções aprovadas e triplicou o número de operações de paz. As forças militares empregues em operações de *peacekeeping* aumentaram de, menos de 10.000, para mais de 70.000 em meados da década de 90.[227]

---

[224] Conselho Europeu, "Uma Europa segura num mundo melhor: estratégia europeia em matéria de segurança", Bruxelas, 12 de Dezembro de 2003, p. 4.

[225] *Id.*, p. 5.

[226] *Ibid.*

[227] Michael Renner, "In Focus: UN Peacekeeping: An Uncertain Future", *Foreign Policy in Focus*, vol. 5, n° 28, Setembro de 2000 (www.foreignpolicy-infocus.org/briefs/vol5/v5n28peace.html).

O *Peacekeeping no Pós-Guerra Fria* 91

O orçamento anual relacionado com as actividades dos "capacetes azuis" disparou a igual ritmo, passando de USD230 milhões, para 3.6 mil milhões de dólares no mesmo período. Estas despesas fizeram triplicar o orçamento regular das NU que rondava os 1.2 mil milhões de dólares. Entre 1990 e 1999, a organização conduziu 31 operações de *peacekeeping*, uma média de três por ano.[228] A partir de 1999, registou-se um novo *boom* de *peacekeeping*, com o lançamento das seguintes operações:

> ➤ a UNAMET (*UN Mission in East Timor*) que monitorizou o referendo sobre a autonomia de Timor-Leste, 1999;
> ➤ a UNMIK (*UN Interim Administration Mission in Kosovo*, 1999), missão encarregue de gerir a parte civil do *peace-building* naquela província;
> ➤ a UNTAET (*UN Transition Authority in East Timor*) que substituiu a INTERFET (*International Force for East Timor*) que era liderada pelos Australianos;
> ➤ a MONUC (*UN Organization Mission in the Democratic Republic of Congo*, 2000) destinada a pacificar o país após a queda de Laurent Kabila e terminar a guerra civil, particularmente complexa, porque envolve grupos internos e a intervenção de vários países da zona;
> ➤ a UNAMSIL (*UN Mission in Sierra Leone*), para implementar o Acordo de Paz de Lomé, 1999;
> ➤ a UNMEE (*UN Mission in Ethiopia and Eritrea*, 2000) para pôr fim ao conflito fronteiriço entre a Etiópia e a Eritreia que estalou em Maio de 2000;
> ➤ a UNMISET (*UN Mission of Support in East Timor*, 2002) para assegurar a administração de Timor-Leste, exercendo a autoridade legislativa, executiva e da administração da justiça;
> ➤ a *UN Mission in Côte d Ivoire* (MINUCI, 2003), para implementar o Acordo de paz Linas-Marcoussi de Fevereiro desse ano. A operação foi substituída em Fevereiro de 2004 pela *UN Operation in Côte d'Ivoire* (UNOCI);

---

[228] Institute for National Strategic Studies, *Strategic Assessment: Priorities for a Turbulent World*, National Defense University, Institute for National Strategic Studies, cap. 2, p. 232 (www.ndu.edu/inss/sa99/sa99cont.html).

> - a UNMIL (*UN Mission in Liberia*, 2003) que presta assistência ao novo governo da Libéria após a demissão de Charles Taylor em Agosto de 2003;
> - a MINUSTAH (*UN Stabilization Mission in Haiti*), lançada em 2004 para manter a estabilidade no país no período que medeou entre a demissão do Presidente Jean-Bertrand Aristide e a realização de novas eleições em 2005;
> - a ONUB (*UN Operation in Burundi*, 2004), destinada a ajudar à reconciliação nacional no país, à implementação do Acordo de Arusha de 2000 e à realização de eleições;
> - a UNMIS (*UN Mission in the Sudan*, 2005), para implementar o acordo de paz de 2005 entre o governo e o Sudan People´s Liberation Army e prestar assistência aos civis em risco;
> - a UNIOSIL (*UN Integrated Office in Sierra Leone*, 2006): criada a 1 de Janeiro de 2006, substitui a UNAMSIL, terminada em Dezembro de 2005. O seu objectivo é o de ajudar o governo a reforçar as instituições do estado, consolidar as vertentes do estado de direito, Direitos Humanos, bem como os sectores da segurança e desenvolvimento. A missão deverá criar as condições para a realização de eleições justas e livres em 2007;
> - a UNMIT (*UN Integrated Mission in Timor-Leste*): continua a obra das missões anteriores numa abordagem global que visa criar uma situação de estabilidade global no país, promover a democracia e a reconciliação nacional;
> - a UNIFIL: no Verão de 2006, a missão, em funcionamento desde 1978, foi expandida na sequência da guerra em território libanês entre o Hizbollah e Israel. A missão foi incumbida de monitorar a cessação das hostilidades, supervisionar o cessar-fogo e assistir a população.

Desde 1948, foi lançado um total de 61 operações de manutenção de paz. Actualmente são 18[229] as que estão em funcionamento, envolvendo quase 98 mil efectivos, entre soldados, polícia e pessoal civil. O orçamento de *peacekeeping* para o período Julho 2006-Junho

---

[229] São 16 operações de *peacekeeping* e duas missões políticas /*peacebuilding* dirigidas e apoiadas pelo DPKO.

2007 aponta para um montante de 4.75 mil milhões de dólares, o que é demonstrativo da dimensão das actividades de *peacekeeping*. A partir de 2003, registou-se um segundo *boom* no *peacekeeping* devido ao lançamento de cinco grandes operações – Libéria, Costa do Marfim, Haiti, Burundi e Sudão – e à expansão da missão na República Democrática do Congo. Em 2006, o lançamento de uma nova missão para Timor-Leste (UNMIT) e a expansão da UNIFIL no Líbano levaram a organização a atingir um novo recorde em termos de presença de pessoal em uniforme no terreno.

África é actualmente o principal palco de intervenção das missões de *peacekeeping*. Na Europa, funcionam três operações;[230] na Ásia, uma;[231] uma na América Latina;[232] três no Médio Oriente[233] e oito em África.[234] A MONUC (18.473 efectivos) é agora a maior operação de *peacekeeping* no mundo. Juntamente com as operações na Libéria (16.996 efectivos) Sudão (10.715),[235] estas três operações mobilizam mais de 46.000 soldados, isto é mais de dois terços do pessoal empregue nas 18 missões da ONU actualmente em funcionamento em todo o mundo.[236]

Em Janeiro de 1992, os chefes de estado dos membros do CS apelaram a uma organização mais eficaz das operações de paz.[237] As dificuldades são, porém, consideráveis. John Mackinlay e Jarat Chopra descrevem-nas do seguinte modo: "Criar uma força das Nações Uni-

---

[230] Chipre (UNFICYP), Geórgia (UNOMIG) e Kosovo (UNMIK).

[231] Índia e Paquistão (UNMOGIP).

[232] Haiti (MINUSTAH).

[233] Montes Golã (UNDOF), Israel/Líbano (UNIFIL) e UNTSO (vários países árabes).

[234] Sudão (UNMIS), Burundi (ONUB), Costa do Marfim (UNOCI), Libéria (UNMIL), República Democrática do Congo (MONUC), Etiópia/Eritreia (UNMEE), Serra Leoa (UNAMSIL) e Saara Ocidental (MINURSO).

[235] Dados referents a Abril de 2005. Referem-se à composição da operação àquela data e incluem o pessoal militar e civil (mas não os voluntários). V. site da ONU na página do "Peacekeeping".

[236] Embora, como aponte Jones, se se tivesse em conta outras operações de *peacekeeping* que mobilizam pessoal da NATO, OSCE e UE, a imagem que emergiria seria diferente: v. Bruce Jones e Feryal Cherif, *Evolving Models of Peacekeeping*, Peacekeeping Best Practices, External Study (http://pbpu.unlb.org/pbpu/library/Bruce%20Jones%20paper%20with%20logo.pdf), p. 4.

[237] "Note by the President of the Security Council", UN Doc. S/235000, 31 de Janeiro de 1992, pp. 3-4.

das que seja mais do que simbólica, exigirá uma espécie de revolução: no Secretariado, que deve desenvolver uma capacidade credível para dirigir operações militares, e entre os membros mais poderosos das Nações Unidas, que terão de abrir mão da sua inclinação para a política externa unilateral e estar preparados para subordinar os seus contingentes militares a um comando multinacional."[238]

---

[238] Mackinlay e Chopra, *op. cit.*, p. 113.

V.

NOVOS PARADIGMAS DO *PEACEKEEPING*

V.1. As Operações de Segunda Geração

As operações de segunda geração são o resultado das inovações que as NU foram obrigadas a introduzir no *peacekeeping* tradicional a partir de meados dos anos 80 como resultado da explosão da conflitualidade em algumas regiões do globo. Elas incluem novas tarefas que vão da ajuda humanitária às populações, à reconstrução dos países devastados pela guerra e ao estabelecimento de governos democráticos nos países que sofreram conflitos prolongados. Trata-se de um *peacekeeping* mais exigente, não só porque inclui o desempenho de mais tarefas,[239] mas porque é direccionado para a resolução dos conflitos.

As operações da segunda geração têm sido designadas, na gíria especializada, "operações de apoio à paz" (PSO).[240] Trata-se de um termo que cobre as várias valências das operações, indo da prevenção dos conflitos às tarefas mais latas de *peacebuilding*. Foi uma expressão cunhada em inícios da década de 90 para tentar descrever a nova ideia de intervenção por parte dos governos e das organizações internacionais nas chamadas "emergências complexas". O conceito vem redefinir o *peacekeeping* tradicional porque defende que as crises externas, relacionadas com o descalabro dos estados, exigem uma intervenção diferente. Nesta, o *peacekeeping* não se limitaria a separar os beligerantes. Além disso, as noções de neutralidade,

---

[239] Também denominado *peacekeeping* "expandido", "avançado" ou "mais amplo" (do inglês, "*expanded*", "*wider*", "*advanced*" ou "*broader*"). V. Findlay, *op. cit.*, pp. 5-6.

[240] Em inglês, *Peace Support Operations* (PSO).

imparcialidade e consentimento são relativizadas uma vez que as PSO abarcam actividades que tradicionalmente estão separadas: *peacekeeping*, *peace-building*, incluindo a conduta de operações militares hostis.

Nas PSO, os capacetes azuis têm um envolvimento mais profundo com as populações das sociedades onde intervêm para pôr fim ao conflito. A nova abordagem é caracterizada pela coordenação intensa entre os capacetes azuis, as agências humanitárias e as ONGs[241] na resolução dos problemas políticos e económicos dessas sociedades. Trata-se de operações multifacetadas que combinam uma força militar robusta (disposta até a usar a força) e uma vasta componente civil. O conceito, desenvolvido nas academias militares ocidentais, preconiza que os militares assumam uma série de tarefas: policiamento, *institution building*, reconstrução das infraestruturas, assistência humanitária, desarmamento e desmobilização dos combatentes, entre outras. A SFOR (na Bósnia-Herzegovina), a KFOR (no Kosovo) e a ISAF (no Afeganistão), são exemplos acabados desta nova versão do *peacekeeping*.[242] A doutrina das PSO foi desenvolvida pela NATO,[243] mas as NU vieram a abraçar esta doutrina com o *Relatório Brahimi* de 2000 sobre as operações de manutenção de paz.

Os conflitos do pós-Guerra Fria põem em causa o princípio do consentimento como requisito fundamental do *peacekeeping*. Efectivamente, a principal diferença entre as operações do período da Guerra Fria e as actuais é a possível ausência de acordo político das partes intervenientes no conflito. São problemas que têm a ver com a aplicação do *peacekeeping* dominante na Guerra Fria a novos ambientes de conflito que na gíria se denominam "semi-permissivos". Estes problemas foram evidenciados pelas intervenções da ONU na Somália e na Bósnia-Herzegovina. São conflitos onde "...há uma escalada do risco, o consentimento é contestado, a violência é cruel e endémica e onde a imparcialidade é difícil de manter."[244]

---

[241] Organizações não governamentais.

[242] Giovanna Bono, "Introduction: The Role of the EU in External Crisis Management", *International Peacekeeping*, vol. 11, nº 3, Outono de 2004, pp. 399-400.

[243] A MC 327 "Military Planning for Peace Support Operations" de 1993.

[244] Christopher Tuck, "'Every Car or Moving Object Gone': The ECOMOG Intervention in Liberia", *African Studies Quarterly* (The Online Journal for African Studies), http://web.africa.ufl.edu/asq/v4/v4i/1a1.htm), p. 6.

Apesar da ineficácia das NU durante a Guerra Fria, o "novo *peacekeeping*" já se vislumbrava nas operações multifuncionais[245] do Congo e da Nova Guiné Ocidental, bem como nas tarefas de descolonização nas décadas de 50, 60 e 70.[246] O final da década de 80 e, em particular, a operação na Namíbia – *UN Transition Assistance Group* (UNTAG, 1989-90) – marcou a transição na actuação dos capacetes azuis. Tratou-se de uma missão inovadora porque, além dos aspectos militares do *peacekeeping* tradicional, incorporava já aspectos de um *peacekeeping* mais amplo e, em especial, do *peacebuilding*.[247] Tratava-se de uma missão para supervisionar o processo de transição da independência na Namíbia após décadas de ocupação ilegal por parte da África do Sul. Entre as suas várias tarefas, contavam-se: a vigilância do cessar-fogo, o confinamento das tropas sul-africanas às suas bases para sua posterior retirada; o treino e acompanhamento da polícia local para efeitos de manutenção da lei e da ordem; a preparação das eleições; a realização de reuniões públicas para reconciliação das comunidades locais; a disseminação de informação sobre o processo de transição e a realização de eleições e a repatriação dos refugiados.

Nos três anos que se seguiram, a ONU criou mais missões, especialmente na América Latina, que introduziram inovações legais e práticas: caso do papel da organização em relação aos assuntos internos dos Estados e a alteração da natureza até aí predominantemente militar do *peacekeeping*.

O novo *peacekeeping* tem alargado o seu âmbito de actuação ao intervir cada vez mais em situações de guerras civis e conflitos internos. Como refere Boutros-Ghali, das 21 operações de paz lançadas entre 1988 e o fim de 1994, 13 eram (ou tornaram-se) conflitos internos.[248] Tendo em conta este cenário de intervenção, Kofi Annan definiu *peacekeeping* como "uso de pessoal militar multinacional, armado ou desarmado, sob comando internacional e com o consenti-

---

[245] Expressão usada por Boutros-Ghali no *Suplemento à Agenda para a Paz*: parágr. 22.

[246] Ratner, *op. cit.*, p. 3.

[247] V. Doyle, *op. cit.*, pp. 118-23 e Fetherston, *Towards a Theory of United Nations Peacekeeping*, pp. 59- 71.

[248] *Suplemento à Agenda para a Paz*, parág. 11.

98   *As Nações Unidas e a Manutenção da Paz*

mento das partes, para ajudar a controlar e a *resolver conflitos entre Estados hostis e entre comunidades hostis dentro de um Estado.*"[249]

São situações que Biermann e Vadset apelidam de "civil war-like conflicts"[250] e que se poderiam definir como "conflitos intra--Estados com ou sem evolvimentos externos."[251] Aqueles autores, à semelhança, aliás, de muitos outros, consideram que aquele tipo de conflitos "...requerem um tipo de tratamento, por parte da comunidade internacional, qualitativamente diferente em relação às guerras clássicas entre estados."[252]

Durante a Guerra Fria, a ONU interveio raramente em guerras civis: fê-lo no Congo, no Líbano e em Chipre. Contudo, estas missões destinavam-se a conter conflitos internos ou processos complexos de descolonização em áreas que tinham o potencial de atrair o envolvimento das superpotências. A intervenção da organização visava precisamente evitar a interferência das superpotências, com imprevisíveis efeitos nefastos sobre o equilíbrio de poder mundial.[253]

No Congo (1960-1964), a interferência de actores externos era muito pronunciada (como a Bélgica e a URSS) e marcou de forma negativa a evolução do conflito. Por outro lado, no seio do CS, a gestão da ONUC causou fracturas entre os membros: os EUA apoiavam activamente a ONUC; a URSS opunha-se à continuação da operação e exigiu que o SG se demitisse; a França, aliada da Bélgica, recusou-se a contribuir para o financiamento da operação. No Líbano, a actuação da UNIFIL tem sido particularmente dificultada pela influência e presença, directa ou por interpostos elementos, de forças externas – como Israel, Irão, a Síria –, e actores não-estatais, como a OLP[254] e o Hizbollah. Em Chipre, as comunidades gregas e turcas que disputam o território têm o respaldo directo respectivamente da Grécia e Turquia.

---

[249] Annan, *op. cit.*, p. 2. Meu sublinhado.

[250] Poder-se-ia traduzir como "conflitos semelhantes a guerras civis"; v. Wolfgang Biermann e Martin Vadset, in Biermann e Vadset (eds.), *op. cit.*, p. 15.

[251] International Peace Academy, *Peacekeeper´s Handbook*, p. 31.

[252] *Ibid.*

[253] Page Fortna, *Forever Hold Your Peace? An Assessment of Peacekeeping in Civil Wars*, paper para o Research Program in International Security, Princeton University, 28 de Março de 2003, p. 4.

[254] Organização de Libertação da Palestina.

A intervenção em conflitos internos tem ocorrido mesmo em situações onde os capacetes azuis chegam ao terreno sem ter obtido previamente o consentimento de todas as partes. A proliferação dos "failed states" no pós-Guerra Fria deu lugar a uma nova polemologia. As dimensões internas e externas dos conflitos tornam-se difícil de destrinçar devido à interferência de actores endógenos e exógenos, estatais e privados, militares e para-militares, criminosos e legítimos. Essa situação aconteceu com a UNPROFOR na Croácia: a disputa interna opunha o governo croata, em fase de afirmação após a sua declaração de independência, às minorias sérvias da Croácia que tinham o apoio militar do exército jugoslavo.

O governo da Geórgia também convidou a ONU (*UN Observer Mission in Georgia,* UNOMIG) a intervir para fazer face a uma situação que envolvia as tentativas secessionistas da província da Abkházia e a afirmação de independência face a Moscovo. No Congo, após a queda do regime de Mobutu, a ONU tem tentado aplacar um conflito onde os beligerantes apresentam todas as configurações possíveis, com predominância para os grupos étnicos locais e para os estados limítrofes.

Na década de 90, as NU lançaram várias operações humanitárias em situações de desagregação do aparelho estatal e do esboroamento da autoridade política em certos países. Nestes casos, onde o estado já não existe ou não funciona, há fundamentos para assumir, como o afirmam alguns autores, que a ONU não está a violar os princípios sacrossantos da "integridade territorial e independência política" (artigo 2.º §4).

As Nações Unidas têm vindo a ser chamadas a intervir em crises apelidadas, no jargão internacional, "emergências complexas" ou "emergências políticas complexas", as quais requerem uma resposta a vários níveis. Trata-se de contextos de "um desastre humanitário que ocorre numa zona de conflito e que é complicada ou que resulta dos interesses conflituosos das partes em guerra. As suas causas raramente são exclusivamente naturais ou militares: frequentemente, uma população em situação já precária é arrastada para o desastre devida à actividade das milícias... A presença de milícias, com interesse em controlar e extorquir a população local, dificulta e ameaça seriamente as actividades de assistência. Além da violência contra as populações civis, as instalações civis – como hospitais, escolas, centros de acolhi-

100   *As Nações Unidas e a Manutenção da Paz*

mento dos refugiados e locais de interesse cultural –, também se tornam alvos de guerra e podem ser pilhados ou destruídos."[255]

V.2. Características das Novas Operações

A intervenção dos capacetes azuis nestes conflitos não corresponde ao figurino tradicional do *peacekeeping*. Os capactes azuis são chamados a aliviar os sintomas da crise, ao mesmo tempo que criam as condições para que as agências diplomáticas e humanitárias possam lidar com as causas do conflito.

O uso da força por parte dos capacetes azuis também tem caracterizado as operações de segunda geração que actuam no quadro de guerras internas. Boutros-Ghali afirma que "em certas circunstâncias, o Conselho de Segurança pode autorizar uma acção para resolver um conflito local…quando toda a aparência da autoridade estatal desaparece, como na Somália, e quando inteiras populações são alvo de acções de genocídio, como no Ruanda. Em tais condições, o Conselho de Segurança não está a intervir nos assuntos internos. Está sim a agir ao abrigo da Carta para manter a paz e a segurança internacionais."[256]

A operação de *peacekeeping* na Bósnia-Herzegovina iniciou uma série de operações que teriam de recorrer à força para conseguir desempenhar o seu mandato e para defender as populações. A partir de Março de 1993, as forças da NATO foram autorizadas a fazer observar a proibição dos voos militares no espaço aéreo da Bósnia--Herzegovina. Também foi autorizada a usar a força para proteger as áreas seguras (*safe areas*) e para apoiar as operações da UNPROFOR naquele país e, mais tarde, na Croácia. A NATO foi autorizada a usar do poder aéreo em apoio da UNCRO na Croácia a pedido do governo croata. Contudo, até à campanha de bombardeamentos da Aliança na Bósnia-Herzegovina em Setembro de 1995, havia um reconhecimento geral de que o *peacekeeping* e o *peace enforcement* não são

---

[255] Cit. in Philip Wilkinson, "Sharpening the Weapons of Peace", in William Ramsbotham e Tom Woodhouse (eds.), *Peacekeeping and Conflict Resolution*, Londres, Frank Cass, 2000, p. 64.

[256] Ciechanski, *op. cit.*, p. 88.

Novos Paradigmas do Peacekeeping 101

conciliáveis: "que, em outras palavras, a acção de *enforcement* obedece a premissas diferentes e que não se trata de outro estádio numa progressão do *peacekeeping*." [257]

A IFOR (*Implementation Force*) lançada em Dezembro de 1995,[258] na sequência dos Acordos de Paz de Dayton, também foi mandatada pelo Conselho de Segurança para usar a força: O mesmo aconteceu com a SFOR (*Stabilization Force*),[259] sua sucessora a partir de 1996.

No Haiti, em 1994, os EUA também encabeçaram uma força multinacional legitimada pela ONU (Operação "*Uphold Democracy*") para assegurar a retirada do país da junta militar que tinha usurpado o poder e para repor o presidente eleito, Jean-Bertrand Aristide.[260] Na Somália, entre Dezembro de 1992 e Maio de 1993, a *Unified Task Force* (UNITAF), liderada pelos EUA, foi autorizada a proceder à sua missão humanitária com a prerrogativa de usar a força, se as facções somalis se opusessem ao desempenho desse mandato. Entre 23 de Junho e 22 de Agosto de 1994, a França interveio no Ruanda com a cobertura legal da ONU (Operação "Turquesa"). No sudoeste do país, as tropas francesas mantiveram uma "área segura" para acolher os refugiados do genocídio.

As operações de segunda geração têm tido lugar no contexto de disputas entre facções de um estado (Bósnia-Herzegovina, Haiti, Somália, Ruanda e Libéria), guerras de natureza interestatal (Cambodja e América Central), e, em menor grau, na liquidação de situações coloniais (Namíbia e Saara Ocidental). No pós-II Guerra, as NU tinham apostado no *peacekeeping* para resolver conflitos coloniais e para ajudar os novos países a transitarem para a independência. Em todos os casos, os vários intervenientes procuram nas NU uma instância que auxilie a resolução do conflito, frequentemente permitindo-lhes salvar a face, e a garantia da implementação dos acordos de paz.

Enquanto que as operações de *peacekeeping* tradicional estavam mais envolvidas no controle e contenção dos conflitos, as operações de segunda geração estão mais direccionadas para a resolução

---

[257] Tharoor, *op. cit.*, p. 56.
[258] Resolução 1031 de 15 de Dezembro de 1995.
[259] Resolução 1088 de 12 de Dezembro de 1996.
[260] Resolução 940 de 31 de Julho de 1994.

dos conflitos. Das operações da primeira para a segunda geração, há uma clara mudança de orientação relativamente às suas prioridades: da paz provisória à permanente; de missões predominantemente militares a políticas e humanitárias. O objectivo é mais vasto: a paz duradoura – em vez de situações de equilíbrio precário – com a implementação de acordos/soluções políticas que ambicionam resolver os conflitos de forma definitiva.[261]

As PSO envolvem uma maior componente de pessoal civil e de polícia e privilegiam actividades de apoio à assistência humanitária. Após a Guerra Fria, o pessoal civil e as tarefas não-militares tornaram-se tão importantes quanto as tarefas eminentemente militares dos soldados. As questões militares continuam a ser fundamentais: o fim das hostilidades e a garantia da paz que os capacetes azuis proporcionam continuam a ser condições necessárias ao funcionamento das actividades não-militares (o *peace-building*, o *institution* ou *state--building*).

A diminuição do número de soldados foi compensada pelo aumento do pessoal civil e pelas actividades não-militares no terreno: a polícia civil, a assistência eleitoral, a ajuda humanitária, a desminagem, a monitorização dos Direitos Humanos, o treino de pessoal, podem ser justamente descritas como actividades em crescimento na ONU. Exemplos claros da nova gama de actividades do *peacekeeping* estão espelhados nas missões: UNTAC, no Cambodja, ONUMOZ (*UN Mission in Mozambique*), UNPROFOR na ex-Jugoslávia, UNOSOM II na Somália, UNMIH no Haiti e UNTAET em Timor.

Trata-se de missões que Fetherston caracteriza de "multi--dimensionais" e que caracteriza como "...operações realizadas por militares que geralmente, mas não necessariamente, incluem uma larga componente civil e estão explicitamente mandatadas para lidarem com aspectos sócio-políticos e/ou humanitários do conflito."[262] Também Boutros-Ghali falou das operações de segunda geração como "multifuncionais": integrando "componentes políticos, humanitários, sociais e económicos e exigindo especialistas civis e especialistas no campo da ajuda [humanitária] para trabalhar em paralelo com os soldados."[263]

---

[261] Ratner, *op. cit.*, p. 17 e 25.
[262] Fetherston, *op. cit.*, pp. 23-4.
[263] UN, *Blue Helmets*, p. 5.

De acordo com Ratner, o "novo *peacekeeping*" consiste em operações "autorizadas pelos órgãos políticos ou pelo SG, responsável pela verificação e execução da solução política de um conflito inter-estatal ou interno, com o consentimento das partes." [264] Efectivamente as novas missões das NU, surgidas em finais dos anos 80, destinam-se essencialmente a implementar acordos negociados para conflitos de resolução difícil e de longa duração: Namíbia, Angola, Cambodja, El Salvador e Moçambique.

Para Mackinlay e Chopra, o leque crescente de tarefas do *peacekeeping* "pode ser descrito como um contínuo" que vai do *peace keeping tradicional* ao *peace enforcement*: "de um lado, as operações de menor intensidade, envolvendo menor número de efectivos e menor risco de conflito para os soldados; no outro extremo, o risco de conflito é elevado e envolve meios muito mais vastos."[265] Neste contínuo, as tarefas do "novo *peacekeeping*" dispõem-se na seguinte escala:

– missões de observação convencionais
– *peacekeeping* tradicional
– *peacekeeping* preventivo
– supervisão de cessar-fogos envolvendo forças irregulares
– assistência na manutenção da lei e da ordem
– protecção da entrega da ajuda humanitária
– garantir o direito de passagem
– imposição de sanções
– acções de *enforcement*[266]

Algumas das operações de segunda geração baseiam-se no Capítulo VII da Carta: permitem a utilização da força para o cumprimento do mandato das forças das NU e excluem a necessidade de solicitar às partes envolvidas na disputa (pelo menos a todas, quando tal não se afigura como viável) o consentimento para intervir. No pós-Guerra Fria, a ONU tem vindo a intervir em conflitos (1) onde o consentimento pode ser esporádico, ou (2) onde o aparelho da autoridade estatal é contestado ou, (3) pura e simplesmente, se desmoronou (os

---

[264] Ratner, *op. cit.*, p. 17.
[265] Mackinlay e Chopra, *op. cit.*, pp. 116-7.
[266] *Id.*, p. 117.

chamados "ambientes semi-permissivos").[267] Trata-se das operações da "área cinzenta" porque se situam entre o *peacekeeping* e o *peace-enforcement* (tal como definido no artigo 42.º da Carta) e que tem a sua razão de ser no artigo 40.º da Carta que autoriza o CS a tomar as "medidas provisórias que lhe pareçam necessárias ou aconselháveis."

No Congo, a força militar foi autorizada para evitar a guerra civil e restaurar a ordem interna, bem como para assegurar a retirada dos soldados estrangeiros. Na Somália, a força foi autorizada para permitir a distribuição da ajuda humanitária e, posteriormente, implementar o desarmamento das facções, tal como estabelecido no acordo de reconciliação política. Na ex-Jugoslávia, a força foi autorizada para preservar as zonas de exclusão aérea, para a protecção das áreas seguras e a entrega da ajuda humanitária.

As várias guerras que explodiram na Jugoslávia a partir de 1991, constituem o tipo de conflitos com que a ONU se defronta na nova era e em relação aos quais está mal-preparada para lidar. O caso da UNPROFOR é ilustrativo das tergiversações, dificuldades e dilemas que o *peacekeeping* de segunda geração apresenta às NU. Uma avaliação justa da actuação da ONU na ex-Jugoslávia deve ter em conta a natureza complexa do conflito, as circunstâncias históricas de não haver precedentes de uma intervenção envolvendo uma vasta presença militar no meio de uma guerra em desenvolvimento.

A função inicial da UNPROFOR criada em Fevereiro de 1992, era "a criação das condições de paz e segurança necessárias à resolução global da crise jugoslava".[268] Ora, sendo esta por definição uma operação de manutenção de paz, foi, por ironia do destino, colocada em zonas onde não havia já paz alguma para manter. Mais grave ainda, a UNPROFOR foi projectada para o meio dos beligerantes e com o conflito em progressão. Como refere Väyrynen, "...tanto na Bósnia-Herzegovina, como na Croácia, as forças das NU não foram

---

[267] Annan diz "[A]nteriormente, havia a tradição que exigia o consentimento das partes envolvidas. Nos actuais conflitos, como poderemos definir uma parte? Pode-se aplicar essa definição a uma facção da ex-Jugoslávia? A uma tribo da Somália?"; Annan, "UN Peacekeeping Operations", p. 2.

[268] Adam Roberts, "Communal Conflict as Challenge" in Otunnu e Doyle (eds.), *op. cit.*, p. 44.

Novos Paradigmas do Peacekeeping 105

colocadas nas fronteiras entre os estados, mas entre as linhas de batalha entre os adversários...."[269]

Como refere o relatório de Kofi Annan sobre as lições do massacre de Srebrenica, "...muitos dos erros que as Nações Unidas fizeram derivam de um único esforço indubitavelmente bem-intencionado: tentamos manter a paz e aplicar as regras do *peacekeeping* quando já não havia paz para manter. Sabendo que qualquer outra actuação poria em risco a vida dos soldados, tentamos criar ou imaginar – um ambiente no qual os princípios do *peacekeeping* – acordo entre as partes, presença de tropas com consentimento [dos beligerantes] e imparcialidade – pudessem vigorar. Tentamos estabilizar a situação no terreno através de acordos de cessar-fogo, o que nos granjeou a boa vontade dos Sérvios, que controlavam a maioria do território. Tentamos descartar o uso da força, excepto em auto-defesa, o que nos criou atritos com os defensores das áreas protegidas, cuja segurança dependia do uso da força pela nossa parte."[270]

Na Croácia, onde os capacetes azuis inicialmente foram colocados, as forças das NU conseguiram fazer respeitar um cessar-fogo entre as tropas governamentais e os Sérvios locais até Maio-Agosto de 1995. Nessa altura, Franjo Tudjman, Presidente da Croácia, desafiando os capacetes azuis, recapturou a Eslavónia ocidental e a Krajina numa operação de "limpeza étnica" das minorias sérvias.

Na Bósnia-Herzegovina, a UNPROFOR conseguiu manter vários cessar-fogos locais, nomeadamente entre Muçulmanos e Croatas, mas não conseguiu impedir a guerra entre Sérvios e Muçulmanos. Os Sérvios da Bósnia-Herzegovina encetaram, a partir de Março de 1993, uma ofensiva destinada a capturar as "áreas protegidas" (Sarajevo, Goradze, Srebrenica, Zepa, Tuzla, Bihac). O próprio esforço humanitário das NU, a faceta mais conseguida desta operação, colocava um problema: exigia que os capacetes azuis, dispersos pelo território, obtivessem a permissão das forças dominantes na área para a distribuição da ajuda humanitária. Os Sérvios bósnios, em maior grau, colocavam sérios entraves ao movimento da UNPROFOR e das

---

[269] Raimo Väyrynen, "Preventive Action: Failure in Yugoslavia", in Pugh (ed.), *op. cit.*, p. 38.

[270] "Report of the Secretary-General Pursuant to General Assembly Resolution 53/35 (1998), The Fall of Srebrenica", A/54/549, 54ª sessão, 15 de Novembro de 1999, p. 111.

agências humanitárias. As resoluções da ONU apelavam continua-
mente à "liberdade de movimento", mas sem resultados visíveis. Em
última análise, apesar dos apelos e das ameaças do CS, as tropas da
UNPROFOR dependiam do consentimento e da cooperação das facções
em luta para a realização das tarefas da ajuda humanitária.

No CS também não havia consenso em relação ao uso da força.
Assim, tornou-se muito difícil para a ONU usar a força contra as
partes em conflito, ou encorajar a NATO a fazê-lo. Os países que
participavam na UNPROFOR opunham-se ao emprego da força dada
a vulnerabilidade dos capacetes azuis no terreno. Foi só a partir do
Verão de 1995 que teve início uma campanha ofensiva sustentada: a
Operação "*Deliberate Force*", conduzida pela NATO, que levou à
capitulação dos Sérvios. A realidade é que, nessa altura, a ofensiva
sérvia já tinha posto termo ao esforço humanitário e tinha obrigado
os capacetes azuis a retirar-se.[271]

As operações de *peacekeeping* da segunda geração criaram
alguns precedentes, nomeadamente o da intervenção nos assuntos
internos, isto é, sem o consentimento do estado alvo dessa intervenção. As intervenções ocorreram quer em situações de inexestência do
aparelho estatal ("estados falhados"), quer por imposição das NU
devido à incúria, incapacidade ou violência dos estados sobre os
seus cidadãos. Nos anos 60, no Congo, as NU tinham sido acusadas
de esticar até ao limite as margens da sua competência. As NU
impediram a secessão do Katanga e tentaram resolver os problemas
internos do Congo, mesmo quando a sua abordagem colidia com a
dos líderes do país.

A propósito da intervenção no Congo, Bowett afirma que uma
intervenção da ONU nos assuntos internos se pode justificar se houver uma ameaça do exterior. Tratava-se de situações de guerra civil
que tenham contornos internacionais, devido ao apoio que as facções
internas recebem do exterior ou pela existência ou ameaça de intervenção por parte de potências externas. Mesmo numa situação deste
tipo, afirma Bowett, a actuação das forças da ONU deveria limitar-se

---

[271] Esta operação de bombardeamento de alvos sérvios na Bósnia-Herzegovina foi
lançada na sequência do atentado ao mercado de Sarajevo que causou 37 vítimas. A investigação, levada a cabo por pessoal da ONU e da NATO, concluíu que a responsabilidade do
atentado era dos Sérvios bósnios.

Novos Paradigmas do Peacekeeping 107

a expulsar os elementos estrangeiros e a velar pela segurança e liberdade de movimentos das suas tropas. Goodrich afirma que as NU não deveriam ultrapassar estes limites e autorizar outras actividades que não as que decorram da necessidade de manter e restaurar a paz e a segurança internacionais. "Assim, os problemas da paz interna não são, em si mesmos, problemas pelos quais as Forças das Nações Unidas, devam assumir alguma responsabilidade funcional. Impedir a secessão, o apoio a um governo específico... ou a imposição de uma solução política particular às partes envolvidas num conflito interno não são portanto funções permissíveis, quer contem ou não com o consentimento do governo em funções."[272]

Após a capitulação do regime de Saddam Hussein, em 1991, a Grã-Bretanha, França e EUA enviaram tropas para o norte do Iraque para proteger as populações do seu próprio regime, criando "áreas protegidas" e estancando o fluxo de refugiados. Esta decisão foi vista como o início de uma nova era de intervencionismo das NU para proteger as populações dos estados que não as protegem, quer por incapacidade ou por porem em prática políticas criminosas.

A questão da intervenção por motivos humanitários foi objecto de inúmeros debates devido a uma série de tragédias: o desaire da intervenção da ONU na Somália; a resposta desadequada ao genocídio no Ruanda em 1994; o fracasso da presença das NU em evitar vários massacres na ex-Jugoslávia, especialmente o de Srebrenica em 1995; a intervenção da NATO no Kosovo em 1999. Estes casos chocaram as consciências e geraram enorme controvérsia, levando o SG, em 1999 e em 2000, a desafiar a AG a procurar uma abordagem viável para estes dilemas. O seu desafio não encontrou uma resposta à altura, porque envolvia questões de poder: de um lado, os defensores dos Direitos Humanos, adeptos da intervenção por razões humanitárias; do outro, os partidários da soberania incondicional do estado, desconfiados dos propósitos dos defensores (maioritariamente) ocidentais da intervenção humanitária.

O conceito de intervenção humanitária foi sendo desenvolvido ao longo da década como "a responsabilidade de proteger".[273] Em-

---

[272] Bowett, *op. cit.*, p. 426.
[273] International Commission on Intervention and State Sovereignty, *The Responsibility to Protect*, Ottawa, International Development Research Center, 2001.

bora este não seja um conceito gerado nas NU, ele tem vindo a ser operacionalizado em mandatos de várias operações que incluem a protecção dos civis. Efectivamente, as intervenções das NU criaram precedentes que põem em causa a inviolabilidade e a soberania dos estados. Em 2000, o Canadá criou a Comissão Internacional sobre a Intervenção e a Soberania do Estado, presidida por Gareth Evans (ex- -Ministro dos Negócios Estrangeiros da Austrália) e por Mohammed Sahnoun (Conselheiro Especial da ONU). O Comité partiu do princípio que tem havido uma mudança conceptual no conceito de soberania que tende a ser visto como responsabilidade e não tanto como uma faculdade de controlo. O Comité considerou que a "a responsabilidade de proteger" é "uma norma internacional emergente, ou um princípio orientador do comportamento para a comunidade internacional de países, que poderá muito bem ser integrada no direito internacional consuetudinário, se mais consolidada na prática dos países e intergovernamental."[274]

Um dos aspectos positivos da Cimeira da AG de Setembro de 2005, foi a nova figura de compromisso, oficialmente consignada como "a responsabilidade de proteger". Pela primeira vez, foi conseguido um consenso global, ao nível dos chefes de estado e de governo, que declararam que todos os países têm a "responsabilidade de proteger" as suas populações. Os estados-membros exprimiram a sua determinação para agir colectivamente, através do CS, quando uma população estiver ameaçada de genocídio, crimes de guerra, limpeza étnica ou crimes contra a humanidade. Esta "responsabilidade de proteger" não é vaga e indefinida: ela engloba um leque de deveres que se impõem aos estados: a prevenção, a acção contra o incitamento, a capacidade de lançar alertas precoces e todo o tipo de medidas que forem apropriadas. São especificados meios – diplomáticos, humanitários e no âmbito da acção colectiva –, que podem ser usados pela ONU quando os estados faltarem aos seus deveres ou forem omissos. Esta disposição prevê, contudo, que a comunidade internacional recorra a medidas diplomáticas, humanitárias ou a outros meios pacíficos "de modo a proteger as populações contra o genocídio, os crimes de guerra, a limpeza étnica e os crimes contra a Humanidade".

---

[274] Gareth Evans, "A responsabilidade de proteger", *Notícias da OTAN*, Inverno de 2002 (ed. online).

Se estas medidas se revelarem inadequadas, compete ao Conselho de Segurança, ao abrigo do capítulo VII da Carta das Nações Unidas, decidir, caso a caso, o uso da força. A responsabilidade de proteger vai assim permitir a intervenção da comunidade internacional na protecção de civis em casos – e exclusivamente – de uma manifesta incapacidade, voluntária ou involuntária, de um estado em pôr cobro a situações extremas no seu território, como genocídio, violações repetidas e em larga escala de Direitos Humanos e crimes contra a Humanidade. Tornar-se-à possível aos países colectivamente exercer acção coerciva e, em particular, acção militar, contra outro país, não com o fim de auto-defesa, nem para evitar uma clássica ameaça à paz e segurança internacional, mas para proteger pessoas em risco dentro de um país. A evolução do Direito Internacional ditou "… a erosão do princípio da não-ingerência e propicia que a soberania seja finalmente apresentada não como um escudo para líderes opressores mas como um instrumento ao serviço da protecção dos cidadãos."[275]

Na, realidade, e como afirma Malone, "…embora os estados continuem muito ligados à sua própria soberania, tornaram-se menos respeitadores da soberania dos outros quando situações de violação massiva dos direitos humanos, genocídio, limpeza étnica e outras manifestações odiosas de comportamento humano geraram consenso (inclusive no seio dos membros permanentes do CS que, doutra forma poderiam vetar tal acção) que uma resposta internacional é legítima, mesmo necessária."[276]

Adam Roberts partilha uma visão mais "realista" em relação a esta matéria. Roberts diz que existem "…problemas fundamentais com a ideia que os estados têm um 'direito' geral à intervenção humanitária." Na sua opinião, o que estava em causa na intervenção da ONU no norte do Iraque não era tanto a repressão dos Curdos, mas as consequências do seu êxodo para a estabilidade regional.[277]

---

[275] Teresa Cravo, "Entre a centralidade e a marginalização: a reforma da ONU para o séc. XXI", *Working Paper 13*, IPRI.

[276] Malone, *op. cit.*, pp. 624-5.

[277] V. Adane Ghebremeskel, "Regional Approach to Conflict Management Revisited: The Somali Experience", *The Online Journal of Peace and Conflict Resolution*, nº 4.2, Primavera de 2002 (http://www.trinstitute.org/ojpcr/4_2gheb.htm), p. 19, nota 5.

110   *As Nações Unidas e a Manutenção da Paz*

Na opinião de Roberts, a "responsabilidade de proteger" é uma responsabilidade dos estados em relação aos seus cidadãos. Trata-se de "...uma tentativa engenhosa de reformular a questão da intervenção humanitária, mas, até agora, existem poucos indícios de os estados aceitarem explicitamente tal responsabilidade. A relutância dos estados é devida em parte ao seu nervosismo em subscrever qualquer doutrina que possa criar uma base para a intervenção."[278] O relatório da International Commission on Intervention and State Sovereignty, *The Responsibility to Protect*, foi objecto de discussão no seio de uma reunião especial do CS, mas "...teve maior impacto no mundo das ideias...do que nas decisões do Conselho até à data."[279]

V.3. A Regionalização do *Peacekeeping*

No pós-Guerra Fria, as NU começaram a demonstrar interesse crescente pela descentralização das actividades de *peacekeeping*. Assim, os anos 90 assistiram à emergência das organizações regionais e sub-regionais como actores importantes na gestão de crises.[280]

A regionalização do *peacekeeping* prende-se com a conjuntura histórica determinada pelas dificuldades do *peacekeeping* das Nações Unidas. No início da década, as NU tinham em mãos uma série de compromissos exigentes em matéria de *peacekeeping*: Saara Ocidental, Namíbia, Moçambique, Cambodja, Angola, Nicarágua, El Salvador, Haiti, Somália e a ex-Jugoslávia. Algumas destas intervenções saldaram-se em falhanços rotundas e tiveram consequências perniciosas e duráveis para o *peacekeeping*. O caso da Somália explica em larga medida a atitude americana após a aprovação do documento *Presidential Decision Directive 25*, documento que estabelecia que futuros envolvimentos americanos na gestão de conflitos seriam ava-

---

[278] Roberts, *op. cit.*, p. 147.

[279] *Ibid.*

[280] A expressão "gestão de crises" foi cunhada após uma série de crises (Líbano, 1958; Congo, 1960; Berlim, 1961 e, a mais importante, a crise dos mísseis de Cuba, 1962). A expressão contém dois elementos: a necessidade de um processo de tomada de decisão para fazer face a uma dada crise; a existência de um conjunto de instrumentos, civis e militares, para intervir na crise. V. Directorate for Strategic Studies et al., *The UN, Europe and Crisis Management*, Paris, 19-20 de Outubro de 2000, p. 2.

liados em função da sua relevância para os interesses americanos. Outros factores associados foram a má situação financeira das NU, bem como a relutância dos estados-membros em fornecer soldados para intervir nos novos conflitos, dados os riscos de perdas humanas nas operações de *peacekeeping*.

O interesse em devolver o *peacekeeping* aos actores directamente interessados e às organizações regionais, ficou bem patente em África com o lançamento de uma série de iniciativas que promoviam e apoiavam versões locais do *peacekeeping*. A *"Partnership for Economic Growth and Opportunity"*, lançado por Clinton durante o seu périplo africano, evidenciava que, no que se refere à gestão de conflitos, os EUA preferiam um envolvimento indirecto.[281] A *"African Crisis Response Initiative"*, lançada em 1997, destinada a criar uma capacidade africana para responder a desafios de *peacekeeping* e a crises humanitárias, era uma medida prática para pôr de pé uma abordagem regional para a gestão de conflitos. A França também manifestou a sua intenção de deixar os Africanos resolver os seus conflitos e organizar a sua segurança.[282] Nesse sentido, lançou em 1997 o programa RECAMP *"Renforcement des Capacités Africaines de Maintien de la Paix"* para apoiar o desenvolvimento de capacidades autóctones de gestão de crises. A União Europeia criou em 2003 a "African Peace Facility", em parte devido à relutância em enviar os seus soldados para missões de *peacekeeping* em África, quer ainda por razões políticas e pela escassez de recursos.[283]

A tendência para a descentralização é particularmente notória na Europa e em África. Na Europa, o crescente activismo das organizações regionais espelhava o fenómeno da competição entre elas: em particular entre a União da Europa Ocidental, a União Europeia, a NATO e a Organização para a Segurança e Cooperação na Europa. A UEO (até 2000) e a UE tentaram desenvolver capacidades europeias para intervir em cenários de gestão de crises, mas estão dependentes dos meios da NATO dadas as conhecidas limitações militares

---

[281] Ghebremeskel, *op. cit.*, p. 4.

[282] *Id.*, p. 5. V. ainda Fernanda Faria, *La gestion des crises en Afrique subsaharienne*, Occasional Paper, Institut d´Études de Securité de l´Union Européenne, n° 55, Novembro de 2004, p. 22.

[283] V. Rory Keane, "The EU´s African Peace Facility Uncovered: Better Late than Never?", *European Security Review*, ISIS, Europe, n° 24, Outubro de 2004, p. 1.

dos países europeus. A NATO, com o fim da Guerra Fria, encontrou na gestão de crises uma área privilegiada de actuação – e concomitante razão de ser, uma vez que tinha perdido o seu objectivo básico que era defender a Europa da ameaça soviética. A reformulação do seu papel permitiu-lhe intervir na Bósnia-Herzegovina (IFOR e SFOR) e no Kosovo (KFOR), demonstrando ser uma mais-valia em operações complexas e na área do *peace-building*. A OSCE, na falta de meios militares que lhe permitam conduzir operações de *peacekeeping*, tem encontrado uma razão continuada para a sua existência na gestão dos riscos e das múltiplas instabilidades que marcam a área da Europa de Leste e da ex-URSS, incluindo Cáucaso e Ásia Central.

África é o continente onde a regionalização do *peacekeeping* teve manifestações mais interessantes: e isto mau-grado os enormes obstáculos políticos e dificuldades materiais de que se ressente. O *peacekeeping* em África conheceu uma geometria variável desde a década de 90 com a intervenção de uma multiplicidade de organizações e actores: organizações continentais (Organização da Unidade Africana, OUA, e posteriormente a sua sucessora, a União Africana); organizações sub-regionais (como a Comunidade de Estados da África Ocidental); ex-potências coloniais (França e Grã-Bretanha) e as potências hegemónicas tradicionais (Nigéria e África do Sul) na promoção do *peacekeeping*.

A "Africanização" do *peacekeeping* foi uma resposta e uma solução para o desinteresse evidenciado pela comunidade internacional em relação a África. Na década de 90, a ONU interveio pouco em África ou não quis intervir (como no Ruanda). Teve fracassos notórios (Angola e Somália) e, quando interveio, fê-lo geralmente numa fase tardia do conflito (Libéria e Serra Leoa). No final da década de 90, com o recrudescer dos conflitos internos (Congo e África ocidental), as NU conhecerem um novo surto intervencionista.

As missões de paz lançadas a partir de 1999 obedeceram a certas condições prévias: foram lançadas numa fase posterior do conflito, que se seguiu à imposição de segurança por parte das forças regionais. A ONU veio assim substituir operações da CEDEAO ou da UA. Na verdade esta substituição não foi mais do que uma absorção dos efectivos africanos no contingente das NU: tal como aconteceu com a ECOMIL (*ECOWAS Mission in Liberia*), a operação da

CEDEAO na Libéria;[284] com os efectivos da CEDEAO presentes na Costa do Marfim[285] e com os efectivos da missão da UA no Burundi.[286]

O Conselho de Segurança procura soluções regionais de *peacekeeping* quando as grandes potências não estão interessados em intervir. O recurso a entidades regionais pode ser favorecido quando as NU têm dificuldades na aprovação de novas missões, por falta de apoios ou de meios.[287] O CS também pode privilegiar as operações regionais quando: o conflito tem lugar dentro da esfera de influência de determinada organização e quando há apoio político para uma intervenção local. Outras vantagens de uma intervenção regional poderão ser: a maior legitimidade da intervenção dado esta usufruir de uma cobertura diplomática local; a maior aceitabilidade de uma abordagem diplomática para resolver problemas específicos de um determinado contexto regional (como os "estados falhados" em África); a maior aceitação de correr riscos (isto é, aceitar baixas) e de usar a força por parte dos membros locais da missão.[288]

Na *Agenda para a Paz*, Boutros-Ghali afirma ser "...evidente que em muitos casos os acordos ou as organizações regionais oferecem possibilidades que deveriam ser aproveitadas para o desempenho das funções... diplomacia preventiva, o restabelecimento e manutenção da paz e a consolidação da paz depois dos conflitos." O SG apontou as vantagens de uma divisão de tarefas com as organizações regionais: "aliviar o trabalho do CS"; "fomentar um maior grau de participação, de consenso e de democratização nas questões internacionais" e o facto das organizações regionais poderem "associar à sua acção estados não pertencentes à região em causa".[289]

No *Suplemento à Agenda*, o SG continua a acreditar que a cooperação entre a ONU e as organizações regionais tem grande potencial. Mas também notou, de forma subtil, a possibilidade de problemas, observando que "os aspectos políticos, operacionais e financeiros dos

---

[284] Absorvida na *UN Mission in Liberia*.

[285] Absorvidos na *UN Operation in Côte d'Ivoire*.

[286] Absorvidos pela *UN Mission in Burundi*.

[287] Shepard Forman e Andrew Grene, "Collaborating with Regional Organizations", in Malone (ed.), *op. cit.*, p. 303.

[288] Cameron R. Hume, "The Security Council in the Twenty-First Century", in Malone (ed.), *op. cit.*, p. 614.

[289] *Agenda para a Paz*, parágr. 64-5.

acordos podem levantar problemas de alguma delicadeza."[290] Boutros-
-Ghali afirma que a cooperação com as organizações regionais pode
revestir uma série de modalidades:

- consulta: com o intercâmbio de informações entre as NU e as
  organizações regionais, de forma formal (com relatórios periódicos para o CS), ou menos formal (com as reuniões de consulta convocados pelo SG para auscultar os responsáveis das
  organizações regionais);
- apoio diplomático: as organizações regionais têm apoiado as
  actividades de *peacemaking* das NU e têm prestado o seu
  apoio diplomático às operações de *peacekeeping*. A Organização da Unidade Africana, a Liga Árabe e a Organização da
  Conferência Islâmica apoiaram, por exemplo, os esforços das
  NU na Somália;
- apoio operacional: a cooperação pode variar de acordo com a
  tipologia das operações. Na Bósnia-Herzegovina, a NATO
  deu a sua cobertura aérea à UNROFOR. A NATO também
  dirigiu as operações multinacionais IFOR/SFOR à deu assistência à UNTAES na criação de um ambiente seguro na
  Croácia (Eslavónia Ocidental, Baranja e Sirmium Ocidental).
  As forças da Comunidade de Estados Independentes, a sucessora
  da ex-URSS, forneceram apoio operacional aos observadores
  das NU no Tajiquistão. A UE apoiou as operações na Eslavónia
  Oriental, Bósnia-Herzegovina e Libéria;
- co-posicionamento: as missões de ONU foram posicionadas
  com a missão ECOWAS (da CEDEAO), na Libéria e na Serra
  Leoa, e com as tropas da Comunidade de Estados Independentes (CIS) na Geórgia e no Tajiquistão. Em todos estes
  casos, as forças das NU eram meros auxiliares nas operações
  lançadas pelas organizações da zona. A Bósnia-Herzegovina
  é o exemplo mais paradigmático de uma divisão de tarefas da
  ONU com uma constelação de arranjos e organizações regionais.
  No seio da UNMIBH (*UN Mission in Bosnia and Herzegovina*),
  funcionavam: a *International Police Task Force* (para auxiliar
  as forças de polícia da Bósnia-Herzegovina na manutenção da

---

[290] *Suplemento à Agenda para a Paz*, parágr. 86.

segurança pública); a IFOR/SFOR (para a manutenção de um ambiente estável); a Organização para a Segurança e Cooperação na Europa, OSCE (para a organização de eleições); o Alto-Comissariado das NU para os Refugiados, ACNUR (para os refugiados) e a UE para a assistência ao desenvolvimento.

– operações conjuntas: no Haiti, a ONU e a OEA lançaram a *International Civilian Mission in Haiti* (MICIVIH), partilhando a direcção, financiamento e o pessoal adstrito à operação.[291]

De acordo com Boutros-Ghali, os seguintes princípios deveriam nortear as relações entre a ONU e as organizações regionais: a existência de mecanismos de consulta e intercâmbio de informações; a primazia das NU na definição das missões; a divisão de trabalho; consistência na postura dos membros das organizações regionais que sejam, simultaneamente, membros das NU.[292]

Em 1999, a "Lessons Learned Unit" do DPKO elaborou os princípios que devem nortear o relacionamento entre as NU e as organizações regionais: Estes princípios deveriam assegurar que:

– a responsabilidade principal pela manutenção da paz e segurança internacionais continua a ser do CS;
– a cooperação é vista como um processo dinâmico que é reforçado por mandatos claros e concisos, com base em calendários realistas;
– a cooperação deve ser baseada em consultas, envolvendo um efectivo intercâmbio de informações;
– o pessoal deve ser adequadamente treinado e equipado;
– todos os parcipantes devem partilhar de um entendimento comum quanto à doutrina básica e às regras de empenhamento operacionais;
– as tentativas de manter a paz e a segurança não devem terminar com a partida da operação das NU ou da organização regional, mas deixar em funcionamento associações cívicas dedicadas à promoção da democracia, direitos humanos e respeito pelo Estado de Direito.[293]

---

[291] *Ibid.*
[292] *Id.*, parágr. 88.
[293] UN, "Cooperation between the United Nations and Regional Organizations/ Arrangements", Março de 1999, p. 13.

O relatório elaborado pela "Lessons Learned Unit", com base no estudo de seis casos, sublinha que há muitas vantagens na cooperação entre as NU e as organizações regionais:

- a partilha de responsabilidades, baseada nas vantagens comparativas de cada organização;
- potenciar a partilha de esforços entre a ONU e as organizações regionais reforça o potencial das diligências de *peacemaking* e de *peacekeeping*, podendo ainda reforçar os mecanismos de intervenção junto das partes em conflito;
- as organizações regionais possuem um importante *know-how* sobre os conflitos e seus intervenientes que pode aumentar a eficácia da ONU na gestão de conflitos;
- algumas organizações regionais podem ter maior flexibilidade na alocação de recursos, bem como ser mais rápidas no posicionamento das tropas;
- a actividade das organizações regionais poderá ser especialmente útil aos esforços de *peacebuilding*, em apoio das missões da ONU, e na fase da reconstrução pós-conflito dos países em guerra.[294]

Mas foi Annan quem foi mais longe ao promover a ideia de um *peacekeeping* africano: "...fornecer apoio às iniciativas regionais e sub-regionais em África é tanto necessário como desejável. Tal apoio é necessário porque falta às Nações Unidas a capacidade, recursos e expertise para fazer face aos problemas que podem surgir em África. É desejável porque, sempre que possível, a comunidade internacional deve tentar complementar, em vez de suplantar os esforços africanos para resolver os problemas africanos."[295] Annan propôs um esforço das NU para reforçar as capacidade de *peacekeeping* das organizações africanas por meio de: assistência no treino das tropas, exercícios conjuntos, uma maior participação dos países africanos nos UNSAS,[296] partneriados entre países africanos a quem faltam os

---

[294] *Id.*, pp. 10-1.

[295] Secretary-General, *The Causes of Conflict and the Promotion of Durable Peace and Sustainable Development in Africa*, relatório do Secretário-Geral ao Conselho de Segurança, S/1998/318, 13 de Abril de 1998, parágr. 41.

[296] Trata-se de uma base de dados sobre meios e pessoal (militar, de polícia e civil) fornecidos pelos estados-membros e, em princípio, disponíveis para aquelas operações de *peacekeeping*.

Novos Paradigmas do Peacekeeping 117

meios e os doadores dispostos a colmatar essa falta e, por último, uma cooperação mais estreita entre a ONU e a OUA.[297]

Contudo, Annan reconheceu que o recurso a entidades regionais pode ser uma faca de dois gumes. O SG adverte para o facto das iniciativas regionais não poderem "representar a panaceia para todos os problemas difíceis...". Annan explica que as "organizações regionais podem enfrentar limitações estruturais, financeiras e de planeamento", mas também "que a neutralidade imparcial dos estados-membros pode ser questionável, devido a razões históricas, políticas ou económicas."[298] Annan concluiu que as NU devem usar de "julgamento e cuidado" quando lidam com organizações regionais, embora não devam perder de vista o "potencial para cooperação positiva".[299]

Em Setembro de 1998, o Conselho de Segurança convidou o Secretário-Geral a reforçar a coordenação com as organizações de segurança africanas, bem como a cooperação nas áreas logísticas e financeiras. A resolução 1197 exorta o SG a prestar apoio à OUA na criação de uma unidade de alerta precoce análoga à existente nas NU.[300] Um documento do CS de Janeiro de 2002, afirma a importância do partenariado e da cooperação reforçada entre a ONU, OUA (agora, União Africana) e outras organizações sub-regionais em África, baseadas nos princípios de complementaridade e das vantagens comparativas.[301] O CS apela a um maior maior concertação de esforços da ONU com aquelas organizações. Ela passa pelo fornecimento de assistência, a partir dos recursos de que a ONU dispõe, às áreas do alerta precoce, prevenção de conflitos e *peacekeeping*. O documento sublinha a importância de uma interacção efectiva entre o sistema das NU e a OUA/organizações subregionais através do: intercâmbio de informações e de análise no estádio de prevenção dos conflitos; coordenação e entendimento dos respectivos papéis em processos de paz e apoio coordenado aos esforços de *peacebuilding* nacionais e regionais.[302]

---

[297] *Id.*, parágr. 45.

[298] *Id.*, parágr. 44.

[299] *Id.*, parágr. 20.

[300] Resolução 1197 de 18 de Setembro de 1998.

[301] SC, "Security Council, with Wide-Ranging Presidential Statement, Aims to Improve Cooperation in Peacekeeping, Conflict Prevention in Africa", SC/7290, 4465ª reunião, 31 de Janeiro de 2001, p. 1.

[302] *Id.*, p. 2.

Adane Ghebremeskel diz, com base na experiência das organizações sub-regionais africanas que operam na gestão de conflitos que "...a proximidade geográfica e cultural não é necessariamente um factor positivo, mas que frequentemente contribui para complicar a situação."[303] Na mesma linha, Olonisakin e Ero sublinham: "...as intervenções por parte dos estados africanos não são menos controversas do que as conduzidas pelas potências ocidentais."[304] As soluções regionais podem favorecer o desenvolvimento de esferas de influência, aumentando os riscos de conflito regional. Na operação de *peacekeeping* na Libéria, a Nigéria, enquanto força motriz daquela operação e potência incontornável na zona, impôs determinado rumo à intervenção, o que fez com que[305] "...as lutas entre o estado hegemónico local e as potências médias criassem divisões sérias e levassem estados, como retaliação, a alinharem com vários grupos rebeldes."[306]

As intervenções por parte de organizações regionais podem ser o reflexo das ambições de certas potências regionais na sua zona de influência: na Libéria, a ECOMOG foi vista como favorecendo os interesses da Nigéria. As Nações Unidas acabariam por lançar a *UN Observer Mission in Liberia* para garantir que as normas internacionais fossem observadas e que a presença da ECOMOG não favorecesse a hegemonia regional por parte da Nigéria.[307] Na Geórgia, a intervenção das Nações Unidas também pode ser entendida como uma forma de monitorar as operações da Comunidade de Estados Independentes (CIS/Rússia), naquela república da ex-URSS.[308]

Por razões de interesse e de proximidade, as organizações regionais nem sempre são os actores mais credíveis e imparciais, além do que frequentemente estão divididas por lutas de poder entre os seus membros. Se o sistema de segurança internacional dependesse das organizações regionais, deveria ser criado um mecanismo de arbitragem das disputas entre os membros.[309] No geral, as entidades regionais

---

[303] Ghebremeskel, *op. cit.*, p. 1.
[304] Funmi Olonisakin e Comfort Ero, "Africa and the Regionalization of Peace Operations", in Pugh e Sidhu (eds.), *op. cit.*, p. 234.
[305] Forman e Grene, *op. cit.*, pp. 303-04.
[306] Olonisakin e Ero, *op. cit.*, p. 234.
[307] Forman e Grene, *op. cit.*, p. 297.
[308] V. Malone, "Conclusion", in David Malone (ed.), *op. cit.*, p. 623.
[309] *Ibid.*

não constituem substitutos adequados da ONU. À excepção da NATO, que detém recursos militares invejáveis, elas não dispõem dos meios adequados e confrontam-se com mais limitações do que a própria ONU. A actuação das NU continua a ser essencial, não só por razões práticas, mas igualmente como factor de legitimação das intervenções regionais.

Nas operações de segunda geração, existe uma maior probabilidade das operações serem montadas com a cooperação de outros actores, sejam na forma de coligações de estados (*Multinational Forces*) ou de organizações regionais e sub-regionais. Em alguns casos, o *peacekeeping* também tem sido conduzido por estados a título individual, por regra potências regionais ou internacionais com interesse numa determinada zona geográfica.

A partilha de responsabilidades e a delegação de poderes nesses actores tem diferentes explicações. A mais natural é aquela que aponta para o facto da operação se revestir de particular dificuldade e da ONU não conseguir reunir os efectivos para uma missão de *peacekeeping* num prazo razoável, geralmente por indisponibilidade dos grandes países no CS. Outras circunstâncias podem ter a ver com o facto das iniciativas regionais se anteciparem à ONU. O conflito pode ter lugar numa zona de influência de uma dada potência onde o seu interesse em intervir pode ser mais forte, bem como a correspondente vontade de investir meios e incorrer riscos.[310]

As modalidades dessa participação conjunta podem revestir os seguintes figurinos, consoante se trate de coligações de forças ou de missões montadas por organizações regionais e sub-regionais:

I.1. *uma operação de peacekeeping em duas fases*: na primeira, uma organização regional ou grupo de estados obtém um mandato do Conselho de Segurança para conduzir uma operação que geralmente prevê a criação de um ambiente seguro para a prossecução de actividades posteriores. Como forças multinacionais, há o caso da França no Ruanda (1994),[311] da Itália na Albânia (1997),[312] da Austrália

---

[310] Forman e Grene, in Malone (ed.), *op. cit.*, p. 303.

[311] Resolução 929 de 22 de Junho de 1994.

[312] Resolução 1101 de 28 de Março de 1997 e resolução 1114 de 19 de Junho de 1997.

em Timor-Leste (INTERFET, 1999)[313] e da França na República Democrática do Congo (2003).[314]

A segunda fase envolve a entrega da operação a uma força da ONU. No que se refere a coligações de estados, os EUA foram a força dinamizadora da UNITAF (Somália) e da *Multinational Force* (Haiti).[315]

Um exemplo mais recente foi o lançamento de uma operação da Comunidade Económica dos Estados da África Ocidental[316] na Libéria: a *Multinational Force in Liberia*.[317] Trata-se de uma força criada numa base temporária para preparar a entrada de uma operação da ONU. As NU tinham estado presentes na Libéria entre 1993 e 1997 com a *UN Observer Mission in Liberia* (UNOMIL). A força da CEDEAO deveria apoiar o governo transitório e colaborar na implementação de um acordo de paz global para o país, após um período de tumultos. A *Multinational Force in Liberia* deveria ser posteriormente substituída por uma operação de estabilização das NU. A operação da ONU (UNMIL) foi lançada em Setembro de 2003, após a assinatura do acordo de paz de Acra de Agosto de 2003.[318]

II. 2. outro método envolve *uma divisão do trabalho entre as NU e forças multinacionais*. Encontra-se duas variações deste modelo:

a) a que atribui às operações multinacionais o comando sobre os aspectos militares da operação, enquanto as NU se encarregam dos aspectos menos marcadamente militares e/ou a tarefas civis. É o caso de duas missões no espaço da ex-URSS, a Geórgia e o Tajiquistão (a *UN Observer Mission in Georgia*, UNOMIG, e da *UN Mission of Observers in Tajikistan*, UNMOT) e de duas em África, na Libéria (a UNOMIL) e na

---

[313] Resolução 1264 de 15 de Setembro de 1999.

[314] Resolução 1484 de 30 de Maio de 2003.

[315] Respectivamente, resolução 794 de 3 de Dezembro de 1992 e resolução 940 de 31 de Julho de 1994.

[316] A força da CEDEAO designava-se ECOMOG (em inglês, *ECOWAS Monitoring Group*).

[317] Resolução 1497 de 1 de Agosto de 2003.

[318] Resolução 1509 de 19 de Setembro de 2003.

Serra Leoa (UNOMSIL). Na Libéria, a UNOMIL foi a primeira missão de *peacekeeping*[319] a ser criada para funcionar em sintonia com uma operação (ECOMOG) lançada por uma organização regional: a CEDEAO. A função da UNOMIL era apoiar a ECOMOG na implementação do Acordo de Paz de Cotonou (1993).

Na Serra Leoa, a CEDEAO lançou mão da ECOMOG (a funcionar na Libéria) para tentar debelar a guerra civil que se tinha iniciado por contágio com a desagregação política do estado liberiano. Em 1998, o CS criou a *UN Observer Mission in Sierra Leone* (UNOMSIL),[320] para auxiliar nas tarefas de desarmamento e reorganizar as forças de segurança do país. Em Julho de 1999, as partes assinaram um acordo de paz em Lomé. Para auxiliar na implementação do acordo, as NU lançaram uma operação mais vasta a *UN Mission in Sierra Leone* (UNAMSIL).

A IFOR e a SFOR na Bósnia-Herzegovina, lançadas na sequência dos acordos de paz de Dayton, foram mais longe, pois foi-lhes atribuída a dimensão militar do *peacekeeping*. Já não se tratava de uma situação equivalente à da NATO durante a sua intervenção militar na Bósnia-Herzegovina em apoio da UNPROFOR. A IFOR e a SFOR eram duas forças da NATO mas já não agiam ao abrigo da fórmula do *"dual-key"*, mediante a qual o consentimento da ONU era necessário para o accionamento de acções militares de força. Após a paz de Dayton, a IFOR e a SFOR funcionavam de forma autónoma e tinham autoridade para desempenhar tarefas mais latas do que as compreendidas no seu tradicional papel militar: policiamento, manutenção da segurança e detenção dos criminosos de guerra.[321] É de realçar que paralelamente a esta operação, decorria outra de *peacebuilding* protagonizada pelas Nações Unidas, OSCE, UE e pelo ACNUR.

---

[319] Tinha como missão exercer os seus bons ofícios em apoio dos esforços da CEDEAO para implementar o acordo de paz, investigar violações ao cessar-fogo, auxiliar na desmobilização dos combatentes, apoiar as tarefas humanitárias e investigar violações dos direitos humanos. Resolução 866 de 22 de Setembro de 1993.

[320] Resolução 1181 de 13 de Julho de 1998: durou de Julho de 1998 a Outubro de 1999.

[321] Forman e Grene, *op. cit.*, p. 299.

O mesmo se pode dizer em relação à KFOR no Kosovo (*Kosovo Force*).[322] Criada após os bombardeamentos da NATO em 1999, a KFOR destinava-se a manter a paz no Kosovo[323] enquanto que a UNMIK (*UN Interim Administration Mission in Kosovo,* se dedicaria às tarefas de *peacebuilding*).[324]

> b) as forças multinacionais e as forças da ONU têm comandos separados: na Bósnia-Herzegovina, a NATO fornecia o apoio aéreo à ONU, enquanto que esta última era responsável pela operação de *peacekeeping*.[325]

As operações de *peacekeeping* por vezes são iniciadas e conduzidas por estados individualmente, como certas potências regionais, as antigas potências colonizadoras ou os estados vizinhos a determinado conflito. Na condução dessas operações, esses estados podem tentar prosseguir uma série de interesses próprios, como as suas pretensões a território, recursos económicos ou naturais. Os estados hegemónicos têm interesses vitais a proteger ou uma determinada ordem regional a preservar. A preocupação pela estabilidade pode figurar no cálculo de oportunidades da intervenção: por exemplo, evitar o alastramento do caos ou evitar crises humanitárias. Por regra, as potências regionais têm mais recursos para conduzir essas operações, bem como conhecimento das dinâmicas dos conflitos na área.

Alguns dos estados que intervêm em África são as antigas potências coloniais, como a França e a Inglaterra que ainda mantêm fortes laços políticos, económicos e sociais com as suas ex-colónias. A França organizou a "Operação Turquesa" para o Ruanda (1994), a MISAB na República Centro-Africana (1997-98) e nas zonas orientais

---

[322] Resolução 1244 de 10 de Junho de 1999.

[323] Entre outras tarefas, deveria assegurar a retirada das forças militares e paramilitares (em particular do Exército de Libertação do Kosovo, a força de guerrilha albanesa), o regresso dos refugiados e das pessoas deslocadas pelo conflito e auxiliar o esforço humanitário.

[324] A UNMIK pretendia pôr de pé uma administração provisória para a província e era liderada por um representante especial do SG. A missão desempenha toda a gama de serviços administrativos, indo de áreas como a saúde, educação, banca, finanças, serviços postais, comunicações e, naturalmente, a manutenção da lei e da ordem.

[325] Boutros Boutros-Ghali, "Peacemaking and Peacekeeping for the New Century", in Otunnu e Doyle (eds.), *op. cit.*, pp. 22.

Novos Paradigmas do Peacekeeping   123

da República Democrática do Congo.[326] Na Costa do Marfim, a França tem 4.000 soldados franceses, apesar da oposição que enfrenta. Em Novembro de 2004, as tropas francesas destruíram parte da aviação estatal, depois de nove dos seus soldados terem sido mortos.

A Grã-Bretanha interveio com uma força na Serra Leoa, em 2000, para apoiar o governo e a UNAMSIL que estava em grandes dificuldades. As antigas potências coloniais podem ser motivados pelo: desejo de apoiar um governo eleito ou um regime amigo; manter uma determinada ordem regional, proteger interesses políticos e económicos; prevenir crises humanitárias; proteger os co-nacionais ou agir em função de um dever de ajudar os países e as suas populações.[327]

Os estados vizinhos podem assumir ou liderar uma intervenção quando forem defrontados com uma crise grave na sua periferia que possa ter efeitos negativos na sua ordem interna: uma situação de um estado em colapso ou de uma grave crise humanitária que cause um exôdo de refugiados. A Itália interveio na Albânia em 1997 para mitigar os efeitos de um fluxo gigantesco de refugiados na direcção das suas fronteiras, por razões humanitárias e para impedir a posterior desestabilização da zona. A Autrália interveio em Timor-Leste após os massacres de 1999 que tiveram lugar por ocasião do referendo em que os Timorenses se decidiram a favor da independência face à Indonésia. Os Australianos lideraram a INTERFET após fortes pressões da opinião pública para que Canberra pusesse fim à violência encorajada por Jacarta e à crise humanitária em Timor.

A Rússia tem intervido no espaço da ex-URSS por intermédio da Comunidade de Estados Independentes, um arranjo político que congrega as antigas repúblicas soviéticas. A mediação russa na guerra civil da Geórgia (1990-93) levou ao lançamento de uma operação de *peacekeeping* da Rússia e da CIS. Trata-se de um *peacekeeping* que pouco tem de imparcial e de isento, até porque os Russos impuseram à Geórgia esta operação (e a sua presença militar através dela). Além disso, no contexto daquela guerra civil, Moscovo apoiava abertamente a secessão dos Abkhazes por estes serem pró-russos. A inter-

---

[326] V. Malan, *op. cit.*, p. 2. V. ainda site do Ministério francês da Defesa: http://www.defense.gouv.fr/sites/ema/enjeux_defense/operations_exterieures/.

[327] Bellamy et al., *op. cit.*, pp. 35-6.

124   *As Nações Unidas e a Manutenção da Paz*

venção russa prende-se, acima de tudo, com o facto da Geórgia ter manifestado a sua intenção de assumir uma postura independente, não aderindo à recém-criada (e tutelada pela Rússia) Comunidade de Estados Independentes, nem ter concedido a Moscovo bases militares no seu território. À parte este interesse, a Rússia também não queria que a instabilidade na Geórgia se alastrasse aos territórios do sul da Rússia, como a Ossétia do norte (situada no sul da federação russa e que faz fronteira com a Ossétia do sul), a Chechénia e o Daguestão.

A Rússia patrocinou uma missão de *peacekeeping* para a Abkházia[328] e outra para a Ossétia do Sul, as duas regiões que tentaram separar-se da Geórgia. A Rússia/CIS interveio ainda na Moldova de forma a mediar o conflito que opunha os separatistas da província do Dniestr ao governo. A presença russa foi vista como muito pouca isenta: uma autêntica interferência nos assuntos doutra república sob a cobertura neutral do *peacekeeping*. A atitude de Moscovo explica-se pelas simpatias russas para com os revoltosos que querem separar-se da Moldova para criar um estado independente. Uma coligação da CIS interveio também no Tajiquistão onde o regime era ameaçado pela oposição islamista que recebia a ajuda do Afeganistão. A operação, composta por 25.000 efectivos, destinava-se a patrulhar as fronteiras da república das incursões dos extremistas islâmicos do Afeganistão. A operação da CIS naquela república da Ásia Central configurava menos uma situação de *peacekeeping* do que a acção militar de uma coligação em defesa das fronteiras de um estado aliado[329]

A Nigéria é outra potência regional que se tem envolvido activamente em actividades de *peacekeeping* na Libéria e Serra Leoa devido a uma série de cálculos de interesse interno e relativos à preservação da estabilidade regional. Lagos foi a força dinamizadora da força multinacional (ECOMOG) criada pela Comunidade Económica dos Estados da África Ocidental para o conflito da Libéria. A CEDEAO recorreu posteriormente à ECOMOG para controlar a guerra civil que se iniciou na Serra Leoa. A actuação das forças nigerianas, dominantes em ambas as intervenções, pautou-se pelo favorecimento de certas

---

[328] Esta missão foi autorizada pela ONU: resolução 937 de 21 de Julho de 1994.

[329] V. Kevin O´Prey, "Keeping the Peace in the Borderlands of Russia", in William Durch (ed.), *UN Peacekeeping, American Politics, and the Uncivil Wars of the 1990s*, NY, St. Martin´s Press, 1996, pp. 418-42.

forças politicas locais. Além disso, foram responsáveis por actos censuráveis, como roubos sistemáticos, actos de corrupção e violações dos direitos humanos.[330]

A Grã-Bretanha também interveio na Serra Leoa, após a retirada da ECOMOG e ao mesmo tempo que davam entrada as tropas da UNAMSIL (*UN Mission in Sierra Leone*). As forças britânicas (inicialmente 1.300) deveriam trabalhar com a UNAMSIL para restaurar e manter a ordem no país. Acabariam por ser apanhadas no meio de uma situação caótica e de um braço-de-ferro dos guerrilheiros com as tropas estrangeiras. Os Ingleses responderam pela força quando 11 soldados britânicos e um nigeriano foram feitos reféns por um grupo rebelde. Os Britânicos lançaram uma operação "musculada" para libertar os reféns, a qual foi alvo de duras críticas.

---

[330] C. Tuck, "Every Car or Moving Object Gone", 2000.

VI.
O USO DA FORÇA NAS OPERAÇÕES DAS NAÇÕES UNIDAS

VI.1. O Conselho de Segurança e o Uso da Força

O uso de efectivos militares para o desempenho de tarefas de *peacekeeping* encerra uma contradição nos termos. O uso de militares, canonicamente treinados segundo as regras para a guerra e o combate, parece não coadunar-se com tarefas pacíficas que exigem dos militares grande restrição e auto-controlo e um sentido rigoroso de imparcialidade. Apesar disso, a comunidade internacional vê no *peacekeeping* militar uma "panaceia moldável e infinita para os conflitos mundiais".[331] Após o exemplo bem-sucedido da UNEF I, criou-se a convicção de que o *peacekeeping* se poderia aplicar indistintamente para implementar cessar-fogos, retiradas e verificar acordos de paz. O *peacekeeping* tornou-se o remédio miraculoso para resolver os conflitos que proliferaram na Guerra Fria, simplesmente porque os estados e as organizações internacionais não conseguiam encontrar outro remédio. Escudados pelos princípios sagrados que o deveriam nortear (a "trindade sagrada":[332] consentimento, imparcialidade e o uso da força), os *peacekeepers* foram enviados para todo o tipo de missões: até para as mais inverosímeis, como o Congo, o Líbano e a Somália.

Se o *peacekeeping* é desempenhado por militares, em última instância ele remete-nos para a possibilidade de estes usarem da sua prerrogativa natural: a aplicação da força. Na realidade, o *peacekeeping*

---

[331] David Rieff cit. in Tom Woodhouse, "The Gentle Hand of Peace?", *International Peacekeeping*, vol. 6, nº 2, Verão de 1999, p. 24.

[332] "Holy trinity", v. Bellamy, *op. cit.*, p. 95.

128   *As Nações Unidas e a Manutenção da Paz*

assenta, como afirma Findlay, sobre um elemento (implícito e indefinido) de *bluff*: a de que os capacetes azuis, se confrontados com situações extremas, usarão a força. Este *bluff* é produtivo se tiver um efeito dissuasor sobre potenciais opositores, isto é, a parte antagonista deve convencer-se de que tem algo a perder se não respeitar os compromissos que assumiu. Contudo, a capacidade das NU deterem as forças hostis só existe se: (1) se tiver comunicado de forma clara à parte adversária o objectivo da missão, bem como a ameaça da aplicação da força, no caso de incumprimento ou obstrução por parte dos *"spoilers"*;[333] (2) se a força de *peacekeeping* demonstrar a capacidade e a intenção de usar a força.

A realidade é que o *peacekeeping* nunca foi, como no ideal, uma prática inteiramente pacífica: na UNEF I, a força foi usada logo nos primeiros dias da operação e no total, a missão registou 89 vítimas.[334] A questão do consentimento das partes também não tem sido uniforme: embora o Egipto e Israel tivessem aceite a presença da UNEF I e II, tiveram de ser persuadidos a tal. A ONUC foi enviada sem o consentimento das autoridades do Katanga e a Bélgica deu o seu consentimento com relutância. A UNIFIL trabalha no Líbano com a aquiescência deste país, mas foi frequentemente hostilizada e atingida durante incursões e ataques militares dos Israelitas no sul do Líbano. Os Khmers Vermelhos aceitaram com má-vontade a entrada da UNTAC no Cambodja. O mesmo aconteceu com as facções somalis em relação à UNOSOM I e II. A Indonésia aceitou a presença da INTERFET e da UNTAET após fortes pressões da comunidade internacional, inclusive dos EUA.

O relatório de Hammarskjöld que estabelecia os princípios orientadores da UNEF I (de 6 de Novembro de 1956) não mencionava especificamente o uso da força: "A Força obviamente não deveria ter outros direitos senão os necessários ao cumprimento das suas funções, em cooperação com as autoridades locais. Seria mais do que um corpo de observação, mas não mais do uma força militar que controlasse o território em que está estacionada. Além disso, não deveria ter funções militares que excedessem as necessárias para

---

[333] Stephen J. Stedman, "Spoiler Problems in Peace Processes", *International Security*, vol. 22, nº 2, 1997.

[334] Findlay, *op. cit.*, p. 44.

O *Uso da Força nas Operações das Nações Unidas* 129

assegurar as condições de paz (no pressuposto que as partes no conflito tomem as medidas necessárias para cumprir as recomendações da Assembleia Geral)."[335]

O uso da força no *peacekeeping*, para além da auto-defesa, é viável se a operação for enquadrada no Capítulo VII da Carta, uma vez que este capítulo trata de medidas que o Conselho de Segurança pode impor, como as sanções ou o uso da força militar. Este entendimento foi confirmado por uma sentença do Tribunal Internacional de Justiça, em 1962, que afirmava que as NU têm a capacidade inerente de criar e assumir o comando de forças militares. Contudo a sentença estabelece que estas só podem usar de "direitos beligerantes" quando autorizadas para tal pelo Conselho de Segurança ao abrigo do Capítulo VII.[336]

O uso da força em auto-defesa é legitimado por várias fontes. O filósofo holandês, Hugo Grotius (1583-1645), defendeu a auto-preservação como um direito inerente e natural do indivíduo que nenhuma lei poderia limitar ou abrogar. Também afirmou o direito dos estados à auto-defesa, um conceito que está consagrado na lei internacional através do artigo 51.º da Carta das NU. Uma vez que as forças armadas são os principais defensores do estado, tem-se derivado o seu direito de auto-defesa colectiva do direito dos estados de assegurarem a sua auto-defesa. Tem-se partido do princípio que os militares desfrutam daquele direito, mesmo quando operam sob comando das NU. Alguns autores defendem que a ONU, tal como os estados, goza do direito de defesa própria e que o seu pessoal, por extensão, goza do direito de defesa individual e colectiva.[337]

Incialmente, auto-defesa significava a defesa da pessoa do *peacekeeper* ou dos seus colegas através das suas armas. Contudo, a experiência veio a demonstrar a necessidade de alargar este entendimento de forma a permitir aos capacetes azuis usar a força para:

---

[335] United Nations, *Report of the Secretary-General on Basic Points for the Presence and Functioning in Egypt of the United Nations Emergency Force*, UN document A/3302, 6 de Novembro de 1956, cit. in Findlay, *op. cit.*, p. 21.

[336] International Court of Justice, "Certain Expenses of the United Nations (Article 17, parágr. 1), Advisory Opinion of 20 July 1962", Reports of Judgements, Advisory Opinions and Orders (International Court of Justice, Haia, 1962, p. 177; cit in Findlay, *op. cit.*, p. 8.

[337] Sobre este assunto, v. Findlay, *op. cit.*, p. 15.

(1) impedir tentativas de os desarmar; (2) defender as suas posições, veículos e equipamento contra ataques armados ou contra tentativas de captura dos capacetes azuis e (3) apoiar outros contingentes da ONU.[338] Esta concepção foi posteriormente alargada de forma a autorizar os capacetes azuis a defender as agências civis e outro pessoal das NU. Trata-se de uma situação menos clara porque cabe ao comandante da força decidir sobre estas situações numa base casuistica.

Após 1973, a regra da auto-defesa foi expandida para acomodar a necessidade de "defesa da missão". A auto-defesa passaria assim a incluir a resistência a tentativas, por meios forçados, de impedir os *peacekeepers* de desempenhar a sua missão.[339] Trata-se também aqui de um "terreno pantanoso", que veio gerar mais confusão e incerteza, principalmente ao nível dos comandantes da força relativamente à interpretação do sentido de "defesa da sua missão". Como é sabido, o CS tende a elaborar o mandato das missões no sentido mais amplo e a ser o menos concreto possível em relação a detalhes cruciais e potencialmente comprometedores para o destino da missão: como o que fazer se a missão não conseguir desempenhar as tarefas que lhe foram cometidas se as partes não cooperarem ou deliberadamente oporem resistência. Face ao habitual alheamento do CS, a responsabilidade de interpretar a "defesa da missão" é devolvida ao SG/ Secretariado.

Obviamente que a interpretação do que é a "defesa da missão" depende da natureza e do contexto da missão. Se se tratar essencialmente de uma missão humanitária, então a força pode ser usada para permitir que os capacetes azuis tenham livre acesso às áreas críticas. Se a missão exigir o desarmamento e desmobilização dos beligerantes, o uso da força pode ser mais problemático porque pode desencadear uma espiral de confrontação.

A utilização da força em auto-defesa tem limites que estão codificados na lei internacional e têm sido estabelecidos com a prática. Os mais importantes são os critérios da necessidade e da proporcionalidade. A força pode ser empregue se houver necessidade absoluta

---

[338] IPA, *Peacekeeper´s Handbook*, p. 57.

[339] O relatório da ONU, *A More Secure World: Our Shared Responsibility* (Report of the High-level Panel on Threats, Challenges and Change, 2004), afirma que o uso da força "... é amplamente entendido como estendendo-se à 'defesa da missão'", parágr. 213.

O Uso da Força nas Operações das Nações Unidas 131

dela, isto é, em última necessidade. Em segundo lugar, a força usada deve ser proporcional à ameaça.

O relatório da *ONU, A More Secure World*, lançado em Dezembro de 2004, aborda a questão do uso da força sancionado pelas NU. Trata-se, quer de situações de auto-defesa (artigo 51.°), quer de respostas no âmbito das ameaças previstas no Capítulo VII.[340] Em todos os casos, para ser legítimo, o emprego da força deve obedecer aos seguintes critérios:

(1) Seriedade da ameaça: o mal em causa (contra os estados, ordem internacional ou segurança humana) é suficientemente claro e sério para justificar, *prima facie*, o uso da força militar?

(2) Justo propósito: é claro que o principal objectivo da acção militar é deter ou evitar a ameaça em questão, à parte outras considerações envolvidas?

(3) Último recurso: todas as opções não militares foram exploradas a fundo?

(4) Meios proporcionais: a escala, duração e intensidade da acção militar são estabelecidas com base no mínimo necessário para fazer frente à ameaça em questão?

(5) Balanço das consequências: a acção militar tem probabilidades razoáveis de fazer face à ameaça ou as consequências dessa acção podem ser piores do que a falta de acção?

Em relação ao uso da força, os estados têm demonstrado uma dupla atitude. Por um lado, a insistência para que o mandato das operações ONU preveja o uso da força em auto-defesa de forma a terem alguma garantia de preservação das suas tropas. Por outro, a relutância em que as operações de *peacekeeping* passem esta fronteira e se envolvam em actividades de *enforcement*. A relutância em autorizar missões de *enforcement* prende-se com o facto de nas mesmas haver maior probabilidade de haver vítimas entre os soldados. Além

---

[340] Em relação ao Capítulo VII, o relatório faz a distinção entre as ameaças externas (a ameaça que os estados põem a outros estados, a povos fora das suas fronteiras e à ordem internacional em geral) e as ameaças internas e a consequente responsabilidade dos estados de protegerem as suas populações.

disso, e no que se refere aos grandes estados, o seu receio é que a organização usurpe o seu monopólio do uso da força.[341]

Apesar disso, as resoluções do Conselho de Segurança que prevêm o *enforcement* (sanções e uso da força), raramente o mencionam de forma explícita.[342] Na Coreia, por exemplo, embora a operação fosse de *enforcement*, ela não foi enquadrada ao abrigo do Capítulo VII.[343]

São raras as resoluções, como a 660 de 2 de Agosto de 1990, em resposta à agressão iraquiana contra o Kuwait, em que o Conselho explicitamente afirma estar a agir ao abrigo dos artigos 39.º, 40.º ou 42.º. O artigo 42.º foi invocado em poucas ocasiões: o que se explica por conjurar o uso da força. Também o artigo 39.º, que tem menos implicações, foi referido raramente: este artigo, estabelece que o CS deve determinar se, nos conflitos em consideração, existe qualquer situação de ameaça à paz, ruptura de paz ou acto de agressão. Nas suas resoluções ao abrigo do Capítulo VII, o que o CS geralmente tem feito é a constatação geral da existência (ou da continuação) de uma ameaça à paz internacional sem referir o artigo 39.º[344]

Ao qualificar a situação como uma ameaça à paz, ruptura de paz ou acto de agressão, o CS está a lidar com situações delicadas, podendo em consequência (e dependendo do seu julgamento político do caso), accionar medidas de injunção. Dizia Goodrich já em 1969 que "...a relutância dos membros em fazer uma constatação, com base no Artigo 39, frequentemente prende-se com a sua falta de vontade em embarcar num curso de acção que pode levar à aplicação de medidas de enforcement."[345] O Conselho também aplicou medidas do artigo 41.º sem o citar expressamente e sem ter previamente deter-

---

[341] V. Findlay, *op. cit.*, p. 16.

[342] Higgins faz esta observação a propósito das resoluções relativas ao Congo, mas diz que aquelas resoluções se reportavam aos artigos 25.º e 49.º para vincar a sua natureza obrigatória e o dever dos estados-membros em as apoiar: *op. cit.*, p. 235.

[343] Na Resolução 83 do Conselho de Segurança (27 de Junho de 1950) relativa à invasão da Coreia do Sul, o Conselho de Segurança *"recomenda* que os Estados-membros das Nações Unidas forneçam a assistência à República da Coreia que for necessária para repelir o ataque armado e para restaurar a paz e a segurança internacional na área" (sublinhado no original).

[344] Ciechanski in Pugh (ed.), *op. cit.*, p. 84.

[345] Goodrich et al., *op. cit.*, p. 294.

O *Uso da Força nas Operações das Nações Unidas* 133

minado se a situação em causa era de natureza a requerer medidas ao abrigo do Capítulo VII.[346]

No geral, as resoluções referem que o CS está a agir "ao abrigo do Capítulo VII", uma forma lacónica de autorizar os estados-membros a usar a força ou a fazer uso de outros instrumentos coercivos. Noutros casos, o CS afirma que se está perante um ameaça à paz e segurança internacionais. Por vezes, a autorização do uso da força vem encapotado em linguagem eufemística como "todas as medidas necessárias" (UNPROFOR na Bósnia-Herzegovina) ou "todos os meios necessários" (UNOSOM II na Somália). O enquadramento vago do uso da força tem ainda como consequência não definir o nível ou tipo de força a ser usada na operação específica.

Segundo Berman, o facto das resoluções serem imprecisas não é de estranhar: a ausência de uma base legal explícita para viabilizar a força militar não é um facto novo, até porque o "Conselho, ao contrário de, por exemplo, os órgãos legislativos da União Europeia, situa-se numa tradição internacional na qual o alcance e distribuição dos poderes se realizam numa acepção ampla".[347] O CS não só tem decidido sobre o emprego de medidas de injunção sem as nomear claramente, mas tem-no feito mesmo quando já tem em vista o executor dessa medidas: é o caso das resoluções 83 e 84 sobre a Coreia (1950)[348] e da resolução 221 sobre o embargo petrolífero contra a Rodésia do Sul (1966).[349] A resolução 83 (27 de Junho de 1950) recomenda que os estados-membros da ONU forneçam ajuda à Coreia do Sul; a resolução 84 (7 de Julho de 1950) cria um Comando Unificado dirigido pelos EUA. A resolução 221 apela aos estados-membros que quebrem as relações económicas com a Rodésia do

---

[346] Ver, por exemplo, as sanções contra a África do Sul (resolução 181 de 7 de Agosto de 1963; resolução 182 de 4 de Dezembro de 1963 e resolução 421 de 9 de Dezembro de 1977), Portugal (resolução 180 de 31 de Julho de 1963 e resolução 218 de 23 de Novembro de 1965) e a Rodésia (resolução 216 de 12 de Novembro de 1965 e resolução 217 de 20 de Novembro de 1965). V. Goodrich, *op. cit.*, p. 313.

[347] Berman, in Malone (ed.), *op. cit.*, p. 156.

[348] Na realidade, o uso da força na Coreia não foi sancionado pelo artigo 42.°: a acção foi tomada na base de uma "recomendação" de CS ao abrigo do artigo 39.° V. Goodrich et al., *op. cit.*, p. 315.

[349] A resolução fala explictamente da conivência das autoridades portuguesas com o regime da Rodésia.

134 *As Nações Unidas e a Manutenção da Paz*

Sul (regime "branco" de Ian Smith) e que implementem um embargo de petróleo e produtos derivados. A resolução foi criada tendo em mente o Reino Unido (que orquestrou a elaboração da resolução) para montar um bloqueio naval destinado a impedir a chegada de petroleiros ao porto da Beira, Moçambique (embargo esse também dirigido pelo Royal Navy do Reino Unido).

Com o fim da Guerra Fria, as NU começaram a enquadrar as novas missões de *peacekeeping* explicitamente ao abrigo do Capítulo VII, dando lugar de relevo ao uso da força ou outras medidas de carácter coercivo. Wallensteen e Johansson calcularam que 93% das resoluções adoptadas pelo CS ao abrigo daquele capítulo aconteceram no pós-Guerra Fria.[350] Desde 1990, 25% das resoluções do CS foram enquadradas no Capítulo VII. Em 2001, a média foi de 35% e, em 2002, de 47%.

Algumas resoluções fazem referência explícita ao Capítulo VII nas resoluções que criavam. É o caso da UNCRO (*UN Confidence Restoration Operation*) e da UNTAES (*UN Transitional Administration for Eastern Slavonia, Baranja and Western Sirmium*) que contemplavam, nas resoluções que as instituíam,[351] o direito de usar a

---

[350] Entre 1946 e 1989, as NU invocaram o Capítulo VII em 24 ocasiões (v. Bellamy et. al, op. cit., p. 147). Wallensteen e Johansson in Malone (ed.), *op. cit.*, p. 19. V. pp. 19-20. Entre 1946 e 1986, o CS adoptou oito resoluções ao abrigo do Capítulo VII (Palestina: Resolução 54 de 15 de Julho de 1948; Coreia: Resolução 82 de 25 de Junho de 1950; Rodésia: Resolução 221 de 9 de Abril de 1966, Resolução 232 de 16 de Dezembro de 1966, Resolução 253 de 29 de Maio de 1968 e Resolução 288 de 18 de Março de 1970; África do Sul: Resolução 418 de 4 de Novembro de 1977; Malvinas: Resolução 502 de 3 de Abril de 1982. Outras sete resoluções eram de natureza obrigatória, embora não invocassem aquele capítulo (Congo: Resolução S/4741 de 21 de Fevereiro de 1961; Guerra dos Seis Dias: Resolução 233 de 6 de Junho de 1967, Resolução 234 de 7 de Junho de 1967, Resolução 235 de 9 de Junho de 1967; Guerra do Yom Kippur: Resolução 338 de 22 de Outubro de 1973 e Resolução 339 de 23 de Outubro de 1973).

[351] A UNCRO foi lançada pela Resolução 981 de 31 de Março de 1995. A UNCRO substituiu a UNPROFOR na Croácia. Tinha como principais funções velar pela tranquilidade na região com vista à integração pacífica das zonas dominadas pelos Sérvios na Croácia (Eslavónia Ocidental e Oriental, a região da Krajina e a península de Prevlaka). Outro dos objectivos era garantir os direitos e a segurança das comunidades minoritárias na Croácia. Em Maio e Agosto de 1995, a Croácia conquistou a Eslavónia Ocidental e a Krajina. As NU ficaram reduzidas à presença na Eslavónia Oriental, o último reduto sérvio. A UNTAES (v. a Resolução 1037 de 15 de Janeiro de 1996) foi criada na sequência da assinatura do *Basic Agreement on the Region of Eastern Slavonia, Baranja and Western*

O *Uso da Força nas Operações das Nações Unidas*   135

força em auto-defesa (uma redundância uma vez que, por natureza, o *peacekeeping* permite o uso da força em auto-defesa). Resoluções mais recentes não só enquadram as operações ao abrigo do Capítulo VII, como determinam ainda a existência de uma situação de "ameaça à paz e à segurança internacional".[352] Outras invocam o Capítulo VII e explicitam detalhadamente as situações em que os *peacekeepers* estão autorizados a "usar todos os meios" para desempenhar o mandato.

A resolução 1545[353] que cria a ONUB (Burundi), enuncia uma lista de nove situações em que os soldados da missão estão autorizados "usar todos os meios". Elas vão da monitorização do cessar--fogo, até ao desarmamento e desmobilização dos combatentes, protecção dos civis e protecção do pessoal das NU, suas instalações, e equipamento. A resolução que cria uma missão recente das Nações Unidas, a *UN Mission in Sudan*, é mais concisa, mas paradigmática no que se refere às situações de *enforcement* tuteladas pelo CS: "Decide que a UNMIS é autorizada a tomar as acções necessárias, dentro das suas possibilidades e na área de posicionamento das suas forças, para proteger o pessoal das Nações Unidas, suas instalações e equi-

---

Sirmium (parte dos Acordos de Dayton, 12 de Novembro de 1995), o qual previa a transferência pacífica destas regiões, de população maioritariamente sérvia, para o governo croata. O Acordo solicitava ao CS que estabelecesse uma administração transitória durante 12 meses e que criasse uma força internacional para manter a paz e a segurança nesse período (a operação acabaria por ter a duração de 24 meses). A UNTAES tinha uma componente militar (essencialmente para supervisionar a desmilitarização da região, assegurar o regresso dos refugiados e pessoas deslocadas aos seus locais de origem e manter a segurança em geral) e uma componente civil (para criar e treinar uma força de polícia, organizar eleições, ajudar na reconstrução económica e monitorizar o respeito pelos Direitos Humanos); v. http://www.un.org/Depts/dpko/dpko/co_mission/untaes_p.htm. É ainda o caso da MINURCA (*UN Mission in the Central African Republic*), criada em Abril de 1998. A MINURCA foi dotada de um mandato do Capítulo VI, substituindo a operação MISAB (*Inter-African Mission to Monitor the Implementation of the Bangui Agreements*) que tinha sido dotada de um mandato do Capítulo VII, mas apenas para proteger a segurança e liberdade de movimentos do seu pessoal. A *Multinational Protection Force*, lançada para a Albânia em 1997, recebeu a mesma autorização de uso da força da MISAB. A MONUC, estabelecida em Novembro de 1999 para o Congo, recebeu um mandato do Capítulo VII em Fevereiro de 2000: para proteger a força, o pessoal da Comissão Conjunta Militar e os civis ameaçados.

[352] Caso da resolução 1509 de 19 de Setembro de 2003 que cria a UNMIS para o Sudão.
[353] De 21 de Maio de 2004.

136   *As Nações Unidas e a Manutenção da Paz*

pamento; garantir a segurança e liberdade de movimento do pessoal das Nações Unidas, pessoal humanitário, do pessoal do mecanismo de avaliação conjunta e da comissão de avaliação e, sem prejuízo da responsabilidade do governo do Sudão, proteger os civis sob ameaça iminente de violência física".[354]

Noutros casos, algumas missões lançadas ao abrigo do Capítulo VI foram posteriormente reforçadas, com a previsão do uso da força. Trata-se do caso mais comum nos anos 90 em que certas missões se defrontaram com dificuldade continuadas, como a UNPROFOR. A UNPROFOR foi inicialmente lançada como uma missão de *peacekeeping*. Em Fevereiro de 1993, dois dos seus três segmentos (Croácia e Bósnia-Herzegovina) transformaram-se em operações do Capítulo VII.[355] Também a UNOSOM, na Somália, foi uma operação de *peacekeeping* entre 1992 e Junho de 1993: nessa altura, o CS rebaptizou a operação (UNOSOM II) e deu-lhe um mandato ao abrigo do Capítulo VII. Em casos mais raros, as missões de *peacekeeping* dotadas de mandatos ao abrigo do Capítulo VII eram na realidade operações de *peace enforcement*: casos da UNOSOM II na Somália, da UNTAET, em Timor, e da UNAMSIL na Serra Leoa.

Jane Boulden faz a distinção entre operações de puro *peace-enforcement* e operações de *"mandate enforcement"*. As primeiras poderiam definir-se com mais precisão como *"full-fledged enforcement"*, o que *"...significa conduzir operações ofensivas de combate para impor os termos de um mandato a um malfeitor renitente identificado pelo Conselho de Segurança"* (caso da Coreia e do Iraque).[356] As segundas (actualmente denominadas *"grey area operations"*) situam-se num ponto indefinido algures num percurso que vai do *peacekeeping* tradicional ao *peace-enforcement*. Nelas, o uso da força é uma necessidade para assegurar o cumprimento do mandato.[357]

---

[354] Ao contrário destas resoluções, a resolução 1479 de 13 de Maio de 2003, que cria a *UN Mission in Côte d'Ivoire* (MINUCI), não refere explicitamente o Capítulo VII, mas determina "...que a situação na Costa do Marfim constitui uma ameaça à paz e segurança internacional na região".

[355] Resolução 807 de 19 de Fevereiro de 1993 e Resolução 815 de 30 de Março de 1993. A UNPROFOR na Macedónia permaneceu como operação de *peacekeeping*.

[356] Donald C. F. Daniel e Bradd C. Hayes, "Securing Observance of UN Mandates Through the Employment of Military Force", in Pugh, *op. cit.*, p. 108.

[357] Boulden, *op. cit.*, p. 3.

VI.2. Modalidades do Uso da Força

Geralmente o CS não tem usado a força nos moldes previstos no Cap. VII, isto é, usando as forças militares ao abrigo de acções colectivas como aquelas previstas no artigo 43.º (isto é, com o uniforme da ONU e sob o seu comando). O uso da força, autorizado pelo Conselho de Segurança, destina-se por regra a reforçar a implementação do mandato das operações de paz ou a implementar os acordos entre os beligerantes. Nesse sentido, o *peace-enforcement* das NU geralmente não corresponde ao *"full-scale enforcement"* de operações como a intervenção contra o Kuwait de 1991. As operações de *enforcement* geralmente reúnem os seguintes requisitos:

– autorização ao abrigo do Capítulo VII da Carta;
– autorização para usar a força para fins que vão além da auto-defesa;
– respeito pela imparcialidade, o que significa que a operação não tem em conta as reivindicações ou posições das partes no conflito, mas que se rege unicamente pelo respeito do mandato;
– o consentimento das partes para a operação não é um pré--requisito.[358]

Em vez disso, o CS tem autorizado certos estados-membros ou coligações de estados a, por sua delegação e em seu nome, usar a força. Aliás, o artigo 42.º não especifica que as forças empregues em operação de *enforcement* sejam forças da ONU: limita-se a autorizar o CS a fazê-lo "por meio de forças aéreas, navais ou terrestres". Além disso, o artigo 48.º expressamente refere que "[A] acção necessária ao cumprimento das decisões do Conselho de Segurança para a manutenção da paz e da segurança internacionais *será levada a efeito por todos os Membros das Nações Unidas ou, por alguns deles, conforme seja determinado pelo Conselho de Segurança."*[359]

O artigo fala ainda do papel que outras organizações internacionais podem desempenhar na execução das "decisões" do CS: "[Essas] decisões serão executadas pelos Membros das Nações Unidas directamente, e, *por seu intermédio, nos organismos internacionais apro-*

---

[358] Boulden, *op. cit.*, p. 4.
[359] Meu sublinhado.

priados de que façam parte."[360] O artigo 53.º afirma que o CS pode lançar mão de acordos ou organizações regionais para "uma acção coercitiva sob a sua própria autoridade."

O uso da força, autorizado pelo Conselho de Segurança, tem revestido as seguintes modalidades:

> ➤ *coligações lideradas pelos Americanos*
>   – Coreia (1950),[361] Iraque-Kuwait (1990),[362] Somália (1992),[363] Haiti (1994).[364]
> ➤ *autorizações a países a título individual para organizar e comandar uma força multinacional*
>   – a França no Ruanda ("Operação Turquesa", 1994), a Itália na Albânia ("Operação Alba", 1997) e a Austrália em Timor-Leste (INTERFET, 1999).
> ➤ *a delegação do uso da força em entidades regionais.* É o caso das acções militares da NATO na Bósnia-Herzegovina 1994-5, em especial a "Operação *Deliberate Force*".[365] Um exemplo recente foi a criação da *Multinational Force to Liberia,* composta por membros da CEDEAO, e destinada a restabelecer a segurança no país após o reacender do conflito em inícios de 2003.[366] É ainda o caso da missão da *Interim Emergency Multinational Force* (conhecida como "Operação Artémis", 2003) lançada pela União Europeia para a República Democrática do Congo a fim de permitir às Nações Unidas reforçarem a MONUC.[367]
> ➤ as **operações da NATO autorizadas pelo Conselho de Segurança na Bósnia-Herzegovina**, na sequência dos Acordos de Dayton, de Novembro de 1995: foram lançadas a *Implementation Force*, 1995 (IFOR)[368] e a *Stabilization Force*, 1996 (SFOR).[369]

---

[360] Artigo 48.º §2 (meu sublinhado).
[361] Resolução 83 de 27 de Junho de 1950 e Resolução 84 de 7 de Julho de 1950.
[362] Resolução 678 de 29 de Novembro de 1990.
[363] Resolução 794 de 3 de Dezembro de 1992.
[364] Resolução 940 de 31 de Julho de 1994.
[365] Resolução 836 de 4 de Junho de 1993.
[366] Resolução 1497 de 1 de Agosto de 2003.
[367] Resolução 1484 de 30 de Maio de 2003.
[368] Resolução 1031 de 15 de Dezembro de 1995, parágr. 14.
[369] Resolução 1088 de 12 de Dezembro de 1996.

O *Uso da Força nas Operações das Nações Unidas* 139

➢ o **uso da força em certas operações de** *peacekeeping*, como a *UN Operation in Somalia II* (UNOSOM II)[370] e a *UN Mission in Sierra Leone* (UNAMSIL).[371]

➢ *autorização do uso da força concedida a missões que não são da ONU*: é o caso da autorização concedida a uma força autorizada pela ONU, a *International Security Assistance Force*, ISAF no Afeganistão.[372] Trata-se de uma força constituída nos moldes de uma "coalition of the willing" criada com a autorização do CS, mas organizada fora do âmbito da ONU.[373] Foi mandatada para providenciar a segurança na área em torno de Kabul, para apoiar a Autoridade Transitória do Afeganistão/o Governo Provisório (eleito em Janeiro de 2005) e para auxiliar as actividades da *UN Assistance Mission to Afghanistan* (UNAMA), bem como outras agências humanitárias.

VI.3. O Uso da Força no Período da Guerra Fria: O Caso do Congo

Alan James diz que o *peacekeeping* mudou irremediavelmente após a operação no Congo pois esta teve como consequência que "a aura apolítica que tinha até então rodeado o *peacekeeping* se dispersou completamente."[374] A operação deixou marcas profundas na organização porque foi a primeira experiência de missões de paz que fugiu ao padrão habitual do *peacekeeping* consensual e pacífico. O Congo constituíu uma estreia para a organização e foi um ensaio para experiên-

---

[370] Resolução 814 de 26 de Março de 1993.

[371] Resolução 1270 de 22 de Outubro de 1999 e 1289 de 7 de Fevereiro de 2000.

[372] Resolução 1386 de 20 de Dezembro de 2001; v. ainda as resoluções 1413 de 23 de Maio de 2002 e 1444 de 27 de Novembro de 2002.

[373] Inicialmente, certos estados ofereceram-se para liderar a ISAF numa base semestral. O primeiro foi o Reino Unido, seguido pela Turquia. A terceira missão da ISAF, a partir de Fevereiro de 2003, foi liderada conjuntamente pela Alemanha e pela Holanda, com o apoio da NATO. Desde 11 de Agosto de 2003, a ISAF é liderada pela NATO e financiada pelos estados-membros que contribuem com tropas (v. http://www.nato.int/issues/afghanistan/evolution.htm e http://www.afnorth.nato.int/ISAF/about/about/_history.htm).).

[374] "The Congo Controversies", *International Peacekeeping*, vol. 1, nº 1, Primavera de 1994, p. 57.

140   *As Nações Unidas e a Manutenção da Paz*

cias posteriores de "operações complexas". A experiência do Congo assemelha-se às intervenções das NU na Bósnia e na Somália: operação num contexto de desagregação estatal, no qual as forças beligerantes se multiplicam, causando sérios problemas ao funcionamento da missão.

A operação ficaria nos anais da ONU devido a uma combinação de circunstâncias funestas: (1) o uso da força contra os beligerantes; (2) os elevados custos financeiros da operação e (3) as divisões internas que a gestão da operação originou. A ONUC foi, até à década de 90, a maior operação da história das NU, com a agravante adicional de ter durado quatro anos (1960-64).

O Congo era uma colónia belga que adquiriu a sua independência a 30 de Junho de 1960 na sequência de um processo negocial precipitado. Sendo um estado com uma matriz étnica complexa, o período pós-independência foi assinalado por confrontos tribais em numerosas zonas do país, a começar pela capital. A 2 de Julho, registaram-se vários episódios de motins dos soldados congoleses contra os seus oficiais belgas. O Congo tinha assinado um tratado de amizade com a antiga potência colonial que previa a manutenção de duas bases militares belgas no país. Os tumultos escalaram com ataques contra cidadãos europeus. Alarmada pela deterioração das condições, Bruxelas enviou mais soldados para o Congo e deu ordens aos seus soldados estacionados naquele país africano para intervir, restaurando a ordem e protegendo os cidadãos belgas.

O Presidente do Congo, Joseph Kasavubu, e o seu Primeiro-Ministro, Patrice Lumumba, consideraram esta intervenção uma violação dos termos do tratado de amizade e da soberania entre os dois países. A 12 de Julho, enviaram um telegrama ao SG das Nações Unidas, Dag Hammarskjöld, solicitando-lhe "ajuda militar" para fazer face à ingerência belga.[375]

A intervenção dos Belgas foi discutida a 14 de Julho no CS, onde se considerou a possibilidade de qualificar aquela intervenção como uma agressão, ao abrigo do artigo 39.º da CNU. A resolução final acabaria por exigir apenas a retirada das forças belgas. Autorizava ainda o SG a "tomar as medidas necessárias, em consulta com o

---

[375] V. Boulden, *op. cit.*, p. 26.

O *Uso da Força nas Operações das Nações Unidas* 141

Governo da República do Congo, a fornecer ao governo a ajuda militar que considerasse necessária" a título temporário e até que as forças armadas do país estivessem em condições de tomar conta da situação.[376] A resolução evitou invocar o Capítulo VII e foi formulada em termos vagos: a "ajuda militar que considerasse necessária" era uma força de *peacekeeping* para estabilizar o país. A *Opération des Nations Unis au Congo* (ONUC) deveria ainda fornecer assistência às forças de segurança de forma a prepará-las para a assunção da autoridade. A resolução não estabelecia uma data-limite para a retirada das tropas belgas.

A secessão do Katanga, a 11 de Julho, veio rodear a intervenção da ONU de maior complexidade, empurrando as NU para um cenário de "*mission creep*". O Katanga era uma zona rica em minérios, onde os interesses belgas eram particularmente fortes. Determinados a proteger os seus investimentos, os Belgas intensificaram a sua intervenção militar para apoiar a secessão decretada por Moise Tshombé. As autoridades belgas forneceram apoio militar e administrativo ao movimento secessionista.

A 22 de Julho, o CS emitiu uma nova resolução que clarificava e, simultaneamente, reforçava a resolução 143. A resolução afirmava que "a restauração completa da lei e da ordem" deveria contribuir para "a manutenção da paz e da ordem internacional" – terminologia que na linguagem onusiana põe em evidência a gravidade da situação, bem como a excepcionalidade das medidas a aplicar. O documento reiterava a exigência da Bélgica retirar "rapidamente" as suas tropas e autorizava o SG a "adoptar a acção necessária para este efeito." A resolução não alterava substancialmente a natureza do mandato, mas conferia ao SG uma responsabilidade específica: a restauração da ordem no país. A resolução afirmava claramente que a estabilização do país era uma condição para a "manutenção da paz e estabilidade". Por fim, enviava uma forte mensagem a favor da manutenção do Congo como uma "unidade".[377]

A resolução não resolvia o problema de fundo que era o das posições dos diferentes actores relativamente à abordagem a adoptar

---

[376] Resolução 143 de 14 de Julho de 1960.
[377] Resolução 145 de 22 de Julho de 1960.

no Katanga. O SG estava sob pressão da URSS e de Lumumba para usar a força de forma a resolver de forma definitiva o problema da secessão. O líder da revolta Tshombé, inicialmente contrário à entrada na ONUC no Katanga, acabaria por aceitar a intervenção da força de paz. Contudo, após a colaboração inicial, Tshombé dedicar-se-ia a boicotar o trabalho da ONUC.

Ralph Bunche, nomeado Representante-Especial do SG, tinha verificado, aquando da sua visita à província secessionista, que a ONUC encontraria forte resistência armada. O CS manteve uma posição de firmeza – exigindo a retirada imediata das forças belgas e o acesso da ONU à província –, mas sem chegar ao ponto de autorizar o uso da força.

Revoltado com Hammarskjöld, por este ser favorável a uma intervenção cautelosa, Lumumba decidiu tomar a situação em mãos. Com a ajuda militar que a URSS lhe tinha fornecido, em finais de Agosto, Lumumba e as suas tropas dirigiram-se para o Katanga. Na sua marcha, as forças de Lumumba confrontaram-se com as tribos secessionistas da província do Kasai, causando um massacre.

As incompatibilidades entre Lumumba e Kasavubu agudizaram a situação de caos institucional quando, em Setembro de 1960, os dois homens se demitiram mutuamente. Entre eles haviam rivalidades de base étnica e ideológica. Lumumba era um homem de esquerda: fazia parte do Movimento Nacional Congolês que defendia a ligação à URSS. Para complicar ainda mais o xadrez político, Joseph Mobutu, Chefe do Estado-Maior, neutralizou as várias facções através de um golpe de estado. A actuação das NU foi consideravelmente dificultada pela situação de vazio de poder institucional e pela existência de vários núcleos em competição.

A luta interna culminou, em Fevereiro de 1961, na prisão de Lumumba e na sua morte em circunstâncias obscuras. A morte de Lumumba acicatou o ressentimento da URSS em relação ao SG. A ONU tinha-se recusado, como posição de princípio, a intervir nas lutas de poder internas e, por isso, tinha-se posto à margem do processo que acabaria por conduzir ao assassinato de Lumumba.

Com a morte de Lumumba, a postura das NU mudou radicalmente. A 21 de Fevereiro de 1961, o CS mandatou a ONU a "evitar a ocorrência de guerra civil" e a usar a força se necessário, e em último recurso, para assegurar aquele fim. O CS exigia ainda a retirada das tropas belgas e outros militares, dos mercenários e dos consultores estrangeiros. A resolução apelava ao fim da interferência estrangeira no país e urgia os Congoleses a reorganizar as forças armadas nacionais e a proceder rapidamente à convocação do parlamento congolês.[378] Em Agosto, a ONU conseguiu negociar um acordo entre as várias facções congolesas para formar um governo, do qual o Katanga estava excluído.

A partir dessa altura, a ONU concentrou a sua acção naquela província com o objectivo de expulsar os mercenários, embora com pouco sucesso. Em Agosto e Setembro, a ONU lançou duas operações para capturar e expulsar os mercenários. A "Operação Morthor" (13 de Setembro) correu mal: alguns contingentes da ONU foram cercados pelos revoltosos.

De visita ao Congo, Hammarskjöld decidiu intervir pessoalmente para pôr fim ao impasse no Katanga. Durante a viagem que o levaria à Gâmbia, onde se deveria encontrar com Tshombé, o avião do SG despenhou-se causando a morte de todos os ocupantes. Após a tomada de posse do novo SG, o birmanês U Thant, os gendarmes de Tshombé retomaram o assédio contra as tropas da ONUC. A 24 de Novembro de 1961, o CS expandiu ainda mais o mandato da ONUC, autorizando o SG a "tomar medidas vigorosas, incluindo o uso dos meios necessários de força, para a imediata apreensão, detenção... e/ou deportação de todo o pessoal estrangeiro militar e para-militar e conselheiros políticos ... e mercenários."[379] Esta resolução, juntamente com a 161, colocava a ONUC no campo do *peace enforcement*.

A 21 de Dezembro de 1961, Tshombé assinou o Acordo de Kitona, reconhecendo formalmente a autoridade do governo do Congo sobre todo o território. Contudo, as obstruções à actuação da ONUC continuaram durante o ano de 1962. A 24 de Dezembro, as forças de Tshombé lançaram uma série de violentos ataques contra os soldados da ONUC, causando várias vítimas. U Thant decidiu abandonar a estratégia da persuasão e adoptar uma postura de força de forma a pôr fim às provocações. Os rebeldes desafiavam a autoridade da ONUC, criando nomeadamente obstáculos ao movimento

---

[378] Resolução 161 de 21 de Fevereiro de 1961.
[379] Resolução 169 de 24 de Novembro de 1961.

dos capacetes azuis. Faziam-no erguendo bloqueios militares nas estradas. Esses bloqueios isolavam os vários postos das NU e cortavam as comunicações entre os capacetes azuis. Os rebeldes utilizavam depois esses postos de bloqueio para disparar contra os capacetes azuis.

A 28 de Dezembro, a ONUC desencadeou uma operação militar de envergadura contra os gendarmes do Katanga: a "Operação Grandslam". No mês de Janeiro de 1963, as tropas da ONUC ocuparam Elisabethville, alargando progressivamente a sua presença na região, o que levou Tshombé a aceitar formalmente terminar a rebelião armada.

A ONUC acabaria por pôr fim à revolta do Katanga, produzindo o desfecho que Lumumba tinha desejado, mas só depois de dois anos e meio no terreno e diversos refinamentos ao seu mandato. Hammarskjöld tentou preservar a imparcialidade da operação e evitou usar a força até ao limite do possível. Quando o SG levou a questão ao CS, afirmou que os princípios estabelecidos para a UNEF I deveriam ser aplicados ao Congo.[380] Durante os primeiros oito meses, a ONUC preocupou-se em manter um equilíbrio impossível: decidida a permanecer para estabilizar a situação; relutante em tomar partido no complexo conflito interno; incapaz de tomar iniciativas militares para restabelecer a ordem devido à falta de um mandato explícito nesse sentido. A operação tomou as medidas possíveis para manter a ordem local e para proteger os civis. Contudo, a situação no Katanga tornava o uso da força inevitável: o que veio a acontecer sobretudo quando U Thant tomou posse.

O emprego da força produziu sérias divisões dentro da ONU, pondo em perigo a continuação da operação. Quando a crise do Congo foi discutida no Conselho de Segurança, a 13-14 de Julho de 1960, o representante soviético definiu o caso como uma agressão belga e insistiu que as Nações Unidas respondessem com base no princípio da "segurança colectiva": com uma força armada sob a bandeira da ONU de forma a "tomar medidas efectivas para pôr fim à agressão."[381] Contudo, o entendimento da maior parte das outras potências era que não se tratava de uma agressão, mas que o proble-

---

[380] Boulden, *op. cit.*, p. 33.
[381] Claude, *op. cit.*, p. 293.

O *Uso da Força nas Operações das Nações Unidas* 145

ma residia na situação interna caótica do Congo, situação essa que tinha precipitado a intervenção belga.

A URSS opôs-se ferozmente à ONUC a partir do Outono de 1960 quando se tornou evidente que aquela não tinha as características de uma acção de segurança colectiva. Embora imparcial, a presença da ONUC constituia um impedimento à tomada de poder pelos comunistas. A URSS atacou ferozmente Hammarskjöld pelo facto da ONUC ser um obstáculo para as pretensões de Lumumba. Lumumba, por sua vez, também se desiludiu com a ONUC quando ela não lhe providenciou a cobertura que ele desejava. Na interpretação pessoal daquele líder, a ONU tinha vindo em auxílio do seu governo e deveria ajudá-lo a restabelecer o controlo sobre o país. Lumumba ficou ainda mais desiludido quando a ONUC não tomou medidas enérgicas para impedir a secessão do Katanga.[382]

Hammarskjöld adoptou uma férrea política de equidistância em relação a todas as facções e tomou medidas para salvaguardar a imparcialidade da ONU. Menos preocupado com a não-interferência, U Thant demonstrou ter menos escrúpulos em relação aos meios a utilizar na execução do mandato.

Em Setembro de 1960, os Soviéticos exigiram que o SG destituísse o comandante da ONUC, o sueco Maj.-Gen. Carl von Horn. A 23 de Setembro, quando Khrushchev discursou perante a AG, exigiu que Hammarskjöld se demitisse. A proposta russa previa que o Secretariado a criar fosse dirigido por uma *troika*, composta por um membro do bloco pró-ocidental, outro neutral e um pró-soviético. A proposta não foi acolhida. Por iniciativa dos EUA, o Conselho decidiu remeter a questão do Congo para a AG.[383] Ao abrigo da resolução *"Uniting for Peace"*, a AG reafirmou a sua confiança no SG.[384]

A ONUC constituíu uma experiência totalmente nova na área do *peacekeeping*. Nela se depositaram muitas esperanças, até porque o

---

[382] Hammarskjöld recusou o pedido de Lumumba de incluir representantes e militares congoleses na força da ONU. Outras acções tomadas inicialmente pela ONU contribuíram para o desagrado de Lumumba: o encerramento das estações de rádio pró-Lumumba e a captura dos meios de comunicação e o encerramento do aeroporto de Léopoldville. Durch in Durch (ed.), *op. cit.*, p. 323.

[383] Resolução S/4526 de 17 de Setembro de 1960.

[384] Resolução 1474 (XV) de 20 de Setembro de 1960.

registo das missões passadas era de sucesso: as operações de observação e de interposição de forças, de que a UNEF I no Médio Oriente era exemplo demonstrativo. A ONUC tinha sido sobrecarregada de responsabilidades num contexto particularmente difícil: o de uma guerra civil causadora de uma crise humanitária. A intervenção previa uma delicada missão militar, à qual se juntaram uma série de responsabilidades na área civil.

As profundas divisões na comunidade internacional quanto ao rumo a tomar fizeram com que, desde o início, a ONUC nunca tenha recebido uma definição precisa da sua missão. O peso da responsabilidade recaiu sobre os ombros do Secretário-Geral, ou como o demonstra o aforismo da altura: "Leave it to Dag!"[385] Essas divisões foram aumentando à medida que a rebelião no Katanga se eternizava e face à hesitação do CS em agir com firmeza. O assassinato de Lumumba e a posição de independência que o SG quis manter durante a crise, fizeram emergir divisões profundas na ONU: estados socialistas vs. estados pró-ocidentais; um bloco de estados europeus, liderado pela França, que constituía o bloco colonialista e que apoiava a Bélgica.

No Congo, a ONUC encontrou um governo dividido onde existiam vários centros de poder: as rivalidades étnicas e ideológicas tornaram insustentável a convivência entre o chefe de estado e o primeiro-ministro. A fraqueza do estado criou um caldo de cultura propício ao surgimento de novos aspirantes ao poder. A desagregação do governo central, após a morte de Lumumba, criou um vazio de poder que durou até ao Verão de 1962, altura em que foi formado um novo governo. A secessão do Katanga tornou-se uma ferida aberta, agravada pela deterioração das relações entre Lumumba e Hammarskjöld e a consequente hostilidade da URSS. A ONUC foi obrigada a operar num clima insustentável, agravado pela morte do SG e por uma conjuntura internacional dominada pela crise dos mísseis de Cuba.

A decisão de usar a força no Congo desencadeou uma acesa polémica, para além de ter criado um precedente na praxis do *peacekeeping*. Contudo, as resoluções do Conselho que autorizavam a força delimitavam os contornos desta à: (1) restauração da lei e da

---

[385] Rikhye, *op. cit.*, p. 88.

O Uso da Força nas Operações das Nações Unidas   147

ordem e para evitar a ocorrência de uma guerra civil, (2) preservação da liberdade de movimentos dos capacetes azuis e (3) expulsão dos mercenários estrangeiros. O SG e vários membros das NU defenderam que não estavam a tomar medidas de *enforcement* ao abrigo do artigo 42.°: a menção do Capítulo VII foi cuidadosamente evitada de forma a não incendiar ainda mais o debate. Além disso, o CS sublinhou repetidamente e com ênfase o seu respeito pelo princípio da não interferência na soberania do país.[386]

As medidas coercivas eram apresentadas como "...medidas provisórias destinadas a evitar uma agravação da situação."[387] O Tribunal Internacional de Justiça no caso, *Certain Expenses of the United Nations*, confirmou aquela interpretação ao afirmar que a actuação da ONUC não se enquadrava no *enforcement* previsto no artigo 43.° A acção militar não "...serve o objectivo de impor decisões das Nações Unidas às autoridades nacionais que são internacionalmente responsáveis pela sua conduta, mas (serviam) os objectivos muito mais limitados de preservar a lei e a ordem na República do Congo, de evitar a guerra civil e de apreender certos grupos cujas actividades eram particularmente prejudiciais à manutenção da lei e da ordem."[388]

Tanto o SG como o CS tiveram a preocupação de clarificar que a organização não estava a interferir nos assuntos domésticos do Congo e respeitava o prescrito no artigo 2.° §7 da Carta.[389] A missão não infringia a esfera interna do país uma vez que, no Congo, o objectivo de "manter e restaurar a lei e a ordem" tinha um sentido genérico. Esta acepção "...refere-se a 'lei e ordem' no sentido genérico de estabilidade – concentrando-se assim na protecção da lei e da propriedade em relação à violência arbitrária de qualquer fonte – e estava, em última análise, ligada à função de prevenir a guerra civil...". O mesmo não aconteceria, afirma Bowett, se o mandato previsse que "...a ONUC actuasse como braço executivo do Governo para impor a lei congolesa *in toto*."[390]

---

[386] Boulden, *op. cit.*, p. 33.
[387] Goodrich et al., *op. cit.*, p. 302.
[388] Cit. in Bowett, *op. cit.*, p. 279.
[389] Goodrich, *op. cit.*, p. 307 e 316.
[390] Bowett, *op. cit.*, p. 271.

148   *As Nações Unidas e a Manutenção da Paz*

Bowett acaba, porém, por admitir que força autorizada à ONUC foi "interpretada de forma ampla" e liberal, na medida em que incluía a preservação da liberdade de movimentos dos capacetes azuis e a expulsão dos mercenários estrangeiros.[391] Na opinião daquele autor, as resoluções de 21 de Fevereiro e de 24 de Novembro de 1961 forçavam um pouco os limites da auto-defesa.[392]

VI.4. *Peacekeeping* e Uso da Força nos Anos 90: A Somália e a ex-Jugoslávia

As Nações Unidas foram concebidas para conter ameaças à segurança internacional do tipo tradicional, como conflitos entre estados, ou o comportamento de estados agressivos, do género da Alemanha nazi ou do Iraque de Saddam Hussein. Porém, desde o fim da Guerra Fria, o *peacekeeping* das Nações Unidas tem-se combinado com o *peace-building* em "missões de paz complexas"[393] organizadas para intervir em cenários de guerras intra-estado, onde o uso da força tem vindo intermitentemente a ser usado (o chamado *"forcible peace-keeping"*).

Os novos beligerantes frequentemente não são interlocutores credíveis em processos de negociação e não respeitam regras na conduta da guerra nem acordos de paz para lhe pôr fim. Estas guerras raramente são formalmente declaradas ou terminadas. Como refere Kofi Annan no relatório sobre Srebrenica, "...o Conselho [de Segurança] esperava que as partes em conflito respeitassem a autoridade das Nações Unidas e não obstruíssem ou atacassem as suas operações humanitárias. Cedo se tornou aparente que, com o fim da Guerra Fria e a ascendência das forças irregulares, controladas ou descontroladas, as velhas regras do jogo já não se aplicavam."[394] A imparciali-

---

[391] *Id.*, p. 278.

[392] *Id.*, pp. 278-9.

[393] O Cor. Martins Branco define "operações militares complexas" como "operações militares levadas a cabo em ambientes políticos não permissivos, preparadas para o uso da força para além da auto-defesa", *op. cit.*, p. 6. No Relatório Brahimi, o uso da expressão "missões complexas" aplica-se a missões de *peace enforcement*.

[394] A/54/549, "The Fall of Srebrenica", p. 112.

O *Uso da Força nas Operações das Nações Unidas* 149

dade dos capacetes azuis, que funcionou ao longo das décadas anteriores como o seu escudo invisível de protecção, "...parece cada vez mais espúria em face a senhores da guerra que parecem encarar todas as acções que não os favorecem como sendo contra eles, reagindo com hostilidade."[395]

Paul Diehl desaconselha, aliás, as Nações Unidas de intervirem em conflitos civis por razões que têm a ver com "...a geografia e o facto da situação de guerra ser conveniente para os contendedores. Além disso, a Carta das NU e a persistência da soberania estatal (embora algo enfraquecida em relação a eras anteriores), torna pertinente questionar se as organizações internacionais, grupos regionais ou agrupamentos de Estados devem ter um papel determinante nas guerras civis, a menos que estas tenham tendência para se alastrarem aos territórios vizinhos."[396]

Como diz Kofi Annan, em guerras civis extremamente voláteis "... os capacetes azuis provavelmente encontrarão muitas pessoas que acolhem a presença da ONU e outros que oferecerão resistência. Em tais operações, algumas das quais serão mandatadas para ajudar sociedades que roçam a anarquia, o velho princípio do «consentimento das partes» não será certo, nem errado: poderá ser, pura e simplesmente, irrelevante."[397]

A questão do uso da força nestas operações como forma de assegurar o cumprimento do mandato é complexa, como o demonstram as intervenções na Somália e na Bósnia-Herzegovina. A utilização da força implica desde logo a perda da imparcialidade dos capacetes azuis. Essa imparcialidade é o trunfo da organização e o que geralmente a leva a ser aceite pelas partes em conflito. Em segundo lugar, o envolvimento das tropas das NU em actos de guerra, torna os capacetes azuis parte do problema, não parte da solução. O uso da força faz entrar os soldados da ONU na dinâmica do conflito, convertendo-os em mais uma parte do mesmo. Neste contexto, perdem o estatuto de partes distanciadas e imparciais com credibilidade para se impor aos beligerantes. Podem perverter o conflito, alterando a sua dinâmica, e complicar ainda mais o equilíbrio de forças.

---

[395] Wilkinson in Ramsbotham e Woodhouse (eds.), *op. cit.*, p. 77.

[396] Diehl, *op. cit.*, p. 171.

[397] Kofi A. Annan, "Challenges of the New Peacekeeping", in Otunnu e Doyle (eds.), *op. cit.*, p. 172.

150 *As Nações Unidas e a Manutenção da Paz*

Contudo, a noção de imparcialidade tem vindo a alterar-se rapidamente. Segundo o *Relatório Brahimi*, documento que desbrava terreno novo na concepção do *peacekeeping*, o conceito de imparcialidade não equivale a impassividade: significa a "adesão aos princípios da Carta e aos objectivos de um mandato que se baseia nesses princípios da Carta". Assim, imparcialidade não significa "neutralidade ou tratamento igual para todas as partes, em todos casos e sempre, o que pode ser equivalente a uma política de '*appeasement*'".[398] Manter a neutralidade, afirma Boutros-Ghali, "pode criar um dilema aos *peacekeepers*, especialmente quando confrontam situações em que as vítimas são os civis, ou quando os capacetes azuis são atacados ou mortos. Os combatentes podem tentar colocar as Nações Unidas contra os adversários de forma a obter uma posição de vantagem no conflito, negar o acesso dos trabalhadores humanitários às populações e confiscar a ajuda humanitária e o equipamento."[399] O *Relatório Brahimi* vai ainda mais longe ao afirmar de forma desassombrada: "Em alguns casos, as partes locais não são equivalentes do ponto de vista moral, mas são nitidamente agressores e vítimas. Os capacetes azuis podem, não somente ser operacionalmente justificados a usarem a força, mas serem moralmente obrigados a fazê-lo."[400]

O caso da Somália ilustra o dilema criado por estas questões e mostra como o uso da força pode constituir uma autêntica espada de dois gumes. O primeiro contingente das Nações Unidas, a UNOSOM I, foi criado pela resolução 751 de 24 de Abril de 1992. A Somália tinha mergulhado no caos interno ao longo de 1991-92, após a queda do regime de Siad Barre. A luta entre várias milícias levou ao colapso das instituições e à suspensão da ajuda humanitária, causando mortes em massa no seio da população.

A resolução previa o envio de 50 observadores militares para supervisionar o cessar-fogo acordado pelas milícias. A resolução também previa o envio de uma força militar de 500 efectivos para proteger o aeroporto e o porto de Mogadíscio e para fazer a escolta do pessoal e da ajuda humanitária destinada aos vários centros de distribuição. Os militares só entraram na Somália em Setembro de

---

[398] *Relatório Brahimi*, parágr. 50.
[399] UN, *Blue Helmets*, p. 5.
[400] *Relatório Brahimi*, p. 50.

O Uso da Força nas Operações das Nações Unidas 151

1992 devido às dificuldades criadas pelo senhor da guerra, Mohammed Aideed e da sua facção, Aliança Nacional Somali (ANS). Após ter dado o seu consentimento à entrada dos capacetes azuis, este tornou--se no maior factor de obstrução da operação. O contingente paquistanês da UNOSOM conseguiu restabelecer o controlo do aeroporto só em Novembro e começou a ser alvo de ataques.

Entretanto, o CS tinha aprovado mais duas resoluções – 767 de 27 de Julho e a 775 de 28 de Agosto – que previam o aumento do contingente para a ordem dos 3.500 efectivos e uma operação massiva de ajuda humanitária para cobrir todo o país. Contudo, as dificuldades dos capacetes azuis aumentavam a cada dia que passava. A ajuda humanitária era alvo da cobiça das milícias que a roubavam para pagar os salários dos seus mercenários e para a venda no mercado negro. Só uma ínfima parte dos fornecimentos chegava às populações necessitadas. Em Novembro de 1992, o SG levou a questão ao CS e apresentou várias hipóteses de actuação. O CS optou por uma abordagem mais musculada. Lawrence Eagleburger, Secretário de Estado da Administração Bush (em final de mandato), tinha expresso ao SG a disponibilidade dos EUA para organizar e liderar uma operação de força.

A resolução 794, aprovada ao abrigo do Capítulo VII, tinha a particularidade de definir a situação de desastre humanitário e de instabilidade interna como uma "ameaça à paz e segurança internacionais." A resolução autorizava a missão a "recorrer a todos os meios necessários para estabelecer, logo que possível, um ambiente seguro para as operações de ajuda humanitária...". O documento ia mais longe ao notar a vontade do CS em "restabelecer a paz, estabilidade, a lei e a ordem de forma a facilitar o processo de paz."[401]

A UNITAF (*Unified Task Force on Somalia*) entrou na Somália em Dezembro de 1992. Tratava-se de uma operação que, na realidade, era comandada pelo *US Central Command* (CENTCOM). Este estabeleceu as regras para a operação, aplicáveis a todos os países que participaram na UNITAF. Essas regras eram as ROE do CENTCOM para um contexto de operações de paz. O SG deveria dispor de um staff de ligação junto do comandante da operação.

---

[401] Resolução 794 de 3 de Dezembro de 1992.

Tendo cumprido as suas funções, os EUA retiraram o grosso das suas tropas ao fim de cinco meses, deixando as restantes sob o comando directo das NU numa nova missão intitulada UNOSOM II. A resolução 814, que criava aquela operação, delineava um plano ambicioso para transformar a Somália. A par da missão humanitária, o SG deveria "reabilitar as suas instituições políticas e a economia e promover um processo de paz e de reconciliação nacional".[402] Tratar-se-ia de uma combinação de *peace-building* com o necessário *peace-enforcement*, uma vez que as condições de segurança no país estavam longe de estarem asseguradas. Ao aprovar esta operação, Madeleine Albright, a representante americana no CS, admitia a dimensão da "...empresa sem precedentes destinada a nada menos do que reabilitar um país como membro orgulhoso, funcionante e efectivo da comunidade das nações..."[403]

A nova missão esbarrou com a oposição do Mohammed Aideed porque previa o desarmamento das milícias, tarefa à qual a UNOSOM II se veio a dedicar a partir de Junho de 1993. No dia 5, ao regressar de uma inspecção a armazéns de armamento da ANS, as forças das Nações Unidas caíram numa emboscada que causou a morte de 24 soldados paquistaneses. No dia seguinte ao ataque, o CS aprovava por unanimidade a resolução 837, conferindo ao SG autoridade para capturar os responsáveis pelos ataques.[404] As NU lançaram então uma operação militar para capturar Aideed. A 17 de Junho, numa operação contra um enclave da ANS, as tropas marroquinas do contingente da ONU foram atacadas. A batalha que se seguiu durou várias horas e resultou na morte de 5 militares marroquinos, incluindo o comandante do batalhão. No confronto, os Somalis usaram mulheres e crianças como escudos humanos.

As actividades militares da UNOSOM II continuaram durante o Verão, mas a população de Mogadíscio opunha resistência a acções que visassem o Gen. Aideed. A 12 de Julho, as *US Quick Reaction Forces*, sob a responsabilidade do Major-Gen. Thomas Montgomery, Vice-Comandante da UNOSOM II, lançaram um ataque contra Abdi

---

[402] Resolução 814 de 26 de Março de 1993.
[403] Cit. in Boulden, *op. cit.*, p. 56.
[404] Resolução 837 de 6 de Junho de 1993.

O Uso da Força nas Operações das Nações Unidas 153

House. Na residência, funcionava o centro de comando e de controlo da ANS. A força americana estava à disposição da UNOSOM II, mas era comandada exclusivamente por Montgomery e, por consequência, não era responsável perante o comandante da operação, o Gen. Cevic Bir. O raid foi organizado sem consulta prévia da UNOSOM II e dos outros estados participantes na operação. Em Abdi House, estaria a decorrer um encontro de chefes de milícias. A população não foi informada do ataque, pelo que o número de vítimas civis foi elevado. Quatro jornalistas que tinham ocorrido ao local, morreram às mãos da população.

A 3 de Outubro de 1993, uma força especial de Comandos da Delta Force e de Rangers do exército americano, enviados directamente dos EUA, lançou, sem o conhecimento das NU, uma operação especial contra o Hotel Olympia, no sul da capital, onde se suponha que funcionasse a sede do Gen. Aideed. A operação envolvendo meios sofisticados correu mal. Dois helicópteros *Black Hawk* foram alvejados e despenharam-se. Os soldados americanos que tentaram socorrer os seus compatriotas foram cercados e atacados pela população local. Morreram cerca de 300-500 civis. Dezoito membros da força Ranger foram mortos, bem como um soldado da Malásia. O corpo de um soldado americano foi arrastado pelas ruas da capital em imagens captadas pelas cadeias internacionais que tiveram um impacto devastador sobre o público americano.[405]

Tal episódio levou o Presidente Clinton a anunciar a retirada das tropas para Março do ano seguinte. Clinton também instruiu as tropas americanas para que cessassem a caça a Aideed, mas sem que o CS tivesse revogado este aspecto do seu mandato. Outros países seguiriam o exemplo dos EUA retirando as suas tropas e esvaziando a missão.

Em Fevereiro de 1994, Boutros-Ghali propôs um redimensionamento da operação, tendo em conta a diminuição do apoio militar dos estados-membros. A resolução 897 manteve intactas as várias facetas da missão, mas limitava as circunstâncias de recurso à força. Os "métodos coercivos" deveriam ser reduzidos em favor da "cooperação

---

[405] Boutros Boutros-Ghali, *Unvanquished: A U.S. – U.N. Saga*, Londres, I. B. Tauris, 1999, pp. 103-6.

154   *As Nações Unidas e a Manutenção da Paz*

com as partes somalis". A UNOSOM II continuaria a agir ao abrigo do Capítulo VII, mas não usaria a força para desarmar as partes, mas apenas para fins de protecção das tropas.[406] Esta interpretação modesta iria prevalecer durante a fase final da missão, que terminaria a 31 de Março de 1995.

Uma reflexão sobre o caso da Somália permite concluir que o falhanço parcial desta operação radica no facto da UNITAF, após a restauração bem-sucedida da ordem no país, não ter agido com determinação para desarmar as facções envolvidas na guerra civil. Boutros-Ghali insistiu que a transição para a UNOSOM II não poderia acontecer antes da criação de um "ambiente seguro" – o que passava pelo desarmamento dos grupos somalis. Contudo, os Americanos não partilhavam esse entendimento: por considerarem que as suas forças não estavam equipadas e não eram em número suficiente para desempenhar essa tarefa e porque tal acção teria um custo elevado, em termos de vidas humanas, para ambas as partes.[407]

Paradoxalmente, quando a operação passou para a alçada da ONU, o CS escalou os objectivos da missão incluindo o desarmamento das facções tribais. Além disso, após o ataque contra os capacetes azuis paquistaneses, o CS autorizou o Secretário-Geral a lançar uma caça ao homem contra o Gen. Aideed. O balanço que se pode fazer é paradoxal, mas não deixa de ser lógico: no momento crucial a decisão de não recorrer às medidas do Capítulo VII foi errada; posteriormente a opção pelo uso da força contra uma das facções locais ditou o falhanço da operação. Mas, o fracasso foi devido em grande parte à actuação das tropas americanas que agiram à margem e fora da alçada das NU.

Na ex-Jugoslávia, o uso da força no contexto de uma "operação complexa" de *peacekeeping* é outro caso ilustrativo dos dilemas que o mesmo acarreta. A guerra na Bósnia-Herzegovina foi a consequência das declarações de independência das repúblicas da Eslovénia e Croácia em 1991. Os Sérvios reagiram violentamente, decididos a preservar a unidade da Jugoslávia. Na Eslovénia, a intervenção do exército federal (comandado agora pelos Sérvios) foi curta e pouco

---

[406] Resolução 897 de 4 de Fevereiro de 1994.
[407] Boulden, *op. cit.*, p. 61 e Boutros-Ghali, *op. cit.*, p. 101.

O Uso da Força nas Operações das Nações Unidas

resoluta. Na Croácia a intervenção militar foi brutal, precipitando uma longa guerra civil. A situação nos Balcãs atraiu a atenção da comunidade internacional, a começar pela Comunidade Europeia (CE). Os esforços diplomáticos foram liderados por Lord Owen, em representação da presidência inglesa da CE. Contudo, dentro da Comunidade Europeia, as divisões quanto à posição a tomar em relação à desintegração na Jugoslávia eram profundas, principalmente entre a Alemanha, favorável ao reconhecimento da Croácia, e os restantes países da CE. Em 16 Dezembro de 1991, a CE, de forma relutante, optou por reconhecer a independência da Eslovénia e da Croácia.[408]

A primeira atitude adoptada pela ONU em relação à guerra aconteceu a Setembro de 1991 com a resolução 713, que impunha um embargo completo de armas e equipamento militar a todas as repúblicas da Jugoslávia. Em finais de Novembro, o CS acordou, em princípio, na criação de uma força de *peacekeeping*,[409] mas protelou a sua criação devido à ausência de um cessar-fogo que permitisse o envio das tropas.

Em Setembro de 1991, o CS nomeou Cyrus Vance como Enviado Pessoal de Boutros-Ghali à Jugoslávia para ajudar nas negociações. Vance conseguiu negociar um cessar-fogo entre a Sérvia e a Croácia a ser supervisionado por uma força de *peacekeeping*. A UNPROFOR foi assim criada em Fevereiro de 1992 e foi enviada para a Croácia por um período inicial de 12 meses.[410] Um dos *handicaps* da resolução era deixar em aberto um acordo político entre Servos e Croatas quanto às fronteiras: facto que seria ulteriormente decidido pelas partes.

Boutros-Ghali recomendou que a UNPROFOR fosse enviada mesmo sem que as partes tivessem acordado num cessar-fogo: "o perigo que uma operação das Nações Unidas falhe devido à falta de cooperação das partes é menos grave do que o perigo que o seu envio conduza a uma ruptura do cessar-fogo e a uma nova conflagração na Jugoslávia."[411] A força destinava-se a criar "Áreas Protegidas das Nações Unidas" (UNPAs), zonas desmilitarizadas, e a proteger a popu-

---

[408] O reconhecimento formal aconteceu a 15 de Janeiro de 1992
[409] Resolução 721 de 27 de Novembro de 1991.
[410] Resolução 743 de 21 de Fevereiro de 1992.
[411] Cit. in Boulden, *op. cit.*, p. 76.

156 *As Nações Unidas e a Manutenção da Paz*

lação local. A UNPROFOR deveria velar especialmente por três UNPAs na Croácia: a Eslavónia Ocidental e a Oriental e a Krajina, zonas onde se concentrava uma grande população sérvia. O mandato da operação veio depois a incluir outras responsabilidades, como monitorar as chamadas "zonas cor-de-rosa", as faixas de território nas margens das UNPAs onde as forças sérvias se movimentavam com grande liberdade.

As responsabilidades da UNPROFOR aumentaram quando a Bósnia-Herzegovina declarou a sua independência. Em Fevereiro de 1992, decorreu um referendo sobre a independência em relação à federação jugoslava. O referendo deu a maioria aos apoiantes da secessão, embora tenha sido boicotado pela maior parte dos Sérvios bósnios. A União Europeia e os Estados Unidos reconheceram, em Abril, a independência da Bósnia-Herzegovina esperando que a mesma tivesse um efeito estabilizador. A decisão desencadeou a guerra nas zonas confinantes à fronteira com a Croácia e com a Sérvia e em Sarajevo, capital da Bósnia-Herzegovina O Exército Nacional Jugoslavo (ENJ), nas mãos dos Sérvios, e o exército croata acorreram em defesa das respectivas comunidades étnicas.

A guerra na Bósnia-Herzegovina passou a dominar de forma crescente as atenções do CS. Na resolução 752 de 15 de Maio de 1992, aquele órgão apelava ao fim das hostilidades e de todas as formas de intervenção externa e exigia a retirada do ENJ, do exército croata e o desarmamento das forças "irregulares".[412]

A Resolução 757 de 30 de Maio deplorava a deterioração da situação e o desrespeito dos beligerantes pelas resoluções das NU e afirmava que a situação na Jugoslávia constituía uma ameaça à paz e segurança internacionais. O CS impôs sanções económicas e diplomáticas à Jugoslávia, exigiu que as partes permitissem a entrega da ajuda humanitária e criou uma área de segurança à volta de Sarajevo e do aeroporto da cidade. Pouco depois, o mandato da UNPROFOR foi alargado para incluir "responsabilidade operacional pelo funcionamento e segurança do aeroporto de Sarajevo".[413] Em Julho e Agosto, a ONU foi gradualmente aumentando a dimensão da UNPROFOR.

---

[412] Resolução 752 de 15 de Maio de 1992.
[413] Resolução 758 de 8 de Junho de 1992.

O Uso da Força nas Operações das Nações Unidas 157

Entretanto as primeiras evidências de massacres e de limpeza étnica, bem como os episódios de constante obstrução da acção humanitária, fizeram com que se começasse a discutir a possibilidade do uso da força.

A resolução 770, aprovada ao abrigo do Capítulo VII autorizava o uso da força para garantir a incolumidade da missão humanitária. A resolução estabelecia uma relação entre as dificuldades criadas à missão humanitária e a manutenção da paz e segurança internacionais Apelava aos membros a "tomar, a nível nacional ou por intermédio das agências ou acordos regionais, todas as medidas necessárias para facilitar, em coordenação com as Nações Unidas, a entrega por parte das organizações relevantes da ONU e outras, da ajuda humanitária a Sarajevo e, quando necessário, a outras partes da Bósnia--Herzegovina."[414] A resolução não foi acompanhada pelo habitual relatório do SG, apresentando as opções políticas e militares para a operação. O plano do SG só foi aprovado um mês mais tarde, com a resolução 776 do CS.[415] Esta resolução, porém, não fazia menção ao Capítulo VII, pelo que, na realidade, diluía a determinação contida na resolução 770.

A 9 de Outubro de 1992, o CS estabelecia a proibição de voos militares ("zonas de exclusão aérea").[416] A decisão foi tomada após um avião italiano, que transportava ajuda humanitária para Sarajevo, ter sido abatido. O espaço aéreo da Bósnia-Herzegovina era frequentemente usado por aviões sérvios para lançar ataques aéreos contra determinados alvos. A 31 de Março de 1993, o CS alargou a proibição dos voos a todos os tipos de aeronaves. O patrulhamento do espaço aéreo bósnio foi uma tarefa que a ONU delegou à Aliança Atlântica. Em Dezembro de 1992, a NATO tinha-se prontificado a executar as decisões da ONU que envolvessem medidas de força.

A 12 de Abril de 1993, a NATO deu início à Operação *"Deny Flight"*. Decorreria um ano até que a operação de *enforcement* resultasse num confronto militar: a 28 de Fevereiro de 1994, quatro aviões sérvios foram abatidos por caças NATO. Foi a única ocorrência de uso da força no âmbito da operação de patrulhamento. Talvez mais

---

[414] Resolução 770 de 13 de Agosto de 1992.
[415] Resolução 776 de 14 de Setembro de 1992.
[416] Em inglês, as *"no-fly zones"*: resolução 781 de 9 de Outubro de 1992.

significativo ainda, foi a primeira acção armada da Aliança Atlântica no seu meio século de existência.

Em Março de 1993, os Sérvios iniciaram uma campanha de ataques contra localidades no leste da Bósnia. Srebrenica tornou-se um dos alvos preferenciais desta campanha concertada. Em Abril de 1993, o CS decretou a localidade uma "área protegida", o que significava que ficaria ao abrigo dos ataques armados das unidades para--militares sérvias, as quais se deveriam retirar. No mês seguinte, a resolução alargava o conceito a Sarajevo, Tuzla, Gorazde, Zepa e Bihac. Pela resolução 836 de 3 de Junho de 1993, o Conselho de Segurança tomava medidas concretas para defender estas áreas: autorizava a UNPROFOR a "tomar as medidas necessárias, incluindo o uso da força, em resposta aos bombardeamentos por qualquer uma das partes, ou a incursões armadas contra elas, ou na eventualidade de alguma obstrução deliberada, no interior ou em redor daquelas áreas, à liberdade de movimentos da UNPROFOR ou dos comboios humanitários protegidos." O CS também autorizou a NATO a utilizar "todas as medidas necessárias, através do uso do poder aéreo, no interior e em redor das áreas seguras...para apoiar a UNPROFOR na execução do seu mandato".

No Verão de 1995, a NATO conduziu durante 12 dias uma campanha de bombardeamentos aéreos contra alvos sérvios. A Operação *Deliberate Force* foi conduzida após um ataque de morteiro, a 28 de Agosto, contra o mercado de Sarajevo, que causou a morte de 37 pessoas. A operação aérea decorreu paralelamente a uma operação no terreno conduzido por uma *Rapid Reaction Force* (RRF). A RRF era formada por tropas da França, Grã-Bretanha e Holanda e destinava-se a auxiliar a UNPROFOR na resposta às retaliações sérvias. A actuação da RRF, em conjugação com a campanha aérea da Aliança, ajudou a mudar a balança de poder entre os beligerantes e a persuadir a liderança sérvia a abandonar o curso da guerra em favor das negociações.

A operação da Bósnia foi marcada pela inconsistência das posições dos principais actores internacionais (ONU, EUA e países da UE) em relação à sua determinação em fazer respeitar as medidas decretadas pelas Nações Unidas. O paradoxo da operação resume-se essencialmente à contradição entre o conceito de "áreas protegidas"

O Uso da Força nas Operações das Nações Unidas

e a indisponibilidade dos estados, a começar pelos EUA, em oferecer forças para fazer respeitar a integridade dessas áreas.

O debate sobre o uso da força inicia-se com a passagem da resolução 781 que estabelece a zona de exclusão aérea sobre a Bósnia--Herzegovina para a protecção das populações e para salvaguardar a ajuda humanitária. A resolução estabelecia uma proibição, mas não nomeava os visados nem determinava as medidas a aplicar contra os prevaricadores. O documento exprimia apenas o compromisso do CS de considerar a possibilidade de aplicar medidas de *enforcement* no caso de violação da zona de exclusão aérea.

Tal posição resultava de um compromisso entre os Estados Unidos, favoráveis ao uso da força, e a França e a Grã-Bretanha, que a ele se opunham por temerem as consequências sobre os seus soldados no terreno. O fosso entre os EUA e os seus aliados europeus iria tornar-se um obstáculo à actuação da ONU nos três anos que se seguiram. Assim, tornou-se muito difícil para a ONU usar a força contra as partes em conflito, ou encorajar a NATO a fazê-lo, dada a vulnerabilidade dos capacetes azuis no terreno.

Efectivamente, o uso da força comportava quase sistematicamente represálias sobre os capacetes azuis e sobre a restante população. Em Março de 1994, o comandante da UNPROFOR, Gen. Michael Rose, solicitou o apoio aéreo da NATO para a protecção do pessoal da missão que estava em Goradze. Gorazde foi a segunda "área protegida", após Sarajevo, a ser alvo da cobiça sérvia. Na sequência dos ataques, os Sérvios capturaram 155 capacetes azuis, cortaram os acessos a Sarajevo, bem como o sistema de comunicações da UNPROFOR.

Em Novembro do mesmo ano, a NATO atacou o aeroporto de Ubdina, na Croácia, a partir do qual eram lançados os ataques da aviação sérvia contra Bihac. Os Sérvios voltaram a capturar as tropas da UNPROFOR. Em Maio de 1995, a ONU viu-se envolvida na mais grave crise de reféns de todo o conflito bósnio. Com o fim do cessar-fogo, que tinha expirado em Abril, os Sérvios tinham retomado a ofensiva contra Sarajevo, tomando de assalto os depósitos de armamento e apoderando-se dos meios de artilharia. A ONU lançou um ultimato que os Sérvios não acataram, pelo que a Aliança atacou uma série de alvos perto do quartel-general sérvio de Pale. Como retaliação, os Sérvios capturaram os efectivos da UNPROFOR, colocando-os nos locais que seriam os alvos prováveis de uma nova ronda de bombardeamentos da NATO. Atacaram outras áreas seguras, em particular Tuzla, onde num só ataque contra um café, provocaram 71 mortos.[417]

A estas limitações da actuação da ONU na ex-Jugoslávia, impeditivos de uma actuação eficaz, devem adicionar-se outros factores, como as diferentes percepções da comunidade internacional em relação ao conflito – a começar pela própria União Europeia – dada a divergência de interesses, respostas políticas e estilos militares. O arrastamento deste conflito explica-se igualmente em parte pela relutância dos EUA, até ao Verão de 1995, em liderar uma intervenção colectiva.[418]

A atitude americana no desenrolar desta guerra é ilustrativa das hesitações da política americana quanto ao *peacekeeping* nos anos 90. A Administração Clinton insistiu na manutenção da UNPROFOR no terreno apesar da inferioridade numérica dos "capacetes azuis" e dos perigos reais que corriam. Ao mesmo tempo, mostrou desde o início relutância em envolver tropas suas neste conflito dado a possibilidade de baixas entre as forças americanas: uma re-edição do pesadelo da Somália. A partir de meados de 1993, a administração torna-se adepta da utilização de ataques aéreos levados a cabo pela NATO para enfraquecer posições sérvias: uma posição que os outros parceiros da NATO não podiam aceitar, uma vez que tinham os seus soldados no terreno. Tal conduziu à situação que se temia: a captura em Maio de 1995 de 370 "capacetes azuis" nos arredores de Sarajevo, 17 dos quais foram utilizados como escudos humanos e utilizados como alvos para ataques aéreos da NATO.[419]

Um dos episódios mais ilustrativos da relutância da ONU em recorrer à força, foi o facto de não ter sido usado o poder aéreo da NATO durante o cerco de de Srebrenica, em Julho de 1995, contra os Sérvios, o que resultou na tomada daquela área protegida com o massacre de quase 8.000 cidadãos bósnios.

---

[417] Boulden, *op. cit.*, pp. 87-9.

[418] Adam Roberts, "From S. Francisco to Sarajevo: The UN and the Use of Force", *Survival*, vol. 37, nº 4, Inverno de 1995-96, p. 17.

[419] Boutros-Ghali, *op. cit.*, pp. 234-5.

O relatório sobre a queda de Srebrenica é revelador no explicar a relutância da ONU em usar a força: "acreditávamos que ao usar o poder aéreo contra os Sérvios seríamos vistos como tendo entrado numa guerra contra eles, uma situação não autorizada pelo CS e potencialmente fatal para a operação de *peacekeeping*. Em segundo lugar, arriscávamo-nos a perder o controle do processo: ao dar aquele passo, não sabíamos se conseguiríamos voltar atrás dadas as graves consequências para a segurança das tropas que nos tinham sido confiadas pelos estados-membros. Em terceiro lugar, acreditávamos que o uso do poder aéreo poderia causar danos à missão principal da UNPROFOR, tal como a entendíamos: a criação de um ambiente no qual a ajuda humanitária fosse distribuída à população civil do país. E, em quarto lugar, temíamos as represálias sérvias contra os nossos capacetes azuis."[420]

---

[420] A/54/549, "The Fall of Srebrenica", p. 110

VII.

O DEBATE SOBRE O "VAZIO CONCEPTUAL" RELATIVO AO USO DA FORÇA

VII.1. Novo Ambiente, Novas Missões

As operações de paz dos anos 90 demonstram as limitações dos princípios do *peacekeeping* tradicional em operações caracterizadas por um consentimento limitado: são "operações complexas" porque podem requerer o uso parcial da força para assegurar a execução do mandato. O caso da Somália é demonstrativo de como as forças locais podem não concordar com a presença da ONU ou com um plano de paz, até porque podem carecer de estrutura interna e de uma liderança coerente. Nestes casos, a ONU não dispõe de directrizes da parte dos beligerantes (se é que os pode mesmo identificar), sobre o seu entendimento quanto a um acordo de pacificação e sobre o mandato dos capacetes azuis. Em casos de anarquia, a ONU poderá abandonar qualquer pretensão de consentimento e estabelecer uma presença no país através de acções de *enforcement* do Capítulo VII, como aconteceu com a missão americana na Somália, em Dezembro de 1992.[421]

As intervenções da ONU no pós-Guerra Fria (Cambodja, Somália, Bósnia-Herzegovina e Ruanda) ocorreram em ambientes voláteis, de alto risco e incerteza, e em guerras civis de contornos multiformes. Como referem Mackinlay e Chopra, nestas operações é fundamental que os contornos do uso da força sejam definidos sem margem para ambiguidades. É necessário "... que decisões políticas claras precedam e sustentem um mandato ... mas na execução das tarefas, a

---

[421] Ratner, *op. cit.*, p. 29.

importância da eficácia militar cresce à medida que a intensidade da operação aumenta, até que no limiar do *enforcement* colectivo, se torna a chave principal do sucesso."[422]

Trata-se de operações que têm vindo a ser designadas na gíria tradicional como missões de *"middle ground"* ou *"grey area operations"* por se encontrarem a meio caminho entre o *peacekeeping* tradicional e o *peace-enforcement*.[423] Brian Urquhart, um dos construtores do *peacekeeping* onusiano, admitiu a necessidade de encontrar uma opção intermédia que se situe entre o binário *peacekeeping – peace-enforcement*: "É necessária uma terceira categoria de operações internacionais militares, algures entre o *peacekeeping* e o *enforcement* em larga escala. Seria destinada a pôr fim à violência descontrolada e a criar um grau razoável de paz e ordem, de forma a que o trabalho humanitário possa prosseguir e que o processo de reconciliação possa ter início... ao contrário das forças de *peacekeeping*, tais tropas incorreriam, pelo menos inicialmente, em alguns riscos em combate para controlar a violência: consistiriam essencialmente em acções armadas de polícia." [424]

O uso da força em missão do *peacekeeping* é uma matéria polémica e os debates em curso sobre esta matéria não são sequer esclarecedores. O Gen. Michael Rose, antigo comandante da UNPROFOR, inventou a expressão "linha de Mogadíscio" (*"Mogadisgu line"*) – que depois se popularizou nos debates da área – para transmitir a ideia dos riscos que se incorre ao ultrapassar a fronteira que separa o *peacekeeping* do *enforcement*. O Gen. Rose diz que o nível de força que supera os requerimentos do *peacekeeping* é como "...atravessar a fronteira – a linha de Mogadiscio – que separa os não-combatentes

---

[422] Mackinlay e Chopra, *op. cit.*, p. 118.

[423] Também designadas como "Capítulo VI+", "Capítulo VI e Meio", "Segundo Nível", *"Wider Peacekeeping"* e *"Peacekeeping* Musculado ou Robusto": v. Robert M. Cassidy, "Armed Humanitarian Operations", Working Paper da CIAONET, 1998, p. 1. V. Peter Viggo Jakobsen, "The Emerging Consensus on Grey Area Peace Operations Doctrine: Will It Last and Enhance Operational Effectiveness?", *International Peacekeeping*, vol. 7, nº 3, Outono de 2000, pp. 38-47. V. também a posição de Michael Pugh, "From Mission Cringe to Mission Creep?", in Pugh (ed.), *op. cit.*, p. 191.

[424] Sir Brian Urquhart, "Who Can Stop Civil Wars?", *The New York Times*, 29 de Dezembro de 1991, secção 4, p. 9.

O Debate sobre o *"Vazio Conceptual"* relativo ao Uso da Força   165

dos combatentes."[425] O Gen. Rose afirma que "é óbvio que, quando uma força militar está ao serviço de uma missão humanitária de *peacekeeping*, está-lhe interdita, pela sua natureza e regras de empenhamento, actuar como combatente."

O Gen. Rose afirma que a sua experiência na UNPROFOR é a demonstração que a acção militar no contexto das operações de paz põe em risco a vida dos capacetes azuis e prejudica a parte humanitária da missão.[426] O Gen. Rose apresenta o exemplo da Bósnia-Herzegovina, onde a ajuda destinada aos Muçulmanos que viviam nos enclaves era conduzida através dos territórios controlados pelos Sérvios. Os Sérvios bósnios tinham uma política de impedir a criação de depósitos de bens essenciais de forma a manterem uma pressão constante sobre as populações. Eram essas comunidades que pagavam a factura mais alta quando a NATO ou a UNPROFOR usavam a força para ripostar aos ataques ou às provocações: eram elas as mais directamente afectadas, uma vez que estavam dependentes da ajuda humanitária da ONU.

O Gen. Rose diz ainda que o uso da força na Bósnia-Herzegovina punha em risco os capacetes azuis dispersos no terreno e em situação de inferioridade numérica. Os Sérvios estavam bem cientes da capacidade militar reduzida das forças da ONU e das vulnerabilidades dos *peacekeepers*, o que penalizava estes últimos. Em Abril de 1994, após uma série de bombardeamentos da NATO que tiveram como causa os ataques dos Sérvios contra Goradze, estes tomaram 155 capacetes azuis como reféns.[427]

No entanto, o mesmo Rose afirma que, se a missão de paz envolver "a entrega de ajuda, a manutenção de zonas de exclusão e a defesa de ataques contra as Áreas Seguras, então terá de adoptar uma postura de mais força do que o *peacekeeping*. Para ser credível, uma missão de *peacekeeping* deve estar em posição de escalar, indo para além do *peacekeeping* tradicional do Capítulo VI, para o *peace-enforcement*."[428] O Gen. Rose diz ainda que "um comandante no

---

[425] Sir Michael Rose, "Military Aspects of Peacekeeping", in Biermann e Vadset (eds.), *op. cit.*, p. 159.

[426] *Ibid.*

[427] *Ibid.*

[428] *Id.*, p. 157.

166   *As Nações Unidas e a Manutenção da Paz*

terreno deve ter a discricionaridade de usar a força no momento e da forma que julgar oportuna...É, portanto, essencial que as Regras de Empenhamento que enquadram a sua acção sejam suficientemente flexíveis para lhe dar latitude para agir. Assim, se, no momento em que a missão é posicionada no terreno, o uso da força for provável, então o mandato e recursos daquela devem reflectir claramente essa necessidade."[429]

O Gen. Rose conclui que "...a necessidade de manter o consentimento e a imparcialidade, por um lado, e a necessidade de usar a força, por outro, devem ser reconciliados, isto se a comunidade internacional pretender que o *peacekeeping* continue a ser uma opção viável para a resolução internacional de conflitos."[430]

VII.2. O Uso da Força nas Doutrinas Nacionais de Operações de Paz

As doutrinas militares dos principais países ocidentais têm vindo a incorporar as lições relativas às limitações das operações da ONU, na década passada, e as inerentes deficiências conceptuais. Em 1993 e 1994, a Grã-Bretanha e os EUA desenvolveram as suas doutrinas de *peacekeeping: o Army Field Manual (AFM)* Volume V, Part 2, "Wider Peacekeeping" e o FM 100-5 "Peace Operations", respectivamente. Ambos adoptaram a mesma filosofia de base das nações nórdicas, pioneiras na doutrina do *peacekeeping*, tentando adaptá-la a exércitos profissionais no contexto de intervenções em conflitos erráticos.

Assim, a grande mudança conceptual foi que o "não uso da força" evoluíu para "uso mínimo da força", que mais tarde se converteu no "uso mínimo necessário da força". Em segundo lugar, o conceito de neutralidade transformou-se em imparcialidade. A neutralidade, que pode ser entendida como passividade, foi descartada em favor da imparcialidade, pois esta pressupõe o exercício de um julgamento de razoabilidade do comandante da força em relação àquilo em que consiste a essência do mandato. Assim, imparcialidade

---

[429] *Ibid.*
[430] *Ibid.*

O Debate sobre o "Vazio Conceptual" relativo ao Uso da Força   167

não é sinónimo de cruzar os braços em face das arbitrariedades de que os capacetes azuis podem ser testemunhas. Nas novas doutrinas de *peacekeeping* surgidas após as experiências da Somália e da Bósnia, a imparcialidade pode implicar uma postura de força. Todos estes desenvolvimentos doutrinais tiveram como pano de fundo as experiências de *peacekeeping* e um capital crescente de pensamento (oriundo da academia e dos *practitioners*) que rapidamente tirava as lições daquelas experiências.

Entre as principais potências ocidentais, tem vindo a crescer o consenso em torno do uso da força nas designadas "grey area operations". A opção intermédia encontrada, entre o *peacekeeping* e o *enforcement*, foram as operações de "indução" ("inducement operations"). Trata-se de uma inovação doutrinal-militar de meados dos anos 90 que o SG, Kofi Annan, advogou. As operações de indução actuam num ambiente incerto onde as partes no conflito podem não estar de acordo quanto à oportunidade da intervenção das NU: daí que alguns autores falem de "consentimento induzido" ("induced consent").[431] O papel dos capacetes azuis é criar, gerar e suster o consentimento dos beligerantes para que a operação seja viável, bem como a implementação de todos os aspectos desta (essencialmente a vertente humanitária).

O termo "indução" implica uma acção de persuasão junto das partes actuantes no conflito. Será porventura aquilo que na literatura se denomina "persuasão forçada"[432] ou "diplomacia coerciva": "A diplomacia coerciva é uma alternativa à acção militar. Procura *persuadir* o oponente a cessar a sua agressão – mais do que forçá-lo a parar... Quando a força é usada no âmbito da diplomacia coerciva, tal consiste no uso exemplar de força limitada para persuadir o oponente a recuar. Por "exemplar", queremos dizer apenas a força suficiente e apropriada para demonstrar a resolução na protecção de um

---

[431] Como referem David Jablonsky e James S. McCallum, a expressão "consentimento induzido" contém em si uma antítese: "Peace Implementation and the Concept of Induced Consent in Peace Operations", *Parameters*, Primavera de 1999, p. 4 (v. http://carlisle-www.army.mil/usawc/Parameters/99spring/jablonsk.htm).

[432] Alexander George, *Forceful Persuasion*, Washington, D. C., U.S. Institute of Peace, 1991, p. 5 (sublinhado do autor).

interesse e no demonstrar a determinação para usar mais força, se necessário."[433]

Ao mesmo tempo, o objectivo das missões de "indução" é conter a crise e evitar a sua escalada. O papel das forças militares é de convencer as partes recalcitrantes: os militares deverão evitar usar os meios da força; a exibição de poder militar ("*show of force*") deverá ser, em princípio, suficiente para demonstrar a determinação da ONU em prosseguir a sua missão: "A capacidade de intimidar é o primeiro critério para o uso da força. Tal não significa necessariamente o uso massivo da força. Significa a presença de uma força militar pesada e robusta equivalente às tarefas inerentes às operações do Capítulo VII."[434]

Os críticos desta opção vêem as operações de indução como outra forma de *enforcement*. A linha que separa os dois tipos de intervenção militar armada é, efectivamente, ténue, ambígua e pode acarretar riscos. Os riscos das operações de indução são dois: por natureza, a força, uma vez utilizada, tende a conhecer uma escalada; o "*mission creep*",[435] termo anglo-saxónico que descreve uma situação em que as tarefas cometidas às forças das NU são excessivas e estão para além dos seus meios, redundando em situações que fogem ao seu controlo. O caso da UNOSOM II na Somália é o exemplo mais evidente de "*mission creep*".

Alguns autores afirmam que os elementos distintivos das intervenções de "indução" são três:

– nas operações de "indução", ao contrário das de *enforcement*, não existe um adversário designado pelas NU;
– as operações de indução não são uma opção prevalentemente militar: são parte de um processo que inclui a diplomacia e,

---

[433] Alexander George, David Hall e William Simons, *The Limits of Coercive Diplomacy*, Boston, Mass., Little, Brown & Co., 1971.

[434] Jablonsky e Mccallum, *op. cit.*, p. 8.

[435] Segundo Pugh, existem dois tipos de "*mission creep*": a horizontal e a vertical. A primeira consiste no envolvimento não intencional dos capacetes azuis em tarefas não militares: tarefas de polícia, assistência humanitária e protecção dos refugiados. Segundo Pugh, seria desejável que as actividades de *peacekeeping* e as de *enforcement* não se confundissem com as actividades de cariz civil/humanitário. O "*mission creep*" vertical implica a escalada não intencional no uso da força. Pugh, "From Mission Cringe to Mission Creep?" in Pugh (ed.), *op. cit.*, p. 192.

O Debate sobre o *"Vazio Conceptual"* relativo ao Uso da Força 169

no extremo, o uso (restrito) da força. Enquanto que as operações de *enforcement* têm lugar porque houve ruptura do processo negocial/diplomático, as operações de "indução" inserem-se no âmbito desses mesmos esforços;
– nas operações de "indução", os soldados são psicologicamente condicionados a serem circunspectos no uso da força.[436]

Nas "operações de indução", o consentimento das partes é obtido em face da força militar intimidativa: só a exibição de uma força credível poderá viabilizar a sua continuação. A lógica que subentende estas operações é construtiva mesmo se implica intimidar aqueles que se poderiam opor à operação, a qual visa sanar o conflito e reconstruir a sociedade. Para ser eficaz, uma operação deste género deve ser organizada com um mandato claro e capacidades militares e logísticas à altura para conduzir, se necessário, operações ofensivas contra os recalcitrantes.[437]

A teoria francesa para o emprego das forças armadas sob os auspícios da ONU (as "operações de apoio à paz"), oficializada em 1995, consagra aqueles princípios.[438] Na perspectiva de Paris, os principais problemas das missões de paz prendem-se com a fraqueza militar das operações da ONU, com o princípio da imparcialidade e as regras restritivas de actuação que impedem as tropas de usar a força para proteger os civis e implementar o seu mandato.

Os Franceses introduziram um novo conceito, "restauração da paz", para designar um modo de intervir em que, se o consentimento for claudicante, as forças intervenientes devem estar preparadas para usar meios coercivos. As operações de "restauração da paz" estão a meio caminho entre o *peacekeeping*[439] e o *peace-enforcement*. Trata-se basicamente de missões de *peacekeeping*, mas são mandatadas ao

---

[436] Daniel e Hayes, in Pugh (ed.), *op. cit.*, p. 110.

[437] Annan, *op. cit.*, p. 174.

[438] Ministère de la Défense, *Les modalités souhaitables de participation des forces françaises aux opérations militaires de l'ONU*, Paris, 6 de Março de 1995.

[439] Definido pelos Franceses como operações "ao abrigo do Capítulo VII, com o consentimento das partes no conflito, para monitorar e facilitar a implementação de um cessar-fogo assim que as hostilidades tiverem cessado." Thierry Tardy, "French Policy Towards Peace Support Operations", *International Peacekeeping*, vol. 6, nº 1, Primavera de 1999, p. 73.

abrigo do Capítulo VII: "para facilitar a restauração da paz num país onde as hostilidades não cessaram, a segurança das populações não é certa mas, onde não existe um inimigo designado".[440] As operações de "restauração da paz" distinguem-se das "operações de imposição da paz"[441] que também são autorizadas pelo Capítulo VII, mas que se destinam a "impor a paz com o uso da força contra um inimigo designado".[442]

A "Operação Turquesa", no Ruanda, no Verão de 1994, obedeceu a estes princípios. A operação actuou sem o consentimento dos líderes das facções, do governo e dos elementos militares e para-militares. A força francesa pretendia, à semelhança do *peacekeeping* tradicional, interpor-se entre as partes de forma a estabelecer, numa faixa de território ruandês, um espaço protegido para acolher os refugiados. Contudo, o aparato de força que rodeou a operação era real e os soldados franceses estavam dispostos a usá-lo se fosse necessário.

A "restauração da paz" assenta no pressuposto que a incapacidade de usar a força mínima necessária para proteger os civis e o mandato da operação resulta na sua perda de credibilidade – o que impede a força de intervenção de funcionar eficazmente: "... a credibilidade é a condição indispensável para deter ataques contra a população civil e as tropas da ONU e para a dissuasão alargada em relação a ataques contra terceiros, como aqueles que conduzem missões humanitárias, de desenvolvimento e de *peace-building*".[443]

O pensamento francês repousa numa interpretação da "imparcialidade" que é diferente daquela usada pela ONU, a qual tradicionalmente é a de uma neutralidade rigorosa: isto é, observação e passividade.[444] A noção de "imparcialidade activa" permite aos capacetes azuis usarem a força em defesa do seu mandato e das populações.[445]

---

[440] *Ibid.*

[441] O correspondente ao *peace-enforcement* ou, nas palavras do autor, "*limited war*": caso clássico da intervenção no Iraque em 1991.

[442] *Ibid.*

[443] V. Jablonsky e Mccallum, *op. cit.*, p. 8.

[444] Wilkinson in Ramsbotham e Woodhouse (eds.), *op. cit.*, p. 77.

[445] Referindo-se à intervenção da ECOMOG na Libéria (1990-99), Tuck afirma que "a perda do consentimento, em si mesma, poderia não ter sido uma fraqueza crítica se a ECOMOG tivesse mantido a imparcialidade, mas ela ficou ainda mais comprometida através das tentativas de recorrer ao *peace enforcement*": *op. cit.*, p. 7.

O uso da força não implica, aliás, a perda da imparcialidade (1) porque não define objectivamente um inimigo a combater (como uma clássica actuação de *enforcement*) e (2) desde que os militares a usem de forma controlada e contra elementos que visivelmente põem obstáculos à prossecução do mandato.

O *enforcement* deverá, pois, ser usado com a maior restrição e a imparcialidade deve ser mantida, dentro do possível, embora nem sempre a força se possa manter neutral. Além disso, a "restauração da paz" implica que os militares desenvolvam esforços junto da população e demais partes presentes no cenário do conflito no sentido de fomentar a aceitação da presença da ONU. É fundamental, para o êxito da missão, fomentar um ambiente que seja favorável à actuação dos capacetes azuis e demais componentes da operação.[446]

A combinação de elementos não assimiláveis (*peacekeeping* + *peace-enforcement* + ausência do princípio do consentimento) tem sido alvo de intensa reflexão e debate em círculos da ONU e nos meios militares ocidentais onde se discute a doutrina militar relativa às operações de apoio à paz. É o caso da famosa doutrina inglesa *Wider Peacekeeping*[447] (WP) que dominou o pensamento inglês sobre o *peacekeeping* entre 1994 e 1998: foi o esforço mais consistente, a nível das doutrinas militares de um dos membros permanentes do Conselho de Segurança, para definir o *peacekeeping* do pós-Guerra Fria. O *Wider Peacekeeping*[448] lida com as missões de *peacekeeping*[449] no novo contexto. *Wider Peacekeeping*, o termo cunhado pelo exército britânico, refere-se aos "aspectos mais amplos das operações de *peacekeeping* que decorrem com o consentimento das partes beligerantes, mas num ambiente que pode ser muito volátil."[450]

O *Wider Peacekeeping* coloca a questão do consentimento no centro das suas preocupações: trata-se do fiel da balança desta dou-

---

[446] Tardy, *op. cit.*, p. 74.

[447] V. Charles Dobbie, "A Concept for Post-Cold War Peacekeeping", *Survival*, vol. 36, nº 3, Outono de 1994, pp. 121-48.

[448] Substituída posteriormente pela doutrina "*Peace Support Operations*".

[449] Define *peacekeeping* como "operações levadas a cabo com o consentimento das partes beligerantes em apoio de esforços para alcançar ou manter a paz de forma a promover a segurança e a sustentar a vida em áreas de potencial ou real conflito." V. Dobbie, *op. cit.*, p. 122.

[450] *Ibid.*

172   *As Nações Unidas e a Manutenção da Paz*

trina, do elemento que divide o *peacekeeping* do *enforcement*. Este é o elemento definidor da teoria uma vez que, nos conflitos modernos, o consentimento é errático, instável e o ambiente do *peacekeeping* é caracterizado pela imprevisibilidade táctica. O WP aplica-se sobretudo a operações de *peacebuilding* (ou do *peacekeeping* "multidimensional"). A intervenção dos capacetes azuis dá-se após os beligerantes terem chegado a acordo quanto à implementação de um acordo de paz e ao início de uma operação para reconstruir o país.

O *Wider Peacekeeping*, tal outras doutrinas militares, não rejeita o emprego da força, mas postula que o que divide o *enforcement* das operações de indução, não é o nível de força usada, mas o consentimento das partes no conflito e das populações. O consentimento das partes é fundamental numa operação de *Wider Peacekeeping* – e este é um aspecto onde a teoria inglesa se afasta da francesa da "restauração da paz". O WP diz que "os riscos envolvidos e os níveis de força exigidos numa operação que dispensasse uma abordagem consensual, tornaria impraticável a maior parte das operações montadas no contexto do *wider peacekeeping*."[451]

Contudo, a teoria inglesa introduz uma distinção entre dois níveis de consentimento: o operacional e o táctico. Por nível operacional, entende-se a aprovação da liderança política e dos principais beligerantes num determinado conflito através de acordos formais. A este nível, o uso da força está fora de questão porque o consentimento é estável. O nível táctico é o da implementação dos acordos no terreno: a este nível, o consentimento pode ser parcial, mal-definido e ser sujeito a mudanças. Em cenários onde o espectro dos beligerantes é vasto, o emprego da força pode ser inevitável. Pode ser o caso de grupos locais irredutíveis ou de facções a quem falta a informação sobre os acordos políticos aprovados a nível das cúpulas. A nível táctico, pode ainda verificar-se que uma estrutura de comando e controlo deficiente ou não-existente esteja na origem de atritos desses grupos com os soldados da ONU. A força pode ser usada para assegurar um ambiente favorável à operação, desde que de forma proporcionada, apropriada e razoável.[452]

---

[451] *Id.*, p. 125.
[452] Ruggie, *op. cit.*, p. 10

O Debate sobre o "Vazio Conceptual" relativo ao Uso da Força 173

A nível estratégico, o consentimento é determinado pela existência de um acordo de paz e pela legitimação das NU (consentimento estratégico). O WP pode, em alternativa, escalar a força para demonstrar o seu domínio da situação face a possíveis "*spoilers*". Efectivamente, a nível táctico, o consentimento não significa a aprovação de todos os envolvidos em relação às acções desenvolvidas no terreno, mas envolve "...uma atitude da população geral que tolera a presença do *peacekeeping* e que representa um quórum de cooperação."[453] Em *strictu sensu*, o consentimento pode entender-se como a "...ausência de acção armada concertada e sistemática contra a missão."[454] Só quando uma missão usa a força duma forma que "rompe os níveis tácticos *e* operacionais do consentimento – é então que a desestabilização e a transição sem controlo para o *peace enforcement* se torna uma probabilidade séria."[455] Ultrapassar a "fronteira do consentimento" é como atravessar o Rubicão: "uma vez no outro lado, há poucas possibilidades de voltar atrás e a única forma de o fazer é abandonar o teatro das operações, tal como os acontecimentos de Beirute e da Somália demonstraram. Se se quiser passar a fronteira do consentimento, então deve-se fazê-lo de forma deliberada e premeditada com a força, estrutura, equipamentos e doutrina necessárias – não de forma acidental."[456]

A nível táctico, as missões devem criar incentivos e "recompensas ("*rewards*") para a população e os beligerantes cooperarem com a missão da ONU: "Os capacetes azuis têm mais probabilidades de serem bem sucedidos se conseguirem convencer as facções beligerantes da correlação que existe entre a cooperação e as vantagens mútuas e quando todos os envolvidos têm algo a ganhar com o processo de paz."[457] Daí que "o evitar da escalada, a imparcialidade, negociação, paciência, confiança, proximidade, o cultivar dos relacionamentos, a mediação e a contenção..."[458] sejam instrumentos para fomentar a cooperação e proteger o princípio sagrado do consenti-

---

[453] Dobbie, *op. cit.*, p. 124.
[454] *Ibid.*
[455] *Id.*, p. 136.
[456] Dobbie, *op. cit.*, p. 131.
[457] *Id.*, p. 125.
[458] *Id.*, p. 126.

174   *As Nações Unidas e a Manutenção da Paz*

mento. Os militares devem investir, em particular, nas tarefas de *peacebuilding* associadas à restauração da sociedade e as tarefas humanitárias que permitem aliviar o sofrimento da população.

A erosão do princípio do consentimento como requisito da intervenção das Nações Unidas registou-se em importantes crises ocorridas desde 1991 e impulsionou alterações à doutrina das operações de *peacekeeping*. As operações da década de 90 evidenciam a forma como o requisito do consentimento tem vindo a ser adaptado às circunstâncias ou, pura e simplesmente, ultrapassado:

1. *Acção militar sem o consentimento do país em causa por razões humanitárias*

- a criação das áreas protegidas no norte do Iraque na zona curda, em Abril de 1991: na resolução 688 de 5 de Abril de 1991, o CS descreveu o êxodo curdo como "uma ameaça à paz e segurança internacionais", implicitamente enquadrando esta crise interna no âmbito do Capítulo VII da Carta;[459]
- a criação da UNPROFOR em Fevereiro de 1992, onde se mencionava que o CS agia ao abrigo da sua responsabilidade "na manutenção da paz e segurança internacionais", em referência ao Capítulo VII da Carta;[460]
- a criação da UNITAF, a operação liderada pelos Americanos entre Dezembro de 1992 e Maio de 1993, sob mandato das NU.[461] A UNOSOM II, que viria a substituir a UNITAF, foi também criada com referência explícita ao Capítulo VII, com a possibilidade de recurso ao uso da força;[462]
- Haiti: a Força Multinacional do Haiti criada em Julho de 1994 e liderada pelos EUA com o objectivo de supervisionar o

---

[459] Resolução 688 de 5 de Abril de 1991. Diz Formuth que a importância desta operação radica em duas razões: desafiou o conceito de soberania ao "impedir que a doutrina da não-intervenção desse cobertura às práticas de genocídio contra a sua população"; alargou a noção de segurança ao definir uma crise humanitária como uma ameaça à paz e segurança internacional. V. P. Formuth, "The Making of a Security Community: The United Nations after the Cold War", *Journal of International Affairs*, vol. 46, nº 2, 1993, p. 348.
[460] V. Resolução 743 de 21 de Fevereiro de 1992, preâmbulo e parágr. 3.
[461] Resolução 794 de 3 de Dezembro de 1992
[462] Resolução 814 de 26 de Março de 1993, v. parte B.

O *Debate sobre o "Vazio Conceptual" relativo ao Uso da Força*   175

processo de retirada das forças militares que ocupavam ilegalmente o poder e o regresso do presidente eleito, Jean-Bertrand Aristide.[463]

– Kosovo: uma força de segurança destinada a supervisionar a retirada das forças sérvias, a fazer respeitar o cessar-fogo e a desmilitarizar o Exército de Libertação do Kosovo e outros grupos armados albaneses.[464]

2. *Acção militar com um maior elemento de consentimento*

– a criação da UNPROFOR em Fevereiro de 1992, onde se mencionava que o CS agia em função de constatação da existência de uma "ameaça à paz e segurança internacionais", numa referência ao Capítulo VII da Carta;[465]

– Ruanda (1994): criação de "uma operação temporária sob comando e controlo nacional" destinada a proteger os deslocados, refugiados e os civis em fuga ("Operação Turquesa" liderada pela França);[466]

– Albânia (1997): criação de uma força multinacional de protecção para facilitar o trabalho das organizações no terreno, em particular das que se dedicavam ao labor humanitário ("Operação Alba" liderada pela Itália);[467]

– Serra Leoa (1999): a criação da UNAMSIL para assistir na implementação dos Acordos de Paz de Lomé de Julho de 1999 e, em particular, para efectuar a desmobilização e o desarmamento dos grupos rebeldes;[468]

– Timor-Leste (1999): a criação de uma força multinacional liderada pelos Australianos para restaurar a paz e a segurança, auxiliar e proteger a UNAMET na execução do seu mandato e coadjuvar as operações de ajuda humanitária.[469]

---

[463] Resolução 940 de 31 de Julho de 1994.
[464] Resolução 1244 de 10 de Junho de 1999.
[465] V. Resolução 743 de 21 de Fevereiro de 1992, preâmbulo e parágr. 3.
[466] Resolução 929 de 22 de Junho de 1994.
[467] Resolução 1101 de 28 de Março de 1997.
[468] Resolução 1270 de 22 de Outubro de 1999 e 1289 de 7 de Fevereiro de 2000.
[469] Resolução 1264 de 15 de Setembro de 1999

A doutrina inglesa mais recente sobre as "operações de apoio à paz" (*Peace Support Operations*),[470] publicada em 1998, abandona o conceito de *Wider Peacekeeping (JWP 3-50)* e vai de encontro, no geral, ao entendimento francês. Introduz o conceito de *"peace-enforcement* imparcial"* para designar intervenções em que a exibição de força dissuasiva, combinada com o uso limitado da força, possam ser indispensáveis para obter a cooperação e o consentimento dos elementos locais. O *"peace enforcement* imparcial"* é também uma abordagem especificamente concebida para enfrentar os desafios dos conflitos intra-estado e as emergências complexas onde o nível de consentimento é incerto.

Ao contrário do WP, nesta nova doutrina as forças não são condicionadas para evitar a escalada, a todo o custo, e o *peace--enforcement*. O WP postula a importância absoluta do consentimento e o *peace enforcement* é visto como podendo criar o risco de quebra do consentimento, originando um processo de escalada da guerra. Na *Peace Support Operations*, o princípio fundamental é o da imparcialidade: o *peace enforcement* poderá não violar a imparcialidade se tiver o objectivo de defender os objectivos da missão e as tarefas de longo-prazo do *peacebuilding*.[471] Na realidade, a JWP 3-50 parte do pressuposto que o *"peace-enforcement* imparcial"* será uma necessidade incontornável nos novos conflitos e que os *peacekeepers* devem estar armados e organizados de forma apropriada: "Para ser credível, uma força de *peace enforcement* deve ser vista como disposta e capaz de esmagar qualquer oposição que surja."[472] A missão pode designar um inimigo a combater, especialmente em situações em que, ao nível táctico, os *"spoilers"* tentem obstaculizar a missão e minar o acordo político que enquadra a operação. Nestas operações, corre-se o risco de se ser arrastado para acções de *enforcement* militar prolongadas e, no âmbito destas, tomar partido em favor de alguma parte no conflito; do *peacekeeping* ser visto até como parcial.[473]

---

[470] Ministério Britânico da Defesa, *Peace Support Operations*, Joint Warfare Publication 3-50, doc. JWP 3-05/PSO, Londres, 1998.

[471] Woodhouse, *op. cit.*, p. 32.

[472] Jakobsen, *op. cit.*, p. 40.

[473] Woodhouse, *op. cit.*, p. 32.

O *Debate sobre o "Vazio Conceptual" relativo ao Uso da Força*   177

De forma a reduzir as consequências de uma escalada indesejada, a JWP 3-50 identifica as chamadas "técnicas de promoção do consentimento" que se destinam a captar a boa vontade das populações e dos beligerantes. Trata-se de um conceito semelhante ao de Kofi Annan das técnicas de "indução do consentimento". Esta é uma dimensão fundamental das *Peace Support Operations*: se não houver um envolvimento sustentado dos militares com os seus destinatários (de forma a fazê-los sentir "accionários do processo de paz"), esta versão do *peacekeeping* corre o risco de resvalar para o confronto armado.[474] O *peacekeeping* não pode ter sucesso se os militares contarem com a oposição generalizada da população e dos principais protagonistas políticos: "A pacificação pela força (ainda que possível com os recursos limitados das missões de *peacekeeping*) não pode, na realidade, ser um método eficaz para realizar as tarefas de *peacekeeping* de longo-prazo."[475]

O manual do Exército Americano, *Stability Actions and Support Actions FM 100-23*, também adopta um conceito de imparcialidade que se assemelha à teoria francesa: isto é, a força pode ser usada em apoio do *peacekeeping* desde que o seja em defesa do seu mandato e das populações. Embora não designe um inimigo a combater, o *FM 100-23* prevê o uso da força contra elementos que violem os acordos ou que tentem minar a operação: "...capacidades militares credíveis e superiores, são um pré-requisito para o sucesso das operações de *grey area*."[476]

A força deverá ser empregue em última instância e com contenção e deve ser suspensa logo que possível. A doutrina estipula que os esforços diplomáticos deverão seguir-se de imediato de forma a evitar a percepção de perda da imparcialidade e a restabelecer o equilíbrio perdido.

Também a doutrina da NATO[477] para as operações de apoio à paz, preconiza o uso de missões robustas e bem treinadas, preparadas para cenários onde possam usar "recompensas" ou se devam

---

[474] *Id.*, p. 33.

[475] Dobbie, *op. cit.*, p. 125.

[476] Cit. in Jakobsen, *op. cit.*, p. 41. V. U.S. Department of the Army, *Peace Operations FM 100-23*, Department of the Army, Washington, D. C., Dezembro de 1994.

[477] V. MC 327/1 "Military Planning for Peace Support Operations", 1997.

utilizar "punições". Acima de tudo, aquelas missões devem partir do pressuposto que o uso da força pode ser incontornável em operações onde o consentimento possa ser problemático. A força deve ser usada apenas como último recurso e de forma discriminada e proporcionada.[478]

Todas as doutrinas atrás referidas advogam o uso, em paralelo, da negociação e de um vasto leque de técnicas para promover o consentimento, incluindo recompensas à cooperação. Estas operações só podem ser bem sucedidas se a maior parte da população aceitar e acolher a missão. Nesse sentido, as operações das *"grey areas"* devem apostar:

- na cooperação civil-militar:[479] a criação de um partenariado efectivo entre militares, agências civis e ONGs;
- no treino das tropas de forma a melhorar as técnicas de negociação e de relacionamento;
- na promoção de consenso, com esforços destinados a captar a boa-vontade das populações: como operações de informação, assuntos civis e a cooperação civil-militar;
- na melhoria do intelligence em relação a todas as partes envolvidas e na capacidade de coligir, analisar e disseminar informação;
- no uso, em todas as fases, da negociação e da mediação.

A técnica das missões de "indução" foi já usada pelos EUA na Operação "Provide Comfort", nas zonas curdas do norte do Iraque, no Inverno de 1991 e pela força multinacional no Haiti, em 1994. Os mesmos princípios nortearam a INTERFET em Timor-Leste. A INTERFET foi mandatada, ao abrigo do Capítulo VII, a "restaurar a paz e a segurança em Timor-Leste, proteger e apoiar a UNAMET no desempenho das suas tarefas e, no âmbito das suas capacidades mili-

---

[478] *Bi-MNC Directive for NATO Doctrine for Peace Support Operations*, NATO, Final Draft, 27 de Julho de 1998.

[479] CIMIC (*Civil-Military Cooperation*): definida como uma "... ferramenta facilitadora, um interface das relações entre um comandante militar e os outros actores numa determinada área de operações". Caracteriza-se pela ligação, apoio à força e apoio aos actores civis da área de operações: v. TenCoronel Francisco José B. S. Leandro, "A perigosa aparência da proximidade dos conceitos", *Jornal do Exército*, ano XLV, nº 529, Maio de 2004, p. 34.

O Debate sobre o *"Vazio Conceptual"* relativo ao Uso da Força 179

tares, facilitar as operações de assistência humanitária."[480] Os estados participantes nesta missão foram autorizados a usar "todas as medidas necessárias para cumprir este mandato". A operação, comandada pelo veterano da guerra do Vietname, o Gen. australiano Peter Cosgrove,[481] foi dotada de ROE robustas de forma a poder desarmar e submeter os elementos perigosos.

A INTERFET entrou em Dili, a capital, a 20 de Setembro, rodeada de grande aparato de segurança, tomando de imediato conta do aeroporto e da capital. Duas mil tropas encerraram o centro da cidade e conduziram buscas com o apoio aéreo de helicópteros que davam cobertura à operação. Da capital, a força deslocou-se rapidamente para o interior da ilha e para a fronteira com Timor Ocidental de forma a selar a mesma e impedir a entrada de membros das milícias pró-Indonésia. Uma vez assegurada a capital, a UNAMET iniciou a sua entrada em Timor.

Como a operação adoptou uma postura de força, na realidade teve de recorrer pouco ao seu uso efectivo.[482] Cosgrove descreveu a operação como "um *build-up* muito rápido de poder de combate em terra para podermos controlar o coração do problema muito rapidamente, isto é, Dili, e dar suficiente espaço na nossa retaguarda para se poder continuar a aumentar e introduzir a logística."[483]

As operações da NATO na Bósnia-Herzegovina (*Implementation Force*, IFOR e *Stabilisation Force*, SFOR) têm validado os princípios acima referidos, em particular, a IFOR: "A NATO foi para a Bósnia-Herzegovina fortemente armada, preparada para a eventualidade de combate, mas acabou por apoiar-se mais na negociação e em técnicas de gerar o consentimento."[484]

Os princípios de actuação da IFOR não diferem essencialmente de uma operação de *peacekeeping*. Contudo, a diferença em relação ao desempenho da UNPROFOR e a sua maior eficácia explicam-se

---

[480] Resolução 1264 de 15 de Setembro de 1999.

[481] A missão era composta por tropas de 19 países, maioritariamente países da ASEAN (Associação de Nações do Sudeste Asiático), mas as forças australianas predominavam (4.500 tropas num total de 9.400). V. Findlay, *op. cit.*, p. 288.

[482] Não houve vítimas civis na operação. Foram abatidos seis membros das milícias e um polícia indonésio.

[483] *Id.*, p. 289.

[484] Jakobsen, *op. cit.*, p. 45.

pela sua dimensão, eficiência militar e pela sua postura de dissuasão e de força: "Enquanto que a UNPROFOR era frequentemente culpada pela sua falta de sucesso na execução do mandato das Nações Unidas, a NATO tem diariamente tido a experiência que a força e eficiência militar são importantes elementos dissuasores do reacender de uma guerra aberta..."[485]

É importante atentar na experiência da IFOR (1995-96) e SFOR (1996-2004), duas forças compostas no essencial por forças da NATO, aprovadas ao abrigo do Capítulo VII e, nesse sentido, com legitimidade para usar a força. O mandato da IFOR consistia na implementação das provisões militares dos Acordos de Dayton e na criação, globalmente falando, de um "ambiente seguro".[486] Trata-se da situação típica de uma intervenção pós-conflito, com um acordo de paz concordado pelas partes e em que a presença da força foi autorizada pelos beligerantes. A IFOR/SFOR foi posteriormente incumbida de outras tarefas, como o de assegurar o movimento das populações civis, dos refugiados e deslocados e responder de forma apropriada à violência deliberada contra a vida das pessoas. A SFOR, que sucedeu à IFOR em finais de 1996, recebeu ainda a incumbência de, à medida que o clima de paz se reforçava, fornecer um maior nível de ajuda às organizações civis, ainda que dentro das suas possibilidades.

Na realidade, a IFOR e a SFOR eram, em essência, "operações de *peacekeeping* multifuncional", só que actuando "em condições que a UNROFOR nem sequer sonhava".[487] Dessas condições políticas e militares é de salientar:

– um mandato claro, com competências basicamente militares e operando num território delimitado;

---

[485] Biermann e Vadset, "After Dayton: Write Off the UN?", in Biermann e Vadset (eds.), *op. cit.*, p. 357.

[486] Como evitar o reacender das hostilidades, separar as forças armadas das duas entidades políticas da Bósnia-Herzegovina, a Federação da Bósnia-Herzegovina (Croatas e Muçulmanos) e a República Srpska; transferir território entre as duas entidades de acordo com as estipulações do acordo de paz e transferir as forças e o armamento pesado das várias partes para zonas devidamente identificadas. V. http://www.nato.int/docu/facts/2000/role-bih.htm.

[487] Biermann e Vadset, *op. cit.*, p. 356.

O Debate sobre o "Vazio Conceptual" relativo ao Uso da Força 181

- o apoio incondicional da comunidade internacional e, em especial, das grandes potências;
- unidade de comando da força;
- disponibilidade de recursos financeiros e materiais;
- regras de empenhamento robustas mas, como no caso de uma operação de *peacekeeping*, baseadas nos princípios da imparcialidade e da auto-defesa, incluindo o direito de defender o mandato;
- um sistema articulado de ligação entre as partes através de comissões conjuntas e de outras estruturas com condições para gerar o consenso das partes e da população quanto à presença da força;
- a responsabilidade identificável de outras organizações internacionais na parte civil da missão (ONU, OSCE, UE, IPTF).[488]

Ao contrário das operações de *peacekeeping* multifuncional, Dayton entregava a principal responsabilidade pela coordenação das actividades civis ao Gabinete do Alto Representante e a outras agências internacionais. A separação das funções militares em relação às tarefas civis/humanitárias é um dos motivos que explicam o bom funcionamento da IFOR/SFOR.

Existem outras razões que explicam o sucesso da IFOR/SFOR e que são de carácter político: o apoio unânime da NATO a esta presença nos Balcãs, bem como a presença das forças dos EUA que funcionaram como garante da presença e manutenção das forças de outros países. A força liderada pela NATO tem mais chances de sucesso que uma força equivalente liderada pela ONU porque, tal como sublinham Biermann e Vadset, "...têm a capacidade de reagir com força maciça contra quem desafia o Acordo de Paz de Dayton."[489] Contudo, nem esta força militar é ".... é necessariamente uma receita suficiente para fazer a paz na Bósnia-Herzegovina."[490]

---

[488] A *International Police Task Force* foi criada ao abrigo da *UN Mission in Bosnia and Herzegovina* (UNMIBH), uma missão civil da ONU no âmbito dos Acordos de paz de Dayton de 1995. A IPTF deveria ajudar as forças de polícia da Bósnia-Herzegovina na manutenção da segurança pública.

[489] Biermann e Vadset, *op. cit.*, p. 362.

[490] *Id.*, p. 357.

VII.3. A Nova Postura da ONU em Relação ao Uso da Força

A doutrina do *"peacekeeping* musculado" tem vindo a obter aceitação junto do Secretariado das NU. A experiência das operações de manutenção de paz nos anos 90, permitiu ultrapassar o tabu relativo ao uso da força.[491] Certas passagens da *Agenda para a Paz* demonstram uma crescente vontade de usar a força em apoio dos objectivos da ONU, embora de forma ainda confusa e ambígua. Boutros-Ghali propõe naquele documento, de forma vaga, um papel militar para as NU situado algures num terreno entre o *peacekeeping* e operações de uso da força: são "unidades de imposição de paz", isto é forças de *peacekeeping* com mandato para usar a força. O ex-SG interpelava vivamente a organização a usar essas forças em circunstâncias como o não cumprimento dos acordos de cessar-fogo.

Para esses casos, diz o ex-SG: "Recomendo que o Conselho de Segurança considere a possibilidade de utilizar *unidades de imposição da paz* em circunstâncias claramente definidas e com mandatos prévios específicos. Essas unidades dos Estados-Membros seriam formadas por militares voluntários, mantidos em situação de alerta. Teriam de ser dotadas de melhor armamento do que as forças de manutenção de paz e de receber uma instrução preparatória completa no seio dos respectivos exércitos nacionais."[492] Boutros-Ghali refere que se trataria, em todo o caso, de uma medida provisória ao abrigo do artigo 40.º da Carta que permite ao CS adoptar medidas temporárias para evitar o agravamento da situação.

Trata-se de um tipo de intervenção que, como reconhecia o SG, "... pode exceder a missão das forças de manutenção da paz e as expectativas dos países que contribuem com efectivos."[493] Segundo Boutros-Ghali, caberia ao CS decidir quando e em que termos exceder o *peacekeeping*. Contudo, o SG deixa em suspenso uma série de questões cruciais: até que ponto estas missões podem ultrapassar a fronteira do *peacekeeping*, em senso estrito; quais as consequências

---

[491] Annan diria em 1993: "Dentro e fora das Nações Unidas, há um apoio crescente ao *peacekeeping* com o uso da força" (na expressão original *"peacekeeping with teeth"*), Annan, "UN Peacekeeping Operations", p. 2.

[492] *Ibid.*; meu sublinhado.

[493] *Agenda*, parágr. 44.

O *Debate sobre o "Vazio Conceptual" relativo ao Uso da Força* 183

para a filosofia da manutenção da paz da incorporação de princípios que prevêem a incorporação de elementos coercivos em operações de raiz pacífica, neutral e imparcial – como se o *peace-enforcement* fosse um estádio mais avançado do *peacekeeping*.

Autores como Adam Roberts contestam esta interpretação do ex-SG que vê o *peace-enforcement* como uma extensão do *peacekeeping*: "É de questionar se é correcto apropriar-se do respeitável termo '*peacekeeping*' e aplicá-lo a acções que não se baseiem no consentimento pleno das partes no conflito e que envolvem o uso extensivo da força."[494]

No *Suplemento à Agenda para a Paz*, e na sequência do desastre da Somália, Boutros-Ghali abandona o conceito das *unidades de imposição da paz* para voltar aos termos tradicionais de *peacekeeping* e *enforcement*, no seu entendimento mais restrito. Em 1995, Boutros-Ghali afirma que as operações de *peacekeeping* exigem o consentimento dos beligerantes e que o uso da força não se coaduna com a natureza do *peacekeeping*. É "necessário resistir à tentação de usar o poder militar", disse ainda, mesmo quando este possa acelerar a resolução do conflito. "A lógica do *peacekeeping* deriva de premissas políticas e militares que são muito distintas daquelas do *enforcement* e as dinâmicas deste último são incompatíveis com o processo político que o *peacekeeping* pretende patrocinar. Esfumar a distinção entre os dois, pode minar a viabilidade das operações de *peacekeeping* e pôr em perigo o seu pessoal."[495]

A proposta do "*peacekeeping* musculado" (*unidades de imposição da paz*), tal como outras propostas que constavam da *Agenda para a Paz*, tinha um objectivo exploratório. Eram balões de ensaio de um SG activo e ambicioso que colheu a oportunidade histórica aberta pelo fim da Guerra Fria, bem como a disponibilidade dos membros permanentes do CS para fazer das NU uma organização eficaz na resolução dos conflitos. Contudo, todas estas iniciativas tinham, em última análise, de ser aceites pelos membros permanentes do CS. Ora, em 1995, o ambiente de entusiasmo que tinha marcado o

---

[494] Adam Roberts, "The Crisis in UN Peacekeeping", *Survival*, vol. 36, Outono de 1994, p. 110.

[495] *Suplemento à Agenda para a Paz*, parágr. 35-36.

lançamento da *Agenda para a Paz* tinha-se evaporado com o desastre da UNOSOM II nas ruas de Mogadíscio.

Kofi Annan, Secretário-Geral a partir de Janeiro de 1997, adoptou uma posição mais aberta relativamente ao papel das NU nas operações de paz. Annan convocou, em Março de 2000, um "Painel das Nações Unidas sobre as Operações de Paz". O Painel, encabeçado pelo diplomata argelino, Lakhdar Brahimi, apresentou em Agosto desse ano o relatório, *Report of the Panel on United Nations Peacekeeping Operations*. O *Relatório Brahimi* é o trabalho que, na história das NU, apresenta a mais profunda reflexão sobre a questão do *peacekeeping*, avançando com novos conceitos críticos.

As conclusões do *Relatório Brahimi* são o fruto da evolução do *peacekeeping* nos anos 90, evolução particularmente rápida e frutuosa em lições. O relatório resulta também da experiência pessoal de Annan na gestão das operações de paz do pós-Guerra Fria. Na qualidade de Sub-Secretário Geral para as Operações de *Peacekeeping*, Kofi Annan foi parcialmente responsável pelas experiências falhadas da Bósnia-Herzegovina e do Ruanda. Annan reconheceu publicamente essas falhas que minaram a credibilidade da organização, em particular a sua desatenção no desenvolvimento do conflito ruandês.

Como Secretário-Geral, Annan afirmou que as NU precisavam de desenvolver um "novo paradigma" para as operações de paz, em especial concentrar-se nas medidas para "induzir o consentimento". Advogou também a necessidade das NU se dotarem das capacidades para deslocarem rapidamente pessoal para os cenários de *peacekeeping*, bem como dos meios de recolha e análise de informação (intelligence).[496] Annan pôs em causa o princípio sagrado do consentimento das partes, dizendo que este requisito poderia ser, em contexto de estados em anarquia, "nem certo, nem errado", mas "pura e simplesmente, irrelevante."[497]

Em última instância, o consentimento é uma variável totalmente dependente da vontade das partes. Também não é uma decisão que as partes num conflito tomam em abstracto, mas que depende das alter-

---

[496] Annan, "Challenges", p. 172.

[497] Kofi A. Annan, "Challenges of the New Peacekeeping", in Otunnu e Doyle, *op. cit.*, p. 172.

O Debate sobre o "Vazio Conceptual" relativo ao Uso da Força   185

nativas em presença e do cálculo de oportunidade. "Se o consentimento comporta certas recompensas, a decisão de o negar comporta certos custos, o que obviamente afecta a decisão de garantir o consentimento."[498] Assim, uma missão deve estar preparada para oferecer uma panóplia de custos e de recompensas. Annan usou o termo "consentimento induzido" para definir a gama de custos (o uso da força e outras sanções) e recompensas[499] ("acção cívica" e "incentivos à paz").[500]

Annan adoptou o conceito de operações de "indução" para definir missões onde o consentimento e a cooperação das populações (sejam camponeses, funcionários, senhores da guerra ou líderes políticos) são obtidas através de uma mistura de medidas coercivas ("sticks") e recompensas ("carrots"). O objectivo das operações de indução é: "...restaurar a sociedade civil onde ela deixou de funcionar recorrendo a dois métodos: (1) o uso de incentivos positivos (recompensas) para induzir, num primeiro momento, ao consentimento e à cooperação com a operação de paz e, num segundo momento, a reconciliação e (2) a ameaça da coerção para obter o consentimento e a cooperação, embora renitente, daqueles que não respondam de forma afirmativa aos incentivos positivos."[501]

Segundo Annan, é fundamental obter, desde o início, e depois cultivar em permanência a aquiescência da maioria da população relativamente à presença da ONU. A missão deve tentar criar incentivos positivos que permitam *"winning hearts and minds"* da população. Em todo o caso, o uso da coerção/força, ainda que em contradição fundamental com o espírito do *peacekeeping*, subordina-se a uma lógica mais elevada. Tem sempre um objectivo construtivo: o de convencer os recalcitrantes a cooperar num plano de reconstrução e pacificação da sociedade.

A "Lessons Learned Unit"[502] do Departamento de Operações de *Peacekeeping*, tem vindo a aceitar o conceito da actuação de forças coercivas bem armadas e eficazes. O *Relatório Brahimi* mantém a

---

[498] *Id.*, pp. 172-3.
[499] No original, "positive inducements".
[500] *Id.*, p. 175
[501] Annan, *op. cit.*, p. 173.
[502] V. relatórios em http://www.un.org/Depts/dpko/lessons/llu2.htm#Publications.

terminologia *peacekeeping*, mas usa os termos "operações complexas" ou "robustas" para se referir eufemisticamente ao *peace enforcement*. O relatório põe assim em causa alguns dos pressupostos do *peacekeeping* clássico. O relatório é apologista de forças "musculadas", "... em contraste com a presença simbólica e não-ameaçadora que caracteriza o *peacekeeping* tradicional."[503] O *Relatório* afirma ainda que os "...mandatos deveriam especificar a autoridade de uma operação para usar a força. Tal significa forças maiores, melhor equipadas e mais caras, mas capazes de constituir uma ameaça dissuasora credível. As forças das NU para operações complexas deveriam ser redimensionadas e configuradas de forma a não deixar alguma dúvida na mente de possíveis *"spoilers"* sobre quais das duas abordagens a organização adoptou. Tais forças deveriam dispor de intelligence e de outras capacidades necessárias para suster a defesa contra agressores."[504]

No relatório sobre a tragédia de Srebrenica, de Julho de 1995, Kofi Annan afirma que "...a principal das lições de Srebrenica é que as tentativas sistemáticas e deliberadas de aterrorizar, expulsar ou assassinar um povo devem ser confrontadas com todos os meios necessários, e com a vontade política de levar uma orientação política até às suas últimas consequências. Na Bósnia-Herzegovina e no Kosovo, teria sido necessário usar a força para pôr fim a campanhas organizadas de eliminação e expulsão das populações".[505]

Os capacetes azuis em Srebrenica eram 300. Cerca de metade tinham apenas armamento ligeiro e agiam ao abrigo das ROE do *peacekeeping*. Não possuíam carros de combate e, à aproximação dos Sérvios, limitaram-se a disparar tiros de aviso. As 2.000 forças sérvias, por sua vez, estavam equipadas com blindados e artilharia. No início da ofensiva contra aquela "área protegida", o comandante holandês pediu insistentemente o apoio aéreo da NATO. O seu pedido foi recusado pelo Representante Especial do Secretário-Geral, Yasushi Akashi, e pelo comandante da UNPF (*UN Peace Forces*), Bernard Janvier. A 11 de Julho, Janvier e Akashi aprovaram o ataque, mas limitado aos carros de combate e à artilharia sérvia que

---

[503] *Relatório Brahimi*, parágr. 51.
[504] *Ibid.*
[505] A/54/549, "The Fall of Srebrenica", p. 114.

O Debate sobre o "Vazio Conceptual" relativo ao Uso da Força   187

estivesse de momento a ser utilizada – condições que tornavam difícil a actuação dos pilotos da NATO. Ao saber desta decisão, o ministro holandês da defesa pediu a suspensão dos ataques alegando que os capacetes azuis holandeses poderiam ser atingidos, dada a sua proximidade no terreno aos Sérvios.

Nessas condições, não restava às tropas holandesas outra opção senão capitular sem oferecer resistência: alguns renderam-se, outros foram capturados ou retiraram-se dos seus postos. Os Holandeses ajudaram os Sérvios a evacuar a população da cidade, incluindo a fazer a triagem da população, isto é, separar os homens dos rapazes. Cerca de 7.000 Muçulmanos bósnios foram subsequentemente mortos. O relatório conclui que o uso de ataques aéreos em apoio dos capacetes azuis era "plenamente justificado" uma vez que os ataques sérvios com artilharia tinham começado cinco dias antes.[506]

A este propósito é importante atentar no que diz o Conselho de Segurança na sua Resolução 1296 de 2000: os ataques contra as populações civis e as "violações sistemáticas, flagrantes e generalizadas" das normas humanitárias e dos Direitos Humanos, "podem constituir uma ameaça à paz e segurança internacional..."[507] O relatório sobre o Ruanda culpa o CS de falta de vontade política em aumentar a força de intervenção no Ruanda de forma a estancar o massacre. Em face ao genocídio, conclui o relatório, as NU "têm uma obrigação de agir que transcende os princípios tradicionais do *peacekeeping*."[508]

O *Relatório Brahimi* é peremptório quando defende que, uma vez colocadas no terreno, as unidades militares da ONU devem ser capazes de se defender a si próprias, às várias componentes da missão e ao mandato. As ROE devem ser "suficientemente robustas e não forçar os contingentes a ceder a iniciativa aos seus atacantes." As forças das NU deveriam ser maiores e ser dotadas de melhor equipamento de forma a ter um potencial dissuasor credível: o que contrasta, obviamente com a postura não-ameaçadora que caracteriza o *peacekeeping* tradicional.[509]

---

[506] *Id.*, parágr. 480.

[507] Resolução 1296 de 19 de Abril de 2000.

[508] "Report of the Independent Inquiry into the Actions of the United Nations during the 1994 Genocide in Rwanda", S/1999/1257, 15 de Dezembro de 1999, pp. 38.

[509] *Relatório Brahimi*, parágr. 51.

Os mandatos deveriam ainda especificar a autoridade da operação usar a força. O *Relatório* diz que "as regras de intervenção não deveriam limitar os contingentes a respostas caso-a-caso, mas deveriam permitir respostas suficientes para silenciar a fonte de fogo mortal dirigida contra as tropas das Nações Unidas ou as pessoas que elas estão encarregadas de proteger".[510] Trata-se de uma situação que Marrack Goulding definiu como a "halfway house" entre o *peacekeping* e o *peace-enforcement* e que justifica que os capacetes azuis usem a força.[511]

Ecoando as conclusões dos relatórios sobre os massacres do Ruanda e de Srebrenica, o Relatório conclui que as operações da ONU não se podem mostrar indiferentes (ou agir como tal) quando colocadas face a sevícias sistemáticas exercidas sobre os civis e que devem defender activamente as populações: "efectivamente, os *peacekeepers* – tropas ou polícia – que testemunhem violência contra os civis deveriam estar autorizados, dentro dos meios de que dispõem, a acabar com ela, em apoio dos princípios básicos das Nações Unidas e, como afirmado no relatório do Inquérito Independente sobre o Ruanda, em consonância com a 'percepção e a expectativa criada pela presença [da própria operação]'."[512]

O relatório da ONU de Dezembro de 2004 – *A More Secure World: Our Shared Responsibility* – também adopta uma posição de aceitação do uso da força em defesa das operações de *peacekeeping*. O Relatório diz que actualmente é prática corrente do CS dotar as missões de *peacekeeping* de um mandato ao abrigo do Capítulo VII. O documento justifica-o porque "...mesmo o ambiente mais benigno se pode alterar – quando os *spoilers* aparecem para sabotar um acordo de paz e ameaçar os civis – e é desejável que haja completa certeza sobre a capacidade da missão responder com a força, se necessário."[513] Estes contextos, continua o documento, "não são apropriados para o *peacekeeping* baseado no consentimento; eles devem ser enfrentados com uma acção concertada."[514]

---

[510] *Id.*, parágr. 49.

[511] V. Malone, "Conclusion", in David Malone (ed.), *op. cit.*, p. 620.

[512] *Relatório Brahimi*, parágr. 62.

[513] ONU, *A More Secure World*, parágr. 213.

[514] *Id.*, parágr. 222.

O Debate sobre o "Vazio Conceptual" relativo ao Uso da Força   189

Nas missões de *peacebuilding*, em que as tarefas de consolidação da paz após o conflito, são frequentemente minadas por *spoilers* e pelas diferentes facções num conflito, os "planos de contingência para responder a uma oposição hostil deveriam constituir uma parte integrante do design da missão; as missões que não tem a força militar necessária para resistir à agressão, são um chamariz para a mesma."[515]

A ONU sublinha, contudo, que: as forças de *peacekeeping* não devem estar misturadas nem confundir-se com forças de *peace-enforcement*; que as operações de *peacekeeping* não devem desempenhar funções de carácter coercivo.[516] O *enforcement* é apresentado como uma actividade que, pela sua natureza, exige forças separadas e distintas das do *peacekeeping*. Boutros-Ghali diz aliás, no *Suplemento à Agenda para a Paz*, que quando se confunde o *peacekeeping* com o *peace enforcement*, pode-se comprometer o sucesso das operações de manutenção de paz e pôr em risco a vida do seu pessoal.[517]

Na obra *UN Peacekeeping in Trouble: Lessons Learned from the Former Yugoslavia*, Wolfgang Biermann[518] e Martin Vadset[519] reúnem os contributos de alguns dos principais intervenientes na resolução da guerra na ex-Jugoslávia. Entre eles, contam-se os comandantes da UNPROFOR, Gen. Bertrand de Lapresle, e o Gen. Michael Rose.[520] As conclusões desses protagonistas são notáveis pelo con-

---

[515] *Ibid.*

[516] V. Jakobsen, *op. cit.*, p. 46. V. o *Peacekeeper's Handbook* da International Peace Academy. Para manuais sobre o "novo peacekeeping", v. John Mackinlay e Jarat Chopra, *A Draft Concept of Second Generation Multinational Operations 1993*, Providence, RI, Thomas J. Watson Jr. Institute for International Studies, 1993; Thomas G. Weiss e Jarat Chopra, *United Nations Peacekeeping: An ACUNS Teaching Text*, Hanover, NJ, Academic Council on the United Nations System, 1992.

[517] *Suplemento à Agenda para a Paz*, parágr. 35-36.

[518] Coordenador do "Danish-Norwegian Research Project on UN Peacekeeping", no âmbito do conhecido Copenhagen Peace Research Institute (COPRI).

[519] Foi Vice-Comandante da UNIFIL e Comandante da UNTSO.

[520] De salientar, também um artigo do Gen. John M. Sanderson, Comandante da componente militar da UNTAC no Cambodja, Carl Bildt (Co-Director da Conferência Internacional para a ex-Jugoslávia, por nomeação da UE), Yasushi Akashi (Representante Especial do Secretário-Geral para a ex-Jugoslávia), Gen. Bertrand de Lapresle (Comandante da UNPROFOR entre Março de 1994 e Março de 1995 e Co-Director da Conferência

190   *As Nações Unidas e a Manutenção da Paz*

senso que espelham em torno da relutância no uso da força no âmbito do *peacekeeping*.

Elas sublinham, por um lado, a incompatibilidade natural entre o *peacekeeping* e o *peace-enforcement*. Por outro lado, afirmam que "...os princípios clássicos do *peacekeeping*, como o consentimento, imparcialidade e uso da força só em auto-defesa, são fundamentais para o sucesso das operações de *peacekeeping* em situações do tipo de guerras civis, como as da ex-Jugoslávia."[521] O Gen. Michael Rose diz que é fundamental que os *objectivos de combate* nunca sejam prosseguidos pelas *forças de peacekeeping*.[522]

O uso da força na Jugoslávia foi avaliado de forma extremamente negativa por aqueles protagonistas. Em primeiro lugar, porque, desde logo, as forças da ONU não tinham sido preparadas, treinadas e equipadas para uma operação coerciva. Em segundo lugar, porque a decisão de empregar a força foi uma reacção improvisada às circunstâncias e, por conseguinte, carecia de meios para a planificação militar e de uma justa avaliação política da sua oportunidade (enquanto instrumento ao serviço do *peacekeeping*). Em terceiro lugar, porque o uso da força foi frequentemente uma resposta às pressões da opinião pública internacional. Em quarto lugar, porque a comunidade internacional estava profundamente dividida quanto à utilidade e pertinência de usar a força.[523] No geral, o mandato para usar a força mergulhou a UNPROFOR num "círculo vicioso: mais *enforcement* – menos apoio – mais caos nas operações das NU."[524]

Na *Agenda para a Paz*, de Junho de 1992, o SG, Boutros-Ghali, minimizava a questão do consentimento ao definir "manutenção de

---

Internacional para a ex-Jugoslávia), Gen. Michael Rose (comandante da UNPROFOR na Bósnia-Herzegovina de 1994 a Fevereiro de 1995) e Sadako Ogata (Alto-Comissário das NU para os Refugiados).

[521] Biermann e Vadset, "From UNPROFOR to UNPF", in Biermann e Vadset (eds.), *op. cit.*, p. 57.

[522] Rose in Biermann e Vadset (eds.), *op. cit.*, p. 158. Sublinhado do autor.

[523] V. as divergências entre Europeus (com soldados na UNPROFOR) e a Administração Clinton sobre os ataques aéreos em defesa das "áreas protegidas" (a partir da aprovação da Resolução 836 de 6 de Junho de 1993). Os Europeus opunham-se porque, ao contrário dos Americanos, tinham tropas na Bósnia-Herzegovina e temiam represálias sobre os seus soldados. V. Boutros-Ghali, *op. cit.*, pp. 85-91.

[524] Biermann e Vadset, "Setting the Scene", in Biermann e Vadset (eds.), *op. cit.*, p. 25.

O Debate sobre o "Vazio Conceptual" relativo ao Uso da Força 191

paz" como uma "presença das Nações Unidas no terreno, *até agora* com o consentimento das partes interessadas..."[525] Esta posição audaz do SG foi interpretada por alguns comentadores como "uma vontade crescente de correr riscos".[526] Alguns especialistas, tal como Thomas Weiss, expressaram desconforto e preocupação pela "falta de carácter prático destas propostas".[527] A utilização da expressão *"até agora"* terá sido intencional, uma vez que o lançamento da UNPREDEP para a Macedónia foi efectuado sem o consentimento dos Sérvios.

Em 1994, talvez como consequências das operações na Bósnia--Herzegovina e na Somália, Boutros-Ghali voltaria atrás ao exprimir este mesmo conceito mas eliminando aquela expressão. Em 1995, no *Suplemento à Agenda para a Paz*, Boutros-Ghali, embora demonstre grande circunspecção na escolha dos vocábulos, parece abandonar a ideia do *peacekeeping* onde o consentimento dos beligerantes não esteja assegurado e onde a força possa ser empregue. O SG afirma que o *peacekeeping* bem-sucedido foi aquele onde se respeitaram os "princípios", enquanto que na "maior parte das operações que correram mal, algum daqueles princípios" tinham sido infringidos ou não respeitados.[528] Boutros-Ghali regressa assim à tradicional dicotomia *peacekeeping*/operações de *enforcement*. Como diria Biermann e Vadset, esta atitude "... pode ser interpretada como um regresso aos princípios, a operações das NU menos ambiciosas e mais realistas."[529]

Esta atitude cautelosa não impediu que as NU se envolvessem em contextos difíceis de enquadrar, onde o *peacekeeping* se veio a combinar com o *peace-enforcement* e o princípio do consentimento foi dispensado. Como afirma Rodrigues Viana: "os casos da Somália e da Bósnia-Herzegovina ilustram situações que deram lugar a operações de *"manutenção de paz"* sem que tivesse sido obtido o consen-

---

[525] Meu sublinhado: *Agenda*, parágr. 20.
[526] Thomas Weiss, "Problems for Future U.N. Military Operations in An Agenda for Peace", in Winrich Kühne (ed.), *Blauhelme in einer turbulenten Welt*, Baden-Baden, Nomos Verlag, 1993, p. 177.
[527] *Ibid.*
[528] *Suplemento à Agenda para a Paz*, parágr. 33.
[529] Biermann e Vadset, "Setting the Scene", in Biermann e Vadset (eds.), *op. cit.*, p. 22.

timento das partes, que decorreram de forma considerada parcial ou em que se verificou o recurso à força, sem ser em legítima defesa suscitando a controvérsia e abrindo o debate sobre os princípios que devem nortear estas acções."[530]

---

[530] Vítor Rodrigues Viana, *Segurança colectiva: A ONU e as operações de apoio à paz,* Lisboa, IDN/Edições Cosmos, 2002, p. 114.

VIII.
ASPECTOS CRÍTICOS DO *PEACEKEEPING*

VIII.1. O *Peacekeeping* e a Prevenção de Conflitos

A prevenção dos conflitos[531] foi uma técnica instituída por Dag Hammarskjöld como forma de ajudar a resolver conflitos antes do rebentar da violência armada. Outro importante objectivo desta técnica era afastar a perspectiva de envolvimento das grandes potências. Hammarskjöld apercebeu-se que o envolvimento precoce da ONU poderia evitar os efeitos destrutivos de conflitos criados por intervenções militares externas (as chamadas "guerras por procuração", patrocinados pelas grandes potências, como lhes chama o Prof. Adriano Moreira) e pelas transferências de armamento para áreas do mundo subdesenvolvido.

Na sua acepção inicial, e tal como definida por Hammarskjöld, a diplomacia preventiva é uma "intervenção das Nações Unidas numa área de conflito, fora ou marginal em relação à esfera dominada pela luta da Guerra Fria, e que tem como objectivo evitar a intervenção competitiva dos blocos de poder rivais nessas áreas."[532] Como dizia Claude, ao falar dos limites da diplomacia preventiva, ela "não é um meio para promover a resolução pacífica das disputas existentes, mas para evitar o desenvolvimento de competições pelo poder naquelas zonas por parte dos líderes dos blocos da Guerra Fria."[533]

---

[531] Destina-se a evitar a eclosão de conflitos e/ou, na fase pós-conflito, a impedir o seu reacendimento. Envolve, como se verá adiante, uma panóplia de instrumentos mais vasta do que a "diplomacia preventiva". Nesse sentido, o *peacebuilding* ou, na gíria, as medidas pós-conflito (*post-conflict measures*) podem também ser considerados componentes possíveis da prevenção dos conflitos.

[532] Claude, *op. cit.*, p. 286.

[533] *Id.*, p. 289.

194 *As Nações Unidas e a Manutenção da Paz*

No contexto da Guerra Fria, a acção das Nações Unidas seria mais eficaz nas zonas do mundo onde o envolvimento das duas superpotências não fosse tão marcado. Hammarskjöld reconhecia que "é extremamente difícil para as Nações Unidas exercer influência em problemas que estão clara e definitivamente na órbita do actual conflito dos blocos de poder."[534] A organização deveria estar atenta aos desenvolvimento de cenários de instabilidade nas "terras-de-ninguém" da Guerra Fria de forma a impedir que mesmo essas zonas atraíssem os desejos intervencionistas das grandes potências: o que constituiria um factor de irremediável enleamento do conflito.

Ao propor o conceito de diplomacia preventiva, Hammarskjöld, tinha em mente a experiência da organização em crises recentes, como a crise do Médio Oriente de 1956 e a de 1958, o Laos em 1959 e a crise do Congo em 1960. Estas situações permitiram concluir que as probabilidades de conter ou eliminar os conflitos são maximizadas se a intervenção for prematura e se as superpotências estiverem afastadas. Como diria o Embaixador norte-americano, Adlai Stevenson, em relação ao Congo: "a única forma de manter o Congo fora da Guerra Fria, é manter as NU no Congo."[535] Por outro lado, aquelas intervenções demonstraram que uma acção atempada não requer muitos meios e permite a aplicação de figurinos flexíveis.

A intervenção da ONU revestiu a forma de *peacekeeping*.[536] Na crise do Líbano de 1958, foi criado o *UN Observer Group in Lebanon* (UNOGIL). O mesmo procedimento foi usado na crise do Laos. As crises do Suez e do Congo revestiram-se de maior complexidade em função, essencialmente, da qualidade dos vários intervenientes.

---

[534] *Ibid.*

[535] *Id.*, p. 290.

[536] Em 1957, na sequência de graves disputas políticas dentro do governo, rebentou uma guerra civil entre os adeptos do nacionalismo árabe e os Maronitas (cristãos), tradicionalmente ligados ao Ocidente. Inicialmente, os EUA estavam relutantes em intervir. Contudo, a 14 de Julho de 1958, em Bagdade, sede do Pacto com o mesmo nome, deu-se um golpe de estado que colocou no poder um conhecido nasserista, o Gen. Abdel Karim Qassem. O novo governo iraquiano aderiu à República Árabe Unida (união patrocinada por Nasser entre a Síria e o Egipto em Fevereiro de 1958), acontecimento que em Washington foi interpretado como o alastramento das teorias nacionalistas/socialistas. A pedido do Presidente maronita do Líbano, Camille Chamoun, Eisenhower enviou 15.000 Marines para o Líbano. Washingtou retirou as suas tropas quando o país reverteu ao seu estatuto de não-alinhado.

A crise do Suez[537] foi particularmente complexa devido ao envolvimento de duas potências europeias – Grã-Bretanha e França – a que se veio a juntar Israel. No CS, a condenação da invasão foi boicotada pela França e Grã-Bretanha que a tinham iniciado e que eram, simultaneamente, membros permanentes daquele órgão. Os EUA, liderados pelo Presidente Eisenhower, adoptaram uma linha inusitadamente dura em relação aos países invasores, apesar de serem todos seus aliados: exigiu que as tropas invasoras se retirassem, ameaçou enviar a "Southern Fleet" para o Médio Oriente e incentivou os esforços da ONU para resolver a questão.[538]

A Assembleia Geral apropriou-se da questão ao abrigo da Resolução *"Uniting for Peace"* e apelou aos estados invasores que retirassem as suas tropas e que aceitassem um cessar-fogo. Consciente da necessidade de criar um mecanismo prático que reforçasse a decisão da AG, Lester B. Pearson, o Secretário de Estado canadiano dos Negócios Estrangeiros, propôs ao Secretário-Geral a criação de uma força de emergência. A França e a Grã-Bretanha tinham estabelecido as condições para a sua retirada do Egipto: que as suas forças fossem substituídas por uma força internacional e que a segurança e utilização do Canal do Suez ficassem garantidas. Hammarskjöld propôs à AG o plano de criação de uma força de *peacekeeping*, o qual foi aprovado sem dificuldades. O Secretário-Geral negociou rapidamente a criação do contingente com o contributo de 25 estados, os quais

---

[537] O Presidente egípcio Gamal Abdel Nasser tinha nacionalizado o Canal, o que constituiu uma afronta à França e à Inglaterra, detentoras maioritárias da Companhia do Canal. No caso de Israel, a razão para a agressão foi o facto dos guerrilheiros palestinianos efectuarem incursões contra o território israelita a partir do Egipto. A França e a Grã-Bretanha lançaram um ultimato exigindo que Israel e o Egipto, no prazo de doze horas, retirassem as suas forças para uma distância de 10 milhas do Canal. Nasser não fez qualquer caso deste ultimato. A 31 de Outubro de 1956, as forças britânicas e francesas lançaram ataques aéreos contra território egípcio; George Lenczowski, *American Presidents and the Middle East*, Durham, NC, Duke University Press, 1992, p. 50, 43.

[538] A atitude americana para com os seus aliados europeus também se explica por outra razão: o receio que a crise no Egipto gerasse uma intervenção soviética no Médio Oriente. Por sua vez, a URSS terá aceite a solução da UNEF por querer evitar um confronto com o Ocidente naquela área. V. Maria do Céu Pinto, *"Infiéis na Terra do Islão": os Estados Unidos, o Médio Oriente e o Islão*, Lisboa, Fundação Calouste Gulbenkian/Fundação para a Ciência e Tecnologia, Lisboa, 2003.

oferecem 6.000 tropas. A *UN Emergency Force* I[539] permaneceu no Egipto até à véspera da guerra israelo-árabe de 1967 ("Guerra dos Seis Dias").

A UNEF conseguiu atingir os seus objectivos satisfazendo, ao mesmo tempo, a posição de todos os beligerantes: assegurar a implementação e respeito pelo cessar-fogo, supervisionar a retirada das tropas, desimpedir a navegação no Canal e assegurar a sua protecção. A intervenção da ONU permitiu que a crise fosse resolvida sem que as superpotências se intrometessem: a exclusão da força de *peacekeeping* de militares pertencentes aos países membros permanentes do CS tinha em mente evitar essa situação.

No Congo, as NU iriam encontrar um terreno particularmente difícil. A ONUC enfrentou uma situação mais complexa do que estava habituada, onde a evolução inesperada dos acontecimentos criava dificuldades adicionais. Lançada para preservar a transição para a independência do Congo, a operação foi apanhado no meio de diversas disputas internas, de uma secessão e de uma grave crise humanitária. Nas Nações Unidas, Hammarskjöld tomou a iniciativa de envolver a organização na resolução do problema. Ralph Bunche, estava no Congo a representar a organização durante as cerimónias da independência. Quando os tumultos rebentaram, Bunche encontrou-se com membros do governo e informou o SG que as autoridades iriam solicitar à ONU ajuda militar para restabelecer a ordem interna.

Num acto sem precedentes, Hammarskjöld tomou a dianteira dos acontecimentos e notificou o CS sobre a existência de uma "ameaça à paz e segurança internacional" – uma prerrogativa que lhe cabe ao abrigo do artigo 99.º da Carta das NU. O SG pôs rapidamente de pé a ONUC, que foi enviada para o Congo num prazo inferior a 48 horas. A força militar atingiu quase os 20.000 elementos, com pessoal oriundo de mais 30 países. A operação civil foi a outra face visível da intervenção no Congo. A divisão de Operações Civis e as agências especializadas da ONU recrutaram e supervisionaram o trabalho de um vasto número de pessoal e especialistas civis. Eles permitiram que o país mantivesse um nível de funcionamento básico dos serviços

---

[539] A UNEF II foi lançada após a Guerra de 1967 (Guerra dos Seis Dias entre Israel e o Egipto) e retirou-se pouco antes do eclodir da Guerra do Yom Kippur (1973) entre os mesmos beligerantes. A força foi retirada a pedido do Presidente egípcio, Anwar Sadat.

críticos, como a saúde, transportes, comunicações, agricultura, educação, administração pública e finanças.[540]

A *Agenda para a Paz* dá grande relevância à prevenção de conflitos, uma vez que integra este mecanismo numa visão abrangente e optimista das potencialidades das NU na gestão de conflitos. A prevenção dos conflitos é definida na *Agenda* como "o conjunto de medidas destinadas a evitar que surjam diferendos entre as partes, que os diferendos, quando existam, degenerem em conflitos e que os conflitos já desencadeados alastrem o menos possível."[541] David Carment e Albrecht Schnabel definem-na como uma "resposta gerada por um Estado, coligação de Estados ou uma organização multilateral que visa endereçar a escalada rápida de crises emergentes, disputas e hostilidades entre Estados."[542] Trata-se de uma série de estratégias diversificadas e flexíveis que se aplicam no médio e longo-prazo e têm uma natureza pró-activa, operacional e estrutural.[543]

De acordo com a *Carnegie Commission on Preventing Deadly Conflict*, a prevenção de conflitos é uma estratégia que possibilita a criação de um ambiente internacional mais seguro, através de respostas efectivas a conflitos (latentes ou em desenvolvimento), usando de técnicas económicas, políticas ou militares por parte de estados, ONGs e organizações internacionais.[544]

Em 1982, o SG Javier Pérez de Cuéllar, no seu Relatório Anual à AG, chamou a atenção para a importância do papel do CS como instância privilegiada de prevenção de conflitos. Pérez de Cuéllar apelou a um uso "mais sistemático" e menos em "cima hora" do CS: "se o Conselho mantivesse uma observação activa das situações perigosas e, se necessário, iniciasse discussões com as partes antes de elas atingirem o ponto de crise, poderia ser possível resolvê-las no estado inicial antes de degenerarem em violência."[545]

---

[540] Claude, *op. cit.*, p. 288.

[541] *Agenda*, parágr. 20.

[542] David Carment e Albrecht Schnabel, "Conflict Prevention – Taking Stock", in David Carment e Albrecht Schnabel (eds.), *Conflict Prevention: Path to Peace or Grand Illusion?*, Tóquio, UN University, 2003, pp. 11-2.

[543] *Id.*, p. 11.

[544] Carnegie Commission on Preventing Deadly Conflict. *op. cit.*

[545] V. relatório em http:// www.un.org.

Desde os anos 80 que a Assembleia Geral e o CS têm reforçado o mandato das NU no campo da prevenção dos conflitos. A AG afirmou que as Nações Unidas devem tirar partido do potencial preventivo da organização e aplicá-lo de forma mais ampla.[546] Apelou igualmente para que as responsabilidades dos órgãos que podem intervir nesta área (além da própria AG, o CS e o SG), sejam reforçadas. Segundo a AG, o SG deveria usufruir da possibilidade de criar missões de investigação a enviar aos locais de conflito, obtido o acordo dos intervenientes. Aquele órgão recomendou uma maior elaboração e clarificação do conceito do *peacekeeping* preventivo, o qual consiste no envio de forças da ONU para dissuadir potenciais agressores.

Na resolução 47/120, intitulada "An Agenda for Peace: Preventive Diplomacy and Related Matters",[547] a AG reafirmou o papel do SG na diplomacia preventiva e convidou-o a reforçar a capacidade do Secretariado, no que se refere à colecta de informação e análise, e a criar um mecanismo de alerta precoce. Na resolução 51/242, intitulada "Supplement to an Agenda for Peace",[548] a AG salientou a importância de trabalhar na melhoria do sistema geral de coordenação das medidas preventivas da ONU.

O CS também discutiu o assunto em debates abertos em Novembro de 1999 e Julho de 2000. Em verdade, no pós-Guerra Fria a prevenção de conflitos falhou de forma estrondosa em situações como o Ruanda, a Bósnia e, em menor grau, a Somália. Durante esses debates, um grande número de estados expressou o seu apoio a estratégias de prevenção, embora fosse patente a diversidade de opiniões quanto às prioridades de acção. Alguns enfatizaram a necessidade de prestar maior atenção às raízes sócio-económicas dos conflitos e, em conformidade, de aumentar a ajuda ao desenvolvimento. Outros identificaram outras áreas para uma intervenção preventiva: a promoção dos Direitos Humanos, a boa governação, o Estado de Direito e a democracia. Alguns intervenientes notaram que a estraté-

---

[546] AG, "Comprehensive Review of the Whole Question of Peacekeeping Operations in All Their Aspects", A/RES/47/71, 14 de Dezembro de 1992, p. 5.

[547] GA, "An Agenda for Peace: Preventive Diplomacy and Related Matters", A/RES/47/120, Parte A e B, 18 de Dezembro de 1992 e 20 de Setembro de 1993.

[548] GA, "Supplement to an Agenda for Peace", A/RES/51/242, 15 de Setembro de 1997.

Aspectos Críticos do Peacekeeping   199

gia de prevenção das NU vem contemplada, no essencial, no Capítulo VI. Esses estados afirmaram, contudo, que tais medidas não impedem uma acção de *enforcement,* segundo o disposto no Capítulo VII, enquanto meio legítimo de último recurso para impedir, quer situações de violação maciça dos Direitos Humanos, quer outras ameaças sérias à paz internacional.

As declarações da presidência do CS adoptadas nos debates de Novembro de 1999 e Julho de 2000[549] recomendam que as NU desenvolvam uma estratégia ampla de prevenção de conflitos. Na Resolução "Role of the Security Council in the Prevention of Armed Conflicts",[550] o CS falou da necessidade de "criar uma cultura de prevenção dos conflitos armados" com base nos seguintes instrumentos: o alerta precoce, a diplomacia preventiva, o desarmamento preventivo e a reconstrução pós-conflito (*post-conflict peace--building*).

No debate aberto promovido pelo CS em Fevereiro de 2001 sobre *peace-building*, grande número de intervenientes sublinharam o papel que uma estratégia bem-planeada e coordenada de *peace--building* pode desempenhar como instrumento – e condição – de prevenção dos conflitos.[551] Durante a Cimeira do Milénio, saiu reforçada a ideia que a prevenção dos conflitos exige: uma abordagem lata e multidisciplinar; uma estratégia de longo-prazo e integrada que passa pela adopção de medidas políticas, económicas e sociais destinadas a erradicar as causas dos conflitos.[552]

Boutros-Ghali retomou a questão da prevenção dos conflitos – e, em particular, da diplomacia preventiva – no seu relatório *Agenda para a Paz*, onde faz um vigoroso apelo aos estados e à organização para que sejam mais activos nesta área.[553] Da mesma forma, Kofi

---

[549] "Conflict Prevention Must be 'Cornerstone of Collective Security in 21st Century', Secretary-General Tells Members, as Council Discusses Armed Conflict", SC/6892, 20 de Julho de 2000.

[550] Statement by the President of the Security Council, S/PRST/1999/34 de 30 de Novembro de 1999.

[551] V. ainda a Resolução 1366 de 30 de Agosto de 2001.

[552] V. Resolução da AG A/55/L.2 de 18 de Setembro de 2000 e a Resolução 1318 do Conselho de Segurança reunido a nível de chefes de estado e de governo, 7 de Setembro de 2000 (secção III).

[553] *Agenda*, v. Introdução e Cap. III.

Annan declarou que, ao tomar posse, "assumiu o compromisso de transformar a atitude das Nações Unidas de uma cultura de reacção para uma cultura de prevenção".[554] Nesse sentido, diz "...as estratégias de prevenção devem ser direccionadas para as causas dos conflitos e não simplesmente para os seus sintomas violentos".[555]

Em 2001, Annan publicou o relatório *Prevention of Armed Conflicts*,[556] o culminar de um importante trabalho que foi solicitado pelo CS ao SG em Janeiro de 2000.[557] O processo de consultas que rodeou a preparação do documento e as resoluções produzidas pela AG e pelo CS são bons indicadores do apoio ao conceito.[558] Annan parte da premissa fundamental que a prevenção dos conflitos é uma das obrigações primordiais dos estados-membros à luz da Carta das NU, mas é igualmente uma obrigação das NU e da maior parte dos seus órgãos, à luz de numerosos artigos da sua Carta.[559]

Annan afirma que "... a Carta fornece às Nações Unidas um forte mandato para prevenir os conflitos armados".[560] Da sua análise, ressalta uma perspectiva crítica da actuação da organização neste capítulo: por ter uma postura reactiva e não preventiva; por encarar a prevenção dos conflitos sob a óptica tradicional da segurança, isto é, num sentido estritamente militar. Segundo Annan, o conceito de prevenção dos conflitos é outro dos conceitos que sofreu uma reapreciação (positiva, entenda-se) com o fim da Guerra Fria. Esta reavaliação prende-se com a própria noção de paz e de segurança, interpretadas agora numa perspectiva mais abrangente. A paz sustentada assenta em pressupostos – desenvolvimento económico e social,

---

[554] Kofi A. Annan, *Prevention of Armed Conflict*, NY, UNDPI, 2002, p. vii.

[555] "Conflict Prevention", p. 3.

[556] SG, "Report of the Secretary-General on the Work of the Organization: Prevention of Armed Conflict", S/2001/574, AG – 55ª sessão, Conselho de Segurança – 56° ano, 7 de Junho de 2001.

[557] V. a reacção do Conselho de Segurança àquele relatório na Resolução 1366 de 30 de Agosto de 2001.

[558] V. Resolução do CS 1366 de 30 de Agosto de 2001 e a Resolução 55/281 da AG de 13 de Agosto de 2001.

[559] A começar desde logo pelo espírito da Carta, uma vez que o Preâmbulo afirma: "Nós, os povos das Nações Unidas resolvidos a preservar as gerações vindouras do flagelo da guerra, que, por duas vezes, no espaço da nossa vida, trouxe sofrimentos indizíveis à humanidade...". V., também, Artigo 1.º §1.

[560] Annan, *op. cit.*, p. 11.

o respeito pelas regras do Estado de Direito e pelos Direitos Humanos – que são componentes indissociáveis da segurança colectiva.

Para Annan, o princípio cardinal para a prevenção dos conflitos é a prescrição, básica, mas sempre verdadeira da Carta das NU, que recomenda o uso dos meios pacíficos que permitem aos estados resolverem as suas controvérsias sem entrarem na escalada imprevisível da violência (artigo 2.º §3).

A Carnegie Commission descreve as estratégias de prevenção dos conflitos colocando-se em dois patamares:
- *prevenção operacional*: medidas aplicáveis em face de um perigo iminente;
- *prevenção estrutural*: consiste em medidas que asseguram que as crises não rebentem ou, no caso em que aconteçam, não se repitam.

Medidas de prevenção operacional

(1) Diplomacia preventiva: implica, "...em primeiro lugar, mas não exclusivamente, consultas *a curto e médio prazo* usando diversas formas de colecta de informação não-hierarquizadas e não compartimentalizadas, o planeamento de contingência e mecanismos de resposta operacional."[561] O SG tem um papel primordial no uso da diplomacia tranquila (*"quiet diplomacy"*) e dos bons ofícios.[562] O seu mandato neste âmbito

---

[561] Carment e Schnabel, in Carment e Schnabel (eds.), *op. cit.*, p. 12. Sublinhado do autor.

[562] Método de resolução dos conflitos que envolve uma terceira parte que oferece os seus préstimos para evitar a ulterior deterioração da disputa ou para incrementar o processo negocial com vista a uma solução. A proposta de utilização dos bons ofícios pode partir da parte que se propõe exercê-los ou de uma ou mais das partes envolvidas na disputa. Em qualquer dos casos, a proposta deve ser aceite por todos os litigantes. O papel da terceira parte é o de facilitar a retoma das negociações, isto é, o de fornecer às partes um canal de comunicação. Em alguns casos, a parte exercendo os bons ofícios tem uma intervenção mais activa do que a de simples intermediário: pode desempenhar um papel dinâmico na resolução do problema, participando nas reuniões e apresentando propostas para a sua solução. Exercido com frequência pelo SG, os seus representantes especiais ou pessoais, os bons ofícios também podem ser oferecidos e levados a cabo por: um estado ou um grupo de estados; pelas organizações internacionais, como a ONU, as suas agências especializadas ou

enquadra-se no artigo 99.º, o qual diz que o "… Secretário-Geral poderá chamar a atenção do Conselho de Segurança para qualquer assunto que em sua opinião possa ameaçar a manutenção da paz e da segurança internacionais."

A diplomacia preventiva é uma parte importante das responsabilidades do SG e é prosseguida de forma pública ou privada através da persuasão exercida junto das partes, criação de confiança e partilha de informações. Nos bastidores, o trabalho do SG é frequentemente o suficiente para desmontar situações de tensão, embora essa actividade nem sempre venha ao conhecimento do grande público. Ao SG cabe frequentemente através da *"quiet diplomacy"* um papel central na prevenção dos conflitos.[563] Com frequência, o SG delega estas missões aos Enviados Especiais designados por ele. A base para a acção preventiva encontra-se no Capítulo VI da CNU que enfatiza a necessidade de procurar uma solução para uma disputa ou situação susceptível de degenerar em conflito que possa fazer perigar a paz e a segurança internacionais (artigos 33.º e 36.º). O CS pode ainda investigar "… sobre qualquer conflito ou situação susceptível de provocar atritos entre as Nações ou dar origem a um conflito, a fim de determinar se a continuação de tal conflito ou situação pode constituir ameaça à manutenção da paz e da segurança internacionais" (artigo 34.º) O artigo 33.º refere os instrumentos e os mecanismos (diplomáticos e jurisdicionais) de que o CS pode lançar mão: negociação, inquérito, mediação, conciliação, arbitragem, solução judicial e o recurso a entidades ou acordos regionais.[564]

---

outras organizações internacionais; por indivíduos, isto é, personalidades de relevo internacional, que actuam com o aconselhamento de um comité ou com o auxílio dos representantes especiais e pessoais. Na prática recente, os bons ofícios têm sido exercidos pela ONU em conjugação com as organizações internacionais (OEA e OUA), geralmente na pessoa dos seus secretários-gerais. V. UN, *Handbook on the Peaceful Settlement of Disputes*, pp. 33-40; Thomas Franck, "The Good Offices Function of the UN Secretary-General", in Adam Roberts e Benedict Kingsbury (eds.), *United Nations, Divided World*, Oxford, Clarendon Press/Oxford, 1990.

[563] Ismat Kittani, "Preventive Diplomacy and Peacemaking: The UN Experience", in Otunnu e Doyle, *op. cit.*, pp. 90-92.

[564] Sobre estas medidas, v. UN, *Handbook* , 1992.

(2) Apuramento dos factos: através de missões criadas, seja pelo SG, em execução das funções que a Carta lhe atribui (nomeadamente o artigo 99.º), seja por iniciativa do CS ou da AG. As missões de investigação dos factos, que variam na sua natureza, podem fornecer um relato objectivo dos interesses das partes no conflito, de forma a identificar as medidas a tomar pela ONU ou pelos estados-membros, ao mesmo tempo que contribuem para dar visibilidade ao problema, especialmente se tiver o envolvimento do CS. Além disso, "... a simples presença de missões deste tipo pode ajudar a neutralizar diferendos, mostrando às partes envolvidas que a organização, e em particular o Conselho de Segurança, se interessa activamente pela questão, por considerar que ela representa uma ameaça imediata ou potencial à segurança internacional".[565]

Nos últimos anos, têm-se multiplicado as missões, por iniciativa do SG ou do CS, a países como a Eritreia, Etiópia, República Democrática do Congo, Serra Leoa, Timor-Leste e Kosovo. Nos anos 90, o CS organizou numerosas visitas à Bósnia, em 1993, para avaliar a situação das "zonas seguras"; ao Burundi (1994, 1995); aos Grandes Lagos (2001, 2002) e a Timor e à Indonésia. Em Setembro de 1999, a missão enviada pelo CS a Timor permitiu galvanizar a atenção do CS e dos EUA para a situação dramática vivida naquele território. Essa visita é que explica a rapidez com que foi lançada a INTERFET, uma força armada de estabilização do país, e a UNTAET, para administrar o país. O *Relatório Brahimi* aconselha o uso das missões de apuramento dos factos, criadas por iniciativa do SG, por causa da independência deste e da autoridade moral que rodeia a sua figura.[566] Annan preconiza o uso de "de equipas recorrendo a peritos multidisciplinares nas missões de apuramento dos factos em zonas de potenciais conflitos para que todas as áreas substantivas possam ser incorporadas na elaboração de uma estratégia completa de prevenção."[567] Na *Agenda para a Paz*, Boutros-Ghali propôs ainda as "missões de criação

---

[565] *Agenda*, parágr. 25.
[566] *Relatório Brahimi*, parágr. 32.
[567] Annan, *op. cit.*, p. 21.

de confiança" para zonas particularmente instáveis. Trata-se de missões organizadas pelo Secretariado com a participação das partes num potencial conflito, mais as organizações da região. Esta medida foi apoiada pela AG na sua resolução 47/120, uma vez que pode constituir uma medida prática para a implementação de iniciativas de diplomacia preventiva em contextos regionais de risco.

(3) Alerta precoce: assenta na recolha de informações através de processos formais ou informais de apuramento dos factos. Na última década, as NU criaram uma rede de sistemas de alerta rápido relacionado com ameaças ao ambiente, risco de acidentes nucleares, catástrofes naturais, movimentos maciços de população, ameaça de fome generalizada e propagação de doenças. A ONU deve ainda continuar a desenvolver os mecanismos do sistema e trabalhar na síntese da informação proveniente dessas fontes e de outros indicadores políticos de forma a determinar a existência de situações de risco à segurança internacional. Trata-se de um processo que exige a cooperação estreita entre os diversos organismos especializados e os serviços funcionais da ONU,[568] e onde o papel das ONGs[569] e das organizações regionais é fundamental. Na *Agenda*, Boutros-Ghali defende que, para o funcionamento do alerta precoce, se privilegie: a monitorização dos "*hot spots*" (zonas de risco); a aquisição de tecnologia para acções de vigilância, como veículos de controlo remoto e monitorização satelitar; o treino de pessoal e o apoio logístico.[570]

(4) Zonas desmilitarizadas: na *Agenda para a Paz*, Boutros-Ghali advoga a criação de zonas desmilitarizadas como forma de posicionamento preventivo com o acordo das partes em conflito. O objectivo dessas zonas seria a de separar os beligerantes, eliminando qualquer pretexto para o ataque.[571]

---

[568] Sobre este assunto, v. *Agenda*, parágr. 26.
[569] Mingst e Karns, *op. cit.*, p. 58.
[570] *Agenda*, parágr. 45.
[571] *Id.*, parágr. 33.

Aspectos Críticos do Peacekeeping

(5) Eliminar o tráfico de pequenas armas (o "micro-desarmamento"):[572] a proliferação descontrolada de armas pequenas e ligeiras tem graves efeitos sobre os conflitos, uma vez que aumenta a intensidade e a duração dos conflitos armados e pode minar a sustentabilidade dos acordos de paz. A posse destas armas pelos beligerantes pode ter outros efeitos deletérios: impedir os esforços de reconstrução, dificultar as tarefas de ajuda humanitária, bem como impossibilitar a prevenção dos conflitos.[573]

(6) Posicionamento preventivo de tropas: Boutros-Ghali recomenda o posicionamento preventivo de tropas com o consentimento do governo ou das partes interessadas, quer em casos de conflitos entre estados ou de guerras civis.[574] De acordo com Väyrynen, no seu estudo sobre o Kosovo e a Bósnia-Herzegovina, "o objectivo do posicionamento preventivo é o de reduzir a disseminação da violência, especialmente a escalada horizontal, mas pode ter outras funções, especialmente fornecer ajuda humanitária, ajudar na resolução de conflitos locais e criar as condições para a manutenção da ordem pública e a estabilidade política num país vulnerável."[575] Ao estabilizar a situação interna, também se torna o país mais resistente ao contágio da violência em países vizinhos: "Tal escalada horizontal pode ser devida a movimentações estratégicas por parte de actores externos ou internos, ou o contágio não deliberado, devido aos laços étnicos, políticos ou de outra natureza."[576]

A UNPREDEP (*UN Preventive Deployment Force*), criada para a ex-república jugoslava da Macedónia é o primeiro exemplo de uma força de *peacekeeping* com um mandato preventivo. A missão con-

---

[572] UN, *Blue Helmets*, p. 5.

[573] "Council Makes Presidential Statement on Importance of, Responsibilities for, Addressing Question of Small Arms", SC/7134, 31 de Agosto de 2001.

[574] *Suplemento à Agenda para a Paz*, parágr. 28 e segs.

[575] V. Raimo Väyrynen, "Challenges to Preventive Action: The Cases of Kosovo and Macedonia", in Carment e Schnabel (eds.), *op. cit.*, p. 50.

[576] *Ibid.*

206 *As Nações Unidas e a Manutenção da Paz*

sistia basicamente numa presença na fronteira da Macedónia com a Albânia e com a República Federal da Jugoslávia (Sérvia e Montenegro). O objectivo principal era o de proteger esta frágil república das interferências dos seus instáveis vizinhos (além dos citados acima, a Bulgária e a Grécia) que poderiam pôr em causa a segurança do país e a sua estabilidade interna. Além disso, as exigências da comunidade étnica albanesa (25-30% da população), contribuíam para aumentar o clima de incerteza política e tensões sociais.

O primeiro posicionamento preventivo teve lugar após a aprovação da Resolução 795 em Dezembro de 1992.[577] A pedido do presidente macedónio da altura, foi criado um comando da UNPROFOR de forma a assegurar a independência recém-conquistada do país e de evitar confrontos com a Sérvia por causa da fronteira conjunta, na altura ainda mal definida. Em Junho de 1993, os EUA, com base na Resolução 842, decidiram enviar tropas para a Macedónia para engrossar o contingente da UNPROFOR. Em Março de 1995, a componente macedónia da UNPROFOR converteu-se na UNPREDEP.[578]

A UNPREDEP actuou nas seguintes três grandes áreas:
– política: actividades de reconciliação e mediação entre as comunidades macedónia e albanesa;
– militar: posicionamento de tropas nas fronteiras norte e ocidental;
– sócio-económica: assistência às comunidades locais.

A presença dos monitores da polícia civil foi indispensável na monitorização das áreas povoadas pelas minorias. Para reforçar a sua eficácia, a UNPREDEP trabalhou em cooperação com várias organizações regionais, como a missão da Organização para a Segurança e Cooperação na Europa presente no país desde 1992. A UNPREDEP também trabalhou em estreita colaboração com Conferência Internacional sobre a ex-Jugoslávia nas áreas humanitárias e das minorias

---

[577] Resolução 795 de 11 de Dezembro de 1992. O seu mandato consistia em: monitorar as áreas de fronteira com a Albânia e a República Federal da Jugoslávia (Sérvia e Montenegro); reforçar a segurança e a estabilidade do país e reportar quaisquer incidentes que pudessem constituir uma ameaça para o país. V. "United Nations Preventive Deployment Force" em http://www.un.org/Depts/dpko/dpko/co_mission/unpred_b.htm).

[578] Resolução 983 de 31 de Março de 1995.

étnicas.[579] Ao promover o diálogo entre as várias forças políticas e as comunidades étnicas presentes no país, a missão teve um efeito estabilizador do país.

O segundo exemplo de missão preventiva foi a *UN Mission in the Central African Republic* (MINURCA), que funcionou, na República Centro Africana, entre Abril de 1998 e Fevereiro de 2000. A intervenção da ONU teve como motivo uma série de motins no seio das forças armadas e o ambiente de revolta contra o Presidente Patassé que criou um cenário de instabilidade no país. Após a mediação por parte de vários chefes de estado africanos, o regime e as forças rebeldes assinaram os Acordos de Bangui. Estes Acordos levaram à criação de uma força inter-africana, liderada pela França, MISAB, (*Inter-African Mission to Monitor the Implementation of the Bangui Agreements*) destinada a restaurar a paz e a monitorar a implementação dos Acordos de Bangui.

Pela resolução 1125 de 6 de Agosto de 1997, o Conselho de Segurança aprovou aquela operação. Posteriormente, colocou-a ao abrigo do Capítulo VII da Carta de forma a assegurar a incolumidade e a liberdade de movimento das tropas nela participantes. A operação foi rendida pela MINURCA[580] quando se tornou evidente que os países africanos não teriam capacidade para continuar a mantê-la.

A missão da ONU contribuíu de forma significativa para restaurar o clima de estabilidade no país ao permitir o reatamento do diálogo entre as partes em conflito. Essas circunstâncias de apaziguamento permitiram a intervenção das agências de desenvolvimento da ONU, em especial as instituições de Bretton Woods, e o relançamento da economia. O CS decidiu estender o mandato da MINURCA de forma a prestar assistência à realização das eleições legislativas de 1998 e das eleições presidenciais de 1999. A presença dissuasora das forças da ONU e a sua firmeza ao lidar com as ameaças à estabilidade do país, foram essenciais para a retoma do processo democrático.[581]

---

[579] Em especial com o *Humanitarian Issues Working Group* e com o *Working Group on Ethnic and National Communities and Minorities.* V. UN, *Blue Helmets*, p. 564.

[580] Resolução 1159 de 27 de Março de 1998.

[581] V. "Central African Republic – MINURCA: Background"; http://www.un.org/Depts/DPKO/Missions/minurcaB.htm.

Medidas de prevenção estrutural

A resolução "Role of the Security Council in the Prevention of Armed Conflicts" (1999), salienta que a resolução dos conflitos não passa unicamente pelos aspectos político-militares, mas exige uma resposta coordenada de forma a endereçar as causas económicas, sociais, culturais e humanitárias das guerras. Trata-se de causas interdependentes e complementares que exigem, por isso, uma abordagem ampla. O CS apelava assim aos órgãos e agências do "sistema das NU" de forma a porem em prática estratégias preventivas nas suas respectivas áreas de acção, de forma a "erradicar a pobreza, reforçar a cooperação e a assistência para o desenvolvimento e promover o respeito pelos Direitos Humanos e pelas liberdades fundamentais."

De facto, a ONU tem vindo a defender a teoria que as origens dos conflitos se revestem de múltiplas dimensões e exigem, para o seu tratamento, uma abordagem multi-direccional: "As causas próximas do conflito podem ser uma desordem pública ou um protesto em relação a um incidente, mas a raiz pode ser, por exemplo, as desigualdades sócio-económicas, as discriminações étnicas sistemáticas, a negação dos Direitos Humanos, as disputas sobre a participação política ou reivindicações antigas sobre terra ou distribuição dos recursos."[582] Nesse sentido, falar de "segurança colectiva" implica não somente prevenir as guerras (no sentido tradicional), mas endereçar, na base, as origens dessas guerras: as desigualdades, as injustiças, a intolerância e as tensões de vários géneros.

Diz Annan que "o desenvolvimento sustentável e a prevenção a longo-prazo são objectivos que se reforçam mutuamente";[583] nesse sentido, "alcançar um patamar de crescimento económico alargado é um passo para a prevenção dos conflitos."[584] O artigo 55.º da Carta das Nações Unidas faz a ligação entre aqueles dois conceitos ao afirmar que "… as condições de estabilidade e bem-estar, necessárias às relações pacíficas e amistosas entre as Nações", pressupõem "…a elevação dos níveis de vida… e o desenvolvimento económico e social".

---

[582] Annan, *op. cit.*, p. 4.
[583] *Id.*, p. 35.
[584] *Relatório Brahimi*, parágr. 29.

Aspectos Críticos do Peacekeeping

As actividades de apoio do "sistema das NU", em particular as instituições ligadas ao desenvolvimento e as instituições financeiras de Bretton Woods, são fundamentais para prevenir os conflitos e cimentar a paz. O *Relatório Brahimi* diz que aquelas organizações deveriam encarar o trabalho humanitário e de desenvolvimento através das "lentes da prevenção dos conflitos", fazendo da prevenção a longo-prazo uma prioridade da sua actuação.

VIII.2. Problemas de Comando e Controlo

As missões de *peacekeeping* das NU têm-se ressentido da falta de comando estratégico unificado, de mandatos pouco claros e de pouco empenho dos estados-membros na participação em missões de paz. É importante sublinhar que a direcção política e o controle das operações não pertence ao comandante da força, mas deve emanar dos órgãos políticos e do SG ou seus representantes. Ao mesmo tempo, o comando militar deve afirmar a sua competência técnica, embora devendo total obediência ao directório político. A direcção política e o Secretariado não deverão nunca intrometer-se no comando militar: "O princípio da unidade de comando é aplicável não só à possibilidade do Secretariado interferir na esfera de comando, mas igualmente na atitude dos contingentes nacionais, uma vez que também eles devem respeitar a completa autoridade do comandante nomeado pelas Nações Unidas."[585]

As operações obedecem, por regra, a três níveis de autoridade: (a) a direcção política geral, atribuição do CS; (b) a direcção executiva e comando, responsabilidade do SG[586] e (c) o comando no terreno que é confiado pelo SG ao chefe de missão, seja Representante Especial do SG[587] ou o Comandante Militar (Comandante Militar que pode ser Comandante da Força ou Chefe dos Observadores Militares).[588]

---

[585] Bowett, *op. cit.*, p. 343.

[586] O SG criou provisoriamente forças de *peacekeeping* antes de obter a autorização formal do Conselho de Segurança: a UNMOGAP (Missão de Bons Ofícios das NU no Afeganistão e Paquistão), 1988; a título permanente, criou a ONUVEN (Missão de Observadores da NU para Verificação do Processo Eleitoral na Nicarágua), 1989.

[587] V. Martins Branco, "As Nações Unidas e as operações de paz", p. 122.

[588] *Suplemento à Agenda para a Paz*, parágr. 38.

Em teoria, o CS é responsável pelo comando e controlo das forças militares postas à disposição das Nações Unidas. O artigo 47.º da CNU prevê a criação da Comissão de Estado-Maior, composta pelos Chefes de Estado-Maior dos membros permanentes do CS para orientar e dar assistência ao Conselho de Segurança na utilização e comando dessas forças. O referido Comité não chegou a funcionar de forma prevista devido aos desentendimentos entre os membros permanentes do CS.

Embora nominalmente o SG seja o responsável pela gestão das operações de *peacekeeping*, na prática quem dirige aquelas é o *Department of Peacekeeping Operations* (DPKO). O Departamento não dispõe de um centro de operações para este efeito; assemelha-se "...mais com um estado-maior coordenador do que com um comando operacional."[589]

Na prática das NU, são identificáveis três arranjos de comando das forças de *peacekeeping*: o Comandante Militar, seja Comandante da Força ou Chefe dos Observadores Militares, é o Chefe da Missão e depende do SG através do Sub Secretário-Geral/DPKO. Esta situação registou-se na UNTSO, UNIFIL, UNDOF e UNMOGIP. Este esquema de comando é típico das primeiras operações de *peacekeeping*, do chamado *peacekeeping* tradicional.

No segundo modelo, a missão tem duas chefias independentes: o Representante Especial do SG e o Comandante Militar. Não existe qualquer relação hierárquica entre ambos e ambos têm o mesmo estatuto. Reportam directamente ao SG, mas enquanto o Representante Especial reporta directamente, o Comandante Militar reporta através do Sub Secretário-Geral/DPKO. Trata-se de uma situação mais rara que aconteceu com a UNFICYP.

No terceiro modelo, mais utilizado nas operações de segunda geração, a missão é chefiada pelo Representante Especial do SG, ao qual estão subordinados os chefes das restantes componentes, inclusive o próprio Comandante Militar. Este modelo foi aplicado na UNTAC, UNTAG e UNMISET.[590]

---

[589] Martins Branco, *op. cit.*, p. 107.
[590] Martins Branco, *op. cit.*, pp. 122-23.

David Last afirma que no planeamento do *peacekeeping*, tal como no planeamento das operações de combate, é importante "integrar as operações militares nos níveis tácticos, operacionais e estratégicos para que as acções em cada nível se reforcem mutuamente."[591] É ao nível estratégico que as ambiguidades e *nuances* políticas têm de ser trabalhadas e absorvidas de forma a serem transformadas em directivas claras e flexíveis a serem transmitidas para o nível operacional: o dos comandantes das NU no terreno.[592] Ora, o que tem acontecido é que as directivas do CS são ambíguas – por falta de vontade ou desacordo entre os seus membros – ou ainda espelham falta de conhecimento das realidades no terreno. Tais situações geram desorientação a nível dos comandos operacionais a quem cabe concretizar as orientações do CS. Elas tornam mais difícil a coordenação de operações que se defrontam com todo o tipo de carências e que têm pela frente tarefas desmesuradas.[593]

Um sistema em que as tarefas das forças militares presentes no terreno são definidas em Nova Iorque, por um conjunto de países com assento no CS, tem limitações óbvias para quem tem de tomar decisões imediatas em situações em rápida evolução. E a verdade é que as NU não dispõem de um sistema de comando e controlo eficaz. Este sistema que, a nível estratégico envolve o CS e o Secretariado, exige que os objectivos da operação sejam bem claros, que se conheça a todo o momento o contexto de actuação – de forma a antecipar alterações – e que as respostas sejam rápidas.

O *Relatório Brahimi* diz que as operações de *peacekeeping* são penalizadas pelo sistema de negociação no CS que resulta frequentemente em mandatos equívocos e confusos. O sistema de busca de consensos naquele órgão pode prejudicar a clareza do mandato, o que é especialmente contra-produtivo em operações que actuam em circunstâncias perigosas: "... a ambiguidade resultante pode ter sérias consequências no terreno se o mandato estiver sujeito a várias interpretações pelos diferentes elementos de uma operação de paz. Se os

---

[591] David Last, "Peacekeeping Doctrine and Conflict Resolution Techniques", *Armed Forces & Society*, vol. 22, nº 2, Inverno de 1995, p. 188.

[592] J. M. Sanderson, "Dabbling in War: The Dilemma of the Use of Force in United Nations Intervention", in Otunnu e Doyle (eds.), *op. cit.*, pp. 158-9.

[593] *Id.*, p. 160.

actores locais compreenderem que o CS não está unido na implementação da paz, tal pode encorajar os 'spoilers'."[594]

Outro princípio importante é o da unidade de comando, o que exige que uma operação multinacional funcione como um todo integrado, especialmente se a operação age num ambiente instável. No *Suplemento à Agenda para a Paz*, Boutros Boutros-Ghali, diz: "não deve haver tentativas por parte dos governos que contribuem com tropas de dar orientações em matéria operacional, muito menos ordens, aos seus contingentes. Ao fazê-lo, criam divisões dentro da força, acrescentam às dificuldades inerentes a uma operação multinacional e aumentam os riscos de baixas. Tal pode também criar a impressão entre as partes que a operação serve os interesses políticos dos países contribuintes, mais do que a vontade colectiva das Nações Unidas, tal como definida pelo Conselho de Segurança".[595]

Aquele tipo de situação aconteceu no Ruanda, com a UNAMIR (*UN Assistance Mission for Rwanda*) onde, após o início dos massacres na capital, o comandante da operação descobriu que já não detinha o comando efectivo sobre as suas tropas. O contingente belga acabou por se retirar após o assassinato de 10 soldados às mãos da Guarda Presidencial hutu. Os capacetes azuis belgas aí presentes passaram a obedecer ao comando que entrou no país para evacuar os seus co-nacionais. O contingente belga deixou, assim, de responder às ordens do quartel-general da UNAMIR. A missão da ONU ficou à beira da desintegração.[596]

A maquinaria das NU tem evidentes dificuldades em gerir missões complexas em locais distantes e em contextos em que, além de tudo, se dá a erosão da distinção entre *peacekeeping* e *peace-enforcement*. Nas operações na Bósnia-Herzegovina, Somália e Ruanda houve problemas entre os líderes dos capacetes azuis e a sede das NU em Nova Iorque. O representante especial das NU para a Somália, o Argelino Mohammed Sahnoun, demitiu-se em Outubro de 1992. O comandante das forças da ONU em Sarajevo, o Major-Gen. Lewis MacKenzie, fez o seguinte comentário: "Se for o comandante das

---

[594] *Relatório Brahimi*, parágr. 56.

[595] *Suplemento à Agenda para a Paz*, parágr. 41.

[596] *Report of the Independent Inquiry into the Actions of the United Nations during the 1994 Genocide in Rwanda*, S/1999/1257, 15 de Dezembro de 1999, pp. 35-6.

forças, não se meta em situações complicadas depois das 5 da madrugada, hora de Nova York, ou ao Sábado ou Domingo. É que não há ninguém na sede das NU para atender o telefone".[597]

Com as reformas que se efectuaram no Secretariado a partir de 1992, este *handicap* foi parcialmente ultrapassado com a criação de um Centro de Situação que funciona no seio do DPKO. Este Centro passa a responder aos pedidos que lhe são dirigidos pelas missões de *peacekeeping* a qualquer hora.

O Secretariado deve também desenvolver uma capacidade credível para dirigir operações militares.[598] Aquele órgão tem óbvias dificuldades em descodificar a informação proveniente do terreno e em fornecer directivas correctas aos capacetes azuis. A direcção política do Secretariado frequentemente faz uma análise desajustada dos acontecimentos e não se apercebe da deterioração da situação e da necessidade de responder atempadamente. A intervenção no Ruanda é ilustrativa destas limitações: em Janeiro de 1994, o Brigadeiro-Gen. Dallaire enviou um telegrama ao DPKO relatando indícios (provenientes de um informador hutu da milícia radical Interahamwe) da preparação de um ataque organizado visando a minoria tutsi. A informação, recebida por Kofi Annan, Sub-Secretário Geral para as Operações de *Peacekeeping*, e por Iqbal Riza, Secretário-Geral Assistente, não foi transmitida nem ao SG, nem ao CS. Em função da falta de transmissão dessa informação, nenhum dos órgãos actuou atempadamente

Os problemas relativos ao comando e controlo foram reconhecidos pelo Sub-Secretário Geral para os Assuntos Políticos, Marrack Goulding: "...as operações de manutenção de paz estão sob o comando e controlo do SG que é responsável perante o CS. As estruturas existentes em Nova York têm tido dificuldades, nos anos recentes, em planear, comandar e controlar as crescentes actividades de *peacekeeping*". Referindo-se ao caso da Bósnia-Herzegovina, Goulding afirmou ainda: "Quando o CS autorizou o despacho de tropas adicionais para proteger as tarefas humanitárias na Bósnia-Herzegovina, foi decidido 'tirar da prateleira' elementos do quartel-general da NATO para criar um novo comando na Bósnia-Herzegovina. Essa experiência

---

[597] Cit. in Adam Roberts, "The United Nations and International Security", *Survival*, vol. 35, nº 2, Verão de 1993, p. 18.

[598] Mackinlay e Chopra, *op. cit.*, p. 113.

não foi muito feliz. Teria sido melhor reforçar o *staff* de Nova York, especialmente o *staff* militar, de forma a fornecer-lhes os meios, não só para planear novas operações, mas também para dar-lhes os elementos de base para as suas sedes". [599]

O falhanço das NU no Ruanda, que teve como resultado trágico a morte de 800.000 Ruandeses, explica-se acima de tudo pela falta de vontade da organização de assumir os meios necessários para a criação de uma missão dotada das condições mínimas de sucesso: "[A] UNAMIR, a componente principal da presença das Nações Unidas no Ruanda, não foi planeada, dimensionada, posicionada ou instruída de forma a ter uma papel proactivo e afirmativo ao lidar com um processo de paz em sérias dificuldades. A missão era menor do que as recomendações provenientes do terreno propunham. A sua formação foi lenta e enredada em dificuldades administrativas. Carecia de tropas bem treinadas e de material em bom estado. O mandato da missão baseava-se numa análise do processo de paz, que provou ser errada, e que nunca foi corrigida, apesar dos sinais de aviso que indicavam que o mandato original se tinha tornado desadequado."

A missão de reconhecimento enviada previamente ao Ruanda tinha estabelecido que uma força composta por 4.500 efectivos seria suficiente para executar o mandato da UNAMIR: a supervisão da aplicação dos Acordos de Paz de Arusha durante um período transitório de 22 meses. Na resolução que cria a missão, o SC não adoptou sequer todos os elementos propostos pelo Secretariado e optou, em vez disso, por um mandato mais limitado. Uma das falhas do mandato tinha a ver com as provisões para a recolha do armamento dos combatentes. A missão não tinha "carta branca" para desarmar as milícias e confiscar as suas armas: a resolução dizia que a UNAMIR deveria contribuir para a segurança da capital, Kigali, mas nos termos de uma área desmilitarizada que seria estabelecida pelas próprias partes.

O Secretariado acreditava que não obteria o apoio do CS para aquele número de tropas: a delegação dos EUA tinha proposto uma presença (que seria meramente) simbólica de 100 efectivos. Mesmo a França, que tinha insistido na criação desta missão, era a favor de uma força de 1.000 soldados. O Secretariado começou por não acolher

---

[599] Roberts, *op. cit.*, p. 18.

Aspectos Críticos do Peacekeeping

a proposta do comandante da missão, o Ten.-Gen. Romeo A. Dallaire: o Secretário-Geral acabaria por propor uma força de 2.548 homens.

Os estados que podem fornecer os meios para estas operações complexas são extremamente relutantes em participar se elas puderem vir a significar baixas nos seus contingentes. Tem-se vindo a reforçar a diminuição de interesse por parte dos estados, nomeadamente os EUA, em contribuir para estas operações. Herman Cohen, ex-Secretário de Estado Assistente para os Assuntos Africanos afirmou sem pejo que "a administração não vê nenhum assunto vital em causa no Ruanda e, portanto, não quer que as tropas das NU tenham um mandato musculado."[600]

Dois episódios bem conhecidos ilustram estas dificuldades. Boutros-Ghali solicitou ao CS o envio de 34.000 tropas para ajudar a defender as "zonas seguras" criadas pelo CS na Bósnia-Herzegovina em 1993. A partir da Primavera, as forças sérvias tinham lançado uma campanha concertada para conquistar os enclaves povoados por minorias étnicas no leste da Bósnia-Herzegovina.

A resolução 836 autorizava os capacetes azuis a usar a força e a NATO a usar o *"air power"* para proteger essas áreas. Aquelas zonas deveriam ser desmilitarizadas e circundadas por uma zona-tampão controlada e defendida pela ONU. Em Junho, o SG apresentou uma "opção *light*" que não podia "...garantir completamente a defesa da área segura...", mas que correspondia "...ao volume de tropas e de recursos materiais que realisticamente se podem esperar dos Estados-Membros..."[601] O CS optou por uma "opção *light*" com cerca de 7.600 tropas (resolução 844 de 18 de Junho). Ao fim de um ano, os estados-membros tinham oferecido e colocado no terreno apenas 5.000 homens.[602]

A escassez de pessoal, aliada à relutância do CS em adoptar uma postura decidida em relação nomeadamente aos Sérvios, explica as situações críticas em que os capacetes azuis se viram envolvidos.[603] Em Maio de 1995, os Sérvios lançaram uma segunda ofensiva

---

[600] Cit. in Ghebremeskel, *op. cit.*, pp. 3-4.

[601] Boulden, *op. cit.*, pp. 84-5.

[602] Biermann e Vadset, "Setting the Scene", in Biermann e Vadset (eds.), *op. cit.*, p. 27.

[603] Ciechanski in Pugh (ed.), *op. cit.*, pp. 92-3.

216   *As Nações Unidas e a Manutenção da Paz*

contra Sarajevo. A NATO emitiu um ultimato que não foi respeitado, após o que a Aliança lançou uma série de ataques aéreos contra alvos sérvios em redor da cidade. Os Sérvios tomaram o pessoal da UNPROFOR como reféns, colocando-os como "escudos humanos" em várias pontos passíveis de serem alvo de bombardeamentos da NATO. Também cortaram o acesso a Sarajevo e apoderaram-se de vários depósitos de armamento confiscado pela ONU.[604] Em Srebrenica, havia 150 soldados holandeses da Dutchblat a defender uma população de 20.000 pessoas com armamento ligeiro e em posições indefensíveis.

O Ruanda foi uma vítima mais flagrante da recusa do CS em enviar uma força capaz de deter a onda de violência que se iniciou em Abril de 1994. Enquanto decorriam os massacres, o CS decretou mesmo a redução da UNAMIR para 270 efectivos.[605] Ora, a 5 de Outubro de 1993, aquando do seu lançamento, a operação tinha sido dotada de 2.548 efectivos militares e 60 polícias civis.[606] Um mês após o início o início dos massacres, o CS não teve outra alternativa senão autorizar uma missão de 5.500 soldados, mesmo sabendo que seriam necessários vários meses para o envio dos contingentes. Efectivamente, foram necessários quase seis meses para fazer deslocar as tropas, apesar de 19 estados terem inicialmente prometido um contingente de 31.000 efectivos.[607]

Face à sua manifesta falta de vontade de lidar com a situação, o CS autorizou, em Junho, a França a liderar uma operação para abrir um corredor humanitário no país. A zona segura criada pelos Franceses permitiu salvar a vida a milhares de refugiados, mas não impediu que os extremistas hutu fugissem do país e se refugiassem no Congo.

As consequências desse êxodo massivo de refugiados e de franjas de milícias extremistas foi determinante para o despoletar da guerra civil no Congo. Os estados-membros não responderam ao apelo do SG no sentido de enviar uma força de intervenção para

---

[604] Boulden, *op. cit.*, pp. 88-9.

[605] Resolução 912 de 21 de Abril de 1994. Na realidade, a operação manteve sempre mais de 400 tropas.

[606] Resolução 872 de 5 de Outubro de 1993.

[607] V. "Setting the Record Straight: UN Peacekeeping" (www.un.org/News/facts/peacefct.htm).

proteger os refugiados ruandeses e para evitar a desestabilização dos países de acolhimento dos refugiados e milícias. Em Novembro de 1996, o CS autorizou uma força multinacional, liderada pelo Canadá, para criar um corredor humanitário no Congo de forma a facilitar a distribuição da ajuda humanitária e a dissipar as tensões. Mas antes que esta fosse posicionada, a missão foi abandonada porque a insurreição conduzida por Laurent Kabila provocou o regresso forçado de centenas de milhares de refugiados ruandeses.

Entre 1998 e 1999, só oito países responderam ao pedido do SG oferecendo as suas tropas. Neste contexto, a única alternativa foi delegar a intervenção diplomática à OUA e à Comunidade para o Desenvolvimento da África Austral (SADC) para negociarem um acordo de paz e enviarem capacetes azuis: o que não estava ao alcance destas organizações. Só em Fevereiro de 2000 (18 meses após o início da guerra), é que o CS autorizou a envio de uma força de 5.500 tropas. É importante sublinhar que em 1960, o mesmo órgão tinha autorizado uma força de 20.000 elementos para o Congo.

Boutros-Ghali observou, no seu relatório anual de 1994, dirigido à AG, que em circunstâncias em que os capacetes azuis sofrem baixas "o apoio público pode esgotar-se rapidamente. Tais circunstâncias podem tentar os países que contribuíram com tropas a retirar os seus contingentes ou instruí-los no sentido de serem cautelosos e evitar riscos, pese embora o facto de tais instruções poderem pôr em causa o sucesso da missão".[608] Um exemplo, mencionado por Boutros--Ghali, foi a recusa do contingente italiano da UNOSOM II, na Somália, em levar a cabo uma missão de captura de membros da milícia do "senhor da guerra", Mohammed Aideed, ordenada pelo comandante das NU.[609]

O *Relatório Brahimi* é muito claro ao afirmar que a "vontade dos Estados-membros em contribuir com tropas para uma operação credível desta natureza também implica a vontade de aceitar o risco de baixas em nome do mandato."[610]

---

[608] Cit. in Franck, *op. cit.*, p. 290.
[609] Boutros-Ghali, *op. cit.*, pp. 96-7.
[610] *Relatório Brahimi*, parágr. 52.

Paradigmático a este título é também o caso do Ruanda: a 21 de Abril, o CS votou por unanimidade a redução da operação UNAMIR (*UN Assistance Mission for Rwanda*), de 2.548 para 270 membros, e alterou o mandato da missão. Fez isto enquanto afirmava que estava "horrorizado pela violência em larga escala no Ruanda que resultou na mortes de milhares de civis inocentes, incluindo mulheres e crianças..."[611] No entanto, e como afirma o relatório da comissão de inquérito sobre o genocídio no Ruanda, "uma força de 2.500 soldados teria sido suficiente para pôr termo ou, pelo menos, limitar os massacres, do género daquele que se iniciou no Ruanda depois do derrube do avião que matou os Presidentes do Ruanda e do Burundi."[612]

Prova desta relutância é também a adopção por parte da Câmara dos Representantes dos Estados Unidos, na sequência da "*débâcle*" na Somália, do "*National Security Revitalization Act*". O objectivo desta lei foi reduzir a participação americana nas operações militares da ONU, bloqueando a colocação de forças sob comando estrangeiro sem a autorização do Congresso. A lei exige a notificação prévia do Congresso (15 dias) relativamente a resoluções do CS que visem o lançamento de novas operações. A lei contempla ainda a redução do apoio financeiro às operações de paz. O Presidente Clinton adoptou a directiva presidencial 25 (Presidential Decision Document 25 – PDD 25).[613] A lei foi a resposta às pressões do público e do Congresso dominado, nas duas Câmaras, por maiorias republicanas hostis às NU.

---

[611] Resolução 912 de 20 de Abril de 1994.

[612] *Report of the Independent*, p. 30.

[613] Adam Roberts, "Communal Conflict as Challenge" in Otunnu e Doyle (eds.), *op. cit.*, p. 49. U.S. Department of State, The Clinton Administration´s Policy on Reforming Multilateral Peace Operations, Department of State Publication 0161, Bureau of International Organization Affairs, Washington, D.C., Maio de 1994. Ao decidir a criação de uma nova operação, a administração teria em conta a natureza da ameaça à paz e segurança internacionais, bem como os objectivos da missão. Deveria avaliar o enquadramento da missão "no espectro entre o *peacekeeping* tradicional e o *peace enforcement*." Para as missões de *peace enforcement*, o apoio americano poderia materializar-se nas seguintes condições: se a ameaça fosse "significativa"; se houvesse meios disponíveis, incluindo as forças, o financiamento e o mandato apropriado; a duração do mandato deveria ser definida em função dos objectivos e critérios realistas para lhe pôr fim. Os critérios tornavam-se mais rigorosos para as operações ao abrigo do Capítulo VII em que os Americanos participassem e que pudessem implicar o envolvimento em acções de combate. A participação nessas operações deveria obedecer aos seguintes requisitos: a determinação em fornecer

Aquela directiva estabelece restrições drásticas para a participação de contingentes americanos sob bandeira da ONU e reduz a contribuição americana para o financiamento destas operações. Indicativo deste volte-face da política americana foi a justificação fornecida pela então embaixadora americana nas NU, Madeleine Albright que criticou asperamente a organização das operações de *peacekeeping* dizendo que "muitas das 13 operações montadas nos primeiros cinco anos tinham sido caracterizadas por uma «quase total ausência de planos de contingência», recrutamento apressado e «processo orçamental bizantino e excessivamente demorado».[614]

No seguimento desta decisão, os EUA mostraram-se relutantes em aprovar a missão de *peacekeeping* para a Serra Leoa (UNAMSIL).[615] A força enviada não só era manifestamente insuficiente para impor a paz a restabelecer a ordem interna, mas também para se defender dos ataques dos rebeldes: 500 soldados foram capturados poucos dias após a sua chegada àquele país. O CS agindo, como vem sendo habitual, sobre os factos consumados, decidiu o reforço do contingente de capacetes azuis. Os Estados Unidos decidiram treinar vários milhares de soldados africanos para aumentar a missão, para aquela que o *Relatório Brahimi* afirma ser uma das mais difíceis operações de *peacekeeping*. O governo indiano decidiu, entretanto, retirar as suas tropas, que constituíam cerca de um quarto da força das NU na Serra Leoa. Tal decisão obrigou o Secretário-Geral a lançar-se numa ronda de contactos internacionais com o fim solicitar a vários países as tropas necessárias para cobrir a retirada indiana.[616]

Para evitar situações de improvisação, já no final da Guerra Fria, no seguimento da resolução da AG, 44/49 de 8 de Dezembro de 1989, o SG elaborou um questionário no sentido de identificar pessoal, material e os recursos e serviços técnicos que os estados-membros

---

forças suficientes para alcançar objectivos claramente definidos; um plano gizado em função daqueles objectivos; a possibilidade de efectuar, se necessário, uma reavaliação ou ajustamento, do tamanho, composição e e disposição das forças. *Id.*, p. 4 e seguintes.

[614] Cit. em Benjamin Rivlin, "U. N. Reform from the Standpoint of the United States", paper, 25 de Setembro de 1995, p. 10.

[615] Colum Lynch, "Helm´s View Is Not U.S.´s, Albright Tells U. N.", The Washington Post, 25 de Janeiro de 2000.

[616] Colum Lynch, "India to Withdraw U.N. Force from Sierra Leoa", The Washington Post, 21 de Setembro de 2000.

possam voluntariar: um *pool* de recursos a incluir unidades militares, observadores militares, polícia civil, pessoal de apoio e material humanitário disponibilizável a curto prazo para operações de *peacekeeping*.

Em meados dos anos 90, a ONU criou o *UN Standby Arrangements System* (UNSAS) de forma a criar uma capacidade de resposta rápida para o lançamento de novas operações de *peacekeeping*. A UNSAS é uma base de dados sobre meios e pessoal (militar, de polícia e civil) fornecidos pelos estados-membros e, em princípio, disponíveis para aquelas operações.[617] O *Relatório Brahimi* recomenda que as NU desenvolvam uma capacidade de posicionamento rápido de tropas: 30 dias para uma operação tradicional (após a aprovação do CS) e 90 dias para as "operações complexas". O *Relatório* vai ainda mais longe: propõe que o *UN Standby Arrangements System* (UNSAS) inclua, no futuro, alguns corpos de forças a nível de brigada para intervir em missões de *peacekeeping* robusto (onde a missão é posta em causa por elementos violentos). Essas brigadas multinacionais deveriam ter treino conjunto, equipamento estandardizado e partilhar a mesma doutrina operacional.[618]

Aquela recomendação do *Relatório Brahimi*, bem como o apelo de Boutros-Ghali no *Suplemento à Agenda para a Paz*, de 1995 (onde desafiava os estados-membros a constituir uma força multinacional de reacção rápida treinada de acordo com os mesmos parâmetros e equipamento), foi já parcialmente acolhida. Em 1996, sete países, por iniciativa da Dinamarca, formaram a *Multi-national Stand-by High Readiness Brigade for United Nations Operations* (SHIRBRIG)[619] com sede numa localidade próxima de Copenhaga.

---

[617] A decisão de usar esses contingentes no âmbito do *peacekeeping* permanece sempre como uma decisão dos estados, podendo estes definir os moldes dessa participação. V. Military Division, Department of Peacekeeping Operations, *United Nations Stand-by Arrangements System Military Handbook*, 2003, pp. 4-5.

[618] *Relatório Brahimi*, p. xi e pp. 17-9. V. "Comprehensive Review of the Whole Question of Peacekeeping Operations in All their Aspects", Report of the Special Committee on Peacekeeping Operations, A/57/767, 28 de Março de 2003, p. 3.

[619] Foram a Áustria, Canadá, Dinamarca, Holanda, Noruega, Polónia e Suécia. Posteriormente, a ela aderiram a Argentina, Finlândia, Itália, Irlanda, Lituânia, Portugal, Roménia, Eslovénia e a Espanha (entretanto, a Argentina suspendeu temporariamente a sua participação). V. http://www.shirbrig.dk/.

Aspectos Críticos do Peacekeeping 221

Uma força da SHIRBRIG foi empregue em antecipação do posicionamento da *UN Mission in Ethiopia and Eritrea* (UNMEE).[620] A SHIRBRIG também destacou um contingente de 14 militares para o Sudão no período que antecedeu a entrada da *UN Mission in Sudan* (UNMIS).[621]

VIII.3. *Peacekeeping* e *Peace-building*

Uma das vertentes de actuação das NU, que acontecimentos recentes obrigaram a organização a desenvolver, tem sido as tarefas de *peace-building*. O *peace-building* teve o seu début diplomático no documento charneira das NU no pós-Guerra Fria: a *Agenda para a Paz*.[622] Com o *peace-building*, as NU não só têm de resolver conflitos, como têm de criar no terreno as infra-estruturas políticas, sociais e económicas para a reconstrução dos países no final do conflito. Na *Agenda*, Boutros-Ghali descreve o *peace-building* como "medidas destinadas a individualizar e fortalecer estruturas adequadas ao reforço da paz, a fim de evitar o recomeço das hostilidades".[623] Para Kofi Annan, trata-se de "acções desenvolvidas no final do conflito para consolidar a paz e prevenir a repetição do confronto armado".[624]

Na definição de Michael Doyle e Nicholas Sambanis, "...o *peace-building* é uma tentativa, após a negociação ou a imposição da paz, de lidar com as causas da hostilidade e de criar capacidades locais para a resolução do conflito. Instituições estatais fortalecidas, participação política mais ampla, reforma agrária, o reforço da sociedade civil e o respeito pelas identidades étnicas são...formas de me-

---

[620] Resolução 1312 de 31 de Junho de 2000. V. "UNMEE" em http://www.shirbrig. dk/shirbrig/html/unmee.htm

[621] Resolução 1547 de 11 de Junho de 2004 e Resolução 1590 de 24 de Março de 2005. V. ainda http://www.shirbrig.dk/shirbrig/html/unamis.htm.

[622] Ratner, *op. cit.*, p. 16.

[623] *Agenda para a Paz*, parágr. 21. Doyle e Sambanis, "International Peacebuilding: A Theoretical and Quantitative Analysis", *American Political Science Review*, vol. 94, n° 4, Dezembro de 2000, p. 779.

[624] Kofi Annan, "The Causes of Conflict and the Promotion of Durable Peace and Sustainable Development in Africa", relatório do Secretário-Geral ao Conselho de Segurança, S/1998/318, 13 de Abril de 1998, parágr. 63.

lhorar as perspectivas de um governo pacífico."[625] Ramsbotham diz que o *peace-building* pós-conflito tem duas facetas importantes e complementares: "(A) a tarefa "negativa" de evitar a recorrência do conflito armado, e (B) as tarefas "positivas" de ajudar a recuperação da nação e facilitar a remoção das causas que estão na base da guerra interna."[626] Segundo aquele autor, o *peace-building* distingue-se das actividades humanitárias e de desenvolvimento porque têm objectivos intrinsecamente políticos: "(1) reduzir o 'risco de retoma do conflito' e (2) contribuir para a criação de 'condições conducentes à reconciliação reconstrução e recuperação'."[627]

As actas do Conferência Internacional sobre *Peacebuilding* (1986), apontam o *peace-building* como uma actividade direccionada principalmente para a reconciliação e para a reconstrução das relações sociais: "O *peace-building* são esforços positivos, contínuos e cooperativos para criar pontes entre nações ou grupos em conflito. Tem como objectivo reforçar a compreensão e a comunicação e anular os factores de desconfiança, medo e ódio."[628] Malitza descreve o *peacebuilding* como "a construção deliberada e sistemática de interacções densas e duráveis que iniciam um estado em que o reacender do conflito se torna improvável".[629] Da mesma forma, Doyle e Sambanis afirmam que o objectivo do *peacekeeping* é "... fomentar as instituições sociais, económicas e políticas e as atitudes que evitam que estes conflitos se tornem violentos."[630] Como diria Pugh, "... a reconciliação entre grupos previamente em guerra, exige algo mais do que dinheiro, infra-estruturas e leis. No *peace-building* será igualmente importante prestar atenção aos comportamentos que

---

[625] Michael Doyle e Nicholas Sambanis, "International Peacebuilding: A Theoretical and Quantitative Analysis", *American Political Science Review*, vol. 94, nº 4, Dezembro de 2000, p. 779.

[626] Oliver Ramsbotham, "Reflections on UN Post-Settlement Peacebuilding", *International Peacekeeping*, vol. 7, nº 1, Primavera de 2000, p. 171.

[627] *Id.*, p. 172.

[628] International Conference on Peacebuilding, "Summary of Conference Proceedings", Shanon International Airport, Irlanda, 28 de Abril–3 de Maio de 1986, p. 14.

[629] Mirces Malitza in UNITAR, *op. cit.*, p. 250.

[630] Doyle e Sambanis, *op. cit.*, p. 779.

Aspectos Críticos do Peacekeeping

atentem contra a paz, a modificação de atitudes e o contínuo reforço de medidas de criação de confiança."[631]

Coate e Puchala dizem que "as políticas de *peace-building* advogam acções que se destinam a eliminar as fontes sociais e económicas das tensões que são as causas das guerras."[632] O *peace-building* é uma faceta da prevenção dos conflitos porque lança as bases sócio-económico-políticas e psicológicas para evitar a renovação das hostilidades. O Conselho de Segurança tem recomendado com insistência a incorporação de elementos de *peace-building* nos mandatos das operações de *peacekeeping*.[633]

As operações de *peace-building* são pois operações multidimensionais assentes numa abordagem integrada que combina a assistência humanitária, a resolução política do conflito e a reconstrução dos países devastados pela guerra (reedificação essa que se opera em variadas vertentes). À partida, envolve uma vertente fortemente humanitária/de assistência.[634] Boutros-Ghali disse, aliás, que "a maior parte das actividades que constituem o *peace-building* cabem no mandato dos vários programas, fundos, gabinetes e agências do sistema das Nações Unidas que têm responsabilidades nos campos económicos, sociais, humanitários e dos Direitos Humanos."[635]

O *peace-building* exige assim uma cooperação estreita entre agências da ONU, como o PNUD (Programa das Nações Unidas para o Desenvolvimento) e as instituições de Bretton Woods (Fundo Monetário Internacional e grupo do Banco Mundial). Um dos aspectos fulcrais – e mais difíceis – das operações multidimensionais é a coordenação de actividades com todos parceiros, militares e civis, governamentais e não governamentais.[636] No Kosovo, a UNMIK,

---

[631] M. Pugh, "Peacebuilding as Developmentalism: Concepts from Disaster Research, *Contemporary Security Policy*, vol. 16, nº 3, Dezembro de 1995, p. 335.

[632] R. A. Coate e D. J. Puchala, "Global Policies and the United Nations System: A Current Assessment", *Journal of Peace Research*, vol. 27, nº 2, 1990, pp. 127-8.

[633] Annan, *op. cit.*, p. 46.

[634] Sérgio Vieira de Mello, chefe civil da UNPROFOR, disse que o humanitarismo é a razão de ser do *peacekeeping*, que "está na base e transcende a mera resolução das disputas", cit. in Pugh, *op. cit.*, p. 336.

[635] *Suplemento à Agenda para a Paz*, parágr. 53.

[636] V. John Cockell, "Joint Action on Security Challenges in the Balkans", in Pugh e Sidhu (eds.), *op. cit.*, p. 115 e segs.

responsável pela administração civil, interagia com a KFOR (braço militar), o ACNUR (assistência humanitária), a OSCE (democratização e *institution building*) e a UE, responsável pela reconstrução

O *peace-building* não é uma tarefa propriamente militar, mas pode ser facilitada pela presença, pelo menos, inicial das forças da ONU no terreno, isto é, os capacetes azuis: "Num país destruído pela guerra, a retoma d[ess]as actividades inicialmente poderá ter de ser entregue ou, pelo menos, coordenada por uma operação de *peacekeeping* multidimensional. Contudo, à medida que a operação conseguir restaurar as condições normais, os programas, fundos, gabinetes e agências poderão voltar e gradualmente assumir as responsabilidades dos capacetes azuis, com o coordenador-residente a assumir as funções de coordenação temporariamente confiadas ao representante especial do Secretário-Geral."[637]

As operações de *peacekeeping* multidimensional são experiências novas que respondem a necessidades que já se faziam sentir antes do fim da Guerra Fria, mas que só com o fim daquela se tornaram possíveis. A primeira operação deste tipo na história da Organização foi a *UN Temporary Executive Authority* (UNTEA): criada para a Nova Guiné Ocidental entre 1962 e 1963 (num período de sete meses), tinha por objectivo efectuar a transição entre a administração holandesa e a integração do território na Indonésia. A UNTEA destinava-se literalmente a administrar o território. Com a resolução da AG 1752, pela primeira vez na sua história, as NU "... detiveram a autoridade executiva temporária, por intermédio do Secretário-Geral, sobre um vasto território."[638] O seu mandato consistia especialmente em assegurar as tarefas de manutenção da lei e da ordem (em especial, a de monitorar o cessar-fogo), a protecção dos direitos dos habitantes e a manutenção em funcionamento dos serviços. Foi acompanhada pela criação paralela do seu "braço armado" – a *UN Security Force* (UNSF) – que cuidava da segurança no território e da criação e treino da polícia local.

Estas operações requerem o que alguns autores chamam de "abordagem holística"[639] destinada a reconstruir as sociedades des-

---

[637] *Ibid.*

[638] UN, *The Blue Helmets*, p. 644.

[639] Thomas M. Franck, "A Holistic Approach to Building Peace", in Otunnu e Doyle (eds.), *op. cit.*, p. 275.

Aspectos Críticos do Peacekeeping

truídas por guerras civis. Essa abordagem holística mais não é do que uma variedade gigantesca de tarefas que vão da protecção dos Direitos Humanos, à realização de eleições democráticas e à reabilitação da economia. Estas operações holísticas correspondem àquilo que Boutros-Ghali, no seu relatório à AG, em Setembro de 1994, referiu como "uma abordagem global para uma ordem internacional pacífica", uma que ofereça "uma ampla gama de meios para este fim".[640]

A lista impressionante de actividades do *peace-building* inclui: o desarmamento das facções envolvidas na guerra; a integração das milícias nas forças militares nacionais; a reorganização e treino da polícia; a supervisão dos Direitos Humanos; a reconstituição ou reforma do sistema judicial; a elaboração ou re-elaboração das Constituições nacionais; a investigação de violações dos Direitos Humanos; a orientação da reforma agrária; o abastecimento de comida, água, serviços sanitários, serviços médicos, habitação e reparação de estradas; a abolição de leis opressivas; a supervisão de ministérios nacionais transitórios; o recenseamento, a elaboração das listas eleitorais e a definição das regras para a condução de eleições; a realização e acompanhamento do processo eleitoral; assegurar a transição para o governo eleito; coordenar e facilitar o trabalho das ONGs.[641]

As missões do Kosovo, de Timor-Leste e do Cambodja enquadram-se aliás nesta categoria: à ONU coube administrar estes territórios[642] e lançar as bases para a criação de uma ordem democrática. A operação no Kosovo, *UN Interim Administration Mission in Kosovo*, dura de 1999 até aos dias de hoje. O CS autorizou a UNMIK a exercer a autoridade sobre a população e o território. Delegou à missão todos os poderes legislativos e executivos, incluindo o exercício do poder judicial e a gestão de uma força de polícia com poderes executivos. O Representante-Especial do SG, o administrador das NU, é responsável pela supervisão da presença civil internacional, pela coordenação das actividades civis, bem como pelo interface destas com a KFOR.[643] Em Timor, a *UN Transition Authority in East Timor* ficou, entre Outubro de 1999 e Maio de 2002, a exercer auto-

---

[640] *Id.*, p. 277.
[641] *Id.*, p. 276.
[642] V. Simon Chesterman, "Virtual Trusteeship", in Malone (ed.), *op. cit.*, pp. 219-33
[643] Leurdijk, *op. cit.*, pp. 67-8.

ridade legislativa, executiva e a administrar a justiça, apoiando a criação de capacidades para a auto-governação e para um desenvolvimento sustentável.

No Cambodja, as NU ficaram literalmente a administrar o país durante um período de 18 meses, entre Março de 1992 e Dezembro de 1993. Em 1991, os quatro grupos envolvidos na guerra civil assinaram em Paris um acordo de paz que previa a realização de eleições livres após um período transitório. Nesse período, o país foi governado pelas NU que montaram a *UN Transition Authority in Cambodia*, uma operação contando com mais de 22.000 efectivos. À UNTAC coube exercer controle sobre os assuntos de defesa, política externa, finanças, segurança pública e estruturas administrativas de forma a assegurar um ambiente político neutro para a realização de eleições gerais. A UNTAC também supervisionou a polícia, promoveu os Direitos Humanos e organizou as eleições que permitiram ao povo cambodjano retomar o controlo sobre a sua vida democrática.[644]

A componente militar da UNTAC ficou encarregue de uma variedade de tarefas: supervisionar o cessar-fogo, desarmar e desmobilizar as forças, repatriar e realojar os refugiados, em cooperação com o Alto Comissariado das NU para os Refugiados, e reabilitar as infra-estruturas económicas do país. Nunca antes tinha sido exigido a uma operação de *peacekeeping* a realização de tarefas tão diversas e tão exigentes. A este propósito, observaria Boutros-Ghali: "Nada do que as NU fizeram anteriormente se pode comparar a esta operação".[645]

De entre as várias operações de *peace-building*, a UNOSOM II foi a que encontrou mais dificuldades em cumprir a sua missão holística. As tarefas da UNOSOM II atribuídas pelo CS incluíam o desarmamento e reconciliação entre os beligerantes; a restauração da paz, estabilidade, lei e ordem; a assistência na reconstrução da vida económica, social e política do país; o restabelecimento da estrutura institucional do país; a promoção da democracia e a reabilitação das infra-estruturas.

Em Março de 1995, a UNOSOM II pôs termo ao seu mandato sem ter conseguido cumprir estas tarefas. O falhanço mais evidente

---

[644] Jarat Chopra, *UN Authority in Cambodia*, Watson Institute for International Studies, Occasional Paper nº 15, Providence, RI, Watson Institute, 1994.

[645] Mingst e Karns, *op. cit.*, p. 92.

foi o esforço, no Verão e Outono de 1993, de capturar o "senhor da guerra", Mohammed Aideed, e desarmar as facções de Mogadíscio. O que destas circunstâncias se pode concluir é que uma operação que tem de pôr de pé um projecto englobante de reconstrução civil sem previamente ter concluído negociações com as partes (relativamente aos passos a dar no sentido de alcançar esses objectivos ambiciosos), encontrará muitos problemas.

A intervenção na Somália ensina que, se as NU têm um mandato lato para cumprir, só devem dar início às suas actividades depois das milícias terem sido desarmadas e acantonadas em lugar seguro: um esforço que requer efectivos militares consideráveis com autoridade para usar a força, pelo menos em defesa do cumprimento desse mandato.

Na Somália deveria ter sido empregue o princípio do acantonamento com a confiscação das armas pesadas e a instalação provisória das milícias, a entrega de armas de pequeno porte e o registo dos membros das milícias para posterior treino e reintegração nas forças armadas nacionais. Também no Ruanda, para evitar o massacre, teria sido indispensável confiscar as armas da milícia extremista hutu Interahamwe e de outros grupos violentos. Antes do início dos massacres, o Gen. Dallaire tinha recebido informação sobre a existência de um arsenal de armas que estava prestes a ser distribuído às milícias hutu. Dallaire pediu autorização a Nova Iorque para levar a cabo uma operação usando de "força massiva", mas da sede obteve uma orientação vaga e contemporizadora.

Em missões bem-sucedidas, como El Salvador, Cambodia, Namíbia e Moçambique, tais provisões foram acordadas *ab initio* e, no geral, funcionaram bem. Recorde-se o caso da UNOMOZ, em Moçambique, onde se procedeu à recolha rápida das 150.000 armas das forças rivais e ao acantonamento e treino de uma força de defesa de 30.000 homens do governo e da RENAMO. O desarmamento, desmobilização e reintegração dos antigos combatentes é uma área crucial do *peace-building* por criar estabilidade no período pós-conflito e diminuir a probabilidade de reacendimento do conflito armado.[646]

---

[646] *Relatório Brahimi*, parágr. 42.

O caso da Somália demonstra que as NU deveriam abster-se de usar a força para impor as condições para o cumprimento de missões holísticas. Ao fazê-lo, as NU arriscam ver-se envolvidas numa guerra tribal, tornando o resto da operação impraticável, dependentes como geralmente estão, da cooperação civil.

Outra das lições a tirar desta operação é que deve haver uma concordância entre as tarefas cometidas às operações da ONU e os meios que estão postos à sua disposição. Deve-se evitar as situações em que as resoluções do CS não constituem instrumentos convincentes para determinada acção, mas simples tomadas de posição sem valor efectivo.

Apesar dos erros cometidos, a operação conseguiu realizações importantes: a erradicação da fome; a implementação de um programa de erradicação das doenças; a reabertura das escolas fechadas desde havia três anos; o restabelecimento das estruturas locais de governo; o recrutamento e treino de 5.000 polícias; a condução de numerosos programas de reabilitação promovidos pelas agências das NU ou outras ONGs.[647] A experiência bem-sucedida do Cambodja é corroborada por estudos comparativos que mostram que o *peace-building* multidimensional, isto é, "... missões com amplas funções civis, incluindo reconstrução económica, reforma institucional e supervisão de eleições..." dão um contributo decisivo para uma paz duradoura.[648] O *peace-building* contribui, tanto para a redução da violência, como para a realização de reformas institucionais e políticas, a realização de eleições e o processo de democratização.

O *Relatório Brahimi* sublinha que o maior desafio que as Nações Unidas enfrentam, na área do *peace-building*, são as administrações transitórias. Em 1999, foram lançadas as operações no Kosovo e em Timor-Leste que exigiam a reconstrução de ambos os territórios em circunstâncias particularmente difíceis. O *Relatório Brahimi* diz que a ONU deve desenvolver um quadro legal genérico aplicável a países onde as instituições estatais ruíram. O *Relatório* recomenda à organização que crie um quadro de pessoal jurídico internacional para, na ausência da autoridade política local, estar preparado para restaurar a lei e a ordem.[649]

---

[647] Franck, *op. cit.*, p. 283.
[648] Doyle e Sambanis, *op. cit.*, p. 791.
[649] *Relatório Brahimi*, parágr. 14.

Por outro lado, as NU têm de colmatar "um claro 'gap' institucional entre as questões de segurança e desenvolvimento".[650] O próprio Kofi Annan, no relatório *In Larger Freedom*, afirma que as NU têm um problema grave na sua maquinaria institucional, que é o facto de terem dificuldades em ajudar os países a sair do conflito para uma paz sustentada. Efectivamente, há uma incongruência flagrante no facto das Nações Unidas investirem cada vez mais na prevenção de conflitos, mas não terem a capacidade de implementar de forma cabal e sustentada os acordos de paz.[651]

A resolução da vertente armada do conflito não é suficiente para acautelar a estabilidade do país porque não garante o desenvolvimento sustentado do mesmo. Cerca de metade dos países que saem de um conflito, recaem nele ao fim de cinco anos. Esta é uma das áreas mais críticas e visíveis da actuação actual das Nações Unidas. Na sequência da cimeira dos chefes de estado e governo que teve lugar em Nova York, em Setembro de 2005, foi decidido criar a Comissão para a Paz e o Desenvolvimento (*Peacebuilding Commission*). Esta foi uma iniciativa que o governo português propôs à AG em 2003 e que foi posteriormente endossada, sob uma nova designação, pelo Grupo de Alto Nível sobre Ameaças, Desafios e Mudança e pelo SG. A Comissão visa reunir todos os interessados em actividades de consolidação da paz de forma a garantir a coordenação mais eficaz e a implementação mais coerente nesta matéria; atrair e garantir os compromissos políticos e financeiros necessários para as missões de *peacebuilding* (o Fundo Permanente para a Consolidação da Paz mobiliza o financiamento internacional) e conceder apoio técnico e informação especializada para as tarefas de recuperação pós-conflito, em especial as tarefas de restabelecimento das instituições e o desenvolvimento sustentável.

A Comissão disporá de um Comité de Organização Permanente, composto por sete países-membros do CS, entre ao quais os membros permanentes, e por sete estados-membros do Conselho Econó-

---

[650] Rui Macieira, "A necessidade de reforma da Organização das Nações Unidas", in Carlos Martins Branco e Francisco Proença Garcia (coord.), *Os portugueses nas Nações Unidas*, Lisboa, Prefácio, 2006, p. 362.

[651] General Assembly, *In Larger Freedom: Towards Development, Security and Human Rights for All*, A/59/2005, 21 de Março de 2005, parágr. 114.

230   *As Nações Unidas e a Manutenção da Paz*

mico e Social. A estes 14 países, somam-se cinco que figuram entre aqueles que mais contribuem para financiar a ONU e os cinco que mais contribuem com efectivos para as missões de *peacekeeping*. A estes 24 países, juntar-se-ão outros sete eleitos em função das regras da AG.

VIII.4. *Peacekeeping* e *Peacemaking*

Embora o *peacekeeping* devesse criar as condições para a paz permanente, tal raramente aconteceu. As intervenções das NU servem frequentemente para congelar os conflitos. Diehl afirma que a presença das NU pode prolongar o conflito, porque remove os incentivos para o resolver.[652] Dubey diz que as intervenções das NU não influenciam de forma significativa na duração da paz pós-conflito.[653] Doyle e Sambanis dizem que o *peacekeeping* tradicional não dá um contributo importante para o sucesso das tarefas de *peace-building*.[654] Sherry diz que é uma técnica de gestão dos conflitos que cria situações de "impasse controlado" porque grande número de conflitos é pura e simplesmente insolúvel.[655] A demonstração desta evidência são as missões UNFICYP (*UN Peace Force in Cyprus*) e a UNIFIL no Líbano.

Outros autores têm notado que o *peacekeeping* é uma mera forma de controlo dos conflitos que adopta uma posição passiva (esperando que a passagem do tempo e as circunstâncias históricas tornem o conflito irrelevante e os capacetes azuis dispensáveis) e que, por isso, não aborda directamente as causas do mesmo. Pugh

---

[652] Paul F. Diehl, "When Peacekeeping Does Not Lead to Peace: Some Notes on Conflict Resolution", *Bulletin of Peace Proposals*, vol. 18, nº 47, 1987. Charles Taylor, que iniciou a revolta contra o regime de Samuel Doe em 1989, acabou por tomar o poder em 1997, após 8 anos de intervenção da ECOMOG: "Se tivéssemos vencido no campo de batalha, teríamos terminado a guerra em seis meses em 1990": cit. in Tuck, *op. cit.*, p. 10.

[653] Amitabh Dubey, "Domestic Institutions and the Duration of Civil War Settlements", paper apresentado na International Studies Association, New Orleans, 24-27 de Março de 2002.

[654] Doyle e Sambanis, *op. cit.*, p. 791.

[655] George L. Sherry, "The United Nations, International Conflict, and American Security", *Political Science Quarterly*, vol. 101, nº 5, 1986, p. 759.

Aspectos Críticos do Peacekeeping

afirma que "[O] *peacekeeping* lida...com as manifestações dos problemas, mas não consegue ir de encontro às suas causas e pode mesmo tornar-se parte do problema ao prolongar o conflito". Na opinião deste reconhecido especialista, "...as medidas de apoio à paz são apenas uma contribuição para a gestão das crises. Elas mostram até que ponto a cooperação internacional falhou na criação de segurança em largas partes do mundo."[656]

Banks diz que o *peacekeeping* é um mecanismo de "supressão forçada do conflito", "mas que deve "ser substituído por outros procedimentos que não controlem apenas os sintomas".[657] Mitchell diz que o *peacekeeping* "...pode evitar a continuação da guerra aberta", mas que não resolve o problema de fundo que são as percepções e as atitudes dos beligerantes.

Na mesma linha, Norton e Weiss referem-se ao *peacekeeping* como "uma situação temporária – uma paragem – para ganhar tempo para a diplomacia activa."[658] Para Holst trata-se de uma medida de criação de confiança para ajudar a manter o cessar-fogo.[659] Russett e Sutterlin sugerem que o *peacekeeping* é uma forma de dissuasão para evitar a violação das tréguas e cessar-fogos, monitorar zonas desmilitarizadas, impedir o reatar das hostilidades ou a concretização de uma ameaça.[660] Coate e Puchala dizem que "as políticas de *peacekeeping* advogam a acção colectiva internacional de forma a prevenir ou a evitar conflitos armados".[661]

Na literatura sobre a resolução de conflitos, tem-se vindo a afirmar uma corrente que afirma que as tentativas de mediação imparcial podem alimentar e prolongar a guerra. Esta corrente põe em causa a capacidade de intervenientes externos (especialmente os actores oci-

---

[656] Pugh, "From Mission Cringe", in Pugh (ed.), *op. cit.*, p. 193.

[657] M. Banks, "The Evolution of International Relations Theory", in M. Banks (ed.), *Conflict in World Society*, Brighton, Wheatsheaf Books, 1984, p. 20

[658] A. R. Norton e T. G. Weiss, *UN Peacekeepers: Soldiers with a Difference*, Headline Series, nº 292, NY, Foreign Policy Association, 1990.

[659] J. J. Holst, "Support and Limitations: Peacekeeping from the Point of View of Troop-Contributors", in I. J. Rykhye e K. Skjelsbaek (eds.), *The United Nations and Peacekeeping: Results, Limitations and Prospects*, Londres, MacMillan, 1990, p. 111.

[660] B. Russett e J. S. Sutterlin, "The United Nations in a New World Order", *Foreign Affairs*, vol. 70, nº 2, Primavera de 1991, pp. 70-3.

[661] Coate e Puchala, *op. cit.*, p. 127.

dentais) de influenciar e/ou realizar acordos de paz obtidos por meio da negociação e de acordos. Outra ideia que emerge desta crítica é que o modelo ocidental de resolução de conflitos (exemplificado pela própria ONU), está profundamente desajustado. Isto porque faz uma leitura errada das causas e dinâmicas dos conflitos contemporâneos, daí assumindo os pressupostos errados.[662]

Ao analisar o caso da Serra Leoa, David Shearer interroga-se sobre a eficácia, junto dos beligerantes, de uma estratégia de promoção de consenso baseada na intervenção imparcial e na mediação. Shearer sugere que as situações de guerra do tipo daquele país africano (insurreições dominadas pelos "senhores da guerra") são resistentes às técnicas internacionais de resolução de conflitos. Aquele autor diz que, nas guerras civis, a maior parte dos acordos eram obtidos através de vitórias militares no campo de batalha: não por meio de negociações políticas ou intervenções mediadas.[663]

Esta última observação corresponde à teoria de Edward Luttwak, explanada do artigo publicado na *Foreign Affairs* em 1999, "Letting Wars Burn".[664] Luttwak diz que a intervenção das instituições internacionais nos conflitos tende a prolongá-los, aumentando assim o sofrimento humano. Embora a guerra seja um "grande mal", diz aquele autor, tem uma "grande virtude": "pode resolver os conflitos políticos e conduzir à paz."[665] Luttwak afirma que a intervenção da ONU impediu que a guerra entre Israel e os vizinhos árabes fosse decidida no plano militar e levasse a uma solução, possivelmente injusta, mas definitiva. Segundo aquele autor, na Bósnia-Herzegovina, o plano de paz de Dayton é a ilustração de uma intervenção desastrada da comunidade internacional: o território ficou dividido com base em linhas étnicas, mas os ressentimentos permanecerão, alimentando provavelmente conflitos no futuro.

---

[662] Tom Woodhouse, *International Conflict Resolution*, Working Paper 1, Centre for Conflict Resolution, Department of Peace Resolution, Universidade de Bradford, Junho de 1999, p. 1.

[663] David Shearer, "Exploring the Limits of Consent: Conflict Resolution in Sierra Leone", *Millenium*, vol. 26, n° 3, 1997.

[664] V. "Letting Wars Burn", *Foreign Affairs*, vol. 78, n° 4, Julho-Agosto de 1999, pp. 36-44.

[665] *Id.*, p. 36.

Christopher Clapham, com base no caso do Ruanda, questiona o modelo ocidental que assume que as partes nestes conflitos partilham dos mesmos valores, isto é, que as diferenças podem ser conciliáveis. Clapham também questiona a eficácia da mediação: em primeiro lugar porque, na sua opinião, os mediadores dificilmente são neutros.[666] No Ruanda, pela sua inactividade, eles criaram as condições para o desenrolar do genocídio e, além disso, apostaram numa abordagem (uma solução negociada) que os extremistas hutus possivelmente nunca teriam subscrito.[667]

Mark Duffield diz que os conflitos a que temos vindo a assistir podem não ser, tal como são vistos do mundo desenvolvido, um fenómeno aberrante e anómalo. As guerras internas actuais são o reflexo da "emergência de novas formas de formação social adaptadas à sobrevivência às margens da economia global."[668] A prioridade dada à resolução de conflitos surge só com o fim da Guerra Fria e com a vitória do bloco ocidental. Durante aquele período, a abordagem prevalecente em relação aos conflitos do mundo sub-desenvolvido baseava-se nos princípios da não-intervenção e da inviolabilidade da soberania dos estados. Com o fim da Guerra Fria, a filosofia dos vencedores impôs o princípio da intervenção para a resolução dos conflitos e o acompanhante cortejo da "cultura humanitária" (valores democráticos e Direitos Humanos). A intervenção tem sido ardentemente advogada e praticada pelas ONGs.[669]

Segundo Duffield, as intervenções ocidentais baseiam-se numa interpretação benévola, mas errónea, segundo a qual: os conflitos são o resultado de desentendimentos passageiros; a mediação externa pode restaurar o estado natural de harmonia funcional. As interven-

---

[666] Diz Michael Pugh, em eminente estudioso da área: "... o *peacebuilding* não é neutral. Tem um objectivo fortemente político baseado na assunção que a paz é preferível ao conflito e que os benefícios do desenvolvimento económico e social ultrapassarão tudo o que for conseguido através da guerra.": "Peacebuilding as Developmentalism", p. 326.

[667] Christopher Clapham, "Rwanda: the Perils of Peacemaking", *Journal of Peace Research*, vol. 25, nº 2, Março de 1998.

[668] Mark Duffield, "Evaluating Conflict Resolution: Contexts, Models and Methodology", in Gunnar M. Sorbo; Joanna Macrae e Lennart Wohlegemuth (eds.), *NGOs in Conflict: An Evaluation of International Alert*, Chr. Michelsen Institute, CMI Report Series, Bergen, 1997.

[669] *Id.*, p. 80.

ções da ONU e das ONGs dão a essas instituições uma forma "barata" de intervir, mas são uma nova forma de imperialismo que diminui e menospreza as capacidades locais de resolução de conflitos.[670] Duffield afirma que as técnicas de resolução de conflitos usadas pelas organizações internacionais são desajustadas por não conseguirem captar a dinâmica do conflito nem a psicologia dos beligerantes.

Frequentemente, e como refere Simonia, o *peacekeeping* é um instrumento para a manutenção do *status quo* que fica indiferente em relação aos problemas políticos e sociais que estão na base de conflitos complexos.[671] O Comité Especial para as Operações de *Peacekeeping* diz que aquelas não deveriam ser usadas como substituto da paz, mas deveriam enfrentar as causas reais dos conflitos.[672]

Boutros-Ghali disse que o *"peacekeeping* tem sido por vezes mais fácil do que a tarefa complementar de *peacemaking*. O que mostra que o *peacekeeping*, por si só, não é uma solução permanente para um conflito. Só a negociação política o pode conseguir."[673] A utilização das forças de *peacekeeping* frequentemente permaneceu separada de esforços para resolver os conflitos: Diehl diz que "ao avaliar as operações de *peacekeeping* de acordo com a sua capacidade de resolver conflitos, a maior parte deles não inclui estratégias de resolução."[674]

Muitos autores têm vindo a defender a posição que o *peacekeeping* deveria ser desenvolvido como parte de um processo mais amplo de resolução pacífica das disputas.[675] Dallaire, comandante da UNAMIR no Ruanda, afirma que "obviamente que o *peacekeeping* não pode ser um fim em si mesmo – permite apenas ganhar algum tempo. Nos seus objectivos e desígnios, deve ser parte de um processo

---

[670] *Id.*, pp. 97-8.

[671] Nodari Simonia in T. G. Weiss (ed.), *The United Nations in Conflict Management: American, Soviet and Third World Views*, NY, International Peace Academy, 1990, pp. 60-1.

[672] Special Committee on Peacekeeping Operations, "Special Committee on Peacekeeping Operations Concludes Session, Adopts Reports Recommending Enhanced UN Capacity for Peacekeeping", Press Release GA/PK/176, 169ª reunião, 8 de Março de 2002.

[673] Boutros Boutros-Ghali, "Empowering the United Nations", *Foreign Affairs*, vol. 71, nº 5, Inverno 1992-93, p. 90.

[674] Diehl, *op. cit.*, p. 38.

[675] Fetherston, *op. cit.*, p. 126.

mais abrangente de *peacemaking*, isto é, de impedir o reacender do conflito, promover a sua resolução, a reconstrução e o desenvolvimento."[676] Pérez de Cuellar diz que o *peacekeeping* "não passará de um paliativo se não for o prelúdio ou acompanhar negociações para uma resolução global".[677] E pondo em evidência a importância de uma estratégia de *peacemaking* que acompanhe o *peacekeeping*, diz: "a experiência tem mostrado que a mera continuação de uma operação de *peacekeeping* por si só não gera o impulso para uma solução."[678]

Nesse sentido, alguns autores vão mais além ao advogarem um papel pró-activo do *peacekeeping* na procura da resolução de conflitos.[679] Haas afirma que "um objectivo do *peacekeeping* é a criação de condições de estabilidade e de confiança de forma a facilitar uma eventual resolução".[680] Trata-se de uma opinião partilhada por Skjelsbaek que diz "a essência da função do *peacekeeping* é dissipar a desconfiança e criar um mínimo de confiança."[681] Rikhye, Harbottle e Egge descrevem o *peacekeeping* como "intervenção pacífica onde uma terceira parte intervém na capacidade de árbitro imparcial para ajudar a resolver uma disputa entre duas ou mais partes".[682]

---

[676] Cit. in Woodhouse, *op. cit.*, p. 16.

[677] UN Doc. A/43/1, p. 5.

[678] UN Doc. A/45/1, p. 6.

[679] V. nomeadamente A. B. Fetherston, *Towards a Theory of UN Peacekeeping*, Houndsmill–Basingstoke, Palgrave, 1994; "Peacekeeping as Peacebuilding: Towards a Transformative Agenda", in L. A. Broadhead (ed.), *Issues in Peace Research, 1995-6*, Bradford, Bradford University Press, 1996; "Peacekeeping, Conflict Resolution and Peacebuilding: A Reconsideration of Theoretical Frameworks", in Woodhouse e Ramsbotham (eds.), *op. cit.*, pp. 190-218; "Peacekeeping, Conflict Resolution and Peacebuilding", *International Peacekeeping*, vol. 7, n° 1, Primavera de 2000. Michael Harbottle, "The Strategy of Third Party Interventions in Conflict Resolution", *International Journal*, vol. 35, n° 1, 1980; *What is Proper Soldiering? A Study on New Perspectives for the Future Uses of the Armed Forces in the 1990s*, Oxen, UK, Centre for International Peacebuilding, 1991. Brian Mandell, "Getting to Peacekeeping", *Journal of Conflict Resolution*, vol. 40, 1996; Mandell e R. J. Fisher, "Training Third-Party Consultants in International Conflict Resolution", *Negotiation Journal*, vol. 8, n° 3, 1992. David M. Last, "Peacekeeping Doctrine and Conflict Resolution Techniques", *Armed Forces & Society*, vol. 22, n° 2, Inverno de 1995.

[680] E. B. Haas in UNITAR, *op. cit.*, p. 29.

[681] K. Skjelsbaek, "Peaceful Settlement of Disputes by the United Nations and other International Bodies", *Cooperation and Conflict*, vol. 21, n° 3, 1986, p. 146.

[682] I. J. Rikhye, M. Harbottle e B. Egge, *The Thin Blue Line: International Peacekeeping and Its Future*, New Haven, Yale University Press, 1974, pp. 9-10.

A International Peace Academy usa a seguinte definição de *peacekeeping*: "a prevenção, contenção, moderação ou conclusão das hostilidades entre Estados ou no seio daqueles, através da mediação de uma terceira parte, organizada e dirigida a nível internacional, com o uso forças militares multinacionais, de polícia e civis de forma a restaurar e a manter a paz."[683] As forças de *peacekeeping*, mandatadas para proteger as populações e criar as condições para a distribuição da ajuda humanitária, são uma parte importante do processo de resolução dos conflitos: estabelecem uma plataforma a partir da qual espaços humanitários podem funcionar e os esforços políticos podem prosseguir.

Na *Agenda*, Boutros-Ghali reflecte sobre a interligação entre a técnica do *peacekeeping* e as outras técnicas por ele advogadas: "... talvez não seja possível traçar uma linha divisória entre as actividades de restabelecimento [*peacemaking*] e de manutenção da paz [*peacekeeping*]. O restabelecimento da paz pode ser o prelúdio da manutenção da paz, da mesma forma que o posicionamento no terreno de uma presença das Nações Unidas pode aumentar as possibilidades de prevenção de conflitos, facilitar as tarefas de restabelecimento da paz e, em muitos casos, ser um requisito fundamental da consolidação da paz."[684]

Os capacetes azuis têm, desde o início do *peacekeeping*, exercido *peace-making* e *peace-building* como resultado da necessidade de momento e improvisando face a situações inesperadas. Em anos recentes, e especialmente após a experiência do Ruanda, militares com experiência de *peacekeeping* e académicos têm vindo a defender a introdução de mecanismos de resolução de conflitos nas práticas operacionais dos capacetes azuis. Como terceira parte imparcial presente nos conflitos, os capacetes azuis, em rigor, desempenham diferentes tarefas: (1) o controlo das hostilidades, base de partida para as tarefas posteriores; (2) a criação de uma atmosfera que conduza a negociações entre as partes que se degladiam e (3) a criação do ambiente que permita que os acordos de paz vigorem e resistam. O treino dos capacetes azuis deve pois reforçar as capacidades de contacto, comunicação inter-cultural, negociação e mediação.[685]

---

[683] International Peace Academy, *Peacekeeper's Handbook*, p. 22.

[684] *Agenda*, parágr. 45.

[685] Fetherston, *op. cit.*, p. 137

IX.

O *PEACEKEEPING* NUMA PERSPECTIVA COMPARADA: AS ORGANIZAÇÕES AFRICANAS, UEO, UE, NATO E A OSCE

IX.1. O *Peacekeeping* das Organizações Africanas (OUA, UA e CEDEAO)

A OUA teve a sua primeira experiência de *peacekeeping* entre 1979-81 no Chade. A operação terminou ao fim de seis meses, devido às numerosas deficiências que a marcaram, mas teve a vantagem de ter permitido tirar algumas lições importantes.[686] Nos anos 90, a organização reestruturou os seus mecanismos de prevenção e gestão de crises. Curiosamente, o fim da Guerra Fria teve um efeito positivo na área da segurança, uma vez que impulsionou as organizações africanas a procurar novas estratégias para prevenir, responder e resolver os conflitos do continente. O fim da era bipolar "...criou novas e inesperadas oportunidades para África e para as organizações africanas para resolverem alguns dos problemas do continente."[687] A OUA criou, dentro do seu Departamento Político, a Divisão de Prevenção, Gestão e Resolução de Conflitos. Esta iniciativa culminou com o posterior estabelecimento, no âmbito do Órgão Central, do "Mecanismo para a Prevenção, Gestão e Resolução de Conflitos". Em 1993, a organização debateu a constituição de uma força de *peacekeeping*,

---

[686] Justin Morris e Hilaire McCoubrey, "Regional Peacekeeping in the Post-Cold War Era", *International Peacekeeping*, vol. 6, nº 2 Verão de 1999, pp 142-3.

[687] Emmanuel K. Aning, "Towards the New Millenium: ECOWAS´s Evolving Conflict Management System", *African Security Review*, vol. 9, nº 5/6, 2000 (http://www.iss.co.za/pubs/ASR/9No5And6/Aning.html), p. 1.

que não foi avante. Entre 1990-92, os esforços de mediação da OUA no Ruanda foram apoiados por uma força de observação, o Grupo Neutral de Observadores Militares, composto por 55 militares.

Os primeiros anos do novo milénio têm sido marcados por uma crescente actividade por parte dos líderes africanos tendente a fazer face aos conflitos na região. A nível continental e sub-regional, registaram-se uma série de desenvolvimentos que visam responder às numerosas ameaças à segurança: criou-se uma arquitectura institucional que tem na União Africana o vértice de um sistema integrado de segurança. As capacidades institucionais das várias componentes do sistema foram reforçadas, embora de forma desigual.[688]

A União Africana sucedeu à OUA em 2002.[689] A nova organização continental africana parece mais determinada a ter uma uma postura pró-activa nos assuntos de segurança regionais. A UA é mais ambiciosa do que a OUA numa série de aspectos, nomeadamente ao prever, no seu Acto Constitutivo, o direito de intervenção no território de um estado-membro em casos de crimes de guerra, genocídio e crimes contra a humanidade (artigo 4h).[690] A OUA teve sempre uma postura bastante conservadora em relação às intervenções das organizações africanas nos conflitos regionais devido ao lugar dominante, na Carta da organização, do princípio da integridade territorial dos estados e do respectivo corolário: a não interferência nos assuntos internos.[691]

O Acto Constitutivo da UA proclama o objectivo da "promoção da paz, segurança e estabilidade no continente" (artigo 3f) e para tal, pôs de pé mecanismos para a "resolução pacífica dos conflitos entre os Estados-Membros da União" (artigo 4e) e o "estabelecimento de uma política de defesa comum para o Continente Africano" (artigo 4d).

A UA tem um Conselho de Paz e Segurança composto por 15 membros eleitos, representando todas as regiões de África.[692] É o

---

[688] Patrícia Magalhães Ferreira, *A África e a Europa: resolução de conflitos, governação e integração regional*, Background Paper, IEEI, p. 5.

[689] A cimeira inaugural foi em Julho de 2002.

[690] V. o Acto Constitutivo em http://www.africa-union.org/home/Welcome.htm.

[691] Aning, *op. cit.*, p. 2.

[692] São membros eleitos e não-permanentes: dez têm um mandato de dois anos e cinco um mandato de três anos.

O Peacekeeping numa Perspectiva Comparada

órgão responsável pela implementação da agenda de paz e segurança da UA: é o cerne da segurança colectiva, funcionando igualmente como mecanismo de alerta precoce (artigo 2.º).[693] É seu dever: anticipar e prevenir conflitos; autorizar o lançamento de missões de apoio à paz; implementar a política de segurança e de defesa comum da União. A organização dotou-se de uma "Política Africana Comum de Defesa e Segurança" que lhe permite enviar forças para intervir em guerras civis, conflitos internacionais e tentativas de golpe de estado no continente. No âmago da agenda de paz e segurança da organização, encontra-se a "African Standby Force" para desempenhar todas as tarefas no espectro das operações de apoio à paz (artigo 13.º). O Conselho dotou-se do Sistema de Alerta Precoce para facilitar a tarefa de antecipação e prevenção dos conflitos (artigo 12.º).[694]

As organizações sub-regionais, com especial relevo para a CEDEAO, deverão contribuir activamente para concretizar a Força Africana, que deverá ter 15.000 efectivos.[695] O objectivo é estabelecer unidades em Brigadas *Stand-by* em cada uma das cinco sub-regiões do continente sob a supervisão máxima da UA. As forças disponibilizadas por cada uma das sub-regiões permitirão constituir a Força Africana em duas fases: até 2005 e, numa segunda fase, até 2010.[696]

A realidade é que as organizações sub-regionais, como a CEDEAO e a SADC, poderão ter maior facilidade em montar opera-

---

[693] African Union, "Protocol Relating to the Establishment of the Peace and Security Council of the African Union", Julho de 2002 (http://www.africa-union.org/home/Welcome.htm).

[694] O sistema está estreitamente ligado às unidades de observação e monitorização das organizações sub-regionais (como as que estão a ser criadas na África oriental, no seio da Autoridade Intergovernamental para o Desenvolvimento, na CEDEAO e na Comunidade para o Desenvolvimento da África Austral). Estas unidades devem coligir e processar os dados a nível sub-regional e transmiti-los para o centro de situação do Sistema de Alerta Precoce.

[695] "O Conselho Político e de Segurança é o pináculo da arquitectura de paz e de segurança projectada pelos líderes africanos. Mas, as organizações sub-regionais são peças constituintes da arquitectura, igualmente importantes.": European Commission, Directorate-General for Development, Information and Communication Unit, Securing Peace and Stability for Africa (http://europa.eu.int/comm/development/body/publications/docs/flyer_peace_en.pdf#search='Securing%20Peace%20and%20Stability%20for%20Africa'), p. 4.

[696] V. Mark Malan, "'African Solutions to African Problems': African Peacekeeping and the Challenges for the G-8 Action Plan" (http://64.78.30.169/kaiptc/African%20PK%20and%20Challenges.pdf), p. 6.

ções de paz do que própria União Africana. Estas forças serão treinadas em centros de excelência que formarão os soldados nos vários aspectos relevantes às missões de paz, como o *Kofi Annan International Peace Training Center*, que funciona no Gana, país-natal do actual SG.

A UA criou, em Abril de 2003, a sua primeira missão. A operação, composta por 2.600 efectivos, teve como palco o Burundi: a *African Union Mission in Burundi* (AMIB).[697] A AMIB foi lançada após a conclusão do Acordo de Paz de Arusha (Agosto de 2000) e a posterior assinatura, em 2002, de dois acordos de cessar-fogo entre as várias partes no conflito do Burundi.[698] A missão desempenhou um papel importante no desempenho das tarefas que lhe foram incumbidas: supervisionar o cessar-fogo, apoiar iniciativas de desmilitarização e estabilizar a situação de segurança. A operação foi dinamizada inicialmente pela África do Sul que forneceu o grosso das tropas de forma a viabilizar a missão.

Com o fim da AMIB, em Maio de 2004, as Nações Unidas lançaram a *UN Operation in Burundi* (ONUB), operacional a partir de Junho. A missão, na sua fase inicial, englobou o pessoal da AMIB. De acordo com a resolução que cria a ONUB, as duas operações deveriam coordenar as suas operações.[699]

Em Maio de 2004, a UA decidiu enviar para o Darfur a *African Union Mission in Darfur* (AMIS).[700] Na cimeira anual dos chefes de Estado de Julho, a UA acentuou a pressão sobre o presidente sudanês, Omar al-Bashir, para que garantisse o fim dos bombardeamentos contra civis na região ocidental sudanesa, o Darfur. A organização exortou ainda al-Bashir a desarmar as milícias que actuam contra as populações não-árabes desta região.

A operação foi lançada devido à grave crise humanitária que no espaço de um ano e meio, vitimou 200.000 pessoas e causou um

---

[697] Composta por tropas da África do Sul, Etiópia e Moçambique.

[698] Festus Agoagye, *The African Mission in Burundi* (http://www.trainingforpeace.org/pubs/accord/ctrends204/CT2_2004%20PG9-15.pdf).

[699] Resolução 1545 de 21 de Maio de 2004.

[700] African Union, Press Release 51/2004, 28 de Maio de 2004 (http://www.africaunion.org/News_Events/Press_Releases/51%2004Sudanese%20parties%20sign%20agreement.pdf).

O Peacekeeping numa Perspectiva Comparada

êxodo massivo de refugiados. A Comissão de Inquérito das NU, nomeada pelo SG com o apoio do CS, apurou que o governo sudanês e as milícias *Janjaweed* eram os responsáveis pela violência. A missão composta por observadores militares, tinha a incumbência de monitorar o cessar-fogo assinado em Abril de 2004. Contudo, nem o cessar-fogo, nem o o acordo de paz, assinado em Janeiro de 2005 entre o governo e Movimento de Libertação do Povo do Sudão para pôr fim à guerra que dura há duas décadas, foram suficientes para travar o genocídio no Darfur. A UA conseguiu colocar no terreno 7.000 soldados,[701] mas a missão sofre de uma série de carências em termos de meios logísticos, de comunicações e de alojamento. Além disso, seriam necessários pelo menos mais 15 mil soldados para estabilizar a situação no Darfur.

Paradoxalmente, o mandato da AMIS não cobre a protecção dos civis: o mandato da missão permite ao soldados "proteger os civis que se encontram sob ameaça iminente e na vizinhança imediata, em função dos seus recursos e capacidades, sendo entendido que a protecção da população civil é da responsabilidade do Governo do Sudão".[702] A força, aceite por Cartum, é financiada pela UA com a ajuda da União Europeia e da ONU. A operação funciona em paralelo com a missão da ONU para o Sudão (UNMIS), lançado só em Março de 2005.

Cartum resiste à intenção da ONU de destacar para o Darfur uma força de cerca de 27.000 militares. As Nações Unidas alegam que as tropas da UA têm sido incapazes de deter a violência que dura há mais de três anos e que já contabiliza mais de 200.000 mortos e mais de 2 milhões de refugiados e desalojados.[703]

A preservação da paz regional também faz parte da *"New Patnership for African Development"* (NEPAD). Trata-se de um ambicioso programa de recuperação económica que pretende atrair

---

[701] Entre militares, polícia e observadores militares. "Peace and Security: African Union in Darfur", 22 de Fevereiro de 2005 (http://www.globalsolutions.org/programs/peace_security/facts_reports/AU_mission.html); v. Peace and Security Council, Communiqué, PSC/PR/Comm.(XVII), 17ª reunião, 20 de Outubro de 2004, Addis Abeba, Etiópia, p. 2.

[702] Em inglês, *Peace and Security Council, op. cit.*, p. 2.

[703] BBC News, "AU Extends Darfur Troops Mandate"

investimento estrangeiro em troca de uma governação[704] mais transparente. A NEPAD foi lançada em Lusaka, em 2001, e foi posteriormente endossada pela UA na cimeira fundadora da organização, em Durban, em Julho de 2002. A NEPAD assenta no pressuposto que o desenvolvimento sustentável não pode ser alcançado na ausência de outras condições, como a paz, segurança, democracia, boa governação (*"good governance"*) e Direitos Humanos.[705] A agenda da paz e segurança da NEPAD tenta reforçar os mecanismos de prevenção de conflitos, especialmente as instituições sub-regionais que se dedicam à manutenção da segurança. A iniciativa coloca a ênfase nas seguintes áreas-chave:

- prevenção, gestão e resolução dos conflitos;
- *peacemaking*, *peacekeeping* e *peace-enforcement*;
- reconciliação, reabilitação e reconstrução pós-conflito;
- o combate às armas ligeiras e às minas terrestres.

A década de 90 também foi marcada pela revitalização de organizações sub-regionais, como a CEDEAO, a Autoridade Intergovernamental para o Desenvolvimento (AID) e a Comunidade para o Desenvolvimento da África Austral (SADC). São organizações vocacionadas sobretudo para a cooperação económica entre os estados-membros, mas que alargaram o seu mandato para poderem intervir na gestão de conflitos nas suas respectivas áreas de influência.

De todas as organizações africanas, a CEDEAO[706] é a que está mais avançada na preparação de operações de *peacekeeping*. O interesse pelo *peacekeeping* explica-se pela posição predominante da Nigéria na organização e pela vontade desta de intervir nos conflitos africanos, mesmo sem a ajuda da ONU e assumindo a factura principal

---

[704] É a tradução da palavra "governance".

[705] A NEPAD identificou três condições para o desenvolvimento sustentável em África: paz e segurança; democracia e boa governação política e boa governação económica e empresarial.

[706] Criada em 1975, o objectivo da CEDEAO é a criação de um mercado comum entre os estados da África ocidental. No seio da organização, há uma forte clivagem entre os estados anglófonos e os francófonos. Os seus membros são: Costa do Marfim, Daomé, Guiné, Níger, Mauritânia, Mali, Togo, Senegal e Alto Volta (francófonos); Gâmbia, Gana, Libéria, Nigéria e Serra Leoa (anglófonos) e a Guiné-Bissau e Cabo Verde (lusófonos). V. Adekeye Adebajo, *Building Peace in West Africa*, Boulder, CO, Lynne Rienner, 2002, p. 30.

das operações.[707] A Nigéria tem dado o impulso político para a maior parte das operações da CEDEAO, a começar pela intervenção na Libéria em 1990. Lagos tem igualmente fornecido a maior parte dos soldados e assumido a maior parte dos custos financeiros (e sustido o número mais significativo de baixas, principalmente na Libéria e na Serra Leoa).

A mudança de orientação da organização da área económica para a da segurança é notável. Ela corresponde à tomada de consciência por parte dos seus membros que a cooperação económica subregional não se poderia desenvolver num ambiente de conflito e insegurança. A trajectória para a área da segurança tem início em 1978, com a assinatura do Protocolo de Não-Agressão, e, em 1981, com o Protocolo de Assistência Mútua em Matéria de Defesa. Nos anos 90, a organização dotou-se tanto do enquadramento normativo, como de um plano de implementação para a abordagem regional de segurança: é o caso do "Mecanismo para a Prevenção, Gestão e Resolução de Conflitos, de *Peacekeeping* e Segurança" (1999).[708]

A adopção do "Mecanismo" corresponde à "...tentativa de institucionalizar a gestão de conflitos na África Ocidental."[709] Ele permite estandardizar procedimentos, doutrinas e missões para fazer face a possíveis intervenções da CEDEAO. O seu objectivo é lidar com um leque variado de assuntos de segurança, como a prevenção, gestão e resolução de conflitos, o *peacekeeping*, a segurança interna, o apoio humanitário, o *peacebuilding*, o crime transnacional e o tráfico de armas e de narcóticos.[710] A organização também procedeu a uma profunda reestruturação do Secretariado de forma a aperfeiçoar o aparelho de resposta a conflitos.[711] A Comissão de Defesa da CEDEAO

---

[707] Olonisakin e Ero, *op. cit.*, p. 240.

[708] No âmbito do Mecanismo, foram criados o Conselho de Mediação e Segurança, a Comissão de Segurança e Defesa e o Conselho dos Anciãos.

[709] Olonisakin e Ero, *op. cit.*, p. 25.

[710] *Ibid.*; Aning, *op. cit.*, p. 8.

[711] Em especial, foram expandidos os poderes do Secretário-Executivo da CEDEAO, dando-lhe autoridade nos campos da prevenção e gestão de conflitos: investigação, mediação, negociação e reconciliação das partes. O Secretário-Executivo também supervisiona o Departamento dos Assuntos Políticos, Departamento de Assuntos Humanitários e Departamento de Defesa e Segurança, bem como o Centro de Observação e Monitorização. Foi criado um Vice Secretário-Executivo para os Assuntos Políticos, de Defesa e Segurança

244 *As Nações Unidas e a Manutenção da Paz*

decidiu criar uma *Stand-by* Force de 1.500 tropas a serem posicionadas no prazo de 30 dias.[712]

Com o eclodir do conflito na Libéria, em inícios dos anos 90, a CEDEAO decidiu estabelecer o "Standing Mediation Committee" que resolveu, subsequentemente, enviar uma força de *peacekeeping* intitulada *Ceasefire Monitoring Group* (ECOMOG). A ECOMOG, mau-grado as suas numerosas disfunções, foi o "...primeiro esforço por parte de uma organização africana sub-regional para conduzir operações militares de paz. Reflecte uma tentativa africana de fazer frente a uma situação de um conflito africano sem ficar à espera da ajuda de patronos externos."[713] Efectivamente, a intervenção na Libéria corresponde ao primeiro sinal da regionalização do *peacekeeping* no pós-Guerra Fria.

A iniciativa da CEDEAO explica-se, por um lado, pela crescente relutância dos membros do CS em intervir nas crises africanas. A malograda intervenção da ONU na Somália contribuiu para reforçar o *disengagement* das potências ocidentais de África. Os estados africanos aperceberam-se de que estavam entregues a si próprios e que não podiam contar com terceiros para resolver os seus problemas. O aforismo "soluções africanas para os problemas africanos" passou a significar o *peacekeeping* africano auto-suficiente. Em importantes conflitos africanos dos anos 90, as NU ou não intervieram ou fizeram-no muito tarde (Libéria e Serra Leoa). Por outro lado, certos estados africanos, principalmente as grandes potências, preferem manter as NU afastadas, assumindo o ónus de organizar operações de *peacekeeping*, sob a sua responsabilidade, de forma a prosseguir certos interesses.[714]

---

que supervisiona as operações no terreno. De destacar também a possibilidade de nomeação de representantes especiais do Secretário-Executivo da organização junto das missões de *peacekeeping*. V. Adebajo, *op. cit.*, p 149.

[712] Funmi Olonisakin, *African Peacekeeping at the Crossroads: An Assessment of the Continent´s Evolving Peace and Security Architecture*, Conflict, Security and Development Group, International Policy Institute, King´s College, Londres, Setembro de 2004, p. 11.

[713] V. Michelle Pitts, "Sub-Regional Solutions for African Conflict: The ECOMOG Experiment" (http://www.lib.unb.ca/Texts/JCS/spring99/pitts.htm), p. 1.

[714] Olonisakin e Ero, *op. cit.*, p. 234.

A ECOMOG gerou bastante controvérsia uma vez que a intervenção na Libéria minava um preceito sagrado nas relações entre os líderes africanos na era pós-independência, consagrado no artigo 3.º da Carta da OUA: a não ingerência nos assuntos internos de um estado soberano.[715] A CEDEAO afirmava que a intervenção era um dever prescrito pelo Protocolo de Assistência Mútua em Matéria de Defesa de 1981.[716] Curiosamente, dentre os maiores apoiantes da intervenção na Libéria contava-se o SG da OUA, o Nigeriano Salim Ahmed Salim, e o *chairperson* da altura, Yoweri Museveni. Salim provinha da segunda geração de políticos africanos pós-independência que partilhava a visão de uma maior responsabilização dos Africanos na gestão dos seus problemas. Para estes líderes, em vez de assumir directamente a gestão dos problemas do continente, a comunidade internacional faria melhor em dar um contributo para políticas iniciadas e implementadas pelos próprios Africanos.[717]

A operação na Libéria teve início no Verão de 1990 e terminou só em 1997. Em 1993, atingiu o máximo da sua capacidade com 16.000 soldados. No final da operação, contava com 11.000 homens.[718] A operação padeceu de todos os males associados às operações de segunda geração, a começar pelas dificuldades de intervir numa guerra civil. Quando os soldados da ECOMOG chegaram a Monróvia, encontraram um cenário de atrocidades e violência sobre civis e foram alvo de ataques brutais por parte das forças de Charles Taylor. Por várias vezes, a operação foi obrigada a abandonar o seu estatuto de imparcialidade e a adoptar uma postura de *enforcement*. A operação deparou-se com dificuldades logísticas, escassez de meios, falta de orientações claras quanto às tarefas a desempenhar e interfe-

---

[715] Aning, *op. cit.*, p. 2 e 6.

[716] De acordo com o artigo 16.º, o chefe do estado-membro atacado pode solicitar a intervenção ou a ajuda da Comunidade. O artigo 4.º permite que a CEDEAO inicie uma intervenção colectiva em qualquer conflito armado no território de um estado, criado ou apoiado a partir do exterior, e que possa pôr em perigo a paz e a segurança da Comunidade. O artigo 6.º §3 e o artigo 17.º dão poder à Autoridade para decidir sobre a oportunidade de uma acção miltar, impor uma força de *peacekeeping* entre as facções ou desenvolver esforços de mediação. Os artigos 13.º §1 e 2 preveêm a criação das Forças Armadas Aliadas da Comunidade: Tuck, *op. cit.*, p. 3.

[717] Aning, *op. cit.*, p. 3.

[718] Tuck, *op. cit.*, p. 2.

246   *As Nações Unidas e a Manutenção da Paz*

rências dos países que participavam com soldados na operação, em particular a Nigéria. A actuação da ECOMOG ficou manchada por numerosas evidências de corrupção, violação dos Direitos Humanos e falta de imparcialidade.[719]

As Nações Unidas intervieram só após 1992, altura em que o cenário interno liberiano tinha adquirido uma enorme complexidade e existiam pelo menos quatro movimentos rebeldes.[720] As NU resolveram intervir após Outubro de 1992, quando a Frente Nacional Patriótica da Libéria de Charles Taylor lançou uma ofensiva de envergadura ("Operação Octopus") para tomar o poder, a qual resultou na morte de centenas de soldados da ECOMOG e de civis. A missão na Libéria (UNOMIL) foi posicionada após os acordos regionais de paz em cuja negociação a CEDEAO teve um papel bastante activo (Acordo de Paz de Cotonou de 1993). A *UN Observation Mission in Liberia* (1993-97) foi a primeira missão de *peacekeeping* na história a ser criada para funcionar em articulação com uma operação lançada por outra organização.[721]

Contudo, e tal como sucederia na Serra Leoa, as tropas da ONU foram encaradas com alguma hostilidade por terem chegado tarde e a más horas: "O envolvimento tardio das NU criou algum ressentimento entre os oficiais da ECOMOG e outras patentes, alguns dos quais sentiam que as NU estavam a chegar para partilhar a glória numa altura em que eles tinham feito o trabalho duro e sofrido as baixas, inclusive a morte de muitos dos seus camaradas."[722]

A organização também enviou uma missão de observadores militares para a Guiné-Bissau entre 1998 e 1999. A intervenção ocorreu

---

[719] V. Tuck, *op. cit.*, pp. 7-8.

[720] Inicialmente, a guerra civil opunha a Frente Nacional Patriótica da Libéria (FNPL), de Charles Taylor, contra o governo de Samuel Doe (Taylor era oriundo das tribos Gio e Mano, enquanto que Doe provinha da etnia Krahn). Com a progresão da guerra, a situação foi-se tornando cada vez mais confusa com a fragmentação de alguns grupos e a multiplicação de outros com base em apoios externos. A FNPL englobava a Frente Nacional Patriótica Independente da Nigéria, bem como o Conselho Central Revolucionário. Em 1991, surgiu o Movimento Unido para a Democracia e Libertação da Libéria que depois se cindiu no ULIMO-J, de Roosevelt Johnston (facção Krahn), e a ULIMO-K de Alhaji Kromah (da facção Mandingo). Em 1995, as principais facções tinham aumentado para oito, para não falar de grupos com menor expressão. V. Tuck, *op. cit.*, p. 2.

[721] V. Resolução 866 de 22 de Setembro de 1993.

[722] Olonisakin e Ero, *op. cit.*, p. 239.

O Peacekeeping numa Perspectiva Comparada 247

após a insurreição no seio das forças armadas liderada pelo Gen. Ansumane Mané contra o regime incumbente de João Bernardo "Nino" Vieira. A crise foi agravada pela intervenção do Senegal e da Guiné em apoio do presidente. A força da ECOWAS deveria separar os beligerantes e desarmar e desmobilizar os combatentes. Em Maio de 1999, o general revoltoso venceu as forças de Nino Vieira, o qual foi forçado a abandonar o país. A ECOMOG decidiu então retirar as suas forças.

A missão sofreu de vários *handicaps*: o número insuficiente de efectivos para cobrir as áreas críticas do território e a falta de equipamento adequado; efectivos insuficientes, devido à relutância da Nigéria em participar na missão; a falta de planeamento prévio em matérias operacionais e do financiamento da missão; problemas de coordenação e desentendimentos a nível do comando da operação.[723]

Na Serra Leoa, a CEDEAO interviu após o alastrar da guerra civil da Libéria para aquele país. Em Março de 1991, os opositores ao regime da Frente Unida Revolucionária (FUR) e as tropas da Frente Nacional Patriótica da Libéria invadiram o país. No ano seguinte, os militares fizeram um golpe de estado e derrubaram o governo.

Os vizinhos da Serra Leoa foram os primeiros a responder à crise. Inicialmente a intervenção teve um cunho unilateral, uma vez que as tropas da Nigéria e da Guiné chegaram antes da definição de um quadro multilateral para a intervenção. Posteriormente, a CEDEAO criou a abordagem subregional para responder à crise. A organização lançou mão da ECOMOG, a funcionar na Libéria, para tentar debelar a guerra civil. A operação permitiu que em 1996 se realizassem eleições que deram a vitória a Ahmed Tejan Kabbah.

Contudo, em Maio de 1997, o exército juntou-se à FUR para depor o presidente, tendo formado uma junta governativa. Em Fevereiro de 1998, a ECOMOG, em resposta a um ataque da junta militar, aliada aos rebeldes, lançou uma ofensiva em Freetown que levou à derrota e expulsão da junta.[724] Tal operação permitiu que Kabbah fosse reconduzido ao cargo, o que se saldou num êxito notável para a operação. Contudo, a instabilidade manteve-se com a renovação

---

[723] V. Adebajo, *op. cit.*, pp. 119-24.

[724] V. "UNAMSIL" em http://www.un.org/Depts/dpko/missions/unamsil/index.html.

dos ataques em 1999 ao regime e às forças internacionais. Em 2000, após um grave ataque da Frente Unida Revolucionária, foi necessária uma intervenção militar unilateral da Grã-Bretanha para salvar o país de um novo caos e repor a balança do poder em favor do Presidente Kabbah. Os Ingleses libertaram ainda os 500 capacetes azuis que tinham sido feitos reféns pela Frente Unida Revolucionária.

O envolvimento da ONU na guerra civil da Serra Leoa deu-se numa fase avançada do conflito. Em 1998, a ONU enviou a *Observer Mission in Sierra Leone*, que operava em paralelo com a ECOMOG. Tal como na Libéria, a missão das NU era de reduzidas dimensões e estava dependente da ECOMOG para a sua segurança e para o desempenho de uma série de tarefas. Em 1999, a ONU lançou uma missão mais vasta para substituir a ECOMOG, a *UN Mission in Sierra Leone*, que visava assistir na implementação dos Acordos de Paz de Lomé (Julho de 1999) e, em particular, para desmobilizar e desarmar os grupos rebeldes: "Tendo respondido de forma lenta aos conflitos na região, e abdicando virtualmente da sua responsabilidade na CEDEAO, as NU precisavam de se redimir, não só na região, mas no continente africano."

A Nigéria abandonou a operação, porque tinha suportado o grosso das baixas, bem como a manutenção da maior parte do contingente da ECOMOG. Os restantes contingentes foram enquadrados na UNAMSIL.[725] A retirada da Nigéria e a colocação da ECOMOG sob a alçada formal da UNAMSIL ocorreu no momento oportuno, dados os sinais de exaustão da Nigéria e as divergências registadas no seio da operação. As operações da CEDEAO têm sido invariavelmente marcadas pelas divergências entre a Nigéria e os seus vizinhos. Estas divergências são parcialmente resultado de lutas de poder e do papel hegemónico da Nigéria no seio da organização. São, por outro, o resultado da competição entre o grupo anglófono (liderado pela Nigéria) e o grupo francófono (liderado pelo Burkina Faso e pela Costa do Marfim).

A entrada em cena da UNAMSIL permitiu a sublimação destes dificuldades. A operação constituía uma "...abordagem inovativa ao *peacekeeping* em África baseado em pilares regionais, suportados

---

[725] Em inglês, foram *"re-hatted"*.

O *Peacekeeping* numa Perspectiva Comparada

pelas potências locais, cujo domínio político é diluído pelos *peacekeepers* internacionais exteriores à região. Ao colocar forças maioritariamente da região sob a bandeira das NU, tem-se a esperança que os *peacekeepers* possam gozar da legitimidade e imparcialidade que o carácter universal das NU oferece, resolvendo-se, ao mesmo tempo, alguns dos problemas financeiros e logísticos dos *peacekeepers* regionais através de uma repartição de custos[726] mais ampla. As novas missões também deveriam ser mais transparentes, uma vez que os capacetes azuis terão de prestar contas com regularidade ao Conselho de Segurança das NU."[727]

Em finais de 2002, a CEDEAO enviou uma pequena força para a Costa do Marfim de forma a manter o cessar-fogo entre o governo e o principal movimento revoltoso. A Costa do Marfim seguiu o trajecto auto-destrutivo dos *"failed states"*, análogo ao dos seus vizinhos da África ocidental. Após a morte do líder histórico do país, Félix Houphouet-Boigny, em 1999, o país conheceu uma série de golpes de estado, processos eleitorais abortados e a proliferação de grupos revoltosos. Em Setembro de 2002, os rebeldes apoderaram-se de grande parte das zonas do norte e oeste do país.

Em Outubro de 2002, os mediadores da CEDEAO conseguiram negociar um cessar-fogo entre o governo e a principal coligação de grupos rebeldes, as Forças Novas. O acordo previa o envio de uma missão de monitorização da CEDEAO para vigiar a linha de cessar--fogo. Devido a limitações financeiras, a força foi enviada com dois meses de atraso e era insuficiente para fazer face às tarefas que lhe tinham sido atribuídas. A França ofereceu-se para colmatar a falha, enviando 3.000 tropas para operar em paralelo com os 1.500 soldados da CEDEAO que chegaram em Janeiro de 2003.[728]

A organização desempenhou um papel importante na pacificação do país após a assinatura dos acordos de paz em Fevereiro de 2003 entre o governo e os três grupos rebeldes (Acordo Linas--Marcoussis, patrocinado pela França). Durante esse ano, as tropas da ECOMOG continuaram a operar em paralelo com as 4.000 tropas

---

[726] No original, *"burden-sharing"*.

[727] Olonisakin e Ero, *op. cit.*, p. 245.

[728] V. "Background Note: Cote d'Ivoire" (http://www.state.gov/r/pa/ei/bgn/2846.htm).

250 *As Nações Unidas e a Manutenção da Paz*

francesas e com uma pequena missão da ONU criada em Maio de 2003: a MINUCI (*UN Mission in Côte d'Ivoire*). Em Abril de 2004, a ONU autorizou a criação de uma operação de maior envergadura. Com o lançamento da *UN Operation in Côte d'Ivoire* (UNOCI), composta por 7.500 soldados e polícias, o contingente da ECOMOG foi absorvido na missão da ONU.[729]

A ECOWAS voltou a intervir na Libéria, em Julho de 2003, para tentar ressuscitar um cessar-fogo entre o governo de Charles Taylor e os dois grupos revoltosos. A missão da CEDEAO na Libéria, *ECOWAS Mission in Liberia* (ECOMIL), composta por cerca de 3.500 soldados, entrou em Monróvia em Agosto de 2003. A operação ficou confinada à capital porque não tinha os meios para avançar para as zonas controladas pelos revoltosos a norte e leste do país. A solução foi recorrer às NU que lançaram a UNMIL (*UN Mission in Liberia*). A UNMIL substituiu a ECOMIL em Outubro de 2003, tendo o contingente desta sido subsumido na UNMIL.[730]

A perda de importância estratégica do continente africano, as dificuldades das operações de *peacekeeping* (Somália, Ruanda, Libéria e Serra Leoa) e a reorientação de esforços militares para outros pontos do globo (Afeganistão e Iraque) vieram traduzir-se na relutância dos países mais desenvolvidos em envolver-se em operações em África. Esta tendência explica que tenham surgido, em alternativa, programas de apoio à capacitação das organizações africanas no campo da segurança e da paz. São iniciativas que contemplam a preparação de unidades para mobilização rápida, a formação das forças militares e policiais em tarefas de manutenção da paz, a formação de formadores, treinos multinacionais e o fornecimento de equipamentos para operações de apoio à paz. Os programas nacionais de reforço das capacidades regionais de *peacekeeping* multiplicaram-se nos últimos anos, envolvendo numerosos países: em especial países europeus (Alemanha, Reino Unido, Itália, Dinamarca, Holanda, Bélgica, Suécia e Finlândia) e os EUA, o Japão e o Canadá.[731]

De salientar o programa francês RECAMP ("*Renforcement des Capacités de Maintien de la Paix en Afrique*"), implementado desde

---

[729] Malan, *op. cit.*, pp. 3-4.
[730] *Id.*, pp. 2-3.
[731] V. Ferreira, *op. cit.*, p. 7.

O Peacekeeping numa Perspectiva Comparada

1996.[732] O programa tem três grandes vertentes: a formação, na área da manutenção da paz, de forças militares e de polícia de mais de 30 países africanos (não exclusivamente francófonos), com base em cursos ministrados em França ou em escolas militares de países africanos, apoiadas por Paris; a condução de exercícios multinacionais; o posicionamento de material em apoio das operações africanas (em Dakar, Libreville e Djibouti).[733] O RECAMP deu um contributo valioso, em termos de apoio logístico e financeiro, a países que participaram na operação da ECOMOG na Guiné-Bissau em 1999.

Os EUA lançaram o *"African Crisis Response Initiative"* transformado, em 2003, em *"African Contingency Operations Training and Assistance"*. Trata-se de um programa bilateral que, desde 1997, treinou já 9.000 efectivos. Consiste essencialmente no treino dos militares africanos de modo a habilitá-los a conduzir operações de apoio à paz e operações humanitárias. Fornece também equipamento não-letal. A iniciativa visa promover a aplicação de uma doutrina comum, a interoperabilidade e o uso de comunicações estandardizadas no seio das forças africanas. A intenção não é criar uma força africana, mas aperfeiçoar as capacidades militares dos estados africanos.[734]

Em 2001, o governo britânico decidiu agregar diferentes instrumentos e fundos dispersos por vários departamentos numa iniciativa multidimensional que visa a prevenção de conflitos: a *"Africa Conflict Prevention Pool"*. A Grã-Bretanha tinha, desde os anos 70, equipas militares de aconselhamento e formação para auxiliar os países africanos anglófonos no quadro de iniciativas bilaterais: os *British Military Advisory and Training Teams*. A nova iniciativa abrange áreas tão diversificadas como o controlo da proliferação de armas ligeiras, a redução da exploração dos recursos naturais no âmbito dos conflitos, a reforma dos sectores de segurança dos países

---

[732] V. "Renforcement des Capacités Africaines de Maintien de la Paix (ReCAMP)" (http://www.un.int/france/frame_francais/france_et_onu/france_et_maintien_de_la_paix/recamp.htm) e "Cycle RECAMP IV" (http://www.recamp4.org/fr/conrec.php).

[733] Faria, *op. cit.*, pp. 23-4.

[734] "Africa Crisis Response Initiative (ACRI) African Contingency Operations Training and Assistance", v. http://www.globalsecurity.org/military/agency/dod/acri.htm e James Jamerson, "A United States Contibution to Capacity-Building: The African Crisis Response Initiative", Monograph nº 21, Resolute Partners, Fevereiro de 1998 (http://www.iss.co.za/Pubs/Monographs/No21/Jamerson.html).

africanos, o apoio a organismos de segurança regional e às capacidades africanas de manutenção da paz.

A União Europeia, através do *"African Peace Facility,"* financia com 250 milhões de Euros as operações de *peacekeeping* em África.[735] A iniciativa surgiu após a Cimeira de Maputo de 2003. Esta iniciativa corresponde à ideia de alguns líderes da UA para quem o *peacekeeping* poderia ser dinamizado exclusivamente pelos Africanos. Nesse sentido, o contributo da União Europeia seria indirecto: através de um instrumento que canaliza parte dos fundos concedidos pela UE aos países africanos, ao abrigo dos acordos de cooperação para o desenvolvimento. Os fundos assim coligidos integrarão o fundo da União Africana, o *"African Peace Facility"*.

O G-8 também não quis ficar à margem destas iniciativas e decidiu auxiliar na criação de uma força de *peacekeeping* africana. Na Cimeira de Kananaskis de 2002, foi aprovado o *"Africa Action Plan"* que define modalidades de apoio ao NEPAD, o qual, por sua vez, aposta no desenvolvimento das capacidades de manutenção da paz e da segurança no continente. Através do *"Africa Action Plan"*, os líderes do G-8 comprometeram-se a fornecer ajuda técnica e financeira para que, até 2010, os países africanos e as organizações regionais e sub-regionais se dotem das capacidades para conduzir operações de apoio à paz.[736]

Na Cimeira de Evian, de Junho de 2003, o G-8 e os parceiros africanos aprovaram o *"Joint Africa/G-8 Action Plan to Enhance African Capabilities to Undertake Peace Support Operations"*, o qual concretiza as prioridades definidas no *"Africa Action Plan"*. Destaca-se o financiamento de brigadas *stand-by* em África, por intermédio das organizações regionais.[737] Na Cimeira de Sea Island de Junho de 2004, os líderes aprovaram o *"G-8 Action Plan on Expanding Global*

---

[735] European Commission, *Securing Peace and Stability*.

[736] Malan, *op. cit.*, p. 5.

[737] O "Joint Plan" propõe, entre outros: o desenvolvimento de capacidades para operações humanitárias, de segurança e reconstrução; a criação de centros de alerta precoce; o desenvolvimento de capacidades institucionais de prevenção de conflito, como a mediação, negociação e observação; o estabelecimento de depósitos logísticos regionais; a estandardização das doutrinas de treino, curricula, manuais e programas para o pessoal civil e militar; o desenvolvimento dos centros de treino regionais; a realização de exercícios conjuntos. *Id.*, pp. 5-6.

O Peacekeeping numa Perspectiva Comparada 253

Capability for Peace Support Operations", o qual prevê que, até 2010, sejam equipados e treinados 75.000 tropas em todo o mundo, com especial relevo para África.[738] O plano reconhece a necessidade de coordenar esta iniciativa com outros parceiros, nomeadamente a ONU e a UE, de forma a rentabilizar os vários esforços de melhoramento das capacidades de *peacekeeping* africanas.

IX.2. A União da Europa Ocidental

A UEO é uma organização de cooperação político-militar que foi eclipsada pelo aparecimento da NATO em 1949, a qual veio absorver os mais importantes órgãos da sua estrutura militar. A organização começou por ser: (1) um arranjo de defesa mútua anglo-francês com a assinatura do Tratado de Dunquerque de Março de 1947); (2) passou a União Ocidental, após a entrada, em Março de 1948, da Bélgica, Holanda e Luxemburgo (Tratado de Bruxelas), (3) transformou-se na União da Europa Ocidental, em 1954, com a adesão da República Federal Alemã e da Itália (pelos Acordos de Paris). A UEO, enquanto organização de defesa da Europa Ocidental, perdeu a sua relevância com a transferência das suas mais relevantes estruturas militares para a NATO.

Nos anos 80, os estados-membros decidiram revitalizar a organização com a criação de novas estruturas e com a atribuição de novas tarefas. A primeira actuação operacional da UEO teve lugar num contexto extra-europeu: o da Guerra Irão-Iraque e das acções de sabotagem dos dois países nas águas do Golfo.[739] A colocação de

---

[738] V. "Sea Island Summit 2004" (http://www.whitehouse.gov/g8/) e "G-8 Action Plan" (http://www.globalsolutions.org/programs/peace_security/peace_ops/gpoi.pdf).

[739] Em meados de 1983, o Irão avisou que iria proceder ao bloqueio do Golfo de Hormuz, interrompendo as exportações de petróleo através das águas do Golfo. Posteriormente, o Iraque atacou os petroleiros iranianos no Golfo, dando início à "Guerra dos Petroleiros". Os ataques desencadearam um ciclo de retaliações iranianas sobre os petroleiros da Arábia Saudita e do Kuwait, alegadamente porque estes países apoiavam o Iraque. Face a esta preocupante situação, o Secretário da Defesa americano, Caspar Weinberger, aceitou o pedido do Kuwait de colocar os seus petroleiros sob bandeira americana e de se encarregar da sua protecção. A presença militar americana no Golfo e no norte do Mar Arábico, para escoltar os petroleiros, levou a uma escalada das hostilidades com o Irão e resultaram na suspensão do tráfego marítimo.

254   *As Nações Unidas e a Manutenção da Paz*

minas nas águas do Golfo teve efeitos graves sobre a circulação dos petroleiros, com os devidos efeitos nefastos nos preços da matéria-prima. Face a esta ameaça à liberdade de navegação, a UEO decidiu enviar limpa-minas para a região. A sua acção foi aprovada ao abrigo do artigo VIII §8: "A pedido de qualquer das Altas Partes Contratantes, o Conselho será imediatamente convocado para permitir às Altas Partes Contratantes apreciar em conjunto qualquer situação que possa constituir uma ameaça à paz, qualquer que seja a área em que surja, ou que faça perigar a estabilidade económica.[740] A actuação dos limpa-minas, em 1997-98, permitiu limpar uma faixa marítima de 300 milhas na área que vai do Estreito de Hormuz na direcção do interior do Golfo.

Durante a crise do Golfo de 1990-91, decorrente da invasão do Kuwait pelo Iraque, a organização decidiu reactivar os mecanismos de coordenação que tinha ensaiado previamente na mesma região. Desta vez, a acção da organização visava ajudar na implementação da resolução 661 que previa uma série de sanções (em particular um embargo geral) contra o Iraque.[741] A UEO auxiliou a coordenação de operações navais para a execução do embargo contra o Iraque. Com a excepção do Luxemburgo e da Alemanha, todos os estados-membros contribuíram com navios para a Operação "Desert Storm". Após a cessação das hostilidades, a UEO continuou a sua missão com a limpeza de minas nas águas do Golfo e as acções humanitárias em apoio dos refugiados curdos no norte do Iraque.[742]

A UEO desempenhou um papel fundamental no lançamento das primeiras "missões de Petersberg" a pedido da UE. Após o Tratado de Maastricht, os estados-membros da União Europeia decidiram investir na UEO as suas responsabilidades (ainda incipientes) em matéria de defesa. A UE investia assim na defesa da Europa pelo fortalecimento progressivo da UEO. Na reunião dos Ministros dos Negócios

---

[740] Tratado de Colaboração em Matéria Económica, Social e Cultural e de Legítima Defesa Colectiva (Tratado de Bruxelas) em http://www.fd.uc.pt/CI/CEE/OI/UEO/ueo-PT.htm#tratado_de_bruxelas.

[741] Resolução 661 de 6 de Agosto de 1990.

[742] Arie Bloed e Ramses Wessel, *The Changing Functions of the Western European Union*, Dordrecht, Martinus Nijhoff Publishers, 1994, pp. xxv-xxvi e "History of WEU" (em http://www.weu.int/History.htm).

O Peacekeeping numa Perspectiva Comparada

Estrangeiros e da Defesa da UEO de 19 de Junho de 1992, a organização declarou estar preparada "...para apoiar, numa base casuística e de acordo com os nossos procedimentos, a implementação efectiva de medidas de prevenção e gestão de conflitos, incluindo actividades de *peacekeeping* da CSCE e do Conselho de Segurança das Nações Unidas."[743]

Em Julho de 1992, o Conselho Ministerial da UEO decidiu participar no patrulhamento do embargo no Adriático contra a ex-Jugoslávia (Sérvia e Montenegro), em cumprimento das resoluções 713[744] e 757[745] do CS das Nações Unidas (Operação *"Sharp Vigilance"*). Na altura, a NATO também tinha em mãos uma operação deste tipo. Em Junho de 1993, o Conselho das duas organizações decidiu aprovar um conceito combinado para uma operação conjunta tendo em vista a implementação da resolução 820 (que determinava a necessidade de observar no Danúbio o embargo geral contra a República Federal da Jugoslávia).[746] O acordo estabeleceu um comando unificado para a operação da UEO/NATO (*"Sharp Guard"*) que teve início a 15 de Junho. A UEO foi responsável pelo posicionamento de quatro navios e seis aviões de patrulhamento marítimo e de vigilância. Um pequeno *staff* controlava um dos grupos de tarefas combinadas, enquanto que o outro estava destacado no Q-G da COMNAVSOUTH em Nápoles.[747]

Em Abril de 1993, a UEO decidiu auxiliar os estados ribeirinhos do Danúbio (Bulgária, Hungria e Roménia) nos seus esforços para impedir as violações ao embargo da ONU no Danúbio.[748] A missão envolveu 250 agentes alfandegários e de polícia para conduzir operações de inspecção no rio e zonas adjacentes. As operações no

---

[743] Council of Ministers, "Extraodinary Meeting on the Situation in Yugoslavia", cit. in Bloed e Wessel, *op. cit.*, pp. 137-8. De referir que a UEO nunca se considerou formalmente como uma organização regional no sentido estrito do Capítulo VIII de forma a não comprometer a sua autonomia de acção, tal como se pressupõe ao abrigo do artigo 51.º e 48.º: Graeger e Novosseloff, *op. cit.*, p. 90.

[744] Resolução 713 de 25 de Setembro de 1991.

[745] Resolução 757 de 30 de Maio de 1992.

[746] Resolução 820 de 17 de Abril de 1993.

[747] V. "History of WEU".

[748] Embargo esse reforçado pela resolução 787 do CS de 16 de Novembro de 1992. Council of Ministers, "Declaration on Implementation of UN Sanctions on the Former Yugoslavia", Luxemburgo, 5 de Abril de 1993; cit. in Bloed e Wessel, *op. cit.*, pp. 169-70

256 *As Nações Unidas e a Manutenção da Paz*

Adriático e no Danúbio terminaram em 1996, com o fim do embargo de armamento, após a assinatura dos Acordos de Dayton.

Em 1994, a UEO disponibilizou um destacamento de polícia para Mostar, em apoio da administração da cidade pela UE. A operação de polícia em Mostar resultou do primeiro pedido da UE à UEO, convidando-a a agir por conta e em nome da UE: uma inovação introduzida pelo Tratado de Maastricht.[749] O Memorando de Entendimento sobre a administração internacional de Mostar previa a constituição de um corpo de polícia unificado. Esta polícia deveria reflectir a composição étnica da cidade (Croatas e Muçulmanos) e deveria incluir um elemento de participação internacional: neste caso, o contingente da UEO.

A operação denominada, "Elemento Multinacional de Aconselhamento em Matéria de Polícia", foi lançada em Maio de 1997. Ela destinava-se a reforçar a acção da Força Multinacional de Protecção autorizada pela ONU em Março de 1997. Tratava-se de uma força multinacional comandada pela Itália (Operação "Alba"), na sequência da grave crise humanitária causada pelo êxodo de refugiados albaneses para os países limítrofes.

Foi a primeira operação da UEO dirigida pelo Conselho da organização, com o apoio do Secretariado e da Célula de Planeamento. O principal objectivo da missão era dar aconselhamento ao Ministério da Ordem Pública albanês na reestruturação da polícia. Com o apoio da UEO, foi criada uma nova força de polícia com base em critérios democráticos. Uma segunda vertente da missão foi o treino de cerca de 3.000 agentes de polícia.

A 2 de Fevereiro de 1999, o Conselho da UEO aprovou planos para o reforço da missão e uma extensão do seu mandato até Abril de 2000. A missão foi conduzida por solicitação da UE, com base no artigo J.4.2.[750] O seu âmbito de actuação geográfica e a sua mobilidade operacional foram consideravelmente expandidos. A missão de

---

[749] Em concordância com o artigo J.4.2. do Tratado de Maastricht que estipulava: "A União solicitará à União da Europa Ocidental (UEO), que faz parte integrante do desenvolvimento da União Europeia, que prepare e execute as decisões e acções da União que tenham repercussões no domínio da defesa. O Conselho, em acordo com as instituições da UEO, adoptará as disposições práticas necessárias."

[750] Decisão do Conselho 1999/190/PESC de 9 de Março de 1999 e acção comum do Conselho 1999/189/PESC da mesma data.

O *Peacekeeping* numa *Perspectiva Comparada* 257

polícia desempenhou um papel importante durante a crise dos refugiados do Kosovo, despoletada em Abril de 1999. Apoiou a polícia albanesa nas várias tarefas de acompanhamento e apoio aos refugiados e na manutenção da ordem.[751]

O Conselho Europeu de Colónia de Junho de 1999 decidiu a transferência das responsabilidades da organização em matéria de gestão de crises para a UE de forma a reforçar a Política Externa, de Segurança e Defesa (PESD) da UE. Como consequência dessa decisão, a UEO desmantelou a sua sede e dissolveu o Estado-Maior. Permaneceram as funções e as estruturas necessárias para fazer face aos compromissos decorrentes do Tratado de Bruxelas modificado e, em particular, dos artigos V e IX.

IX.3. A União Europeia

Nos anos recentes deu-se um crescimento das operações "fora-da-área" por parte das organizações regionais de âmbito europeu, especialmente a UE, com a missão de polícia na Bósnia-Herzegovina, a missão na Macedónia (em substituição da NATO) e a força de emergência na República Democrática do Congo. Em 2001, a UE, sob a supervisão do Alto Representante para a Política Externa e de Segurança Comum (PESC), Javier Solana, montou uma pequena operação de cessar-fogo em Belém e Gaza. A NATO também operou fora-da-área, possibilidade que se tornou real, a partir da Cimeira de Washington, que alterou o Conceito Estratégico da Aliança. A NATO lançou importantes operações de apoio à paz na Bósnia-Herzegovina, Kosovo e Afeganistão.

O desenvolvimento de capacidades de gestão de crises por parte da UE prende-se com o processo de consolidação da Política Externa e de Segurança Comum da organização, iniciado em 1992 com a adopção do Tratado da União Europeia (Tratado de Maastricht). Apesar de só ter ganho contornos mais definidos a partir de 1999, a Política Europeia de Defesa é fruto do processo de maturação da

---

[751] V. "History of WEU".

258   *As Nações Unidas e a Manutenção da Paz*

década de 90, através do qual a União Europeia tem vindo a aumentar a capacidade de projectar influência para além das suas fronteiras.

Só com o Tratado de Maastricht se introduziu o conceito de segurança na acção externa da União Europeia, através da criação do II Pilar dedicado à Política Externa e de Segurança Comum. Referia-se a possibilidade de, a prazo, a União dispor de uma defesa comum. Posteriormente, o Tratado de Amesterdão veio incorporar as chamadas "missões de Petersberg" no Tratado da União Europeia: missões humanitárias e de evacuação de cidadãos, missões de *peacekeeping* e missões executadas por forças de combate para a gestão de crises, incluindo operações de restabelecimento da paz.[752]

A eclosão da guerra no território da ex-Jugoslávia mostrou os limites dessa política externa comum. A União tentou arbitrar o conflito da Jugoslávia, mas sem êxito, até porque as posições dos estados-membros não eram concordantes. Sem uma capacidade de intervenção militar própria, os Europeus só puderam agir integrados nas forças de *peacekeeping* das NU ou como parte integrante da NATO, quando esta organização foi chamada em apoio da ONU.

A política externa e de defesa conheceu uma evolução significativa após a crise do Kosovo de 1999 e a operação militar conduzida pela NATO. Na sequência da guerra do Kosovo ficou patente a necessidade de uma dimensão estratégica da política europeia de defesa. Essa operação, quase inteiramente dependente dos meios americanos, foi a demonstração cabal das profundas limitações dos países europeias no que se refere às suas capacidades militares para conzir operações de gestão de crises.

Contudo, é de ressaltar que a primeira acção comum de envergadura conduzida ao abrigo da recém-criada PESC foi a administração da cidade de Mostar. O projecto de uma administração internacional internacional para Mostar surgiu no momento da conclusão de um acordo sobre a criação da Federação Croata-Muçulmana, a 18 de Março de 1994 em Washington. No plano internacional, a administração de Mostar obedecia às condições estabelecidas no Memorando de Entendimento de 10 de Junho de 1994. As partes convidaram

---

[752] É importante sublinhar que embora o conceito de "missões Petersberg" inclua operações de *peace-enforcement*, a UE não tem intenções de executar este tipo de operações.

formalmente a UE a organizar esta administração. O objectivo era a criação das condições que conduziriam à unificação de Mostar. Ela deveria permitir facilitar o regresso à vida normal para a população e assegurar, com a ajuda da UNPROFOR (e depois da IFOR), a progressiva desmilitarização da cidade e a restauração da ordem pública. A administração tinha uma estrutura complexa que se articulava em torno do Administrador, Hans Koschnik, e de oito departamentos.[753] A administração teve início a 23 de Julho de 1994 e terminou a 22 de Julho de 1996.[754]

O Tratado de Amsterdão (1999) veio acelerar o desenvolvimento da PESC e propôs-se, além disso, iniciar a definição progressiva de uma política de defesa. Destaca-se a criação do posto de Secretário-Geral do Conselho, Alto-Representante para a PESC (SG/AR) – Javier Solana: assiste o Conselho nas questões PESC, contribuindo para a formulação, elaboração e execução das decisões políticas e podendo mesmo actuar em nome do Conselho.[755]

Entre 1999 e 2000, a UE tomou as decisões relevantes para o desenvolvimento de estruturas e capacidades próprias no âmbito da PESD.[756] O Conselho Europeu de Colónia (Junho 1999) decidiu dotar a UE das capacidades necessárias (incluindo capacidades militares) e das estruturas adequadas que lhe permitam tomar decisões eficazes na gestão das crises no âmbito das chamadas "missões Petersberg".

Nos Conselhos Europeus de Colónia e Helsínquia (Dezembro de 1999), foi decidido criar uma força de intervenção rápida capaz de desempenhar todos os tipos de missões executadas por forças de

---

[753] Agnieszka Nowak, *L´Union en action: la mission de police en Bosnie*, Occasional Papers, IES, nº 42, Janeiro de 2003, pp. 6-7.

[754] Decisão do Conselho 94/790/PESC de 12 de Dezembro de 1994. O mandato terminou em Julho, mas foi nomeado um Enviado Especial da UE até fim do ano.

[755] A sua principal função é preparar as reuniões do Conselho, especialmente a Conselho de Assuntos Gerais e Relações Externas, os órgãos de suporte do Conselho, COREPER (o comité dos representantes permanentes dos estados-membros em Bruxelas), o Comité Político e de Segurança e o Estado-Maior.

[756] A PESD é parte integrante da PESC. O Conselho Europeu de Helsínquia de Dezembro de 1999 estabeleceu que os ministros da defesa serão chamados a participar na política europeia comum de segurança e defesa (PECSD). Sempre que o Conselho "Assuntos Gerais" discutir questões relacionadas com a PECSD (política europeia comum em matéria de segurança e de defesa), os Ministros da Defesa participarão, se necessário, a fim de dar orientações em questões de defesa.

combate para a gestão de crises, incluindo operações de restabeleci-mento da paz.[757] Estas forças deverão ser militarmente auto-sustenta-das, dispondo das necessárias capacidades de comando, controlo e informações secretas, logística, de outros serviços de apoio de com-bate e ainda, caso se justifique, de elementos aéreos e navais. Os estados-membros deverão ser capazes de posicionar completamente estas forças num prazo de 60 dias, e de proporcionar, neste contexto, forças mais reduzidas de resposta rápida, disponíveis e posicionáveis com elevada prontidão. Deverão ainda ser capazes de manter estas forças posicionadas durante pelo menos um ano.

Para que a União Europeia possa exercer plenamente todo o seu potencial ao nível da gestão de conflitos, da promoção da paz e estabilidade internacional, os estados-membros estabeleceram um novo objectivo, de índole essencialmente qualitativa, denominado "objectivo 2010". Este processo, recentemente lançado, visa dotar a União Europeia das capacidades necessárias à prossecução rápida e eficaz de um vasto leque de missões, que inclui:

– missões humanitárias e de evacuação,
– missões de manutenção de paz,
– missões de força de combate na gestão de crises,
– operações conjuntas de desarmamento,
– apoio a países terceiros no combate ao terrorismo e reforma do sector de segurança.

Este reforço de capacidades baseia-se em quatro conceitos chave: resposta rápida, interoperabilidade, capacidade de projecção e sus-tentabilidade.[758] A UE regista um défice de capacidades significativo a nível do intelligence, transporte estratégico e comando e controlo.

A PESD evoluiu rapidamente com a criação de uma série de novos órgãos políticos e militares permanentes. O Comité Político e

---

[757] V. "Missões de Petersberg" (em http://europa.eu.int/scadplus/glossary/petersberg_tasks_pt.htm). As missões de Petersberg foram criadas em Junho de 1992 aquando do Conselho Ministerial da União da Europa Ocidental realizada no Hotel de Petersberg, nas proximidades de Bona. Nele, os estados-membros da UEO declararam-se prontos a colocar à disposição da UEO unidades militares provenientes de qualquer ramo das suas forças armadas, com vista à realização de missões militares sob a autoridade da UEO.
[758] V. "Headline Goal 2010" (http://ue.eu.int/uedocs/cmsUpload/2010%20Headline%20Goal.pdf).

de Segurança (CPS) exerce, sob a autoridade do Conselho, o controlo político e a orientação estratégica das operações militares. Cabe-lhe fazer a avaliação das situações de crise e preparar a resposta da UE às mesmas: trata-se efectivamente do órgão responsável pela gestão de conflitos da PESC. O CPS[759] fornece igualmente orientações ao Comité Militar.[760] A UE criou igualmente um Estado-Maior,[761] uma Unidade de Planeamento e Alerta Precoce[762] e um Centro de Situação Conjunto (SITCEN).[763] O Instituto de Estudos de Segurança e o Centro de Satélites de Torréjon deixaram de integrar a UEO a partir de Janeiro de 2002, tendo passado a constituir agências da União.[764]

Nas suas capacidades de prevenção, gestão de crises e *peace-building*, a UE introduziu uma forte componente de estruturas e meios para a gestão civil de crises. No Conselho Europeu de Santa Maria da Feira (Junho de 2000), foram identificadas quatro áreas prioritárias de intervenção: polícia, apoio do Estado de Direito,[765] administração civil[766]

---

[759] O CPS é constituído por representantes nacionais a nível de altos funcionários/embaixadores. O CPS ocupa-se de todos os aspectos da PESC, incluindo a PECSD.

[760] É constituído pelos Chefes do Estado-Maior, na pessoa dos seus representantes militares. O CM reúne-se a nível de Chefes de Estado-Maior sempre que necessário. Este comité presta aconselhamento militar e faz recomendações ao CPS (do qual recebe directivas políticas) e é o fórum de consulta e cooperação militar entre os estados-membros em situações de gestão de crises. O Presidente do CM assiste às reuniões do Conselho sempre que devam ser tomadas decisões que tenham implicações no domínio da defesa.

[761] Incluído nas estruturas do Conselho, fornece peritagem e apoio no domínio militar à PECSD, incluindo a condução de operações militares de gestão de crises lideradas pela UE. Sob a direcção do Comité Militar, presta assistência aos organismos da UE, e, em especial, ao SG do Conselho. Desempenha funções de alerta precoce, avaliação da situação e planeamento estratégico avançado para as missões de Petersberg, incluindo a identificação das forças europeias nacionais e multinacionais.

[762] Funciona sob a égide do Secretário-Geral do Conselho, fornecendo-lhe informação diária sobre a situação no mundo.

[763] Fornece apoio ao CPS, particularmente análises de intelligence apropriadas em situações de crise. A partir de 1 de Janeiro de 2005, o Centro de Situação apresenta ao Conselho análises estratégicas da ameaça terrorista com base nas informações prestadas pelos serviços de informação e segurança dos estados-membros e da Europol.

[764] ICG, *EU Crisis Response Capability Revisited*, Europe Report nº 160, 17 de Janeiro de 2005.

[765] Em inglês, "rule of law". Foram considerados necessários 200 peritos, incluindo procuradores, advogados e juízes, bem como um grupo de resposta rápida capaz de ser posicionado em 30 dias.

[766] Foi definido como necessário um *pool* de peritos.

262   *As Nações Unidas e a Manutenção da Paz*

e protecção dos civis.[767] A União concordou em fornecer um contingente de no máximo 5.000 agentes de polícia para os aspectos civis da gestão de crises, 1.000 dos quais estarão em condições de ocupar os seus postos no prazo de 30 dias.[768]

Em 2000, a UE criou o Comité para a Gestão dos Aspectos Civis das Crises. Com o lançamento em 2003 de duas operações de gestão civil de crises, o Comité teve oportunidade testar significativamente a sua operacionalidade. Foi criada uma Unidade de Polícia para auxiliar a UE na planificação e execução de operações de polícia. A UE dispõe igualmente da Missão de Monitorização da UE, composta por observadores que têm por missão acompanhar os desenvolvimentos políticos e a nível de segurança, com relevo para a monitorização das fronteiras, assuntos inter-étnicos e o regresso dos refugiados.[769]

O processo de reforço das capacidades civis conheceu um importante impulso em 2004: na Cimeira de Dezembro de 2004, foi definido um *"Civilian Headline Goal 2008"* que pretende definir com precisão as necessidades da UE com base numa série de cenários de crise.[770]

A área complementar da prevenção de conflitos é outros das vertentes onde se tem feito progressos velozes. O Conselho Europeu de

---

[767] Duas ou três equipas de avaliação, cada uma composta por 10 peritos, prontas a serem despachadas no prazo de algumas horas após a ocorrência de um desastre, bem uma força de intervenção, a ser posicioanda mais tarde, composta por 2.000 efectivos da protecção civil.

[768] Em inícios de 2005, os alvos quantitativos definidos na Cimeira de Santa Maria da Feira tinham sido ultrapassados. Os estados-membros voluntariaram os seguintes efectivos: 5.761 polícias, 631 efectivos para as missões de apoio ao Estado de Direito, 565 para as missões de administração civil e 4.988 na área da protecção civil. Foram ainda oferecidos 505 voluntários para reforçar as capacidades de monitorização da UE e 391 com variadas funções de *expertise* para apoiarem, tanto o Representante Especial da UE, como para serem incluídos nas missões multifuncionais. V. Catriona Gourlay, "EU Civilian Crisis Management: Preparing for Flexible and Rapid Response, *European Security Review*, nº 25, Março de 2005, p. 1.

[769] Até ao momento, opera exclusivamente nos Balcãs: após ter estado presente na Croácia, actualmente funciona em Sarajevo, Sérvia, Montenegro, Kosovo, Macedónia e na Albânia. É composto por pouco mais de 100 monitores desarmados que usam um uniforme civil branco: v. ICG, *op. cit.*, p. 20.

[770] V. anexo III do Relatório da Presidência sobre PECSD, Dezembro de 2004, doc. 15547/04.

O *Peacekeeping numa Perspectiva Comparada*

Gutemburgo de Junho de 2001 aprovou o Programa de Prevenção de Conflitos Violentos.[771] Foram criados vários instrumentos políticos de gestão de crises, como o Mecanismo de Reacção Rápida, para responder em tempo útil a situações de emergência, conflito eminente ou necessidades pós-conflito. O mecanismo permite acelerar a disponibilização de fundos para apoiar as actividades da UE, contribuir para operações conduzidas por outras organizações internacionais e financiar as actividades das ONGs. O Mecanismo financiou a Missão da UA no Burundi e a força da CEDEAO na Libéria, entre outras.[772]

Com esta evolução, "a UE tornar-se-à a única instituição regional na Europa a possuir a gama completa de mecanismos civis e militares e instrumentos para gerir uma crise da sua fase latente (pré-conflito) à fase da escalada (conflito) e à fase pós-conflito (*peacebuilding*)."[773] A intervenção da UE tem sido particularmente empenhada nos Balcãs (Bósnia-Herzegovina e Macedónia) e no Congo. A Política Europeia de Segurança e Defesa, constitui-se, cada vez mais, como um instrumento chave ao serviço dos objectivos da acção externa da União e em apoio aos objectivos da paz, segurança, Direitos Humanos e desenvolvimento internacionais.

A primeira missão da União Europeia teve início a 1 de Janeiro de 2003 quando a Missão de Polícia da UE (MPUE), constituída por 500 funcionários, substituíu na Bósnia-Herzegovina a missão de polícia das NU (*International Police Task Force*, IPTF), no terreno desde 1995. Em consonância com os objectivos gerais do Acordo de Paris/ /Dayton, a MPUE procura estabelecer, sob autoridade da Bósnia-Herzegovina, dispositivos policiais em conformidade com as melhores práticas europeias e internacionais, designadamente através de acções de monitorização, enquadramento e inspecção.

A reforma do sector de segurança, de acordo com princípios democráticos e de controlo civil, é particularmente importante na Bósnia-Herzegovina. Com os Acordos de Dayton de 1995, foram criadas duas entidades: a Federação da Bósnia-Herzegovina (de po-

---

[771] "EU Programme for the Prevention of Violent Conflicts" do Conselho Europeu de Gutemburgo de Junho de 2001 (http://www.eu2001.se/static/eng/pdf/violent.PDF).

[772] Regulamento (CE) nº 381/2001 do Conselho de 26 de Fevereiro de 2001.

[773] Nina Graeger e Alexandra Novosseloff, "The Role of the OSCE and the EU", in Pugh e Sidhu (eds.), *op. cit.*, p. 84.

pulação croata e muçulmana) e a República Srpska (Sérvia). Após a conclusão da guerra, os três grupos étnicos continuaram a controlar as suas respectivas polícias, criadas com base no critério da homogeneidade étnica. Nesse período, o grande desafio da IPTF era o de expurgar os indivíduos que cometeram crimes de guerra e o de dar à polícia uma nova missão: a de servir os interesses da população em geral e não os dos líderes étnicos.[774]

A missão da União Europeia é constituída por cerca de 426 agentes de polícia de 24 países da UE. A missão, com a duração de três anos, deverá formar funcionários da polícia local e ocupar-se de outras áreas prioritárias, como a luta contra o crime organizado, o regresso de refugiados e o tráfico de seres humanos.[775]

A Macedónia foi palco de duas operações da UE em 2003. Em Março de 2003, teve início uma operação militar na Macedónia (EUFOR –"Concórdia"). Esta operação veio substituir a da NATO ("Operação Harmonia Aliada"), terminada a 31 de Março de 2003, a qual pretendia criar as condições para a implementação do Acordo de Ohrid de 2001. Trata-se de uma operação solicitada pelo governo macedónio e destinada a contribuir para os esforços de estabilização do país e de consolidação das estruturas democráticas.[776] A actuação de forças internacionais na Macedónia explica-se: pela instabilidade do país decorrente da guerra nos Balcãs; pela existência de uma minoria albanesa irredentista e pelo perigo das infiltrações de elementos perturbadores albaneses provenientes do Kosovo (que dista menos de 40 km de Skopje, a capital da Macedónia). A ONU esteve presente na Macedónia entre Dezembro de 1992 e Fevereiro de 1999 com uma força de *preventive deployment* para tentar impedir o alastramento da instabilidade que grassava nas repúblicas vizinhas para aquele país.

O Acordo de Ohrid foi promovido pela UE e pela NATO, após vários meses de combates entre as milícias albanesas e as forças governamentais. A minoria albanesa reclamava contra a discriminação

---

[774] Kari M. Osland, "The EU Police Mission in Bosnia and Herzegovina", *International Peacekeeping*, vol. 11, nº 3, Outono de 2004, p. 548.

[775] V. "Missão de Polícia da União Europeia na Bósnia-Herzegovina" (http://ue.eu.int/cms3_fo/showPage.asp?id=585&lang=pt&mode=g).

[776] "EU Military Operation in Former Yugoslav Republic of Macedonia" (FYROM/CONCORDIA) em http://ue.eu.int/cms3_fo/showPage.asp?id=594&lang=pt&mode=g.

O Peacekeeping numa Perspectiva Comparada 265

de que era alvo e exigia maior representatividade nas instituições do estado, particularmente na polícia. A campanha da NATO contra o Kosovo teve o efeito de exacerbar o descontentamento dos Albaneses. A chegada de refugiados albaneses do Kosovo veio aumentar a tensão interna. No início de 2001, as forças representando a ala armada do movimento albanês, o Exército Nacional de Libertação (UÇK), desencadearam uma série de ataques armados no Vale de Presevo, no leste do país. A mediação da UE e da NATO permitiu a retirada das forças albaneses em Junho de 2001. A retirada do UÇK foi supervisionada pela Aliança Atlântica.

O sucesso da mediação possibilitou a abertura de um processo negocial que levou à assinatura do Acordo de Ohrid. O acordo afirmava o carácter unitário do estado macedónio, embora reconhecendo a necessidade de preservar o seu carácter multi-étnico.[777] Na sequência deste acordo, criou-se uma divisão de trabalho entre a NATO e a UE: a NATO encarregar-se-ia de monitorizar a segurança interna e a UE de providenciar a ajuda económica.

A missão "Concórdia" foi bem-sucedida em parte devida à conjugação de algumas condições internas favoráveis, como o envolvimento do principal partido albanês no governo após as eleições de Setembro de 2002.[778]

A missão usou, pela primeira vez, os meios e as capacidades da Aliança Atlântica,[779] tal como definido nos acordos "Berlim-Plus".[780]

---

[777] Catriona Mace, "Operation *Concordia*: Developing a 'European' Approach to Crisis Management?", *International Peacekeeping*, vol. 11, nº 3, Outono de 2004, pp. 475-79.

[778] V. ICG, *op. cit.*, p. 48.

[779] O comandante da força comunicava ao D-SACEUR, Adjunto do Comandante Supremo das Forças Aliadas na Europa, (a partir de 2003, o SACEUR, *Supreme Allied Command Europe* foi transformado em *Allied Command Operations*) que duplicava as suas funções de comando como comandante operacional da UE. Ele, por sua vez, reportava ao Comité Militar da EU, cujo *chairman* reportava ao CPS, o qual informava o Conselho do Atlântico Norte sobre o uso dos meios NATO. Este esquema complexo funcionou bem no contexto calmo da Macedónia. Há motivos para crer que o sistema não funcione tão bem num contexto mais exacerbado. *Ibid.*

[780] Trata-se de um conjunto de documentos de cooperação, conhecido como o pacote "Berlim-Plus", que foi acordado pelas duas organizações a 17 de Março de 2003. O termo "Berlim-Plus" é uma referência ao facto de ter tido lugar em Berlim a reunião de 1996 em que os ministros dos Negócios Estrangeiros da NATO concordaram em criar uma Identidade Europeia de Segurança e Defesa, pondo à sua disposição os meios da Aliança.

266   *As Nações Unidas e a Manutenção da Paz*

A operação que deveria ter-se concluído em Outubro foi estendida até Dezembro de 2003, na sequência de um pedido do presidente da Macedónia que alegava a fragilidade da situação do país.

A operação "Concórdia" foi rendida, em Dezembro de 2003, por uma operação de polícia (EUPOL – "Próxima") destinada a complementar a acção da anterior. A missão, que deveria ter a duração de um ano, foi estendida até ao final de 2005. A operação que conta com 200 polícias, tem um mandato semelhante ao da missão de polícia da Bósnia-Herzegovina. O enfâse é posto na formação de polícia (destinada sobretudo a reforçar a confiança da população, sobretudo da minoria albanesa, na polícia), no combate ao crime organizado e no patrulhamento das fronteiras.[781]

Em Junho de 2003, a UE lançou uma operação de *peacekeeping* para o Congo após o agravamento da situação na província de Ituri (principalmente na cidade de Bunia) devido ao surto de violência desencadeado pelos membros da etnia Lendu contra os Hema. O SG das Nações Unidas solicitou a ajuda dos estados-membros para controlar a situação em Bunia. A França ofereceu-se de imediato para lançar uma operação. O pedido chegou ao Secretário-Geral do Conselho, Javier Solana. O Conselho solicitou-lhe que estudasse a hipótese de lançar uma pequena operação da UE.[782] No seio do CPS, Paris tentou convencer os seus parceiros a responder ao apelo de

---

As disposições do "Berlim-Plus" procuram evitar a duplicação desnecessária de recursos e compreendem quatro elementos. Estes são: garantir o acesso da UE ao planeamento operacional da NATO; pôr à disposição da UE as capacidades e meios comuns da NATO; disponibilizar as opções de comando europeu da NATO para as operações dirigidas pela UE, incluindo o desenvolvimento do papel europeu do D-SACEUR); e adaptação do sistema de planeamento de defesa da NATO para incorporar a disponibilidade de forças para operações da UE. O D-SACEUR (que é sempre um europeu) também pode ser o Comandante da Operação duma missão dirigida pela UE. A União Europeia e a NATO acordaram procedimentos de consultas no contexto duma missão dirigida pela UE que utilize meios e capacidades colectivos da Aliança. V. "Berlin Plus Agreements" (http://www.nato.int/shape/news/2003/shape_eu/se030822a.htm).

[781] Council Joint Action 2003/681/CFSP de 29 de Setembro de 2003. V. "European Union Police Mission in the former Yugoslav Republic of Macedonia (EUPOL PROXIMA)" em http://ue.eu.int/cms3_fo/showPage.asp?id=584&lang=pt&mode=g.

[782] Ståle Ulriksen, Catriona Gourlay e Catriona Mace, "Operation Artemis: The Shape of Things to Come?", *International Peacekeeping*, vol. 11, n° 3, Outono de 2004, pp. 51-13.

O *Peacekeeping* numa *Perspectiva Comparada*

Kofi Annan, na forma de uma operação autónoma com um substancial contributo francês. Paris seria a *Framework Nation* de acordo com a "EU Framework Nation Concept", que prevê a designação de um país para liderar as operações de gestão de crises da UE.[783]

O conceito foi acolhido inicialmente pelos Ingleses. A operação correspondia à prioridade que Paris e Londres concedem ao *peacekeeping* em África, como o demonstram as intervenções militares unilaterais destes países no continente, quer pela ajuda que estes países concedem ao reforço das capacidades de *peacekeeping* africano. Por outro lado, uma operação militar em África, com base em recursos UE, poderia contribuir de forma fundamental para o objectivo de fazer da organização um actor internacional de direito próprio.[784]

A 30 de Maio 2003, com base na proposta da UE, o CS aprovou a força de estabilização, *Interim Emergency Multinational Force in Bunia*.[785] A força seria de natureza temporária (até 30 de Setembro) e exclusivamente de forma a permitir ao SG reforçar a presença da MONUC em Bunia.[786] O seu mandato incluía a reposição das condições de segurança e a melhoria das condições humanitárias em Bunia. A resolução do CS também incluía entre as tarefas da força multinacional a protecção da população, do pessoal da ONU e das organizações humanitárias. A operação, em resposta a uma solicitação do Secretário-Geral das Nações Unidas, constituíu o primeiro exemplo prático da articulação entre as duas organizações em apoio de uma ordem multilateral reforçada.

A operação "Artémis" é, a várias níveis, uma experiência importante para a UE: de todas as operações da organização, é a única que mais se aproxima do tipo de *peacekeeping* conduzido pelas Nações Unidas no pós-Guerra Fria. Foi a única operação UE a receber um mandato do Capítulo VII que lhe permitia usar a força para defender o seu mandato e as populações (uma "operação robusta"). Foi a primeira operação autónoma a ser conduzida fora do território europeu.

---

[783] Council Joint Action 2003/423/CFSP de 5 de Junho de 2003; v. "EU Military Operation in Democratic Republic of Congo (DRC/ARTEMIS)" em http://ue.eu.int/cms3_fo/showPage.asp?id=605&lang=pt&mode=g.

[784] *Ibid*.

[785] Resolução 1484 de 30 de Maio de 2003.

[786] O CS autorizou a MONUC II através da resolução 1493 de 28 de Julho de 2003.

268   *As Nações Unidas e a Manutenção da Paz*

A França assumiu o controlo operacional da missão a partir do quartel-general multinacional de Cretéil. Paris providenciou não só o quartel-general (e 60% do pessoal), bem como as estruturas de planeamento e cerca de 900 das cerca de 1.500 tropas empregues no terreno. No total, a operação contou com a participação de 12 países da UE, bem como de cinco outros países.

A operação foi considerada um sucesso rotundo porque foi conduzido de forma autónoma e sem recorrer aos meios da NATO (ao contrário da operação "Concórdia" na Macedónia). As tropas chegaram a Bunia apenas sete dias após a decisão do Comité Político e de Segurança de enviar a força. A chegada das tropas a Bunia pôs fim ao ciclo de mortes. A cidade foi liberta da presença das milícias, o que permitiu o regresso dos refugiados e das agências humanitárias.[787]

Contudo, a operação foi obrigada a usar a força por várias vezes. À chegada das primeiras tropas francesas, as forças Lendu lançaram uma ofensiva para conquistar Bunia, esperando fazê-lo enquanto o grosso do contingente multinacional ainda não tinha chegado. Em Junho, o Gen. Jean-Paul Thonier, Comandante da Força, ordenou que os movimentos presentes na cidade depusessem as armas ou se retirassem para um perímetro de 10km fora da cidade. O ultimato não foi respeitado por parte da União dos Patriotas Congoleses (da etnia Hema). Seguiram-se alguns recontros, alguns dos quais muito sérios, envolvendo o contingente francês e sueco.

A nível operacional, a missão registou dificuldades de ordem logística e a nível de transportes. O *airlift* estratégico foi assegurado graças aos contributos do Brasil e do Canadá, o que permitiu suprir as limitações da UE. Também foram detectados problemas a nível das comunicações entre o quartel-general e a operação. As análises críticas sobre a operação referem que a operação correu bem porque se concentrou numa zona pequena e delimitada e porque foi de curta duração. As tropas da UE conseguiram dominar Bunia, mas não tiveram acesso ao resto da província, onde os massacres continuaram. Objectivamente, a UE teria tido sérias dificuldades em pôr de pé uma operação maior.[788]

---

[787] Ahto Lobjakas, "EU: Sucessful Congo Mission May Herald Greater Military Self-Reliance", 18 de Setembro de 2003.

[788] Ulriksen, Gourlay e Mace, *op. cit.*, pp. 519-20 e ICG, *EU Crisis Response Capability*, p. 47.

O Peacekeeping numa Perspectiva Comparada 269

Os críticos afirmam que a operação se limitou a criar um alívio temporário para a população. Na realidade, a desmilitarização de Bunia foi conseguida pela expulsão das milícias da cidade: não porque tenham sido desarmadas e desmanteladas. Não houve lugar à reintegração dos combatentes e à reconciliação das partes. A operação poderá ter alterado a balança de forças em Ituri. Os combatentes foram simplesmente expulsos da cidade, tendo-se deslocado com armas e bagagens para as zonas circundantes.[789]

Em Dezembro de 2003, o governo do Congo solicitou à UE ajuda para criar um corpo de polícia (*Integrated Police Unit*, IPU), previsto no Acordo de Pretória, de 16 de Dezembro de 2002, o qual estipula os termos da transição da guerra civil para a paz na República Democrática do Congo. O Comité Político e de Segurança aprovou uma missão de polícia em Kinshasa (*European Union Police Mission in Kinshasa*, "EUPOL Kinshasa"). A missão deve treinar 1.008 polícias congoleses de forma a providenciar segurança às instituições governativas e a reforçar o aparelho interno de segurança. A missão deve também equipar os efectivos da IPU com armas, munições e outros equipamentos necessários aos agentes. O objectivo da IPU é proteger os membros do governo de transição e demais instituições até à realização de eleições. Os polícias deverão substituir a força neutral que faz parte da MONUC.[790]

Trata-se da terceira operação de polícia lançada até à data, sendo a primeira em África. Segue-se à MPUE na Bósnia-Herzegovina e à EUPOL na Macedónia, embora seja de dimensões notavelmente inferiores: 30 agentes de polícia da UE contra os 500 empregues na MPUE na Bósnia-Herzegovina. É significativo que, ao contrário da Operação "Artémis", lançada no prazo de uma semana, o Comité Politico e de Segurança levou mais de ano e meio para lançar a "EUPOL Kinshasa". A demora explica-se pela falta de consenso relativa às modalidades da operação e reflecte os temores e a falta de interesse em intervir na periferia africana.[791]

---

[789] ICG, *op. cit.,* p. 47 e Ulriksen, Gourlay e Mace, *op. cit.*, p. 520.

[790] V. "European Union Police Mission in Kinshasa (DRC) – EUPOL KINSHASA)" em http://ue.eu.int/cms3_fo/showPage.asp?id=788&lang=pt) e EU Council Secretariat: Background, RDC/00 (initial) 23 de Maio de 2005, pp. 1-2; Council Joint Action 2004/847/CFSP de 9 de Dezembro de 2004.

[791] V. Natalie Pauwels, "EUPOL 'Kinshasa': Testing EU Coordination, Coherence and Commitment to Africa", *European Security Review*, nº 25, Março de 2005, p. 2.

270 *As Nações Unidas e a Manutenção da Paz*

Um aspecto importante desta missão é o facto dela se desenrolar no âmbito da cooperação NU-UE relativamente a operações de gestão de conflitos.[792] A "EUPOL Kinshasa" segue-se a duas experiências prévias de cooperação entre as duas organizações: a passagem de testemunho da *International Police Task Force* da ONU para a MPUE, na Bósnia-Herzegovina, e ao lançamento da "Artémis" para o Congo na sequência do pedido do SG.

A "Estratégia Europeia em Matéria de Segurança" (Dezembro de 2003) diz que a "UE deveria apoiar as Nações Unidas nas suas iniciativas de resposta às ameaças à paz e à segurança internacionais. A UE está empenhada em reforçar, não só a sua cooperação com a ONU, para prestar assistência aos países que se encontram em fase pós-conflito, como também em prestar apoio àquela organização em situações de gestão de crises a curto prazo."[793] A operação funcionará como um teste à forma como a UE poderá dar um contributo às operações da ONU no contexto de ambientes complexos.

A UE continua empenhada no Congo com a *UE Advisory and Assistance Mission for DRC Security Reform* ("EUSEC R. D. CONGO"). A missão deverá formar o pessoal encarregue da segurança de acordo com os padrões da UE de respeito pelos Direitos Humanos, das leis humanitárias, do respeito pelo estado de direito e da democracia.[794]

Outra operação para os Balcãs foi a EUFOR–ALTHEA, lançada na sequência da decisão da Cimeira da NATO de Istambul de Junho de 2004 de terminar a SFOR, na Bósnia-Herzegovina, até finais do ano.[795] Em Dezembro de 2004, uma força militar da UE passou a

---

[792] *V.* "EU-UN: Commission calls for the EU to renew its commitment to the UN system and multilateralism", IP/03/1230 – Bruxelas, 10 de Setembro de 2003; Commission of the European Communities, Communication from the Commission to the Council and the European Parliament, *The European Union and the United Nations: The Choice of Multilateralism*, COM (2003) 526 final, Bruxelas, 10 de Setembro de 2003 e a "Joint Declaration on UN-EU Co-operation in Crisis Management" de 24 de Setembro de 2003.

[793] Conselho Europeu, "Uma Europa segura", p. 11.

[794] V. "EU mission to provide advice and assistance for security sector reform in the Democratic Republic of the Congo" (http://ue.eu.int/cms3_fo/showPage.asp?id=909&lang=ptEU) e Council Secretariat, *op. cit.*, p. 2. (http://ue.eu.int/uedocs/cmsUpload/Press_Release-2.5.05.pdf).

[795] Council Joint Action 2004/570/CFSP de 12 Julho de 2004.

O Peacekeeping numa Perspectiva Comparada

assumir as funções desempenhadas até então pela SFOR–NATO. A EUFOR – ALTHEA terá sensivelmente o mesmo nível de forças da SFOR: 7.000-8.000 soldados. Terá essencialmente o mesmo mandato: contribuir para a manutenção de um ambiente seguro.[796]

Pela sua dimensão e importância política, esta operação, com a duração de dois anos, constitui o primeiro grande teste a nível operacional para a Política Europeia de Segurança e Defesa, bem como para a articulação entre a União Europeia e a NATO. Como aconteceu com a Operação "Concórdia" na ex-república jugoslava da Macedónia, esta operação será conduzida segundo os mecanismos "Berlim-Plus".[797]

Esta operação faz parte duma abordagem abrangente da UE: uma abordagem concebida para ajudar a Bósnia-Herzegovina a enfrentar os complexos desafios decorrentes da passagem da implementação do Acordo de Dayton para a integração europeia. A Bósnia-Herzegovina faz parte do Processo de Estabilização e Associação que a UE lançou para a zona dos Balcãs e que visa aliciar os países a prosseguirem as reformas com vista a aderirem à UE.[798] O Alto Representante na Bósnia-Herzegovina, Lord Ashdown, é também o Representante Especial da UE. A ele cabe assegurar a coordenação das várias componentes da UE no país.

Em Julho de 2004 a UE lançou uma missão na Geórgia: *EU Rule of Law Mission to Georgia* (EUJUST THEMIS). Trata-se de uma operação de gestão de crises que se inscreve na acção da União Europeia em prol do Estado de direito na Geórgia e visa, mais especificamente, ajudar a Geórgia na reforma da sua justiça penal. A fase

---

[796] V. EU Military Operation in Bosnia and Herzegovina (EUFOR – Althea) em (http://ue.eu.int/cms3_fo/showPage.asp?id=745&lang=pt).

[797] A título exemplificativo, o comandante estratégico da missão da UE é o Adjunto do Comandante Supremo das Forças Aliadas na Europa que é simultaneamento o oficial mais sénior da UE e que se encontra no QG do Comando Supremo das Forças Aliadas na Europa (SHAPE) em Mons, na Bélgica. A cadeia de comando parte da célula de que a UE dispõe no SHAPE para a célula da UE no Comando Conjunto das Forças Aliadas em Nápoles (responsável pela SFOR e KFOR): "NATO in the Balkans", NATO Briefing, Fevereiro de 2005 (http://www.nato.int/issues/balkans/index.html).

[798] O programa foi lançado em 1999 e inclui, além da Bósnia-Herzegovina, a Albânia, a Croácia, Macedónia, Sérvia e Montenegro.

operacional teve início a 15 de Julho de 2004 devendo ter a duração de um ano.[799]

Em Fevereiro de 2005, a UE lançou a *EU Rule-of-Law Mission for Iraq*, com início em Julho de 2005.[800] Na sequência da guerra, o sistema judicial e de justiça criminal do Iraque tem de ser reconstruído do início e adaptado aos padrões democráticos e do estado de direito. O lançamento da missão aconteceu após uma visita de uma delegação da UE, em Outubro de 2004, que pretendia avaliar as possibilidades de lançamento de uma missão integrada em matéria de polícia e estado de direito. Foi seguida pela visita de uma equipa de peritos para a planificação da missão.[801] Trata-se de uma missão integrada em matéria destinada a promover uma colaboração mais estreita entre as diversas instâncias do sistema penal e de reforçar a capacidade de gestão dos funcionários dos aparelhos policial, judicial e prisional. Pretende também aperfeiçoar as competências e os procedimentos no domínio da investigação criminal, com base em critérios de respeito pelo estado de direito e os Direitos Humanos.

A missão pretende formar 770 indivíduos: 520 magistrados, quadros da polícia e do sistema penitenciário; 250 magistrados de investigação e quadros de polícia ligados à investigação criminal. A formação do pessoal terá lugar sobretudo em países da UE ou no Médio Oriente, dada a precaridade das condições de segurança no Iraque e por razões de infraestruturas e de pessoal de formação.[802]

No Médio Oriente, a UE tem aumentado a sua intervenção operacional nos Territórios Palestinianos, em concertação com o Estado de Israel e a Autoridade Palestiniana (AP). A UE é, aliás, o principal doador aos Palestinianos e tem estado activamente envolvida no processo de paz. Para coordenar os numerosos aspectos da sua actividade nos Territórios, a UE nomeou um Representante Especial para o Processo de Paz do Médio Oriente, Marc Otte. A UE lançou a

---

[799] Council Joint Action 2004/523/CFSP de 28 de Junho de 2004 (http://ue.eu.int/cms3_fo/showPage.asp?id=701&lang=pt).

[800] V. "EU Fact Sheet" (http://ue.eu.int/uedocs/cmsUpload/Iraq_EUJUST_LEX-Factsheet.pdf).

[801] Catriona Gourlay e Annalisa Monaco, "Training Civilians and Soldiers to Improve Security in Iraq: An Update of EU and NATO Efforts", *European Security Review*, nº 25, Março de 2005, pp. 1-2.

[802] Council Joint Action 2005/190/CFSP de 7 de Março de 2005.

European Union Border Assistance Mission for the Rafah Crossing Point (EU BAM Rafah) e a *EU Police Mission for the Palestinian Territories (EUPOL-COPPS)*. A primeira, lançada em Novembro de 2005, consiste numa presença no posto fronteiriço de Rafah, entre Gaza e o Egipto. Os 70 membros da missão monitorizam, verificam e avaliam a actuação do pessoal alfandegário e de segurança de acordo com as regras de funcionamento acordados por Israel e pela AP. A segunda, a funcionar desde Janeiro de 2006, terá a duração de três anos e tem como objectivo ajudar a formar, aconselhar e acompanhar a Polícia Civil Palestiniana.

A UE está também envolvida numa missão no Sudeste Asiático, a *EU Monitoring Mission in Aceh*. A missão desenrola-se na ilha de Aceh, na Indonésia, e faz parte de um acordo global de paz entre o governo da Indonésia e o Movimento pelo Aceh Livre (MAL). O grupo separatista que lutava pela independência da região de Aceh (na Sumatra) face à Indonésia. As partes assinaram em 2005 um acordo de paz que previa a retirada parcial das tropas indonésias e o desmantelamento do braço armado do MAL. A missão, que conta com a participação de países da ASEAN, mais a Noruega e Suíça, destina-se a verificar o processo de desarmamento e de reintegração dos membros da guerrilha.

A UE também fornece um contributo importante à missão da União Africana no Darfur, a AMIS II. O apoio à componente militar traduz-se no fornecimento de equipamento, prestação de ajuda técnica e na área do planeamento a todos os níveis de comando. A UE também tem proporcionado observadores militares e cooperado a nível do transporte das tropas (*strategic airlift*). O auxílio prestado por Bruxelas passa também pela formação das tropas africanas e pelo contributo financeiro para a African Peace Facility. A UE ajuda igualmente a componente de polícia civil, CIVPOL, da AMIS II.

274 *As Nações Unidas e a Manutenção da Paz*

IX.4. A NATO

No pós-Guerra Fria, a NATO desenvolveu novas valências, aparte a missão tradicional de defesa colectiva (definida no artigo V).[803] A organização, principalmente a partir da guerra na ex-Jugoslávia, especializou-se na gestão de crises, por regra em apoio da ONU[804] e da OSCE. A reorientação das actividades da Aliança prende-se em grande parte com o ambiente internacional do pós-Guerra Fria e com a perda de missão da organização após o desaparecimento da ameaça soviética. O novo ambiente internacional já não se caracterizava pela prevalência de uma ameaça definida, mas por uma série de riscos difusos e imprevisíveis. O novo Conceito Estratégico da NATO,

---

[803] "As Partes concordam em que um ataque armado contra uma ou várias delas na Europa ou na América do Norte será considerado um ataque a todas, e, consequentemente, concordam em que, se um tal ataque armado se verificar, cada uma, no exercício do direito de legítima defesa, individual ou colectiva, reconhecido pelo artigo 51.º da Carta das Nações Unidas, prestará assistência à Parte ou Partes assim atacadas, praticando sem demora, individualmente e de acordo com as restantes Partes, a acção que considerar necessária, inclusive o emprego da força armada, para restaurar e garantir a segurança na região do Atlântico Norte. Qualquer ataque armado desta natureza e todas mais providências tomadas em consequência desse ataque são imediatamente comunicados ao Conselho de Segurança. Essas providências terminarão logo que o Conselho de Segurança tiver tomado as medidas necessárias para restaurar e manter a paz e a segurança internacionais." (em http://www.fd.uc.pt/CI/CEE/OI/NATO/Tratado_NATO.htm).

[804] A relação entre a ONU e a NATO reveste-se de alguma ambiguidade, embora no relacionamento entre elas prevaleça o carácter pragmático devido à oportunidade da colaboração. À semelhança da UEO, a NATO também nunca se definiu formalmente como uma organização ou acordo regional no sentido do artigo 52.º da Carta da ONU. Por sua vez, o CS tem tido relutância em nomear explicitamente a Aliança, mesmo quando lhe delega a execução de funções militares. A expressão comumente usada nas resoluções que se referem à NATO ou à UEO, fala de "estados que agem numa base nacional ou através de organizações ou acordos regionais". Na linguagem das resoluções do CS, não é a NATO que é mandatada *per se*, mas os seus estados-membros. O anexo da resolução 1244 (que autoriza a criação da IFOR para a Bósnia-Herzegovina) é a primeira a mencionar expressamente a NATO. Contudo, segundo Danesh Sarooshi, o facto da NATO aceitar a delegação destas tarefas por parte do CS da ONU e de ter adoptado tarefas novas, para além da tradicional missão da defesa colectiva, faz supor que, como mínimo, a Aliança assume implicitamente o papel de organização regional (cit. in Graeger e Novosseloff, *op. cit.*, p. 90). Como contraponto, é talvez interessante sublinhar que a ONU nomeia nas suas resoluções a OUA/UA, OSCE e a Organização dos Estados Americanos (OEA): Graeger e Novosseloff, *op. cit.*, p. 76.

O Conceito Estratégico da NATO e a nova doutrina militar, aprovado em Novembro de 1991, punha o acento tónico na instabilidade reinante na periferia da Europa e na forma em como ela poderia ter repercussões adversas no território da Aliança.

O Conceito Estratégico da NATO e a nova doutrina militar, aprovada em Dezembro de 1991, "alteravam o ênfase da Aliança para a gestão de crises e as operações militares fora da região central da NATO."[805] Na reunião de Junho de 1992, o Conselho do Atlântico Norte afirmou: "A Aliança tem a capacidade de contribuir para as acções efectivas da CSCE de acordo com as suas novas e mais vastas respnsabilidades na gestão de crises e a resolução pacífica de disputas. Nesse sentido, estamos preparados para apoiar, numa base casuística e de acordo com os nossos procedimentos, actividades de *peacekeeping* sob a responsabilidade da CSCE...."[806] Em Dezembro do mesmo ano, a Aliança declarava-se disposta a "apoiar, numa base casuística e de acordo com os nossos procedimentos, as operações de *peacekeeping* sob a autoridade do Conselho de Segurança das NU."[807]

A Aliança foi progressivamente assumindo a vontade de desempenhar um novo papel e missões, como o testemunham as declarações do Comité de Planeamento de Defesa, em Maio de 1994: "A defesa colectiva permanece a função central da Aliança; mas os actuais desafios à nossa segurança e à estabilidade da Europa, como um todo, são mais diversificados e mais complexos do que aqueles que a NATO enfrentou durante as primeiras quatro décadas. Para fazer face a estes desafios, precisamos de forças, estruturas e procedimentos que possam responder eficazmente a contingências que vão da defesa colectiva ao *peacekeeping* e que contribuam para a abordagem mais ampla da Aliança em relação às questões de segurança."[808]

A evolução da Aliança teve outro aspecto inovador: o de considerar a possibilidade de intervenções fora-da-área. As operações de *peacekeeping* da OSCE e da ONU tendem a ser por natureza fora-da--área. Em 1992, na Conferência de Atenas, os ministros da NATO

---

[805] BASIC, *op. cit.*, p. 5.

[806] Cit in BASIC, *op. cit.*, p. 15.

[807] Final Communique, Ministerial Meeting of the North Atlantic Council, 17 de Dezembro de 1991, parágr. 4.

[808] "Final Communique", Press Communiqué M-DPC/NPG-1(94)38, 24 de Maio de 1994 http://www.nato.int/docu/comm/49-95/c940524a.htm.

276 *As Nações Unidas e a Manutenção da Paz*

tentaram desenvolver uma directiva estratégica para as PSO, de forma a fornecer às estruturas de comando uma base para a condução e o planeamento de futuras operações militares, num espectro que vai do *peacekeeping* ao *peace-enforcement*.

Na Cimeira de Bruxelas de Janeiro de 1994, a Aliança reconfirmou a sua vontade de adaptar as suas estruturas políticas e militares aos papéis que a nova conjuntura poderia exigir da organização. Uma das decisões foi a criação das *Combined Joint Task Forces*: um conceito novo de forças flexíveis, eficientes e de posicionamento rápido a serem usadas para operações militares de contingência, como o *peacekeeping* e a assistência humanitária. No âmbito do apoio da NATO à Identidade Europeia de Segurança e Defesa, a Aliança prontificava-se a disponibilizar estas forças para missões conduzidas pela UEO a pedido da União Europeia. Na mesma cimeira, os estados-membros prontificaram-se a "...eliminar os obstáculos à realização do mandato da UNPROFOR". Na época, a Aliança conduzia as operações de patrulhamento do Adriático e garantia a "zona de exclusão aérea" na Bósnia-Herzegovina. Os estados-membros ofereceram-se para "...levar a cabo ataques aéreos de forma a evitar o estrangulamento de Sarajevo, das áreas seguras e de outras áreas ameaçadas na Bósnia-Herzegovina."[809]

Em 1993, o Comité Militar adoptou a MC 327 "Military Planning for Peace Support Operations".[810] A MC 327 tinha implicações profundas em relação à estratégia da NATO e à sua área de operações. De acordo com o Conceito Estratégico de 1991, a NATO não se limitaria a defender o seu perímetro, mas a defender a estabilidade e os interesses vitais dos seus membros. A MC 327 permaneceu em suspenso[811] até 20 de Outubro de 1997 quando foi substituída pela MC 327/1 "Military Concept for PSO". Foi preciso o lançamento da

---

[809] "Declaration of the Heads of State and Government Participating in the Meeting of the North Atlantic Council", Bruxelas, 11 de Janeiro de 1994.

[810] Military Committee, 327 – NATO Military Planning for Peace Support Operations, 5 de Agosto de 1993.

[811] A França opôs-se ao conceito porque se opunha a que a Aliança assumisse responsabilidades fora-da-área e se envolvesse em novas missões. A França também não fazia parte do Comité Militar, onde o documento foi aprovado. Na prática, a doutrina foi usada nas estruturas militares integradas da NATO: v. BASIC, *op. cit.*, p. 2.

IFOR na Bósnia-Herzegovina para que a NATO concretizasse uma teoria de *peacekeeping*.

O desenvolvimento de uma doutrina de PSO[812] tinha a particularidade de lançar a organização em operações fora-da-área, sem mudar o Tratado NATO mas usando uma interpretação, ampla do artigo IV.[813] Durante a década de 90, a Aliança evoluíu no sentido de aceitar conduzir ou participar em PSO, que não operações militares em resposta a ataques directos ao seu território (isto é, missões do artigo 5.º). O Conceito Estratégico saído da Cimeira de Washington de 1999 afirma que a Aliança "...não só assegura a defesa dos seus membros, mas contribui para a paz e a estabilidade na região."[814] O Conceito dizia ainda que a segurança da Aliança "deveria ter em conta o contexto global." A área de intervenção da NATO passou a ser uma área indefinida e nomeada como "Euro-Atlântica".

As PSO também davam um sentido e uma missão às forças de reacção rápida. Além das *Combined Joint Task Forces*, a NATO lançou as *Allied Rapid Reaction Forces* e, no pós-11 de Setembro, a *NATO Response Force* (NRF).[815] São forças que obedecem a uma lógica comum. São multinacionais, conjuntas, interoperáveis, flexíveis e modernas. A sua utilização visa essencialmente cenários do espectro da gestão de crises (e não tanto a defesa colectiva).

A intervenção da NATO mais relevante no pós-Guerra Fria e no âmbito de uma operação de *peacekeeping* e *peace-enforcement* foi na ex-Jugoslávia. A intervenção conheceu as seguintes etapas:

---

[812] Na doutrina NATO, as PSO incluem: missões de prevenção dos conflitos, *peacemaking*, *peacekeeping* tradicional, ajuda humanitária e assistência aos refugiados: "Logistic Support for Peace Support Operations" (http://www.nato.int/docu/logi-en/1997/lo-501.htm).

[813] "As Partes consultar-se-ão sempre que, na opinião de qualquer delas, estiver ameaçada a integridade territorial, a independência política ou a segurança de uma das Partes."

[814] "The Alliance´s Strategic Concept" (http://www.nato.int/docu/pr/1999/p99-065e.htm).

[815] Criada na Cimeira de Praga de Novembro de 2002, a NRF serve como catalizador para a modernização das forças da NATO de acordo com o plano de modernização estabelecido no "Prague Capabilities Commitment" (que salientou a necessidade de efectuar melhorias nas seguintes áreas críticas: transporte estratégico aéreo e marítimo, reabastecimento aéreo, munições com guiamento de precisão). É uma força de 21.000 efectivos, pronta a ser posicionada no prazo de cinco dias. Foi formalmente lançada em Outubro de 2004, mas não atingirá a plena operacionalidade antes de Outubro de 2006 (v. http://www.arrc.nato.int/brochure/nrf/htm).

- Julho de 1992: apoio do embargo de armas e de equipamento militar à ex-Jugoslávia e às sanções económicas contra a República Federal da Jugoslávia (Operação "Maritime Monitor");
- Em Novembro de 1992, o raio de acção do embargo foi alargado para contemplar a terra, mar, ar, bem como no Danúbio (resoluções 786, 787), sendo os estados-membros autorizados a usar a força para o seu cumprimento;
- Outubro de 1992: início do patrulhamento dos AWACS em apoio da resolução 781;
- Abril de 1993: início da Operação *"Deny Flight"* da NATO em cumprimento da proibição de voos[816] ("zonas de exclusão aérea") na Bósnia-Herzegovina. A resolução 816 de Março autorizava as operações de controlo de cumprimento da proibição de voos militares sobre a Bósnia-Herzegovina por parte dos estados-membros da ONU actuando "numa base nacional ou através de organizações ou acordos regionais";[817]
- Junho de 1993: os ministros dos negócios estrangeiros da NATO tomaram a decisão de oferecer cobertura aérea à UNPROFOR no cumprimento do seu mandato;
- 2 de Agosto de 1993: o Conselho do Atlântico Norte decidiu levar a cabo ataques aéreos para impedir o estrangulamento de Sarajevo, das "áreas seguras" e de outras zonas ameaçadas na Bósnia-Herzegovina;
- Agosto de 1993: acordo sobre os ataques aéreos para defender as tropas das NU sob ataque. Na sequência da pressão sérvia em torno de Sarajevo, a NATO concorda em "fazer preparações imediatas para tomar, no caso de continuar o estrangulamento de Sarajevo e de outras áreas, incluindo interferências em larga escala com a ajuda humanitária, medidas mais fortes, incluindo ataques aéreos contra os responsáveis sejam Sérvios bósnios, ou outros, na Bósnia-Herzgovina. Estas medidas estarão sob a autoridade do Conselho de Segurança das Nações Unidas e no âmbito das resoluções relevantes do Conselho de Segurança e em apoio da UNPROFOR e da execução do seu mandato".[818]

---

[816] Em Outubro de 1992, o CS tinha impedido os voos militares (resolução 781 de 9 de Outubro). Com a resolução 786 de 10 de Novembro de 1992, o CS proíbe os restantes voos.

[817] De 31 de Março de 1993.

[818] Cit. in Boulden, *op. cit.*, pp. 85-6.

O *Peacekeeping numa Perspectiva Comparada* 279

- Fevereiro de 1994: ultimato de Sarajevo. A 5 de Fevereiro de 1994, um ataque de morteiro no mercado de Sarajevo provoca 68 mortos. No dia seguinte, o SG da ONU solicita à Aliança que inicie preparações para ataques aéreos contra as posições sérvias em redor de Sarajevo (de onde eram lançados ataques contra a cidade). A NATO acede lançando um ultimato aos Sérvios: exige que se retirem no prazo de 10 dias para um perímetro de 20km do centro da cidade e que coloquem o seu armamento pesado sob a supervisão da UNPROFOR;
- Fevereiro de 1994: no dia 28, dois F-16s americanos abatem quatro aviões militares sérvios em violação da zona de exclusão aérea da Bósnia-Herzegovina. A acção revestiu-se de vários aspectos inéditos: teve lugar fora da área do Tratado NATO e em execução de uma operação mandatada pela ONU. Nesse sentido, representou um ponto de viragem na política da NATO;
- Abril de 1994: ultimato e ataques contra Goradze. A partir de Março, os Sérvios concentam os seus ataques em Bihac, a segunda "área protegida", a seguir a Sarajevo, a ser alvo da cobiça sérvia. O comandante da força, Gen. Michael Rose, solicitou o apoio aéreo da NATO em protecção da UNPROFOR. O pedido foi aprovado por Akashi, tendo os ataques tido início no dia seguinte;
- Novembro de 1994: ataques contra alvos sérvios na Croácia (o aeroporto de Ubdina a partir do qual a aviação sérvia lançava ataques contra Bihac) e no noroeste da Bósnia-Herzegovina;
- Agosto e Setembro de 1995: ataques aéreos contra alvos sérvios em Sarajevo. Com o fim do cessar-fogo negociado por Jimmy Carter (Janeiro-Abril de 1995), os Sérvios retomam os ataques contra Sarajevo e tomam de assalto os depósitos de armamento, retirando os meios de artilharia. A ONU lança um ultimato que os Sérvios não acataram;
- Agosto-Setembro de 1995: após duas semanas de ataques aéreos na Bósnia-Herzegovina (Operação *"Deliberate Force"*), os Sérvios capitulam.

280   *As Nações Unidas e a Manutenção da Paz*

O empregue da força por parte da NATO revestia dois figurinos: *"air support"* e *"air strikes"*. O conceito de *"air support"* correspondia às operações que visavam a defesa da UNPROFOR[819] e das forças a ela associadas (como em Abril de 1994, para proteger o pessoal da UNPROFOR em Goradze). Os *"air strikes"*, ou ataques aéreos, correspondiam ao uso da força ofensiva (caso das operações lançadas após os ataques a Sarajevo e a Goradze a partir de Agosto de 1994). É importante sublinhar que todas as operações de força eram lançadas só após acordo prévio entre as duas organizações: o procedimento de *"dual-key"*.

Após o final da guerra na ex-Jugoslávia, a NATO lançou a *Implementation Force* (IFOR) que ficou encarregue de implementar a parte militar dos acordos de Dayton.[820] A IFOR foi a primeira grande experiência da NATO no campo do *peacekeeping*, sendo simultaneamente a primeira intervenção terrestre da Aliança. A operação começou com 60.000 efectivos, reduzidos para 32.000 no final do primeiro ano da operação e para 20.000 em finais de 1999.

Os acordos previam uma divisão de tarefas entre a vertente militar (comandada pela NATO) e a parte civil (da responsabilidade do Alto-Representante nomeado pelo CS das Nações Unidas). Nesse sentido, à NATO cabiam tarefas como a cessação das hostilidades, a retirada das forças das duas entidades, a troca de prisioneiros, a estabilização regional, a transferência de territórios e a demarcação das fronteiras inter-étnicas de acordo com os termos do tratado de paz. Após a concretização das tarefas militares mais prementes, a NATO pôde dedicar-se também às tarefas civis. A sua missão neste campo limitava-se a desempenhar tarefas de apoio (no contexto da realização de eleições, distribuição da ajuda humanitária, manutenção da lei e da ordem, supervisão do regresso dos refugiados), geralmente em coordenação com as entidades internacionais: o Alto--Representante, a *UN International Police Task Force*, o Alto-Comissariado das NU para os Refugiados, a OSCE e o Tribunal Criminal Internacional para a ex-Jugoslávia.

---

[819] Uma situação de auto-defesa permitido pela teoria do *peacekeeping*, só que, neste caso, a auto-defesa é assegurada pela NATO.

[820] Resolução 1031 de 15 de Dezembro de 1995.

O Peacekeeping numa Perspectiva Comparada

Após o término da IFOR, o CS autorizou a continuação da missão através de uma nova força: a *Stabilization Force* (SFOR). A NATO tinha planeado reduzir gradualmente a força e retirá-la completamente em Junho de 1998. Eventualmente, a Aliança, reconhecendo a fragilidade da situação na Bósnia-Herzegovina, decidiu não estabelecer uma data-limite para a operação. A Aliança acabaria por decidir que o fim da mesma dependeria da realização dos objectivos importantes dos Acordos de Dayton,[821] isto é, da estratégia de transição que tem como fim a transferência das responsabilidades para as autoridades locais e nacionais da Bósnia-Herzegovina. Na Cimeira de Istambul de Junho de 2004, a Aliança decidiu concluir a SFOR na Bósnia-Herzegovina até finais do ano. Em Dezembro de 2004, uma força militar da UE (Operação EUFOR–ALTHEA) rendeu a SFOR.

A intervenção seguinte da NATO nos Balcãs foi a operação militar contra a Sérvia (Operação *"Allied Force"*) na sequência de uma nova ronda de repressão cometida pelas autoridades sérvias contra os Albaneses do Kosovo. Os ataques contra a Sérvia seguiram-se a um ano de luta no Kosovo e de esforços diplomáticos gorados para pôr fim ao conflito. Em finais de 1998, mais de 300.000 Kosovares (essencialmente Albaneses) tinham fugido de suas casas. Após o massacre de Raèak, em Janeiro de 1999, o Grupo de Contacto[822] convocou as partes a Rambouillet para negociações em Fevereiro e em Março.[823] O objectivo inicial que as negociações se propunham atingir era o de atribuir ao Kosovo um estatuto de maior autonomia, embora preservando a integridade territorial da República Federal da Jugoslávia. O acordo seria garantido pela presença militar no Kosovo da Aliança Atlântica. Com o falhanço das negociações, a NATO desencadeou, a 24 de Março de 1999, uma campanha de bombardeamentos aéreos que durou 78 dias.

Embora a campanha aérea da NATO tenha gerado grande controvérsia, uma vez que o uso da força carecia da aprovação do

---

[821] Como o regresso dos refugiados, a luta contra a corrupção, a captura dos criminosos de guerra, a preparação das forças de polícia e os avanços para a democratização: v. Leurdijk, *op. cit.*, p. 63 e 73.

[822] Composto por EUA, Grã-Bretanha, França, Alemanha, Itália e Rússia.

[823] "NATO´s Role in Relation to Kosovo", NATO Fact Sheets (http://www.nato.int/docu/facts/2000/kosovo.htm).

282   *As Nações Unidas e a Manutenção da Paz*

CS,[824] a Aliança regressaria a um quadro de legalidade onusiana com o final da guerra e a aprovação da resolução 1244.[825] A resolução seguia o modelo dos Acordos de Dayton: estabelecia uma administração provisória para o Kosovo sob a égide da ONU: a *UN Mission in Kosovo* (UNMIK). A administração encarregar-se-ia das tarefas do *peacebuilding* pós-conflito, criando as condições para a definição do estatuto permanente do Kosovo.

Na administração interina, há uma divisão de tarefas entre a ONU e a NATO. A KFOR desempenhava tarefas militares, mas tinha uma importante fatia de tarefas civis. Dentre as funções militares, destaca-se a observação do cessar-fogo, a retirada das forças militares e para-militares e a desmilitarização do Exército de Libertação do Kosovo. As tarefas civis tinham por fim criar um ambiente seguro propício ao desenvolvimento das tarefas humanitárias, ao regresso dos refugiados e ao funcionamento das estruturas civis e da administração interina.

Na Primavera de 201, a NATO, em conjunto com outras organizações internacionais deu um contributo decisivo para de-escalar o conflito entre elementos extremistas albaneses e o governo da Macedónia: situação que corria o risco de fazer da Macedónia uma Bósnia-Herzegovina em ponto pequeno. A pedido do governo de Skopje, o SG da NATO despachou uma equipa de gestão de crises para negociar um cessar-fogo com os guerrilheiros do UÇK, que se tinham apoderado de importantes faixas no norte e leste do país. Agindo em estreita colaboração com a UE e a OSCE, com uma intervenção tanto a nível diplomático, como com um acompanhamento no terreno, a NATO consegiu convencer os guerrilheiros a aceitar um cessar-fogo e a retirar-se das zonas que tinham ocupado. Seguiu-se um processo negocial que terminou no Acordo de paz de Ohrid de Agosto de 2001.

---

[824] A resolução 1199 de 23 de Setembro de 1998 é tida como a que fornece a base legal implícita para a actuação da NATO: ela repete exigências políticas feitas anteriormente ao Presidente Slobodan Miloševic, incluindo a cessação das hostilidades, a retirada das tropas e das forças especiais de polícia, o regresso dos refugiados e deslocados, o acesso das organizações humanitárias e a monitorização internacional do Kosovo.

[825] De 10 de Junho de 1999.

O *Peacekeeping numa Perspectiva Comparada* 283

A NATO enviou 4.000 tropas (Operação *"Essential Harvest"*) para proceder ao desarmamento do UÇK. Em Outubro, a operação tinha cumprido a sua missão: o movimento guerrilheiro desaparecia assim enquanto grupo armado. A Aliança lançou depois a Operação *"Amber Fox"*, uma força composta por algumas centenas de efectivos militares e destinada a proteger os observadores civis que deveriam monitorizar a entrada das forças de segurança estatais nas áreas contestadas. Com o fim da *"Amber Fox"*, a Aliança considerou que não estavam ainda reunidas as condições para deixar o país: entre Dezembro de 2002 e Março de 2004, a "Operação *Allied Harmony*" continuou a providenciar apoio ao governo, a fim de minimizar os riscos de desestabilização, e a dar protecção aos observadores internacionais. A 31 de Março, a NATO entregou a missão à UE.[826]

A Aliança não se retirou totalmente nem da Bósnia-Herzegovina, nem da Macedónia. Mantém uma presença residual nas duas repúblicas a fim de ajudar as autoridades na área da reforma da defesa. Em vista está também a preparação para a adesão ao Programa da Parceria para a Paz e eventualmente para a adesão futura à NATO.[827] A União Europeia e a NATO também trabalharão em conjunto na Bósnia-Herzegovina em várias questões importantes, como dar apoio ao Tribunal Penal Internacional para a ex-Jugoslávia da Haia.[828]

A NATO viu-se envolvida em operações militares após os ataques da al-Qaeda aos EUA a 11 de Setembro de 2001. A 12 de Setembro, todos os estados-membros da Aliança, condenaram os ataques, invocaram, pela primeira vez na sua história, o artigo 5.º (que afirma que um ataque armado contra um ou mais membros da Aliança, é considerado um ataque contra o colectivo) e ofereceram o seu apoio aos Estados Unidos. A operação militar contra os Taliban,

---

[826] "NATO HQ Skopje" (em http://www.nato.int/fyrom/home.htm).

[827] *Ibid.*

[828] Os Balcãs foram um importante berço da al-Qaeda, o segundo mais importante depois do Afeganistão. Grande parte da estrutura do movimento terrorista na Europa teve o seu núcleo nos Balcãs. Daí, expandiu-se para a Europa Ocidental. V. Evan F. Kohlmann, *Al-Qaida´s Jihad in Europe: The Afghan-Bosnian Network*, Oxford University Press, Oxford, Berg, 2004. Grande parte dos *mujahideen* que participaram na *jihad* dos Balcãs abandonou o país ou foi expulsa na sequência da celebração dos Acordos de Dayton. Contudo a zona continua a ser um importante centro de movimentação da nebulosa terrorista. Por esta razão, a NATO continua empenhada nas actividades de intelligence e contra-terrorismo naquela zona.

284   *As Nações Unidas e a Manutenção da Paz*

liderada por Washington e conduzida essencialmente com meios americanos, recebeu uma cobertura diplomática por parte do CS das Nações Unidas, com a resolução 1373.[829] É, a vários níveis, uma resolução inédita nos 60 anos de vida da organização: (1) caracteriza o terrorismo internacional como "uma ameaça à paz e segurança internacionais"; (3) afirma a necessidade de "combater por todos os meios, de acordo com a Carta das Nações Unidas, as ameaças à paz e à segurança internacionais causadas pelos actos terroristas" e (3) reafirma o "direito inerente individual e colectivo de auto-defesa".

Os EUA e 19 Aliados lançaram a Operação *"Enduring Freedom"* para derrubar o regime dos Taliban e desenraizar a al-Qaeda do Afeganistão. Contemporaneamente, foi lançada a *International Security Assistance Force* (ISAF). A força foi constituída na Conferência de Bona de 5 de Dezembro de 2001, a qual reuniu os grupos de oposição afegãos após a deposição do regime extremista taliban. A reunião decidiu criar um governo interino, a Autoridade Transitória Afegã, e solicitou ao CS uma força internacional mandatada pela ONU para assistir o novo governo. A ISAF foi aprovada pela resolução 1386 do CS de 20 de Dezembro de 2001.[830] Trata-se de uma força constituída nos moldes de uma *"coalition of the willing"* criada com a autorização do CS, mas organizada fora do âmbito da ONU. A Aliança encarregou-se do comando da ISAF a partir de Agosto de 2003. Até essa altura, a força multinacional era comandada por países a título individual, com base num sistema de rotação semestral que se tornava difícil de gerir.[831]

A ISAF é assim a segunda missão da NATO fora da área Euro--Atlântica. Foi mandatada para providenciar a segurança,[832] para

---

[829] De 28 de Setembro de 2001.

[830] V. subsequentes resoluções: 1413 (de 23 de Maio de 2002), 1444 (de 27 de Novembro de 2002) e 1510 (13 de Outubro de 2003). Esta última tem a particularidade de mencionar explicitamente a NATO

[831] Inicialmente, certos estados ofereceram-se para liderar a ISAF numa base semestral. O primeiro foi o Reino Unido, seguido pela Turquia. A terceira missão da ISAF, a partir de Fevereiro de 2003, foi liderada conjuntamente pela Alemanha e pela Holanda, com o apoio da NATO. Desde 11 de Agosto de 2003, a ISAF é liderada pela NATO e financiada pelos estados-membros que contribuem com tropas (v. http://www.nato.int/issues/afghanistan/evolution.htm e http://www.afnorth.nato.int/ISAF/about/about/_history.htm).).

[832] Inicialmente, apenas na área em torno de Kabul. A resolução 1510 expandiu o mandato da ISAF a todo o país.

apoiar a Autoridade Transitória do Afeganistão e para auxiliar as actividades da *UN Assistance Mission to Afghanistan* (UNAMA), bem como outras agências humanitárias na condução das suas tarefas humanitárias e de reconstrução do país. Trinta e seis países contribuem com 8.000 tropas para a ISAF (26 dos quais são estados-membros, nove são países associados e um não associado).[833] Os países não-NATO coordenam a sua actuação com a NATO. A NATO pôs em prática uma série de projectos na área da Cooperação Civil-Militar para reconstrução das infra-estruturas (nas áreas da educação, saúde, água, estruturas sanitárias) e do regresso dos deslocados e refugiados. As *Provincial Reconstruction Teams* são pequenas equipas de pessoal civil e militar destacadas para áreas específicas e envolvidas no processo de reconstrução do país.

Em Junho de 2004, a NATO decidiram lançar outra operação de apoio ao Iraque: a *NATO Training Mission*. Ela contribuirá para reformar o sistema de segurança, treinar a fazer o acompanhamento dos oficiais do ministério da defesa, quartéis militares e centros de operação. A Aliança criará ainda um *Training, Education and Doctrine Center* para a formação dos escalões médios e séniores das forças iraquianas.

Na área do *peacekeeping*, é indiscutível que a NATO pode oferecer uma estrutura, procedimentos, capacidades e uma experiência que nenhuma outra organização possui. Os Aliados desenvolveram: procedimentos comuns, sistemas de comando e de controlo, capacidades logísticas, meios de transporte, infra-estruturas modernas e uma capacidade sofisticada de recolha de intelligence. A Aliança dispõe de forças bem treinadas, modernas e interoperáveis, Devido ao nível dos seus meios, a NATO pode apoiar operações humanitárias vastas e complexas, a que se acrescenta o facto de dispor de tropas com uma experiência importante em missões de *peacekeeping* e em crises humanitárias.

O *peacekeeping* multifuncional é uma área onde a NATO pode dar um contributo particular, devido à complexidade de que tais operações se revestem e à probabilidade de neles ser empregue a força. A estes aspectos pode-se acrescentar, a necessidade de multina-

---

[833] "NATO in Afghanistan: Facsheet" (http://www.nato.int/issues/afghanistan/actualizado a 22.06.2005

286   *As Nações Unidas e a Manutenção da Paz*

cionalidade, de intelligence, transporte estratégico, meios sofisticados de comunicações e sistemas e procedimentos de comando, controlo e coordenação.

Com as operações nos Balcãs, a NATO tem adquirido uma experiência notável na coordenação operacional das operações com outras organizações. Na Bósnia-Herzegovina, a NATO conseguiu cumprir largamente os objectivos da missão (embora não se possa fazer um balanço positivo da situação devido às deficiências estruturais inerentes aos Acordos de Dayton). Com a experiência acumulada na Bósnia-Herzegovina, a NATO pôde abraçar uma operação mais ambiciosa: a KFOR. No Kosovo, a KFOR deveria actuar em estreita ligação (e sintonia) com uma série de organizações civis: as NU (responsáveis pela administração civil), o ACNUR (assistência humanitária), a OSCE (democratização e *institution building*) e a UE pela reconstrução. O Kosovo é, aliás, o caso mais evidente de um nível elevado de coordenação e integração entre as organizações militares e as civis. A UNMIK e a KFOR, juntamente com as outras componentes civis, funcionaram como uma equipa conjunta, num caso único na história de cooperação civil-militar.[834]

Nos Balcãs, a acção de NATO assenta basicamente na lógica da "subcontratação" em relação à ONU. Durante a guerra na ex--Jugoslávia, a ONU delegou na Aliança a autoridade para usar a força contra os beligerantes. Após a conclusão das hostilidades, a Aliança assumiu um papel activo de *peacebuilding*. Aliás, as Nações Unidas limitaram-se a aprovar o modelo de operações delineadas pela NATO para a Bósnia-Herzegovina (IFOR/SFOR) e para o Kosovo (KFOR), conferindo-lhes poderes de *enforcement* ao abrigo do Capítulo VII da Carta. Nas operações de *peacebuilding* da Bósnia--Herzegovina e Kosovo, há uma divisão de tarefas entre as componentes civil-militar: a parte civil cabe à ONU, e a parte militar à NATO (embora esta, principalmente na KFOR, execute tarefas civis).

Desta forma, a NATO assumiu-se como o braço armado da ONU nas circunstâncias em que o entendeu, retendo contudo a sua total liberdade de acção. Efectivamente, a Aliança não pretende ser considerada formalmente como um "acordo ou organização regional",

---

[834] Leurdijk, *op. cit.*, pp. 69-70.

tal como definidos no artigo 52.º da Carta. A tal acontecer, qualquer acção ao abrigo do Pacto poderia ficar sujeita ao veto do CS. A Aliança poderia perder a sua autonomia, o que minaria a própria lógica da sua existência enquanto organização de defesa colectiva. A intervenção armada no Kosovo mostra que a Aliança pretende manter aberta as suas opções quanto ao uso da força em situações que não sejam estritamente as do artigo 5.º (isto é a defesa face à agressão). A NATO determinará assim quando, onde e como pretende intervir, seja em cumprimento das resoluções da ONU, seja em cenários de *peace-enforcement* decididos pela NATO (como a Operação *"Enduring Freedom"* no Afeganistão).

IX.5. A Organização para a Segurança e Cooperação na Europa

A OSCE tem as suas origens na Conferência para a Segurança e Cooperação na Europa (CSCE), um fórum de diálogo e cooperação multilateral criado no princípio dos anos 70 para aproximar o Ocidente e o Leste. As negociações basevam-se em três conjuntos de grandes questões agrupadas em "cestos" (*baskets*). O Cesto I continha princípios que governavam as relações entre os estados na área da segurança e com "medidas de criação de confiança" específicas. Estas resumiam-se a medidas militares que se destinavam a criar transparência e a reduzir as tensões. Consistem em garantias fornecidas aos potenciais adversários, no sentido em que os preparativos militares são defensivos e não-ameaçadores. O Cesto II tratava da cooperação no campo económico, científico, tecnológico e do ambiente. O Cesto III previa a cooperação em áreas humanitárias, incluindo os contactos de pessoas dos dois blocos, as deslocações e turismo, os intercâmbios de informação, culturais e educacionais. Este último cobria assim questões relevantes na área dos Direitos Humanos, especialmente a liberdade de movimento de pessoas, a liberdade de pensamento e de troca de informações entre cidadãos dos dois blocos antagónicos.

Até 1990, a CSCE funcionou essencialmente através da realização de reuniões pontuais e de conferências que estabeleciam as normas e compromissos, cuja implementação era revista periodicamente. Porém, na Cimeira de Paris de 1990, os membros adoptaram a Carta de Paris para uma Nova Europa, documento que conferia à CSCE um novo papel na mudança histórica na Europa. A Cimeira de Budapeste de 1994 reconheceu que a CSCE já não era um simples sistema de conferências periódicas e promoveu-a a organização.

Actualmente a OSCE é a maior organização de segurança regional existente no mundo. Os 55 estados-membros provêm da Europa, Ásia Central e Norte da América abrangendo a área geográfica "de Vancouver a Vladivostok". Um dos aspectos mais relevantes da OSCE é o seu vasto conjunto de membros, o que a torna num espaço único, simultaneamente euro-atlântico, pan-europeu e euro-ásiatico. A organização fundou o seu papel na área da segurança numa base normativa firme, incluindo os Direitos Humanos e a governação democrática. A conjugação destas diferentes vertentes confere à organização uma fisionomia peculiar, isto é, de uma organização com uma mais-valia que vai para além do epíteto de organização de segurança. Estes valores partilhados foram aceites pelos Estados europeus, mau-grado a considerável diversidade de valores que caracterizava a região, principalmente até 1989.

A OSCE tem como prioridades a consolidação dos valores comuns aos estados participantes e a ajuda na construção de sociedades democráticas baseadas nas regras do Estado de Direito. Visa ainda prevenir conflitos locais, restabelecer a estabilidade e paz em áreas dilaceradas pela guerra, colmatar défices de segurança e evitar a criação de novas divisões políticas, económicas e sociais através da promoção de um sistema de segurança co-operativo.

Os vários aspectos da segurança são considerados como indivisíveis nas suas várias dimensões: político-militar, económica-ambiental e humana. Este aspecto transparece ainda do facto da OSCE intervir nas várias fases do conflito da prevenção, à gestão do conflito e à reabilitação pós-conflito. A OSCE desempenha funções significativas na área de segurança, como o controle de armamento, e em áreas mais *soft* da segurança, como a monitorização de eleições, a protecção de Direitos Humanos e a cooperação económica.

A diplomacia preventiva é o principal pilar da OSCE no campo da segurança: é o objectivo operacional mais patente nas actividades da organização e onde ela tem demonstrado ser mais eficaz. Ao longo dos anos, a OSCE tem vindo a desenvolver com êxito ferramentas e expertise que lhe asseguraram algum sucesso nesta matéria.

O Peacekeeping numa Perspectiva Comparada

As várias instituições da OSCE desempenham aqui um papel chave. O seu mandato confere-lhes a possibilidade de detectar focos de conflitos na sua fase inicial. As missões no terreno traduzem a postura da OSCE na prevenção de conflitos. A contribuição da OSCE para prevenir a escalada de conflitos é visível nos esforços empreendidos nos chamados *"frozen conflicts"* (conflitos congelados) na Transnístria, no Nagorno-Karabakh, na Ossétia do Sul e no apoio da mediação das Nações Unidas na Abcázia.

As principais instituições envolvidas na prevenção, gestão e reabilitação pós-conflito são o Centro de Prevenção de Conflitos (Viena), o Alto Comissariado para as Minorias Nacionais (Haia) e o Escritório para as Instituições Democráticas e para os Direitos Humanos (ODIHR),[835] sediado em Varsóvia.

Outra instituição importante é o Centro de Prevenção de Conflitos, criado na Cimeira de Istambul de 1999, e que funciona no âmbito do Secretariado. O Centro apoia a organização das operações de *peacekeeping*, faz a gestão diária das mesmas e assegura a necessária troca de informações entre a sede e o terreno. O Secretariado dispõe dos REACT, *Rapid Expert Assistance and Cooperation Teams*, para recrutar e formar o pessoal para as missões. O ODIHR desempenha um papel activo na monitorização de eleições e no desenvolvimento de instituições eleitorais e de Direitos Humanos. Fornece assistência técnica e legal às instituições nacionais, promove o desenvolvimento das ONGs e da sociedade civil.

O Alto Comissariado para as Minorias Nacionais é uma instituição que merece relevo pelo papel fundamental que desempenha na prevenção de conflitos. A sua actividade principal concentra-se na detecção de situações potencialmente conflituosas que envolvam minorias nacionais e que possam fazer perigar a paz: o "alerta antecipado". Este deverá ser dirigido ao Conselho Permanante da OSCE que deverá decidir do tipo de acções a tomar. No âmbito da "acção antecipada", o Comissário dispõe de liberdade de iniciativa para lançar missões de avaliação. O Alto Comissário usa ainda os seus bons-ofícios e a mediação para aconselhar as partes de forma a desescalar as tensões.

---

[835] Do inglês, *Office for Democratic Institutions and Human Rights*.

290 *As Nações Unidas e a Manutenção da Paz*

A organização tem 18 missões em 16 estados que empregam um total de 3.5000 pessoas. As missões mais importantes decorrem na Bósnia-Herzegovina, Croácia, Kosovo, Sérvia e Montenegro, Moldova e Geórgia. Tais intervenções reflectem a prioridade concedida pela organização às zonas dos Balcãs e ao espaço do ex-Bloco de Leste (Europa central e de leste, Cáucaso e Ásia central). A organização encontrou aí um campo de actividade preferencial, em parte porque essas zonas não são alvo de tanta atenção por parte das outras organizações internacionais. A OSCE pode aí justificar a sua razão de existir demonstrando as suas vantagens comparativas.

Na Bósnia-Herzegovina, a OSCE conduz uma das suas operações mais importantes, em cooperação com a ONU, UE e a NATO. A acção da OSCE abrange uma série de áreas, em conformidade, aliás, com a sua concepção de segurança abrangente e com as suas três dimensões prioritárias de intervenção. A principal preocupação da OSCE é o reforço das instituições, de acordo com as normas democráticas e do Estado de Direito, a protecção dos Direitos Humanos, a reforma da administração pública, do sector educativo e eleitoral.[836] No Kosovo, a OSCE constitui o III Pilar da UNMIK. Já antes da intervenção militar da NATO em 1999, os acordos sobre o Kosovo, negociados em Outubro de 1998 por Richard Holbrooke, conferiam à OSCE uma tarefa importante: a de observar a retirada das forças sérvias e desarmar o Exército de Libertação do Kosovo. A missão de 2.000 observadores civis foi a maior missão da organização até à data. A UNMIK tem dado prioridade à consolidação das instituições governativas, à definição do estatuto final da província, à reconciliação das comunidades sérvias e albanesas e à monitorização dos Direitos Humanos.

A OSCE também tem escritórios e centros em numerosos países, principalmente na Europa central e de leste, Cáucaso e Ásia central. Apesar da latitude geográfica que cobrem, estas estruturas da OSCE estão dotadas de pouco pessoal, pelo que a sua actividade não pode ser ambiciosa. Em 2004, a organização assegurou a observação de 15 actos eleitorais, o que é demonstrativo do empenho da organização nesta área.

---

[836] OSCE, *OSCE Handbook* (http://www.osce.org/publications/osce/2005/04/13858_222_en.pdf), p. 45 e segs.

Apesar da sua boa-vontade, a acção da OSCE no campo do *peacekeeping* tem uma expressão limitada. A Cimeira de Helsínquia de 1992, criou efectivamente as missões para efeitos de alerta precoce, prevenção de conflitos e gestão de crises e a resolução pacífica de disputas. No que se refere à diplomacia preventiva e à prevenção de conflitos, a organização pôs em prática com sucesso estes mecanismos na Estónia, Letónia e Ucrânia. Na área da gestão de conflitos e da reconstrução, as capacidades da OSCE são manifestamente insuficientes. Além da falta de meios, as operações de *peacekeeping* só podem ser lançadas se reunirem os seguintes requisitos políticos a nível dos estados-membros: a aprovação por consenso; o consentimento por escrito dos estados envolvidos; serem instituídas após a entrada em vigor de um cessar-fogo efectivo e com garantias de segurança para os participantes.[837]

Além disso, a OSCE necessitaria de recorrer aos meios doutras organizações, uma vez que não dispõe de meios militares próprios. A OSCE depende mais directamente da NATO, isto é da IFOR e da SFOR, que lhe tem fornecido protecção militar para as suas operações na Bósnia (como a monitorização de eleições e verificação do regresso dos refugiados) e da UE para financiar os seus projectos, essencialmente no âmbito da reconstrução pós-conflito. No geral, às limitações de meios e de recursos financeiros, soma-se: a falta de vontade dos estados-membros em atribuirem à organização um papel mais determinado na área do *peacekeeping* e a indefinição quanto ao próprio rumo e prioridades da organização.[838]

---

[837] Maria Raquel Freire, "De conferência a organização. A OSCE face aos desafios da globalização", *Lusíada*, nº 5, 2004.

[838] Maria Raquel Freire, *Conflict and Security in the Former Soviet Union*, Aldershot, Ashgate, 2003.

CONCLUSÃO

A importância do *peacekeeping* é expressa de modo eficaz por Carlos Martins Branco quando diz que "o facto das operações de manutenção de paz não se encontrarem previstas no texto da Carta das Nações Unidas... não impediu que estas se viessem a revelar como um dos principais instrumentos da ONU no capítulo da paz e da segurança internacionais, ao ponto de se confundirem com a própria Organização."[839]

O *peacekeeping* é uma das actividades mais notórias e das mais difíceis das Nações Unidas até porque, apesar de ter algumas décadas, a sua definição é objecto de contínua discussão e evolução. Os seus contornos variam de operação para operação e vogam ao sabor da vontade e empenho dos membros permanentes do Conselho de Segurança.

As fronteiras do *peacekeeping* foram-se alterando e tornando mais abrangentes: das simples missões de observação, com um reduzido número de efectivos e funções simples, o *peacekeeping* evoluíu para missões complexas (*peace-building*) que implicam uma multiplicidade de tarefas e que chegam a congregar muitas centenas ou, vários milhares de efectivos.

A experiência das operações de manutenção de paz nos anos 90, permitiu ultrapassar o tabu relativo ao uso da força. A partir da *Agenda para a Paz*, as NU demonstram uma crescente vontade de usar a força em apoio dos seus objectivos. Boutros-Ghali propôs, a criação de "unidades de imposição de paz". O actual Secretário-Geral, Kofi Annan, fala de "operações de indução" e o *Relatório Brahimi* advoga a criação de forças "musculadas" afirmando que os mandatos deveriam especificar o poder das operações de *peacekeeping*

---

[839] Branco, *op. cit.*, p. 99.

para usar a força. As operações de paz da segunda geração demonstram as limitações dos princípios do *peacekeeping* tradicional em operações caracterizadas por um consentimento limitado e onde a força é usada em defesa das populações.

As limitações da ONU a nível do *peacekeeping* não se confinam aos aspectos de gestão e operacionais. Os problemas mais proeminentes que emergem desta análise são: dificuldades de uma planificação real, incapacidade de aplicar o princípio da unidade de comando, mandatos pouco claros e falta de resposta dos estados no voluntariar tropas.

As actividades da ONU no campo da manutenção da paz e da segurança formam um todo complexo, que vai da prevenção dos conflitos ao *peacekeeping* e *peace-building*. Estas operações requerem o que alguns autores chamam "abordagem holística" e que corresponde aquilo que Boutros-Ghali, em Setembro de 1994, referiu como "uma abordagem global para uma ordem internacional pacífica".

O *peacekeeping* não pode ser um fim em si mesmo – permite apenas ganhar tempo e criar um espaço de pausa nos conflitos. Alguns autores têm posto a tónica na incapacidade das NU em resolver de forma definitiva os conflitos, embora a sua intervenção sirva seguramente para evitar maior perda de vidas humanas. O *peacekeeping* deve ser parte de um processo mais abrangente para impedir o reacender do conflito, promover a sua resolução (*peacemaking)*, a reconstrução e o desenvolvimento dos países devastados pela guerra (*peace-building*). Deve portanto haver continuação de esforços durante e após das actividades de *peacekeeping*, o que exigirá das NU maior clareza conceptual quanto às tarefas do *peacekeeping* e, numa vertente mais prática, mais e melhor recursos.

No pós-Guerra Fria, as NU começaram a demonstrar interesse crescente pela descentralização das actividades de *peacekeeping*. Assim, os anos 90 assistiram à emergência das organizações regionais e sub-regionais como actores importantes na gestão de crises. A UEO, até 2000, e a UE tentaram desenvolver capacidades europeias para intervir em cenários de gestão de crises, mas estão dependentes dos meios da NATO, dadas as conhecidas limitações militares dos países europeus. A NATO, com o fim da Guerra Fria, encontrou na gestão de crises uma área privilegiada de actuação – e concomitante razão de ser, uma vez que tinha perdido o seu móbil que era defender a Europa da ameaça soviética. A reformulação do seu papel permitiu-lhe intervir na Bósnia-Herzegovina e no Kosovo, demonstrando ser uma mais--valia em operações complexas e na área do *peace-building*. A OSCE, na falta de meios militares que lhe permitam conduzir operações de *peacekeeping*, tem encontrado uma razão continuada para a sua existência na gestão dos riscos e das múltiplas instabilidades que marcam a área da Europa de Leste e da ex-URSS, incluindo Cáucaso e Ásia Central.

África é o continente onde a regionalização do *peacekeeping* teve manifestações mais interessantes: e isto mau-grado os enormes obstáculos políticos e dificuldades materiais de que se ressente. O *peacekeeping* em África conheceu uma geometria variável desde a década de 90 com a intervenção de uma multiplicidade de organizações e actores. No geral, as entidades regionais não constituem substitutos adequados da ONU. À excepção da NATO, que detém recursos militares invejáveis, elas não dispõem dos meios adequados e confrontam-se com mais limitações do que a própria ONU. A actuação das Nações Unidas continua a ser essencial, não só por razões práticas, mas igualmente como factor de legitimação das intervenções regionais.

BIBLIOGRAFIA

LIVROS

ADEBAJO, Adekeye, *Building Peace in West Africa*, Boulder, CO, Lynne Rienner, 2002.

ARMSTRONG, David et. al, *From Versailles to Maastricht: International Organisation in the Twentieth Century*, NY, St. Martin´s Press, 1996.

BELLAMY, Alex J. et al., *Understanding Peacekeeping*, Cambridge, Polity Press, 2004.

BLOED, Arie e WESSEL, Ramses A., *The Changing Funtions of the Western European Union*, Dordrecht, Martinus Nijhoff Publishers, 1994.

BOULDEN, Jane, *The United Nations and Mandate Enforcement*, Kingston, Ontario, Centre for International Relations/ Institut Quebécois dês Hautes Études Internationales, Martello Papers, 1999.

BOUTROS-GHALI, Boutros, *Unvanquished: A U.S. – U. N. Saga*, Londres, I. B. Tauris, 1999.

BOWETT, Derek W., *United Nations Forces: A Legal Study*, NY, Praeger, 1964.

BROWN, Marjorie Ann, "UN Peacekeeping: Historical Overview and Current Issues", *Report for Congress*, Washington, D. C., Congressional Research Service, 1993.

BURTON, John W., *Conflict: Resolution and Provention, vol. I*, Houndsmill–Basingstoke, Macmillan, 1994.

CAMPBELL, David, *National Deconstruction: Violence, Identity, and Justice in Bosnia*, Minneapolis, MN, University of Minnesota Press, 1998.

CAMPOS, João Mota et al., *Organizações internacionais*, Lisboa, Fundação Calouste Gulbenkian, 1999.

CARVALHO, Pedro Raposo de Medeiros, *Nações Unidas: Um Actor na Resolução dos Conflitos*, Lisboa, Universidade Lusíada Editora, 2003.

CLAUDE, Inis L., Jr., *Swords into Plowshares: The Progress and Problems of International Organization*, 3ª ed., NY, Random House, 1964.

COUSENS, Elizabeth, KUMAR, Chetan e WERMESTER, Karin (eds.), *Peacebuilding as Politics: Cultivating Peace in Fragile Societies*, Boulder, CO, Lynne Rienner, 2000.

DEBRIX, François, *Re-envisioning Peacekeeping: The UN and the Mobilization of Ideology*, Minneapolis, University of Minnesota Press, 1999.

DIEHL, Paul, *International Peacekeeping*, Baltimore, Md., Johns Hopkins University Press, 1994.

DURCH, William, *The Evolution of UN Peacekeeping*, NY, St. Martin´s Press, 1993.

ESCARAMEIA, Paula, *Colectânea de jurisprudência de direito internacional*, Coimbra, Almedina, Janeiro de 1992.

ESCARAMEIA, Paula, *Colectânea de leis de direito internacional*, 2º ed., Lisboa, ISCSP, 1998.

ESCARAMEIA, Paula, *Reflexões sobre temas de direito internacional público: Timor, a ONU e o Tribunal Penal Internacional*, Lisboa, ISCSP, 2001.

FERNANDES, António J. Fernandes, *Organizações políticas internacionais*, Lisboa, Ed. Presença, s. d.

FETHERSTON, A. B., *Towards a Theory of UN Peacekeeping*, Houndsmill–Basingstoke, Palgrave, 1994.

FREIRE, Maria Raquel, *Conflict and Security in the Former Soviet Union: The Role of the OSCE*, Aldershot, Ashgate, 2003.

GEORGE, Alexander L., *Forceful Persuasion: Coercive Diplomacy as an Alternative to War*, Washington, D. C., US Institute of Peace, 1991.

GEORGE, Alexander, HALL, David e SIMONS, William, *The Limits of Coercive Diplomacy*, Boston, Mass., Little, Brown & Co., 1971.

HAMPSON, Fen Osler, *Nurturing Peace: Why Peace Settlements Succeed or Fail*, Washington, D.C., USIP Press, 1996.

HARBOTTLE, Michael, *The Blue Berets: The Story of the United Nations Peacekeeping Forces*, Londres, Leo Cooper, 1971.

HARBOTTLE, M., *What is Proper Soldiering? A Study on New Perspectives for the Future Uses of the Armed Forces in the 1990s*, Oxen, UK, Centre for International Peacebuilding, 1991.

IKENBERRY, G. J., *After Victory: Institutions, Strategic Restraint, and the Rebuilding of Order after Major Wars*, Princeton, NJ, Princeton University Press, 2001.

International Peace Academy, *Peacekeeper's Handbook*, NY, IPA e Pergamon Press, 1984.

JAMES, Alan, *The Politics of Peacekeeping*, Londres, Chatto & Windus/IISS, 1969.

JETT, Dennis C., *Why Peacekeeping Fails*, NY, Palgrave, 2001.

LENCZOWSKI, George, *American Presidents and the Middle East*, Durham, NC, Duke University Press, 1992

KIRGIS, Frederic L., *International Organiztions in their Legal Setting. Documents, Comments and Questions*, West Publishing Co., St. Paul, Minn., 1977.

LUARD, Evan, *A History of the United Nations*, vol. 1, The MacMillan Press, Londres, 1982.

MACKINLAY, John e CHOPRA, Jarat, *A Draft Concept of Second Generation Multinational Operations 1993*, Providence, RI, Thomas J. Watson Jr. Institute for International Studies, 1993.

MINGST, Karen A. e KARNS, Margaret P., *The United Nations in the Post-Cold War Era*, Boulder, CO, Westview Press, 1995.

MOREIRA, Adriano, *Notas do tempo perdido*, Lisboa, ISCSP, 2005.

NORTON, A. R., e WEISS, T. G., *UN Peacekeepers: Soldiers with a Difference*, Headline Series, nº 292, NY, Foreign Policy Association, 1990.

OLONISAKIN, Funmi, *African Peacekeeping at the Crossroads: An Assessment of the Continent's Evolving Peace and Security Architecture*, Conflict, Security and Development Group, International Policy Institute, King's College, Londres, Setembro de 2004.

PINTO, Maria do Céu, *"Infiéis na Terra do Islão": os Estados Unidos, o Médio Oriente e o Islão*, Lisboa, Fundação Calouste Gulbenkian/Fundação para a Ciência e Tecnologia, Lisboa, 2003.

Bibliografia 299

RATNER, Steven R., *The New UN Peacekeeping: Building Peace in Lands of Conflict after the Cold War*, NY, St. Martin´s Press, 1995.

RIBEIRO, Manuel de Almeida, *A Organização das Nações Unidas*, Coimbra, Almedina, 1998.

RIBEIRO, Manuel A. Ribeiro e SALDANHA, António V., *Textos de Direito Internacional Público: Organizações Internacionais*, Lisboa, ISCSP-UTL, 1995.

RIKHYE, Indar J., *The Theory and Practice of Peacekeeping*, Londres, C. Hurst & Company/The International Peace Academy, 1984.

RIKHYE, I. J.; M. Harbottle e B. Egge, *The Thin Blue Line: International Peacekeeping and Its Future*, New Haven, CT, Yale University Press, 1974.

ROBINSON, William I., *Promoting Polyarchy: Globalization, US Intervention and Hegemony*, Cambridge, Cambridge University Press, 1996.

Stockholm International Peace Research Institute, *SIPRI Yearbook 1999*, Londres, Oxford University Press, 1999.

United Nations, Department of Peacekeeping Operations, *General Guidelines for Peacekeeping Operations*, UN document 95-38145, United Nations, NY, 1995.

United Nations, *Handbook on the Peaceful Settlement of Disputes between States*, NY, 1992.

United Nations, *The Blue Helmets: A Review of United Nations Peacekeeping*, NY, UNDPY, 1990.

UNITAR, *The United Nations and the Maintenance of International Peace and Security*, Lancaster, Martinus Nijhoff, 1987.

URQUHART, Brian, *A Life in Peace and War*, NY, W. W. Norton & Co., 1987.

URQUHART, Brian, *Ralph Bunche: An American Odyssey*, NY, W. W. Norton & Company, 1993.

VIANA, Vítor Rodrigues, *Segurança colectiva: A ONU e as operações de apoio à paz*, Lisboa, IDN/Edições Cosmos, 2002.

WEISS, Thomas G. e CHOPRA, Jarat, *United Nations Peacekeeping: An ACUNS Teaching Text*, Hanover, NH, Academic Council on the United Nations System, 1992.

PAPERS e RELATÓRIOS

AGOAGYE, Festus, *The African Mission in Burundi: Lessons Learned from the First African Union Peacekeeping Operation*, (http://www.trainingforpeace.org/pubs/accord/ctrends204/CT2_2004%20PG9-15.pdf).

BRANCO, Carlos Martins, "As operações de paz: o passado, o presente e o futuro", paper cedido pelo autor.

BRANCO, Carlos Martins, *O Relatório Brahimi e as operações de paz da ONU no século XXI*, paper cedido pelo autor.

BROWNE, Marjorie Ann, "United Nations Peacekeeping: Issues for Congress", *CRS Issue Brief for Congress*, Congressional Research Service, 7 de Maio de 2003.

Carnegie Commission on Preventing Deadly Conflict "Against Complacency", in *Preventing Deadly Conflict*, Final Report of the Carnegie Commission on Preventing Deadly Conflict, 1997 (wwwc.cc.columbia.edu).

CASSIDY, Robert M. Cassidy, "Armed Humanitarian Operations: The Development of National Military Doctrines in Britain, Canada, France and the United Sates, 1991-1997", Working Paper, CIAONET, 18-21 de Março de 1998.

CHOPRA, Jarat, *UN Authority in Cambodia*, Watson Institute for International Studies, Occasional Paper n° 15, Providence, RI, Watson Institute, 1994.

COLLINS, Cindy e WEISS, Thomas, *An Overview and Assessment of 1989-1996 Peace Operations Publications*, Occasional Paper n° 28, Providence, RI, Watson Institute, 1997.

CRAVO, Teresa, "Entre a centralidade e a marginalização: a reforma da ONU para o séc. XXI", *Working Paper 13*, IPRI.

DUBEY, Amitabh Dubey, *Domestic Institutions and the Duration of Civil War Settlements*, paper apresentado à International Studies Association, New Orleans, 24-27 de Março de 2002.

FARIA, Fernanda, *La gestion des crises en Afrique subsaharienne*, Occasional Paper, Institut d´Études de Securité de l´Union Européenne, n° 55, Novembro de 2004.

FERREIRA, Patrícia Magalhães, "A África e a Europa: Resolução de conflitos, governação e integração regional", Background Paper, IEEI.

FETHERSTON, A. B., *From Conflict Resolution to Transformative Peacebuilding: Reflections on Croatia*, Working Paper 4, Centre for Conflict Resolution, Department of Peace Resolution, Universidade de Bradford, Abril de 2000.

FORTNA, Page, *Does Peacekeeping Keep Peace? And If So, How?*, Paper para o Workshop on Peacekeeping and Politics, NY, Columbia University, 18 de Outubro de 2002.

FORTNA, Page, *Forever Hold Your Peace? An Assessment of Peacekeeping in Civil Wars*, paper para o Research Program in International Security, Princeton University, 28 de Março de 2003.

HIGGINS, Rosalyn, *The Development of International Law through the Political Organs of the United Nations*, Londres, Oxford University Press, 1963.

HILLEN, John, *Blue Helmets: The Strategy of UN Military Operations*, Dulles, VA, Brassey´s, 2000.

HOWARD, Lise Morjé, *UN Peacekeeping in Civil Wars: Success, Failure, and Organizational Learning*, paper apresentado na reunião annual da International Studies Association, Nova Orleães, 24 de Março de 2002.

International Commission on Intervention and State Sovereignty, *The Responsibility to Protect*, Ottawa, International Development Research Center, 2001.

ICG, *The Congo: Solving the FDLR Problem Once and for All*, Africa Briefing n° 25, Nairobi/Brussels, 12 de Maio de 2005.

ICG, *EU Crisis Response Capability Revisited*, Europe Report n° 160, 17 de Janeiro de 2005.

JONES, Bruce e CHERIF, Feryal, *Evolving Models of Peacekeeping*, Peacekeeping Best Practices, External study (http://pbpu.unlb.org/pbpu/library/Bruce%20Jones%20paper%20with%20logo.pdf).

LIPSON, Michael, *UN Peacekeeping: Organized Hypocrisy?*, Paper para a reunião anual da American Political Science Association, Boston, Mass., 29 de Agosto-1 de Setembro de 2001.

MALAN, Mark, "'African Solutions to African Problems': African Peacekeeping and the Challenges for the G-8 Action Plan" (http://64.78.30.169/kaiptc/African%20PK%20and%20Challenges.pdf).

NOWAK, Agnieszka, *L'Union en action: la mission de police en Bosnie*, Occasional Papers, Institut d'Études de Securité de l'Union Européenne, n° 42, Janeiro de 2003.

PUGH, Michael, *Protectorates and Spoils of Peace: Intermestic Manipulations of Political Economy in South-East Europe*, 4 de Novembro de 2000.

RENNER, Michael, "In Focus: UN Peacekeeping: An Uncertain Future", *Foreign Policy in Focus*, vol. 5, n° 28, Setembro de 2000 (www.foreignpolicy-infocus.org/briefs/vol5/v5n28peace.html).

RIVLIN, Benjamin, "U. N. Reform from the Standpoint of the United States", paper, 25 de Setembro de 1995.

ROSTOW, Eugene V., *Should Article 43 of the United Nations Charter Be Raised from the Dead?*, Washington, D. C., McNair Paper Nineteen, INSS/NDU, Julho de 1993.

ULRIKSEN, Ståle, *A Central African Web of Wars: The Conflicts in the DR Congo*, Training for Peace report, Oslo, NUPI, 2004.

WOODHOUSE, Tom, *International Conflict Resolution: Some Critiques and a Response*, Working Paper 1, Centre for Conflict Resolution, Department of Peace Resolution, Universidade de Bradford, Junho de 1999.

ARTIGOS E CAPÍTULOS DE LIVROS

AMARAL, Diogo Freitas do, "Uma presidência portuguesa da Assembleia Geral da ONU", *Nação e Defesa*, n° 104, 2ª série, Primavera de 2003.

ANING, Emmanuel Kwesi, "Towards the New Millenium: ECOWAS´s Evolving Conflict Management System", *African Security Review*, vol. 9, n° 5/6, 2000 (http://www.iss.co.za/pubs/ASR/9No5And6/Aning.html).

ANNAN, Kofi A., "Challenges of the New Peacekeeping", in Olara A. Otunnu e Michael W. Doyle (eds.), *Peacemaking and Peacekeeeping for the New Century*, Rowman & Littlefield Publ., Lanham, MD, 1998, pp. 169-87.

ANNAN, Kofi A., "The Path of Peacekeeping", *Nação e Defesa*, Ano XIX, n° 72, Outubro-Dezembro de 1994.

ANNAN, Kofi, "UN Peacekeeping Operations and Cooperation with NATO", *NATO Review*, vol. 47, n° 5, Outubro de 1993 (em http://www.nato.int/docu/review/1993/9305-1.htm).

AXELROD, Robert e KEOHANE, Robert O., "Achieving Cooperation Under Anarchy: Strategies and Institutions", *World Politics*, vol. 38, Outubro de 1985.

BANKS, M., "The Evolution of International Relations Theory", in M. Banks (ed.), *Conflict in World Society*, Brighton, Wheatsheaf Books, 1984.

BARNETT, Michael N. e FINNEMORE, Martha, "The Politics, Power, and Pathologies of International Organizations", *International Organization*, vol. 53, n° 4, Outono de 1999.

BECKS, Peter J., "The League of Nations and the Great Powers, 1936-1940", *World Affairs*, vol. 157, n° 4, Primavera de 1995.

BERMAN, Frank, Berman, "The Authorization Model: Resolution 678 and Its Effects", in David Malone (ed.), *The UN Security Council: From the Cold War to the 21ˢᵗ Century*, Boulder, CO, Lynne Rienner Publishers, 2004, p. 153-65.

BIERMANN, Wolfgang e VADSET, Martin, "After Dayton", in Wolfgang Biermann e Martin Vadset (eds.), *UN Peacekeeping in Trouble: Lessons Learned from the Former Yugoslavia*, Aldershot, Ashgate, 1998, pp. 349-70.

BIERMANN, Wolfgang e VADSET, Martin, "From UNPROFOR to UNPF: Peacekeeping with Peace Support but without Peace", in Biermann e Vadset (eds.), *op. cit.*, pp. 49-62.

BIERMANN, Wolfgang e VADSET, Martin, "From UNPROFOR to IFOR: Windows of Opportunity 1991 to 1996", in Biermann e Vadset (eds.), *op. cit.*, pp. 63-80.

BIERMANN, Wolfgang e VADSET, Martin, "Setting the Scene", in Biermann e Vadset (eds.), *op. cit.*, pp. 15-46.

BONO, Giovanna, "Introduction: The Role of the EU in External Crisis Management", *International Peacekeeping*, vol. 11, n° 3, Outono de 2004.

BONO, Giovanna, "The EU´s Military Doctrine: An Assessment", *International Peacekeeping*, vol. 11, n° 3, Outono de 2004.

BOUTROS-GHALI, Boutros, "Empowering the United Nations", *Foreign Affairs*, vol. 71, n° 5, Inverno 1992-93.

BOUTROS-GHALI, Boutros, "Peacemaking and Peacekeeping for the New Century", in Otunnu e Doyle, *op. cit.*, pp. 21-6.

BRANCO, Carlos Martins, "As Nações Unidas e as operações de paz: uma perspectiva organizacional", *Nação e Defesa*, n° 104, 2ª série, Primavera de 2003.

BRATT, Duane, "Assessing the Sucess of UN Peacekeeping Operations", in Michael Pugh (ed.), *The UN, Peace and Force*, Londres, Frank Cass, 1997, pp. 64-81.

CARMENT, David e SCHNABEL, Albrecht, "Conflict Prevention – Taking Stock", in David Carment e Albrecht Schnabel (eds.), *Conflict Prevention: Path to Peace or Grand Illusion?*, Tóquio, UN University, 2003, pp. 11- 25.

CHESTERMAN, Simon, "Virtual Trusteeship", in David Malone (ed.), *The UN Security Council*, Boulder, CO, Lynne Rienner Publishers, 2004, pp. 219-33.

CIECHANSKI, Jerzy, "Enforcement Measures under Chapter VII of the UN Charter: UN Practice after the Cold War", in Pugh (ed.), *op. cit.*, pp. 82-104.

CIOBANU, Dan, "The Power of the Security Council to Organize Peace-Keeping Operations", in A. Cassese (ed.), *United Nations Peace-Keeping: Legal Essays*, Alphen aan den Rijn, Sijthoff & Noordhoff, 1978.

CLAPHAM, Christopher, "Rwanda: the Perils of Peacemaking", *Journal of Peace Research*, vol. 25, n° 2, Março de 1998.

COATE, R. A. e PUCHALA, D. J., "Global Policies and the United Nations System: A Current Assessment", *Journal of Peace Research*, vol. 27, n° 2, 1990.

COCKELL, John G., "Joint Action on Security Challenges in the Balkans", in in Michael Pugh e Waheguru P. S. Sidhu (eds.), *The UN and Regional Security*, Boulder, CO, Lynne Rienner/IPA, 2003, pp. 115-35.

CUÉLLAR, Javier Pérez de, "The Role of the UN Secretary-General", in Adam Roberts e Benedict Kingsbury (eds.), *United Nations, Divided World: The UN´s Roles in International Relations*, Oxford, Clarendon Press/Oxford, NY, 1990, pp. 61-77.

DAALDER, Ivo H., "Knowing When to Say No: The Development of US Policy for Peacekeeping", in William Durch (ed.), *UN Peacekeeping, American Politics, and the Uncivil Wars of the 1990s*, NY, St. Martin´s Press, 1996, pp. 35-67.

DIEHL, Paul F., "When Peacekeeping Does Not Lead to Peace: Some Notes on Conflict Resolution", *Bulletin of Peace Proposals*, vol. 18, nº 47, 1987.

DIEHL, Paul F.; DRUCKMAN, Daniel e WALL, James, "International Peacekeeping and Conflict Resolution", *Journal of Conflict Resolution*, vol. 42, nº 1, Fevereiro de 1998.

DIEHL, Paul F., REIFSCHNEIDER, Jennifer e HENSEL, Paul R., "United Nations Intervention and Recurring Conflict", *International Organization*, vol. 50, nº 4, Outono de 1996.

DOBBIE, Charles, "A Concept for Post-Cold War Peacekeeping", *Survival*, vol. 36, nº 3, Outono de 1994.

DOYLE, Michael e SAMBANIS, Nicholas, "International Peacebuilding: A Theoretical and Quantitative Analysis", *American Political Science Review*, vol. 94, nº 4, Dezembro de 2000.

DOYLE, Michael W., "Discovering the Limits and Potential of Peacekeeping", in Otunnu e Doyle (eds.), *op. cit.*, pp. 1-18.

DUFFIELD, Mark, "Evaluating Conflict Resolution: Contexts, Models and Methodology", in SORBO, Gunnar M.; MACRAE, Joanna e WOHLEGEMUTH, Lennart (eds.), *NGOs in Conflict: An Evaluation of International Alert*, Chr. Michelsen Institute, CMI Report Series, Bergen, 1997.

DURCH, William, "Keeping the Peace: Politics and Lessons of the 1990s", in William Durch (ed.), *UN Peacekeeping, American Policy and the Uncivil Wars of the 1990s*, NY, St. Martin´s Press, 1996, pp. 1-34.

EIDE, Espen B., "Conflict Entrepreneurship: On the 'Art' of Waging Civil War", in Anthony McDermott (ed.), *Humanitarian Force*, Oslo, PRIO report 4/97, 1997, pp. 41-70.

ESCARAMEIA, Paula, "Prelúdios de uma Nova Ordem Mundial: o Tribunal Penal Internacional", *Nação e Defesa*, nº 104, 2ª série, Primavera de 2003.

EVANS, Gareth, "A responsabilidade de proteger", *Notícias da OTAN*, Inverno de 2002 (ed. online).

FAWCETT, Louise, "The Evolving Architecture of Regionalization", in Pugh e Sidhu (eds.), *op. cit.*, pp. 11-30.

FETHERSTON, A. B., "Peacekeeping as Peacebuilding: Towards a Transformative Agenda", in L. A. Broadhead (ed.), *Issues in Peace Research, 1995-6*, Bradford, Bradford University Press, 1996.

FETHERSTON, A. B., "Peacekeeping, Conflict Resolution and Peacebuilding: A Reconsideration of Theoretical Frameworks", in Tom Woodhouse e Olivier Ramsbotham (eds.), *Peacekeeping and Conflict Resolution*, Londres, Frank Cass, 2000.

FETHERSTON, A. B., "Peacekeeping, Conflict Resolution and Peacebuilding", *International Peacekeeping*, vol. 7, nº 1, Primavera de 2000.

FETHERSTON, A. Betts, "Voices from Warzones: Implications for Training UN Peacekeepers", in Edward Moxon-Brown (ed.), *A Future for Peacekeeping?*, Houndsmill-Basingstoke, Macmillan, 1998.

FISHER, R. J., e KEASHLY, L., "The Potential Complementarity of Mediation and Consultation within a Contingency Model of Third Party Intervention", *Journal of Peace Research*, vol. 28, nº 1, 1991.

FORMAN, Shepard e GRENE, Andrew, "Collaborating with Regional Organizations", in David Malone (ed.), *op. cit.*, pp. 295-309.

FORMUTH, P. Formuth, "The Making of a Security Community: The United Nations after the Cold War", *Journal of International Affairs*, vol. 46, n° 2, 1993.

FRANCK, Thomas M., "A Holistic Approach to Building Peace", in Otunnu e Doyle (eds.), *op. cit.*, pp. 275-95.

FRANCK, Thomas M., "The Good Offices Function of the UN Secretary-General", in Roberts e Kingsbury, *op. cit.*, pp. 79-94.

FREIRE, Maria Raquel, "De conferência a organização. A OSCE face aos desafios da globalização", *Lusíada*, n° 5, 2004.

GOULDING, Marrack, "The Evolution of United Nations Peacekeeping", *International Affairs*, vol. 69, n° 3, Julho de 1993.

GOURLAY, Catriona, "EU Civilian Crisis Management: Preparing for Flexible and Rapid Response", *European Security Review*, n° 25, Março de 2005.

GHEBREMESKEL, Adane, "Regional Approach to Conflict Management Revisited: The Somali Experience", *The Online Journal of Peace and Conflict Resolution*, n° 4.2, Primavera de 2002 (http://www.trinstitute.org/ojpcr/4_2gheb.htm).

GOURLAY, Catriona Gourlay e MONACO, Annalisa, "Training Civilians and Soldiers to Improve Security in Iraq: An Update of EU and NATO Efforts", *European Security Review*, n° 25, Março de 2005.

GRAEGER, Nina Graeger e NOVOSSELOFF, Alexandra, "The Role of the OSCE and the EU", in Pugh e Sidhu (eds.), *op. cit.*, pp. 75-93.

HENKIN, Louis, "Use of Force: Law and US Policy", in Louis Henkin et al., *Right v. Might: International Law and the Use of Force*, NY, Council on Foreign Relations Press, 1989.

JABLONSKY, David e MCCALLUM, James S., "Peace Implementation and the Concept of Induced Consent in Peace Operations", *Parameters*, Primavera de 1999 (v. . http:// carlisle-www.army.mil/usawc/Parameters/99spring/jablonsk.htm).

JAKOBSEN; Peter Viggo, "The Emerging Consensus on Grey Area Peace Operations Doctrine: Will It Last and Enhance Operational Effectiveness?", *International Peacekeeping*, vol. 7, n° 3, Outono de 2000.

JAKOBSEN, Peter Viggo, "The Transformation of United Nations Peacekeeping Operations in the 1990s: Adding Globalization to the Conventional 'End of the Cold War Explanation' ", *Cooperation and Conflict*, vol. 37, n° 3, 2002.

HIGGINS, Rosalyn, "The New United Nations and Former Yugoslavia", *International Affairs*, vol. 69, n° 3, July 1993.

HOLST, J. J., "Support and Limitations: Peacekeeping from the Point of View of Troop-Contributors", in I. J. Rykhye e K. Skjelsbaek (eds.), *The United Nations and Peacekeeping: Results, Limitations and Prospects*, Londres, Mamillan, 1990.

HOWARD, Michael, "The United Nations and International Security", in Roberts e Kingsbury, *op. cit.*, pp. 31-45.

HUME, Cameron R., "The Security Council in the Twenty-First Century", in Malone (ed.), *op. cit.*, pp. 607-15.

JAMES, Alan, "The Peacekeeping Role of the League of Nations", *International Peacekeeping*, vol. 6, n° 1, Primavera de 1999.

HARBOTTLE, M., "The Strategy of Third Party Interventions in Conflict Resolution", *International Journal*, vol. 35, n° 1, 1980.

LLOYD, Lorna, "The League of Nations and the Settlement of Disputes", *World Affairs*, vol. 157, n° 4, Primavera de 1995.

KAPLAN, Robert, "The Coming Anarchy", *The Atlantic Monthly*, Fevereiro de 1994 (www.theatlantic.com/ election/connection/foreign /anarchy.htm)

KEANE, Rory, "The EU´s African Peace Facility Uncovered: Better Late than Never?", *European Security Review*, ISIS, Europe, n° 24, Outubro de 2004.

KITTANI, Ismat, "Preventive Diplomacy and Peacemaking: The UN Experience", in Otunnu and Doyle (eds.), *op. cit.*, pp. 89-107.

KNUDSEN, Tonny Brems, "Humanitarian Intervention Revisited: Post-Cold War Responses to Classical Problems", in Michael Pugh (ed.), *op. cit.*, pp. 153-4.

LAPRESLE, Bertrand de, "Principles to be Observed", in Biermann e Vadset (eds.), *op. cit.*, pp. 137-52.

LAST, David M., "Peacekeeping Doctrine and Conflict Resolution Techniques", *Armed Forces & Society*, vol. 22, n° 2, Inverno de 1995.

LEANDRO, TenCoronel Francisco José B. S., "A perigosa aparência da proximidade dos conceitos", *Jornal do Exército*, ano XLV, n° 529, Maio de 2004.

LEDERACH, J. P., "Conflict Transformation in Protracted Internal Conflicts: The Case for a Comprehensive Framework", in RUPESINGHE, K. (ed.), *Conflict Transformation*, Houndsmill–Basingstoke, Macmillan, 1995.

LEURDIJK, Dick A., "The UN and NATO: The Logic of Primacy", in Pugh e Sidhu (eds.), *op. cit.*, pp. 57-74.

LEWIS, William H., "'Assertive Multilateralism': Rhetoric vs. Reality", in William H. Lewis (ed.), *Peacekeeping: The Way Ahead?*, Honolulu, Hawaii, University Press of the Pacific, 2004, pp. 13-28.

LIGHTBURN, David, "NATO and the Challenge of Multifunctional Peacekeeping", *NATO Review*, n° 2, Março de 1996.

LUTTWAK, Edward, "Letting Wars Burn", *Foreign Affairs*, vol. 78, n° 4, Julho-Agosto de 1999.

MACE, Catriona, "Operation *Concordia*: Developing a 'European' Approach to Crisis Management?", *International Peacekeeping*, vol. 11, n° 3, Outono de 2004.

MACIEIRA, Rui, "A necessidade de reforma da Organização das Nações Unidas", in Carlos Martins Branco e Francisco Proença Garcia (coord.), *Os portugueses nas Nações Unidas*, Lisboa, Prefácio, 2006.

MACKINLAY, John, "Powerful Peacekeepers", *Survival*, vol. XXXII, n° 3, Maio-Junho de 1990.

MACKINLAY, John, "Problems for U.S. Forces in Operations beyond Peacekeeping", in Lewis (ed.), *op. cit.*, pp. 29-50.

MACKINLAY, John e CHOPRA, Jarat, "Second Generation Multinational Operations", *The Washington Quarterly*, vol. 15, n° 3, Verão de 1992.

MANDELL, BRIAN, "Getting to Peacekeeping", *Journal of Conflict Resolution*, vol. 40, 1996.

MANDELL, B. e FISHER, R. J., "Training Third-party Consultants in International Conflict Resolution", *Negotiation Journal*, vol. 8, n° 3, 1992.

MANDELL, B. S. e TOMLIN, B. W., "Mediation in the Development of Norms to Manage Conflict: Kissinger in the Middle East", *Journal of Peace Research*, vol. 28, n° 1, 1991.

MARTIN, Ian, "Is the Regionalization of Peace Operations Desirable?", in Pugh e (eds.), *op. cit.*, pp. 47-54.

MORTIMER, Edward, "Under What Circumstances Should the UN Intervene Militarily in a «Domestic» Crisis?", in Otunnu e Doyle (eds.), *op. cit.*, pp. 111-44.

MORRIS, Justin e MCCOUBREY, Hilaire, "Regional Peacekeeping in the Post-Cold War Era", *International Peacekeeping*, vol. 6, n° 2 Verão de 1999.

MURPHY, Craig e WEISS, Thomas G., "International Peace and Security at a Multilateral Moment: What We Seem to Know, What We Don´t, and Why" in Stuart Croft e Terry Teriff (eds.), *Critical Reflections on Security and Change,* Londres, Frank Cass, 1999.

OLONISAKIN, Funmi e ERO, Comfort Ero, "Africa and the Regionalization of Peace Operations", in Pugh e Sidhu (eds.), *op. cit.*, pp. 233-51.

O´PREY, Kevin, "Keeping the Peace in the Borderlands of Russia", in Durch (ed.), *op. cit.*, pp. 409-65.

OSLAND, Kari M., "The EU Police Mission in Bosnia and Herzegovina", *International Peacekeeping*, vol. 11, n° 3, Outono de 2004.

PARIS, Roland, "Broadening the Study of Peace Operations", *International Studies Review*, vol. 2, n° 3, 2000.

PARIS, Roland, "International Peacebuilding and the 'Mission Civilisatrice' ", *Review of International Studies*, vol. 28, n° 4, 2000.

PARIS, Roland, "Peacekeeping and the Constraints of Global Culture", *European Journal of International Relations*, vol. 9, n° 3, Setembro de 2003.

PARIS, Roland, "Peacebuilding and the Limits of Liberal Internationalism", *International Security*, vol. 22, n° 2, 1997.

PAUWELS, Natalie, "EUPOL 'Kinshasa': Testing EU Coordination, Coherence and Commitment to Africa", *European Security Review*, n° 25, Março de 2005.

PICCO, Giandomenico, "The United Nations and the Use of Force", *Foreign Affairs*, September-October 1994.

PINTO, Maria do Céu, "As Nações Unidas e a Segurança Colectiva", *Política Internacional*, vol. 3, n° 22, Inverno de 2000.

PITTS, Michelle, "Sub-Regional Solutions for African Conflict: The ECOMOG Experiment" (http://www.lib.unb.ca/Texts/JCS/spring99/pitts.htm).

PECENY, Mark e STANLEY, William, "Liberal Social Reconstruction and the Resolution of Civil Wars in Central America", *International Organization*, vol. 55, n° 1, 2001.

PUGH, Michael, "From Mission Cringe to Mission Creep?", in Pugh (ed.), *op. cit.*, pp. 191-94.

PUGH, Michael, "Peacebuilding as Developmentalism: Concepts from Disaster Research", *Contemporary Security Policy*, vol. 16, n° 3, Dezembro de 1995.

PUGH, Michael, "The World Order Politics of Regionalization", in Pugh e Sidhu (eds.), *op. cit.*, pp. 31-46.

PUREZA, José Manuel, "Organizações Internacionais e segurança internacional (velhos modelos, novos desafios)", *Nação e Defesa*, n° 77, Janeiro-Março 1996.

RAMSBOTHAM, Oliver, "Reflections on UN Post-Settlement Peacebuilding", *International Peacekeeping*, vol. 7, n° 1, Primavera de 2000.

ROBERTS, Adam, "Communal Conflict as Challenge" in Otunnu e Doyle (eds.), *op. cit.*, pp. 27-58.

ROBERTS, Adam, "From S. Francisco to Sarajevo: The UN and the Use of Force", *Survival*, vol. 37, nº 4, Inverno de 1995-96.

ROBERTS, Adam, "Humanitarian War: Military Intervention and Human Rights", *International Affairs*, vol. 69, nº 3, Julho de 1993.

ROBERTS, Adam, "The Crisis in UN Peacekeeping", *Nação e Defesa*, nº 11, Julho-Setembro de 1994.

ROBERTS, Adam, "The Crisis in UN Peacekeeping", *Survival*, vol. 36, Outono de 1994.

ROSE, Sir Michael, "Military Aspects of Peacekeeping", in Biermann and Vadset (eds.), *op. cit.*, pp. 153-67.

RUGGIE, John Gerard, "The United Nations and the Collective Use of Force: Whither or Whether?", in Michael Pugh (ed.), *op. cit.*, pp. 1-20.

RUSSETT, Bruce e SUTTERLIN, James S., "The United Nations in a New World Order", *Foreign Affairs*, vol. 70, nº 2, Primavera de 1991.

RYAN, Stephen, "The Theory of Conflict Resolution and the Practice of Peacekeeping", in Moxon-Browne (ed.), *op. cit.*, pp. 26-39.

SANDERSON, J. M. Sanderson, "Dabbling in War: The Dilemma of the Use of Force in United Nations Intervention", in Otunnu e Doyle, *op. cit.*, pp. 158-9.

SCHAKE, Kori, "Evaluating NATO´s Efficiency in Crisis Management", in *Notes de L'IFRI*, nº 21, Agosto de 2000.

SEGAL, David R., "Five Phases of United Nations Peacekeeping: An Evolutionary Tipology", *Journal of Political and Military Sociology*, vol. 23, 1995.

SHASHENKOV, Maxim, "Russian Peacekeeping in the 'Near Abroad'", *Survival*, vol. 36, nº 3, Outono de 1994.

SHEARER, David, "Exploring the Limits of Consent: Conflict Resolution in Sierra Leone", *Millenium*, vol. 26, nº 3, 1997.

SHERRY, George L. Sherry, "The United Nations, International Conflict, and American Security", *Political Science Quarterly*, vol. 5, nº 101, 1986.

SKJELSBAEK, K., "Peaceful Settlement of Disputes by the United Nations and other International Bodies", *Cooperation and Conflict*, vol. 21, nº 3, 1986.

STEDMAN, Stephen J., "Spoiler Problems in Peace Processes", *International Security*, vol. 22, nº 2, 1997.

TARDY, Thierry, "French Policy Towards Peace Support Operations", *International Peacekeeping*, vol. 6, nº 1, Primavera de 1999.

TUCK, Christopher, "'Every Car or Moving Object Gone': The ECOMOG Intervention in Liberia", *African Studies Quarterly* (The Online Journal for African Studies), http://web.africa.ufl.edu/asq/v4/v4i/1a1.htm).

ULRIKSEN, Ståle, GOURLAY, Catrina e MACE, Catriona, "Operation Artemis: The Shape of Things to Come?", *International Peacekeeping*, vol. 11, nº 3, Outono de 2004.

URQUHART, Brian, "Beyond the 'Sheriff´s Posse'", *Survival*, vol. XXXII, nº 3, Maio-Junho de 1990.

URQUHART, Brian, "Peace Support Operations: Implications for the U.S. Military", in Lewis (ed.), *op. cit.*, pp. 51-62.

VACCARO, J. Matthew, "The Politics of Genocide: Peacekeeping and Disaster Relief in Rwanda", in Durch (ed.), *op. cit.*, pp. 367-407.

VÄYRYNEN, Raimo, "Challenges to Preventive Action: The Cases of Kosovo and Macedonia", in Carment e Schnabel (eds.), *op. cit.*, pp. 47- 69.

VÄYRYNEN, Raimo, "Preventive Action: Failure in Yugoslavia", in Pugh (ed.), *op. cit.*, pp. 21-42.

WEISS, Thomas Weiss, "Problems for Future U.N. Military Operations in An Agenda for Peace", in Winrich Kühne (ed.), *Blauhelme in einer turbulenten Welt*, Baden-Baden, Nomos Verlag, 1993.

WHITE, Nigel D., "The UN Charter and Peacekeeping Forces: Constitutional Issues", in Pugh (ed.), *op. cit.*, pp. 43-63.

WILKINSON, Philip, "Sharpening the Weapons of Peace", in William Ramsbotham e Tom Woodhouse (eds.), *Peacekeeping and Conflict Resolution*, Londres, Frank Cass, 2000, pp. 63-79.

WOODHOUSE, Tom, "The Gentle Hand of Peace? British Peacekeeping and Conflict Resolution in Complex Political Emergencies", *International Peacekeeping*, vol. 6, n° 2, Verão de 1999.

DOCUMENTOS OFICIAIS

A/55/305 – S/2000/809, *Report of the Panel on United Nations Peace Operations*, 21 de Agosto de 2000.

Bi-MNC Directive for NATO Doctrine for Peace Support Operations, NATO, Final Draft, 27 de Julho de 1998.

BOUTROS-GHALI, Boutros, *Agenda para a Paz*, NY, Nações Unidas, 1992.

"Central African Republic – MINURCA: Background"; http://www.un.org/Depts/DPKO/Missions/minurcaB.htm.

Comprehensive Review of the Whole Question of Peacekeeping Operations in All their Aspects, Report of the Special Committee on Peacekeeping Operations, A/48/403 – S/26450, 14 de Março de 1994.

Comprehensive Review of the Whole Question of Peacekeeping Operations in All their Aspects, Report of the Special Committee on Peacekeeping Operations, A/49/861, 21 de Novembro de 1994.

Comprehensive Review of the Whole Question of Peacekeeping Operations in All their Aspects, Report of the Special Committee on Peacekeeping Operations, A/56/863, 11 de Março de 2002.

Comprehensive Review of the Whole Question of Peacekeeping Operations in All their Aspects, Report of the Special Committee on Peacekeeping Operations, A/57/767, 28 de Março de 2003.

"Conflict Prevention Must be 'Cornerstone of Collective Security in 21st Century', Secretary-General Tells Members, as Council Discusses Armed Conflict", SC/6892, 20 de Julho de 2000.

"Council Makes Presidential Statement on Importance of, Responsibilities for, Addressing Question of Small Arms", SC/7134, 31 de Agosto de 2001.

European Commission, Directorate-General for Development, Information and Communication Unit, Securing Peace and Stability for Africa (http://europa.eu.int/comm/development/body/publications/docs/flyer_peace_en.pdf#search='Securing%20Peace%20 and%20Stability%20for%20Africa').

Bibliografia

General Assembly, "An Agenda for Peace: Preventive Diplomacy and Related Matters", A/RES/47/120, parte A e B, 18 de Dezembro de 1992 e 20 de Setembro de 1993.

General Assembly, "Comprehensive Review of the Whole Question of Peacekeeping Operations in All Their Aspects", A/RES/47/71, 14 de Dezembro de 1992.

General Assembly, "Strengthening of the Coordination of Humanitarian Emergency Assistance of the United Nations", A/RES/46/182, 78ª sessão plenária, 19 de Dezembro de 1991.

General Assembly, "Supplement to an Agenda for Peace", A/RES/51/242, 15 de Setembro de 1997.

Implementation of the Recommendations of the Special Committee on Peacekeeping Operations and the Panel of UN Peace Operations, Report of the Secretary-General, A/55/977, 1 de Junho de 2001.

Improving the Capacity of the United Nations for Peace-Keeping (Report of the Secretary-General), A/48/403 & S/26450, 14 de Março de 1994.

Military Division, Department of Peacekeeping Operations, *United Natins Stand-by Arrangements System Military Handbook*, 2003.

Ministério Britânico da Defesa, *Peace Support Operations*, Joint Warfare Publication 3-50, doc. JWP 3-05/PSO, Londres, 1998.

NATO, MC 327/1 "Military Planning for Peace Support Operations", 1997.

"Note by the President of the Security Council", UN Doc. S/235000, 31 de Janeiro de 1992.

Press Release SC/6618, "Security Council Encourages Secretary-General to Explore Possibility of Establishing Post-Conflict Peace-Building Structures", 29 de Dezembro de 1998.

Progress Report of the Secretary-General on the Implementation of the Report of the Panel on UN Peace Operations, A/55/502 – S/2000/1081, 20 de Outubro de 2000.

Report of the Independent Inquiry into the Actions of the United Nations during the 1994 Genocide in Rwanda, S/1999/1257, 15 de Dezembro de 1999.

Report of the Secretary-General on the Work of the Organization, UN GAOR, 48º sessão, Supp. Nº 1, UN Doc. A/48/I, 1993.

"Resolution Adopted by the General Assembly — United Nations Millenium Declaration", A/55/L.2, 55ª sessão, 18 de Setembro de 2000.

Resources Requirements for Implementation of the Report of Panel on UN Peace Operations, Report of the Secretary-General, A/55/507, 27 de Outubro de 2000.

Second and Final Report of the Secretary-General on the Plan for an Emergency International United Nations Force Requested in Resolution 98 (ES-I), Adopted by the General Assembly on 4 November 1956, 6 de Novembro de 1956, UN GAOR, 1st Emergency Special Session, annex, agenda item 5, p. 19, UN Doc. A/3302.

SC, "Security Council, with Wide-Ranging Presidential Statement, Aims to Improve Cooperation in Peacekeeping, Conflict Prevention in Africa", SC/7290, 4465ª reunião, 31 de Janeiro de 2001.

Secretary-General, *Strenghtening the United Nations: An Agenda for Further Change*, A/57/387, 9 de Setembro de 2002.

Secretary-General, *In Larger Freedom: Towards Development, Security and Human Rights for All*, A/59/2005, 21 de Março de 2005.

Secretary-General, *The Causes of Conflict and the Promotion of Durable Peace and Sustainable Development in Africa*, relatório do Secretário-Geral ao Conselho de Segurança, S/1998/318, 13 de Abril de 1998.

Secretary-General, *Report of the Secretary-General on the Work of the Organization: Prevention of Armed Conflict*, AG – 55ª sessão, CS – 56º ano, 7 de Junho de 2001.

Secretary-General, *Report of the Secretary-General on the Work of the Organization, Supplement to an Agenda for Peace: Position Paper of the Secretary-General on the Occasion of the Fiftieth Anniversary of the United Nations*, A/50/60 –S/1995/1, 1 de Janeiro de 1995.

Special Committee on Peacekeeing Operations, *Special Committee on Peacekeeping Operations Concludes Session, Adopts Reports Recommending Enhanced UN Capacity for Peacekeeping*, Press Release GA/PK/176, 169ª reunião, 8 de Março de 2002.

"Statement by the President of the UN Security Council", S/PRST/1994/22.

The Comprehensive Report on Lessons Learned from United Nations Operation in Somalia (UNOSOM), April 1992-March 1995.

United Nations, *A More Secure World: Our Shared Responsibility*, Report of the Secretary-General´s High-level Panel on Threats, Challenges, and Change, 2004.

United Nations, "Cooperation between the United Nations and Regional Organizations/ Arrangements in a Peacekeeping Environment: Suggested Principles and Mechanisms", Lessons Learned Unit/Department of Peacekeeping Operations, Março de 1999.

U.S. Department of State, *The Clinton Administration´s Policy on Reforming Multilateral Peace Operations*, Department of State Publication 0161, Bureau of International Organization Affairs, Washington, D.C., Maio de 1994.

US Department of the Army, *Peace Operations*, FM 100-23, Department of the Army, Washington, D.C., Dezembro de 1994.

ÍNDICE

Prefácio 7

Introdução 13

I. *Peacekeeping*, segurança colectiva e a solução pacífica de conflitos 17
   I. 1. Antecedentes históricos da diplomacia colectiva 17
   I. 2. A segurança colectiva na Liga das Nações 20
   I. 3. A manutenção da paz nas Nações Unidas 25
   I. 4. O *peacekeeping* e a carta das Nações Unidas: actores e competências 35

II. Os antecedentes do *peacekeeping:* a experiência da Liga das Nações 51
   II.1. A resolução de conflitos 52
   II.2. A separação dos combatentes 53
   II.3. As administrações *ad interim* 55
   II.4. A organização de plebiscitos 57

III. Conceitos e evolução do *peacekeeping* internacional 59
   III.1. O conceito de *peacekeeping* 59
   III.2. O *peacekeeping* de primeira geração 72

IV.O *peacekeeping* no pós-Guerra Fria 79
   IV.1. Anos 90: o relançamento do *peacekeeping* 79
   IV.2. A reviravolta na posição americana 82
   IV.3. A nova conflitualidade 83
   IV.4. O *boom* do *peacekeeping* 90

V. Novos paradigmas do *peacekeeping* 95
   V.1. As operações de segunda geração 95
   V.2. Características das novas operações 100
   V.3. A regionalização do *peacekeeping* 110

VI.O uso da força nas operações das Nações Unidas 127
   VI.1. O Conselho de Segurança e o uso da força 127
   VI.2. Modalidades do uso da força 137
   VI.3. O uso da força no período da Guerra Fria: o caso do Congo 139
   VI.4. *Peacekeeping* e uso da força nos anos 90: a Somália e a ex-Jugoslávia 148

312 As Nações Unidas e a Manutenção da Paz

VII. O debate sobre o "vazio conceptual" relativo ao uso da força 163
    VII.1. Novo ambiente, novas missões 163
    VII.2. O uso da força nas doutrinas nacionais de operações de paz 166
    VII.3. A nova postura da ONU em relação ao uso da força 182

VIII. Aspectos críticos do *peacekeeping* 193
    VIII.1. O *peacekeeping* e a prevenção de conflitos 193
    VIII.2. Problema de comando e controlo 209
    VIII.3. *Peacekeeping* e *peace-building* 221
    VIII.4. *Peacekeeping* e *peacemaking* 230

IX. O *peacekeeping* numa perspectiva comparada: as organizações africanas, UEO,
UE, NATO E A OSCE 237
    IX.1. O *peacekeeping* das organizações africanas (OUA, UA E CEDEAO) 237
    IX.2. A União da Europa Ocidental 253
    IX.3. A União Europeia 257
    IX.4. A NATO 274
    IX.5. A Organização para a Segurança e Cooperação na Europa 287

Conclusão 293

Bibliografia 297

Índice 311